国家社会科学基金项目（项目批准号 12BTY013）
南京体育学院学术著作出版资助计划支持

我国农村公共体育服务体系建设

郭修金　陈德旭　著

人民体育出版社

图书在版编目（CIP）数据

我国农村公共体育服务体系建设／郭修金，陈德旭

著. -- 北京：人民体育出版社，2021（2024.5重印）

ISBN 978-7-5009-5910-6

Ⅰ. ①我… Ⅱ. ①郭… ②陈… Ⅲ. ①农村－体育工

作－社会服务－研究－中国 Ⅳ. ①G812.42

中国版本图书馆 CIP 数据核字（2020）第 247970 号

*

人 民 体 育 出 版 社 出 版 发 行

北京中献拓方科技发展有限公司印刷

新 华 书 店 经 销

*

710×1000 16 开本 23 印张 428 千字

2021 年 5 月第 1 版 2024 年 5 月第 2 次印刷

*

ISBN 978-7-5009-5910-6

定价：98.00 元

社址： 北京市东城区体育馆路 8 号（天坛公园东门）

电话： 67151482（发行部） 邮编： 100061

传真： 67151483 邮购： 67118491

网址： www.psphpress.com

（购买本社图书， 如遇有缺损页可与邮购部联系）

前　言
FOREWORD

　　农业、农村、农民问题是关系国计民生的根本性问题，解决好"三农"问题是全党工作的重中之重。2020 年 9 月 22 日，习近平总书记在主持召开教育文化卫生体育领域专家代表座谈会时强调，体育是提高人民健康水平的重要途径，是满足人民群众对美好生活向往、促进人的全面发展的重要手段，是促进经济社会发展的重要动力，是展示国家文化软实力的重要平台。《乡村振兴战略规划（2018—2022 年）》提出：完善乡村公共体育服务体系，推动村健身设施全覆盖。体育承载着国家强盛、民族振兴的梦想，关乎人民幸福，关乎民族未来。转型中的中国经济领域步入"新常态"，社会发展迎来治理时代，社会建设正逐渐从社会管理转向社会治理，形式涉及城乡二元格局突破，内容指向公共服务均等化。全民健身上升为国家战略背景下，体育作为公共服务更需延伸至农村场域，以实现民众体有所享。

　　本书主要内容：第一，我国农村公共体育服务研究的理论部分，包括时代背景解读、农村公共体育服务体系等核心概念的界定及社会治理、公共服务及社会运行等理论选取的依据，突出学科交叉融合。第二，国内农村公共体育服务实践演进与国外发达国家公共体育服务体系梳理，提炼中国农村公共体育服务的阶段特征、体系情况及供给模式等，总结欧美亚部分发达国家体系建设的经验并作比较以获得启示。第三，我国农村公共体育服务多元治理主体分析，从社会治理视域构筑多元主体的探究框架，对其类型划分与功能定位进行学理说明。第四，我国农村公共体育服务体系建设及概况调研，涉及基础性、系统性、公正性及均衡性等原则，遵循"主体—客体—受体"的思路且结合供给、内容、需求的逻辑最终确定要素构成，并对其发展现状、社会差异、所存问题及困境成因作了剖析。第五，我国农村公共体育服务运行研究，从社会运行论视角展开农村公共体育服务运行条件及机制的演绎表达，对农村公共体育服务运行的人口、政治、经济、社会、文化、环境等条件的特点与相互影响进行阐述，对农村公共体育服务运行机制的定义及其内含的动力、整合、激励、控制、保障机制加以概述与解析。

本书主要特色：第一，学术价值。有利于探索我国农村公共体育服务体系的内在规律。从理论层面挖掘国外公共体育服务发展的相关经验，揭示其基本做法和共性经验及普遍趋势，为我国农村公共体育服务发展提供理论依据、为我国农村公共体育服务均等化研究提供学术思路。农村公共体育服务均等化的实现绝非简单加大财政投入，其核心问题在于体制和机制的健全。体制改革的动力源自自上而下的决策和自下而上的需要，这牵扯到效率与公平的议题，政府部门对公共体育服务的供给多从效率角度出发以显示其政绩而往往忽视了基层民众的切实体育需要，从而导致一种不对称的状态出现，进而上升为不公待遇的学理层面。机制环节即探求农村公共体育服务的运行原理、过程及功能等，作为一种动态的把握填补均等化的理论缺位。第二，应用价值。农村公共体育服务体系的完善是服务型政府建设的重要环节。作为城乡二元的一大阵营，农村公共体育服务关乎民生，其发展状况直接影响我国服务型政府建设进程，完整的农村公共体育服务体系可为政府改革提供实践阵地，利于服务型政府早日实现。农村公共体育服务体系建设是落实全民健身国家战略、提高国民身体素质的必然要求。目前我国全民健身公共服务正遭遇不均衡发展，迫切需要通过针对性的公共体育服务体系来解决全民健身事业的主要矛盾和突出问题，逐步达到公共体育服务城乡均等，最终满足人民群众的体育健身需求，提高全民族身体素质、健康水平和生活质量。

本书主要创新：第一，综合方法与多元学科的结合运用。通过政策法规、文献著作及具体案例的素材提取农村公共体育服务体系要素，运用公共数据或信息对其再次检验，从归纳和演绎两种方式展开论证。结合历史学、管理学、社会学等学科呼吁农村公共体育服务的人文情怀和社会关怀，对接体育人文社会学的学术担当。第二，农村公共体育服务体系建设完善。从"服务于谁、由谁服务、服务什么"的思路将农村公共体育服务体系界定为"以保障农村居民体育权益、满足体育需求为目的，在政府引导下，以公共财政为杠杆，辅以市场化运营手段，积极吸纳社会资本，向农村提供公共体育设施、产品、服务的制度和系统的总称"，以此为逻辑起点，对应"供给主体（政府、市场、社会组织、村委会、村民个体）—要素客体（场地设施、组织管理、经费保障、政策法规、信息宣传、技术指导、活动赛事、体质测试和监督评估）—需求受体（全体村民）"的框架确定体系构成，创造性地将服务者和被服务者纳进。第三，本土社会学理论的体育领域演绎。社会运行论迁移至农村公共体育服务研究，提出农村公共体育服务的人口、政治、经济、文化、社会、环境六大运行条件和动力、整合、激励、控制、保障五大运行机制，完成社会学关于农村体育发展的母学科考察。

体育强则中国强，国运兴则体育兴。《体育强国建设纲要》提出：完善全民健身公共服务体系，紧紧围绕便民惠民，抓好全民健身"六个身边"工程建设，逐步推动基本公共体育服务在地区、城乡、行业和人群间的均等化。推动全民健身公共服务资源向农村倾斜，重点扶持革命老区、民族地区、边疆地区、贫困地区发展全民健身事业。发展体育事业不仅是实现中国梦的重要内容，还能为中华民族伟大复兴提供凝心聚气的强大精神力量。农村公共体育服务体系建设要有机融入农村经济建设、政治建设、文化建设、社会建设、生态文明建设和党的建设之中，助力绘就一幅农业强、农村美、农民富的乡村振兴时代画卷。

本书是在国家社科基金项目"我国农村公共体育服务体系的构建及运行机制研究"的基础上，进一步丰富完善而成。在撰写过程中，得到了国家体育总局群体司、上海市体育局、江苏省体育局、上海体育学院、南京体育学院以及相关地方体育局等单位、部门及相关领导、专家的鼎力支持，在此表示诚挚谢意。本书引用了众多专家、学者的研究成果和学术思想，虽然已有标注和说明，未免有所遗漏，敬请谅解。感谢人民体育出版社编辑人员为本书出版所付出的辛勤劳动，感谢南京体育学院学术著作出版资助计划支持。

郭修金

2021 年 5 月

目　录
CONTENTS

1　CHAPTER 01

导　论

1.1　选题背景

1.1.1　中国社会建设理念从社会管理转向社会治理

　　中华人民共和国成立后的现代化探索和实践，历经三次重大历史转折[1]。一是从 1949 年中华人民共和国成立到 1956 年社会主义制度确立，改变了此前一盘散沙的局面，把中国人民"组织起来"[2]，完成了新民主主义社会向社会主义社会的过渡；二是从 1978 年党的十一届三中全会到 1987 年党的十三大，通过实行改革开放，让人民"活跃起来"[3]，确立以经济建设为中心的时代任务；三是从 2002 年党的十六大开始，确定社会与经济运行并重的方略，解决二者发展不协调的矛盾，让社会更加"和谐起来"[4]，迎来以社会建设推动全面现代化的新格局，而农村改革在此过程中成为历史行进的基准。国家高度重视社会建设，体现在以下几个方面：2002 年，党的十六大报告提出了"社会管理"概念；2003 年，党的十六届三中全会将"社会建设和管理"列入"五个统筹"；2004 年，党的十六届四中全会提出"加强社会建设和管理"；2005 年，胡锦涛同志指出，中国特色社会主义事业的总体布局，"由社会主义经济建设、政治建设、文化建设三位一体发展为社会主义经济建设、政治建设、文化建设、社会建设四位

---

[1] 陆学艺. 当代中国社会建设 [M]. 北京：社会科学文献出版社，2013：3.

[2] 毛泽东. 中国人民大团结万岁，1949 年 9 月 30 日受中国人民政治协商会议第一届全体会议委托起草的会议宣言.

[3] 邓小平. 改革开放使中国真正活跃起来，1987 年 5 月 12 日的谈话.

[4] 郑必坚. 牢牢把握党的十八大主题 [N]. 人民日报，2012-11-23（006）.

一体"；2006 年，党的十六届六中全会要求："进一步推动社会建设与经济建设、政治建设、文化建设协调发展"；2007 年，党的十七大报告对"四位一体"的建设内容作了全面部署，强调健全基层社会管理体制。2012 年，党的十八大报告提出要"加快形成党委领导、政府负责、社会协调、公众参与、法治保障的社会管理体制"；2013 年，党的十八届三中全会把"完善和发展中国特色社会主义制度"与"推进国家治理体系和治理能力现代化"并列为全面深化改革的总目标，初次使用"社会治理"一词；2017 年，党的十九大报告再次强调，"要加强和创新社会治理"，明确提出"完善公共服务体系，保障群众基本生活，不断满足人民日益增长的美好生活需要……"，并就"打造共建共治共享的社会治理格局"进行专门部署，这为新时代的社会治理指明了方向，描绘了蓝图。由此，"社会管理"转向"社会治理"。

"社会治理"理念的确立，既是我党立足于基本国情，顺应经济社会发展要求，加强和创新社会管理而不断探索的实践总结，亦是我党以开放的态度吸取国外的有益经验，积极借鉴和吸收人类优秀文明成果的必然结果[1]。因此，"社会治理"正以一种理论视域的方式于学界逐渐呈现，此种背景促使社会建设与公共服务的关系更加密切。社会建设的内涵包括两方面：一是实体建设，如社区、社会组织建设等；二是制度建设，如社会结构的调整与构建、社会流动机制建设等，前者为民众提供公共产品和服务，后者则使社会更加有序和谐[2]。从构成内容来看，社会建设领域涉及民生事业、社会事业、收入分配、城乡社区、社会组织、社会规范、社会管理、社会体制和社会结构九大板块，其中社会事业包含教育、科技、文化、体育、医疗卫生等[3]，这可谓组成公共服务的项目集合。正如郑杭生所言："作为社会建设重要内容的公共服务，随着现代化的进展，越来越成为老百姓生活不可或缺的东西。"[4]由上可知，公共服务无疑是社会改革进程中核心议题——社会建设的内在要素，而（农村）公共体育服务作为其延伸的一环值得探索，基层公共体育服务挖掘正与社会治理倡导逐步契合。

1.1.2 城镇化进程加快与全民健身上升为国家战略

中国社会建设最为贴切的举措当属城镇化，它是一个国家或地区发展到一定

[1]金立槟.社会治理视域下的公众参与[J].企业导报，2014（17）：79-81.

[2]陆学艺.社会建设论[M].北京：社会科学文献出版社，2012：14.

[3]陆学艺.当代中国社会建设[M].北京：社会科学文献出版社，2013：24.

[4]郑杭生.社会建设：改善民生与公平正义[N].中国社会科学学院学报，2007-11-15（005）.

阶段的必然产物及现代化持续的战略选择。2000 年 10 月，党的十五届五中全会提出："随着农业生产力水平的提高和工业化进程的加快，我国推进城镇化条件已渐成熟。"[1]随后，于 2005 年 9 月 29 日，中共中央政治局专门研讨国外城市化发展模式和中国城镇化道路。2012 年底，中央经济工作会议更是首次将"积极稳妥推进城镇化，着力提高城镇化质量"单独作为一项主要任务[2]，足见国家对城镇化的重视。我国改革开放 30 余年中，城市空间由 1982 年的 21% 增长到 2012 年的 53%，扩大 2 倍有余，至 2014 年 9 月，城镇率已经达到 53.7%。期间相继出台《国家新型城镇化规划（2014—2020 年）》，为城镇化发展指明方向同时，亦为城乡公共体育服务均等议题提供无限可能。《国家新型城镇化规划（2014—2020 年）》中对农村公共体育服务多有说明，提出要统筹布局建设学校体育场所等公共服务设施，并鼓励创新公共服务供给方式，不断扩大政府购买规模及扶持力度，倡导引入市场机制，力求公共服务供给主体与方式的多元。并结合当地的经济社会发展状况及财力水平，在学有所教、劳有所得、病有所医、老有所养、住有所居上持续突破，以求进展。强调基础设施建设向农村倾斜与延伸，形成多元主体、覆盖城乡的基本公共服务体系。加强乡镇综合文化站等农村公共文化和体育设施建设，提高文化产品和服务的有效供给能力，丰富农民精神文化生活等。此外，体育在一定程度上更易促进人的城镇化。

体育领域，2014 年 10 月 20 日，国务院印发的《关于加快发展体育产业促进体育消费的若干意见》（国发〔2014〕46 号）提道："营造重视体育、支持体育、参与体育的社会氛围，将全民健身上升为国家战略"，并明确到 2025 年，"体育公共服务基本覆盖全民"[3]，注重人的健康、以人为本的切实理念开始被强势唤醒。2018 年 9 月 26 日，中共中央、国务院印发《乡村振兴战略规划（2018—2022 年）》，并提出："完善乡村公共体育服务体系，推动村健身设施全覆盖。"2019 年 9 月 2 日，《体育强国建设纲要》（国办发〔2019〕40 号）亦强调："推动全民健身公共服务资源向农村倾斜。"农村作为涉及全民的重要阵地对此宏伟目标起到助推作用，结合全民健身国家战略的良机自然成为研究要点。

[1] 中共中央文献研究室. 十五大以来重要文献选编（中）[M]. 北京：人民出版社，2001：1381.
[2] 王格芳. 科学发展观视域下的中国城镇化战略研究 [D]. 济南：山东师范大学，2013：5.
[3] 我国将全民健身上升为国家战略 [EB/OL].（2014-10-20）. http：//news. xinhuanet. com/2014-10/20/c_ 1112900852. htm.

1.1.3 农村公共体育服务发展关系着民众体有所享

2002 年，《中共中央国务院关于进一步加强和改进新时期体育工作的意见》指出，"群众体育以全民健身为目标"，"努力构建群众性的多元化体育服务体系"，此倡导为民众体有所享奠定政策基础。2011 年的全国体育局长会议上，刘延东委员致信强调："全面谋划'十二五'体育事业发展……切实加强公共体育服务体系建设。"[1] 而时任国家体育总局局长的刘鹏积极倡导"以构建公共体育服务体系为核心，以推动政府履行公共体育服务职能为抓手，大力发展公共体育事业"。显示出顶层设计对公共体育服务的重视。2015 年，在全国群众工作会议上，国家体育总局原副局长冯建中强调："落实全民健身国家战略要以不断强化公共服务为核心任务。"

党的十七届三中全会通过的《中共中央关于推进农村改革发展若干重大问题的决定》强调："建设社会主义新农村……必须扩大公共财政覆盖农村范围，发展农村公共事业，使广大农民学有所教、劳有所得、病有所医、老有所养、住有所居。"党的十九大报告提出要"坚持人人尽责、人人享有，坚守底线、突出重点、完善制度、引导预期，完善公共服务体系，保障群众基本生活，不断满足人民日益增长的美好生活需要，不断促进社会公平正义，形成有效的社会治理、良好的社会秩序，使人民获得感、幸福感、安全感更加充实、更有保障、更可持续"。对体育而言，确保农村公共体育服务实现"人人享有、共同享受"应是学术研究的题中之义。对此，明确农村公共体育服务基础理论研究将是必不可缺的要环，如对概念体系的把握、理论工具的运用、发展历程的梳理及国外经验的借鉴等；明晰农村公共体育服务的要素构成及其现状与问题实属必要，此是对静态环节有一基本认识；探究农村公共体育服务的运作原理、过程及功能是重中之重，即动态规律性模式的归纳。如此，农村公共体育服务的研究方能对接现实，充分融入社会治理，以达成"体有所享"的目标，促使国家不仅能"藏富于民"，更能"藏健于民"，塑造一个人人身体强健的国度，此是时代发展的必然要求，也是学者共同努力的方向。

---

[1] 王镜宇. 全国体育局长会议召开 [N]. 人民日报，2011-01-12 (002).

1.2 研究目的

任何研究的目的都不单一，社会学尤如此，但一般脱离不了三个类别：探索、描述和解释[1]，而这恰是我国农村公共体育服务研究所涉及的内容（表1-1）。由于中国特殊的国情导致城乡二元格局长期存在，即使在城镇化进程不断加快的情形下也难以改变此种事实，此种社会现象致使学术涉猎多从城市发端，处于偏远地带的农村往往被继续"边缘化"，这在公共体育服务研究方面也得到印证，或者农村的公共体育服务研究仅是作为一种同情的科研活动而展开。更有甚者，农村作为工业化发展、城市化建设的坚实后盾，迎来反哺的回报却微乎其微，无论在物态改观上，还是人群受益方面均未达到预期设想，这是极为不公平的表现，从农村公共体育服务角度呼吁社会公正可谓是一条可行的道途。

表 1-1　基于艾尔·巴比"社会研究方法"三目的论的分述

类别	具体目的
描述	深入调查我国不同地域农村公共体育服务发展状况，了解不同社会学背景（性别、年龄等）群体对目前农村公共体育服务的需求和满意度，并作细致描绘
探索	从学理角度（政策法规、学术研究及实地案例）出发对我国农村公共体育服务发展的要素体系做建设性完善
解释	揭示我国农村公共体育服务发展过程中存在的问题及影响因素，汇成理论观点；在社会治理视域下借助"社会运行论"进行农村公共体育服务运行条件和机制的演绎表达，完成创造性转换

1.3 研究意义

1.3.1 实践意义：农村公共体育服务研究直接关乎民生

农村公共体育服务体系的完善是服务型政府建设的重要环节。2018年7月6日，习近平总书记主持召开中央全面深化改革委员会第三次会议，审议通过了

[1] 艾尔·巴比. 社会研究方法：第10版 [M]. 邱泽奇，译. 北京：华夏出版社，2005：86.

《关于建立健全基本公共服务标准体系的指导意见》，指出建立健全基本公共服务标准体系，明确中央与地方提供基本公共服务的质量水平和支出责任，以标准化促进基本公共服务均等化、普惠化、便捷化。当前我国农村公共体育服务体系相对城市而言略显薄弱，现有的公共体育服务难以应对村民日益增长的健身需求，且自上而下的供给方式更难以保证能提供给民众他们真正所需要的服务。作为城乡二元的一大阵营，农村公共体育服务关乎民生，其发展状况直接影响和制约我国服务型政府建设进程，完整的农村公共体育服务体系可为政府改革提供实践阵地，利于服务型政府早日建成。

农村公共体育服务体系建设是落实全民健身国家战略、提高国民身体素质的必然要求。2020年要实现全面建成小康社会"比较完善的全民健身体系"的奋斗目标，其主体部分是全民健身公共服务体系，而农村恰是重中之重。在城市公共体育服务相对完善的情形下，如何将其延伸至农村区域将是一个重要问题。然而，目前我国全民健身公共服务正遭遇不均衡发展，迫切需要通过针对性的公共体育服务体系来解决全民健身事业的主要矛盾和突出问题，逐步达到公共体育服务城乡均等，最终满足人民群众的体育健身需求，提高全民族身体素质、健康水平和生活质量。而农村公共体育服务恰恰能很好地承接此种需求。

1.3.2　学术价值：农村公共体育服务研究亟需理论创新

理论创新有利于探索我国农村公共体育服务体系的内在规律。国外研究公共服务问题的思想理论源远流长，派别众多，如经济学领域亚当·斯密的古典自由主义、凯恩斯的国家干预主义及哈耶克的新自由主义等；公共管理领域的公共行政理论、公共选择理论、新公共服务理论、公共治理理论及社会学里的社会资本理论等。这些理论或学派围绕着公共服务的内涵、内容和供给方式等多角度进行探究，其中亦不乏对体育的经验表述。鉴于我国长期表现出城乡二元对立格局的特殊国情，对农村公共体育服务的理论探讨就独具特色，其内在学理规律值得探寻。从理论层面挖掘国外公共体育服务发展的相关经验，揭示其基本做法和共性经验及普遍趋势，为我国农村公共体育服务发展提供理论依据、为我国农村公共体育服务均等化研究提供学术思路。农村公共体育服务均等化的实现绝非简单加大财政投入就能解决，其核心问题在于体制和机制的健全。体制改革的动力源自自上而下的决策和自下而上的需要，这势必牵扯到效率与公平的议题，政府部门对公共体育服务的供给多从效率角度出发以显示其政绩，而往往忽视了基层民众的切实体育需要，从而导致一种不对称的现象出现，进而上升为不公待遇的学理层面。机制环节即探求农村公共体育服务的运行原理、过程及功能等，作为一种动态的把握填补均等化的理论缺位。

1.4　文献综述

1.4.1　国外公共服务相关研究

1.4.1.1　国外公共服务研究演进

（1）国外公共服务研究的起步与发展：政府主导。西方现代意义上的公共服务研究可追溯至古典自由主义理论和社会契约论盛行时期[1]，其代表人物纷纷展开论述，著成后世经典。亚当·斯密认为："政府在经济发展中应该起'守夜人'的作用。"[2]强调发挥市场这只"看不见的手"的功能，即是政府提供最基本的公共服务，不可干预市场的运行规律。"社会契约论"的提出者英国政治学家托马斯·霍布斯更为直接地指出："政府本身就是一件最重要的、为个人提供公共服务的公共物品。"[3]伴随工业社会的急速推进，政府于公共服务方面的职能体现愈发具有针对性，从而人们对其以往仅是"守夜人"的身份定位开始反思，政府介入公共服务的比重不断增加。"最大社会福利"的倡导者英国经济学家约翰·阿特金森·霍布森主张国家通过实施强有力的干预以增进社会福利，如实行义务教育[4]。德国经济学家阿道夫·瓦格纳则极力提倡财政的社会作用，认为政府应以增强社会文化和福利为目的[5]。古斯塔夫·冯·施穆勒等作为德国新历史学派的代表更是提出：国家是公务机关，在进步的文明社会中应不断扩大、增强其公共职能[6]。虽然国外诸多学者对公共服务进行了学术描绘，但对其较早界说的当属法国公法学家莱昂·狄骥："任何因其与社会团结的实现与

[1] 张立荣，姜庆志. 国内外服务型政府和公共服务体系建设研究述评 [J]. 政治学研究，2013 (1)：104-115.

[2] 亚当·斯密. 国民财富的性质和原因的研究（下卷）[M]. 郭大力，王亚南，译. 北京：商务印书馆，1974：251-254.

[3] 吴爱明，沈荣华，王立平，等. 服务型政府职能体系 [M]. 北京：人民出版社，2009：58.

[4] John Atkinson Hobson. The Crisis of Liberalism：New Issues of Democracy [M]. London：P. S. King & Son，1909：173-175.

[5] Richard Abel Musgrave & Peggy B. Musgrave. Public Finance in Theory and Practice [M]. New York：McGraw-Hill Book Company，1989：113-115.

[6] 庞绍堂. 社会保障中的干预主义与自由主义 [J]. 江苏社会科学，2008 (3)：49-55.

促进不可分割，而必须由政府来加以规范和控制的活动，就是一项公共服务。"[1]
这些经济学、政治学及公法学的思想观点结合福利国家的实践可谓是西方公共服务研究的起步。

伴随公共服务研究的发端，其研究成果丰富。20 世纪 20 年代，英国剑桥学派著名学者庇古提出"社会资本优先配置理论"，建立了系统化的福利经济学，并对"收入均等化"思想进行了阐释[2]。1941 年，威廉·坦普尔推出"福利国家"一词，即"为普通民众服务的国家"，认为"国家对政治经济的干预，可以促进社会秩序和健全人格的形成"[3]。保罗·萨缪尔森也指出："由于市场失灵，市场经济存在着生产或消费无效率的情况，所以必须通过政府提供公共物品来调节经济的运行。"[4]这与凯恩斯于经济领域强调的政府干预不谋而合，即"没有政府的积极干预，经济就容易被困在低水平的均衡中"[5]。公共选择理论的代表人物布坎南等认为："政府的主要作用在于对公共物品的供应、实现分配的正义以及实施宏观政策。"[6]此阶段倡导"政府主导"的公共行政学理论基本成型并得到快速发展，主要强调政府对公共服务的供给等。

（2）国外公共服务研究的成熟与壮大：主体多元。20 世纪 70 年代，由石油引发的全球经济危机使得凯恩斯的理论失灵，西方福利国家的经济滞胀和过度建设带来了空前的财政威胁。新自由主义代表人物著名的经济学家弗里德里奇·哈耶克强调："政府消极无为而让市场发挥主动作用，主张减少福利支出，较高水准甚或中等的社会福利供给和税收将对一个国家的经济运行产生不利影响。"[7]
20 世纪 80 年代以"政府再造"为主要内容的公共选择学派在西方国家开始流行，他们呼吁政府职能转变，建立企业型政府。于是，在经历了古典自由主义的市场失灵与国家干预主义的政府失灵双重遭遇后，一种新的学说开始引领公共服务研究，注重提高政府公共服务的质量和效率、强调公共服务的市场化，成为新

［1］莱昂·狄骥. 公法的变迁：法律与国家 ［M］. 郑戈，冷静，译. 沈阳：辽海出版社，1999：53.

［2］庇古. 福利经济学 ［M］. 金镝，译. 北京：华夏出版社，2007：127-659.

［3］William Temple. The Citizen and Churchman ［M］. London：Eyre & Spottiswoode，Ltd.，1941：14-17.

［4］Paul A. Samuelson. The Pure Theory of Public Expenditure ［J］. The Review of Economics and Statistics，1954，36（4）：387-389.

［5］Robert Jacob Alexander Skidelsky. John Maynard Keynes 1883—1946：Economist，Philosopher，Statesman ［M］. London：Pan MacMillan Ltd.，2003：530.

［6］詹姆斯·M. 布坎南，理查德·A. 马斯格雷夫. 公共财政与公共选择：两种截然不同的国家观 ［M］. 类承曜，译. 北京：中国财政经济出版社，2000：47.

［7］Hay Colin. Globalization，Welfare Retrenchment，and "the Logic of no Alternative"：Why Second-best Won't Due ［J］. Journal of Social policy，1998，27（4）：525-532.

公共管理理论的主要观点。它在服务理念上以公民需求为导向，为其提供选择公共服务的机会；在服务方式上将决策权与执行权分开，防止政府垄断行为的产生，极力促进公私合作[1]；在服务效果评价上，倡导对公共服务进行绩效管理。伴随公共服务市场供给以融进传统政府单独提供的研究体系，新公共管理理论趋于成熟。

20世纪90年代，治理理论对管理学传统的"二分法"方式进行了审视，将国家与社会、政府与市场、公域与私域的界限打破，力图通过善治建立新的秩序和权威以实现合作管理。治理理论的出现恰是对公共行政理论和新公共管理理论的继承与发展，它于公共服务的理论呈现可总括为社会化，即公共服务主体不断多元化，政府无力承担的公共事务转化给非政府组织[2]。治理理论架构下的公共服务研究以多元、协同为旨趣，突出社会力量参与公共服务供给的主体地位。奥斯特罗姆夫妇提出的"多中心体制"即是最好证明，公共服务供给之适当安排有若干潜在选择，可以在政府与市场之外找到"自主治理"之道[3]。美国学者莱斯特·M.萨拉蒙认为"创造一个政府机构与非营利组织之间的伙伴关系网络"[4]对于公共服务发展实有必要。这一时期伴随经济领域新自由主义登上历史舞台，与公共服务相关的新公共管理理论和治理理论相继成形，关于公共服务的研究过渡到一种不断壮大的发展阶段，此时的主旨为：公共服务供给过程中，将社会公众视作享受服务的客户，政府的职责在于提供令民众满意的公共服务；于结构安排方面注重多元主体联合的制度设计。

（3）国外公共服务研究的反思与转向：公民融入。伴随日益显著的全球化，西方国家逐步进入后新公共管理时代，"忽视公平"的公共行政理论及市场追逐"利益最大化"的新公共管理理论开始受到社会质疑。登哈特夫妇主张"用一种基于公民权、民主和为公共利益服务的新公共服务模式来替代当前的那些基于经济理论和自我利益的主导模式"[5]，这种思想被凝练为新公共服务理论，它是对传统公共服务理论进行扬弃，试图构建利于公民社会发展的理论体系。除登哈

---

[1]萨瓦斯.民营化与公私部门的伙伴关系[M].周志忍，译.北京：中国人民大学出版社，2002：69.

[2]燕继荣.服务型政府的研究路向——近十年来国内服务型政府研究综述[J].学海，2009（1）：191-201.

[3]文森特·奥斯特罗姆，埃莉诺·奥斯特罗姆.公益物品与公共选择[M]//迈克尔·麦金尼斯.多中心体制与地方公共经济.王寿龙，译.上海：上海三联书店，2000：113.

[4]莱斯特·M.萨拉蒙.公共服务中的伙伴——现代福利国家中政府与非营利组织的关系[M].田凯，译.北京：商务印书馆，2008：11-13.

[5]珍妮特·V.登哈特，罗伯特·B.登哈特.新公共服务：服务，而不是掌舵[M].丁煌，译.北京：中国人民大学出版社，2010：124.

特夫妇外，弗雷德里克森、福克斯、米勒等人亦对新公共管理的价值观进行了批判与反思，这加快了新公共服务理论的发展。此外，鉴于传统政府的强制干预，一种新的政府改革模式——整体政府的理念开始流行起来，其内涵为："中央行政部门不同政策领域之间日益增加的横向协作、部委与其代理机构之间的内部纵向协作以及地方机构在提供公共服务时进行的协作。"[1] 与整体政府相关的理论元素有：①协同政府，"通过共同工作、联合信息系统、各机构间对话来实现政策目标"[2]；②跨部门合作，强调"两个或两个以上的机构通过一起工作而非独立行使来增加公共价值"[3]；③网络化治理，"将第三方政府高水平的公私合作特性与协同政府充沛的网络管理能力结合起来，然后利用技术将网络连接到一起并在服务运行方案中给予公民更多的选择权"[4]。以上几点充分体现公民享有公共体育服务的权利。

此时，公共服务的评估研究开始受到重视，世界银行组织编撰的《公共服务提供》一书就从政府绩效的角度考察了公共服务的效率与公平。并从功效、效率、替代公共服务、金钱价值四个维度对公共服务绩效进行了经验主义的测试[5]。这为公共服务综合研究提供了闭环思路，逐步形成完善的理论体系。英国学者艾伦·劳顿以伦理视角出发，指出要对公共管理者进行培训，以保持公共服务管理实践与伦理结构的一致性[6]。美国学者保罗·乔伊斯则从战略管理角度出发，认为公共服务应"努力实现组织的重组或再设计与别的组织建立伙伴管理或战略联盟"[7]。此阶段新公共服务理论和整体政府思想确立，趋于民主的、以人为本的公共服务理念得到巩固。

1.4.1.2 国外农村公共（体育）服务供给现实

程又中着重探讨了国外农村基础设施建设、基础教育公共服务、医疗卫生公

[1] Tom Christensen & Per Lae greid. 后新公共管理改革——作为一种新趋势的整体政府 [J]. 张丽娜，袁何俊，译. 中国行政管理，2006（9）：83-90.

[2] Perri 6. Joined-Up Government in the Western World in Comparative Perspective: A Preliminary Literature Review and Exploration [J]. Journal of Public Administration Research and Theory, 2004, 14（1）: 106-137.

[3] 尤金·巴达赫. 跨部门合作：管理"巧匠"的理论与实践 [M]. 周志忍，张弦，译. 北京：北京大学出版社，2011：13.

[4] 斯蒂芬·戈德史密斯，威廉·D. 埃格斯. 网络化治理：公共部门的新形态 [M]. 孙迎春，译. 北京：北京大学出版社，2008：17.

[5] 安瓦·沙. 公共服务提供 [M]. 孟华，译. 北京：清华大学出版社，2009：1-2.

[6] 艾伦·劳顿. 公共服务伦理管理 [M]. 冯周卓，汤林弟，译. 北京：清华大学出版社，2008：69，178.

[7] 保罗·乔伊斯. 公共服务战略管理 [M]. 张文礼，王达梅，译. 北京：清华大学出版社，2008：7.

共服务、社会保障、劳动力转移和就业中的公共服务、公共服务组织体系及法律和政策体系[1]。在国外，并非所有的农村公共产品和服务都由政府提供，除政府之外，企业、非政府组织（NGO）或非营利组织（NPO）等，也分别通过市场和自愿机制，采取收费或少收费甚至不收费的办法，向农村社区和农民提供部分公共产品和公共服务。

（1）北欧国家政府向农村提供的公共服务。主要集中在由郡、市镇两级地方政府在各自管辖区域内提供的公共服务项目当中（表1-2）。其中除公共教育、公共卫生保健、公共安全、公共福利、公共环境卫生、基础公共设施外，还在公共文化方面包含了体育内容，如芬兰的"健身设备"、挪威的"俱乐部"及瑞典的"休闲设施"等。

表1-2 北欧国家市镇一级地方政府负责提供的公共服务

国家	项目领域					
	教育	文化	卫生保健	公共安全和社会福利	环境卫生	生活基础设施
丹麦	学前教育、九年初等教育和第十年教育及与之相联系的学校图书馆、医生、牙医和公共汽车	公共图书馆及由图书馆举办的音乐会、夜校和儿童剧院	—	托儿所和养老院的运营、家庭和社区护理	污水处理、垃圾处理	水、电、天然气的供应和取暖
芬兰	初等和中等教育、职业教育、地方大学	图书馆、博物馆、演奏厅、剧院和健身设备	学生、产妇和职业卫生保健、门诊病人护理	灭火、房屋检查和学校房产维修、日托儿童、老年人和残疾人的护理	污水处理、垃圾处理	能源和水的供应、公园维护

[1]程又中.国外农村基本公共服务范围及财政分摊机制[J].华中师范大学学报（人文社会科学版），2008，47（1）：10-18.

国家	项目领域					
	教育	文化	卫生保健	公共安全和社会福利	环境卫生	生活基础设施
挪威	为7至10岁儿童提供初等教育	图书馆、博物馆、艺术收藏中心、俱乐部、疗养设备	门诊病人的药物治疗、老年人家庭护理	教学建筑的维护、困难家庭扶助和没有列入社会保障系统的项目	—	—
瑞典	小学和中学教育	休闲设施、文化礼仪	公共健康	紧急服务	垃圾处理	动力服务、住宅建设

（2）德国政府向农村提供的公共服务。德国亦是联邦制国家。依据联邦德国基本法、州宪法和法律，德国各级政府向农村提供的公共服务如表1-3所示。德国农村公共服务供给的经验在于：通过立法规范各级政府的责任与权力、公共财政强有力的支持、以公共利益为导向及健全的监督机制[1]。

表1-3　德国各级政府分别向农村提供的公共服务

政府层级	提供的公共服务项目
联邦	铁路和联邦公路建设、教育事业监管、社会福利和部分社会保障
州	主要负责教育、教师的薪水、地方治安、警察和法律保护，受联邦委托管理联邦公路，与地方政府合作建立、维护和发展公立学校，支出义务教育经费，与地方和联邦政府共同建设公共事业工程
地方	建设、管理和维护乡（市）镇、村内公路；与州政府合作建造中小学校和特殊教育学校，管理义务教育；防灾和防治传染病，救助失业和流浪者，全民居住的入托、养老和住房；建设与维护公共安全设施，维护公共场所秩序；建设和管理剧院、交响乐团、博物馆、图书馆、成人夜校和音乐学校；电、气和饮用水供应，污水和垃圾处理等

（3）匈牙利政府向农村提供的公共服务。匈牙利属于体制转型国家，在镇政府一级，明确涉及体育运动的公共服务供给事项，而在县政府层面的休闲与运动环节中一定包含体育内容，反映出国家对农村公共体育服务的投入（表1-4）。

---

[1]冯华艳. 农村公共服务供给研究 ［M］. 北京：中国政法大学出版社，2015：184-186.

表1-4　匈牙利地方政府负责提供的农村公共服务

各级地方政府	公共服务任务
村政府	教育（如幼儿园、小学）、社会福利（如托儿所、福利院）、基本医疗保健
镇政府	教育（如学前教育、小学）、社会福利（如托儿所、幼儿园、福利院）、基本医疗服务、文化与休闲（如文化中心、公园）、体育运动、公共设施（如供水、污水处理、公共照明）、环境卫生（如废弃物收集及处理、公墓维护、环境保护等）、交通运输（如地方公路）、综合管理（如选举登记、消防队、民房系统等）
县政府	教育（如中学教育、技术教育）、社会福利（如为老年人、残疾人提供的服务，为无家可归、危机家庭提供的服务）、医疗服务、文化、休闲与运动（如剧院、博物馆、图书馆、休闲中心）、环境卫生（如公共清洁）、公共交通及运输等

（4）美国政府向农村提供的公共服务。美国政府向农村提供的公共服务由三部分组成（表1-5），其中在"公园和娱乐"板块充斥着大量的公共体育元素。这与美国重视农村基础设施建设密切相关，"政府在农村社区建立学校、医院、活动中心等公共设施"。

表1-5　美国政府向农村提供的公共服务

序号	提供方式
1	联邦和州政府分别负责投资兴建大中型基础设施，如灌溉和防洪设施、道路、桥梁、河道、垃圾收集和处理设施、排污设施等，建成后交由公共服务部门管理
2	联邦政府、州政府和县政府按一定比例共同出资（少部分由个人捐助），由有关政府职能部门组织实施农业科研、农业教育培训和技术推广
3	在联邦和州政府之下，体系复杂、设有各种各样公共行政机构的地方政府，通过自己的服务机构，向提供服务产品的组织拨款和向私人企业签约购买等方式，辖区内的服务包括教育、公共福利、公园和娱乐、交通等

（5）日本和韩国政府向农村提供的公共服务。日本和韩国都是中央集权的单一制国家，各地方在中央政府主导下实行自治（表1-6）。日本政府对公共体育的投入力度较大，在都、道、府、县注重体育场馆的提供，而在市、町、村范畴则开展体育娱乐活动，他们的农业协同组织在此过程中发挥了重要作用。韩国地方自治团体对运动场的建设表明政府对此项公共服务的看重和对民生工程的关注。

表1-6　日本和韩国地方公共（自治）团体在辖区内提供的公共服务

国家	地方	公共服务项目
日本	都、道、府、县	国土整治、能源开发、道路和河流、下水道及其他公共设施的建设和管理；义务教育、文化遗产保护、医药卫生、协调劳动关系等全国统一性服务；设置高中、盲人学校、研究所、图书馆、博物馆、体育馆、美术馆、陈列馆、医院及其他医疗保健设施等市、町、村无力单独承担的服务
	市、町、村	中小学的设置和管理、自来水供应和下水道设置、路灯设置和维护、道路维修、消防、清洁卫生、公园绿地维护、体育娱乐活动
韩国	地方自治团体	保健医疗机构的设置，社会福利设施的设置、运营和管理，居民生活环境设施的保护，消费者和社会弱小的保护；公有林管理，农、林、水产品的生产和流通管理，中小型企业的培育；幼儿园、小学、中学和高中的设置，图书馆、博物馆、运动场等公共文化设施的设置和维护等

1.4.2　我国农村公共体育服务研究

1.4.2.1　我国农村公共服务研究

我国公共服务研究较西方国家起步略晚，通过文献检索发现最早始于1950年，而在随后近半个多世纪的学术探究历程中，其数量始终未能激增。直至21世纪初期，关于公共服务的研究开始如显学般于学界涌现，由图1-1第一个图表的"我国公共服务的学术关注度"即可看出。而我国公共服务研究的议题基本集中于"理论阐释、实践考察、比较研究（理论、区域、城乡、国际）、实证旨趣及均等化研究趋向"[1]等。其中"绝大多数成果集中在我国城市社区公共服务体系领域，对农村公共服务体系关注很少，研究的范围相对狭窄，一般只就某一具体农村公共服务项目来进行探讨"[2]。如在农村区域，有学者从"医疗卫生服务、农业技术服务推广、信息服务、社会保障"[3]等公共服务供给制度安排方面展开论述，紧承此举更有细致的专块述评，如对"农民信息需求、农村信息资源、农村信息服务模式、农村信息服务技术、农村信息服务体系"[4]等探

---

［1］龙立军. 近年来我国公共服务研究综述［J］. 贵州民族大学学报（哲学社会科学版），2013（5）：146-149.

［2］方堃. 当代中国新型农村公共服务体系研究——基于"服务三角"模型的分析框架［M］. 北京：中国社会科学出版社，2010：10.

［3］徐小青，郭建军. 中国农村公共服务改革与发展［M］. 北京：人民出版社，2008：133-138.

［4］杨沅瑗，黄水清，茆意宏.2007—2012年国内农村信息服务研究述评［J］. 情报杂志，2013，32（7）：171-174，178.

究，或农村社会保障的"研究基础、制度建立的必要性、制度发展的约束、制度建立的可行性、城乡衔接与统筹、制度的构建、资金筹集、管理[1]；现存问题及体系的对策研究"[2]等。

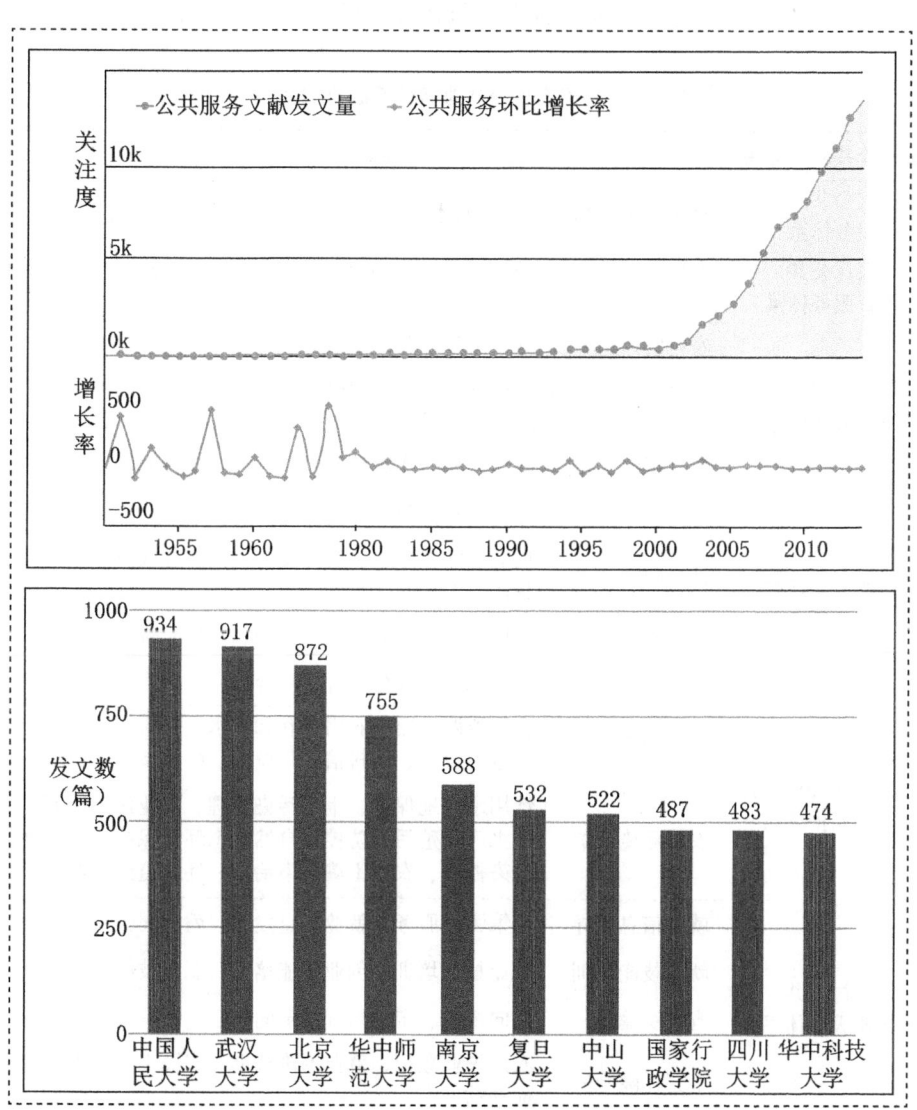

图 1-1　1950—2014 年我国公共服务的学术关注度及研究机构分布情况

[1] 杜妍冬. 我国农村社会保障研究述评 [J]. 新疆社科论坛，2008（2）：71-74.

[2] 范志轩，陈翔. 近年来我国农村社会保障研究述评 [J]. 中国海洋大学学报（社会科学版），2013（1）：68-72.

除此之外，农村公共文化服务研究成果颇丰，如农村公共文化服务的"概念内涵和内容、体系构建原则、建设的意义、现状原因与对策"[1]及其体系的"基本构架、基本特征、建设原则、建设意义、建设成就、建设主体、存在问题和原因及建设对策"[2]等。农村公共服务体系研究多从具体项目的要素构成展开（表1-7）。

表1-7 我国农村公共服务体系综合组成 [3]

农村公共服务体系		要素构成
农村公共文化服务体系		政策法规、基础设施、人才队伍、文化产品、传播服务、经费保障
农村公共教育服务体系		农村学前教育、农村义务教育、农村职业教育及成人教育、农村短期培训
农村公共医疗卫生服务体系	农村医疗服务	县级医院服务、乡镇卫生院服务、村卫生室服务
	农村公共卫生服务	疾病预防控制、健康教育、妇幼保健、精神卫生、应急救治、采供血、卫生监督、计划生育、其他
	农村医疗保障	新型农村合作医疗制度、农村医疗救助制度
农村社会保障服务体系	社会保险	社会医疗保险、社会养老保险、计划生育保险
	社会救助	最低生活保障、扶贫开发、灾民紧急救济、老弱孤残救助、大病医疗救助
	社会福利	五保户福利、妇女老人福利、农村公益事业
	社会优抚	社会抚恤、社会安置、社会优待
农村基础设施与环境保护体系	农村基础设施	农村道路交通、农田水利和饮水、农村能源设施、农村电力设施、农村信息化设施、科教文卫等设施
	农村环境保护	饮用水源地保护、生活污染治理、工业污染控制、畜禽水产养殖污染防控、自然生态环境保护、农业面源污染控制、农村土壤污染治理、环境监测和监管
农村公共就业服务体系	就业信息指导	政策咨询服务、就业信息发布、就业岗位推荐
	就业技能培训	职业技能培训、创业技能培训、职业技能鉴定
	有组织输出	定向招聘、定向培训、定向输出
	维权保障服务	农民失业登记、就业困难援助、农民工社会保险及其他补贴

［1］陈文权，张立强. 我国农村公共文化服务研究述评 [J]. 重庆社会主义学院学报，2012 (5)：89-92.
［2］廉永生. 农村公共文化服务体系文献研究综述 [J]. 经济研究导刊，2013 (2)：22-23.
［3］方堃. 当代中国新型农村公共服务体系研究——基于"服务三角"模型的分析框架 [M]. 北京：中国社会科学出版社，2010：253-294.

农村公共服务体系		要素构成
农村灾害 防治服务体系		农村灾害风险和信息管理、农村灾害监测预警预报、农村灾害综合防范防御、农村灾害应急抢险救援、农村防洪减灾体系、农村巨灾综合应对、农村减灾科技支撑、农村减灾科普宣传教育
农村公共安全 服务体系	农村治安防控	警区建设、技防物防、严打整治
	农村社会管理	人口流动、户籍管理、食品药品安全
	农村矛盾排查化解	婚姻家庭纠纷、邻里纠纷、征地纠纷
	农村安全生产	矿区安全、消防安全、用电安全、学校安全
	农村应急处置	事故灾害、公共卫生事件、社会安全事件
	农村司法保障	法律服务、司法服务
	农村教育预防	普法宣传、道德教育、反邪教教育、安全教育

1.4.2.2 我国农村公共体育服务研究

我国公共体育服务研究较公共服务研究落后 25 年，据文献可查，我国公共体育服务研究于 1985 年始有论文发表，学界关注度自 2007 年左右开始高涨，且以上海体育学院为主要阵地（图 1-2）。在研究内容上，国内公共体育服务研究主要集中在其建设意义、概念内涵、体制机制、建设主体、路径选择、基础设施、方式创新、监管评估及农村公共体育服务体系研究等[1]。如学界分别从社会主义和谐社会建设[2]、公民体育权利[3]、体育强国[4]等视角展开公共体育服务体系建设意义；对体育公共服务[5]还是公共体育服务[6]的两种提法，学者各持己见，形成对垒；公共体育服务资源配置的出路在于深化体育体制改革，尤其是在竞技体育管理和财政方面[7]等。

[1] 戴健，郑家鲲. 我国公共体育服务体系研究述评 [J]. 上海体育学院学报，2013，37（1）：1-8.

[2] 尹维增，张德利. 对构建和谐社会环境下公共体育服务的基本责任研究 [J]. 体育与科学，2009，30（1）：45-47.

[3] 刘玉. 社会转型期的体育公共服务供给问题 [EB/OL].（2012-08-16）. http：www. xjass. com/ll/content/2010-04/27/content_146766. html.

[4] 李建国. 体育强国的基础——体育公共服务体系建设 [J]. 体育科研，2009，30（4）：15-18.

[5] 范冬云. 我国体育公共服务研究中几个问题的探讨 [J]. 成都体育学院学报，2010，36（2）：6-8，12.

[6] 郇昌店，肖林鹏，李宗浩，等. 我国公共体育服务发展述评 [J]. 体育学刊，2009，16（6）：20-24.

[7] 董新光. 论公共体育资源配置的不平衡及改革取向 [J]. 体育文化导刊，2007（3）：6-11.

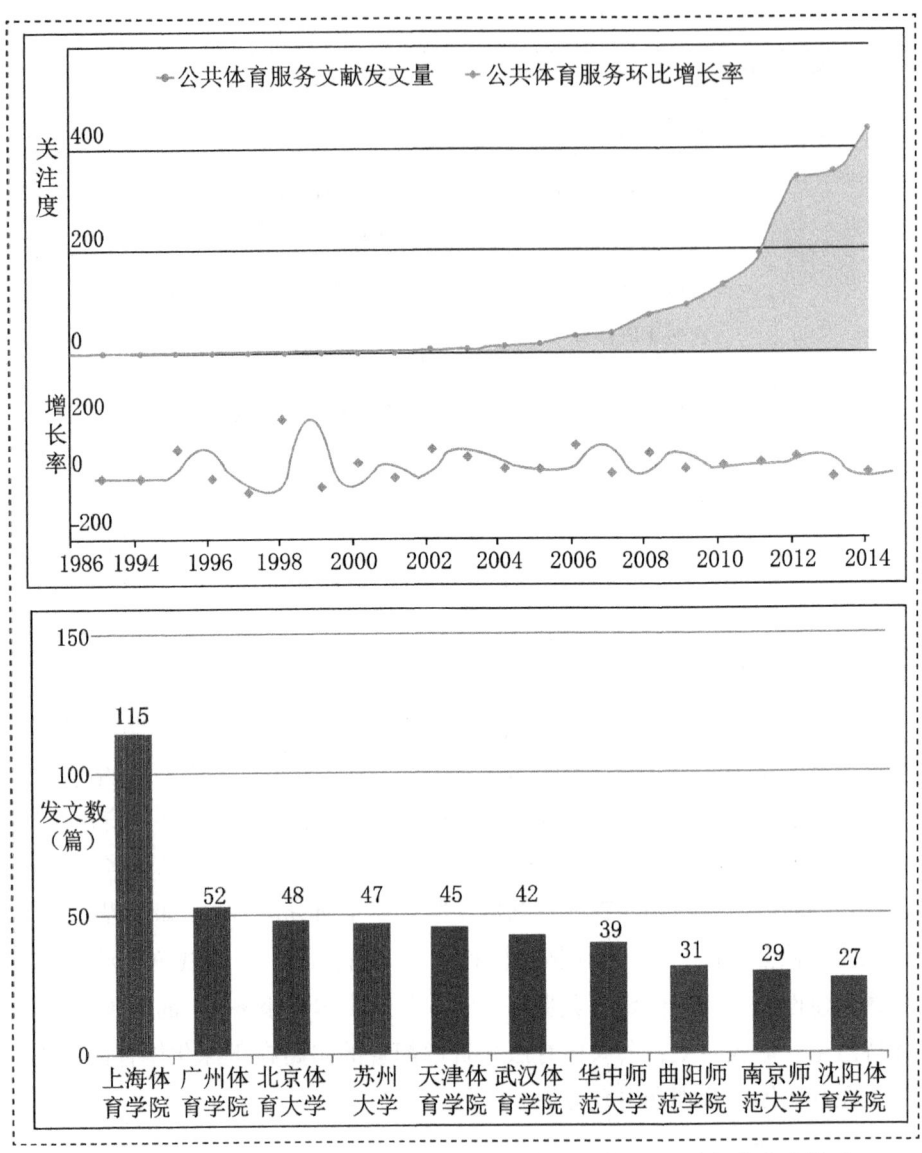

图1-2 1985—2014年我国公共体育服务的学术关注度及研究机构分布情况

截至2014年底，通过中国知网以"农村公共体育服务"为主题共搜集论文62篇（期刊53、学位7、会议2），从其发文时间（2008—2014年）与数量上来看，呈不稳定趋势且总量亦显薄弱，单年发表最多17篇（2014年），足见学术空间之大（图1-3）；课题立项方面，2010—2014年国家社科基金项目、国家体育总局关于体育公共服务或公共体育服务共设84项，涉及农村区域达19项。

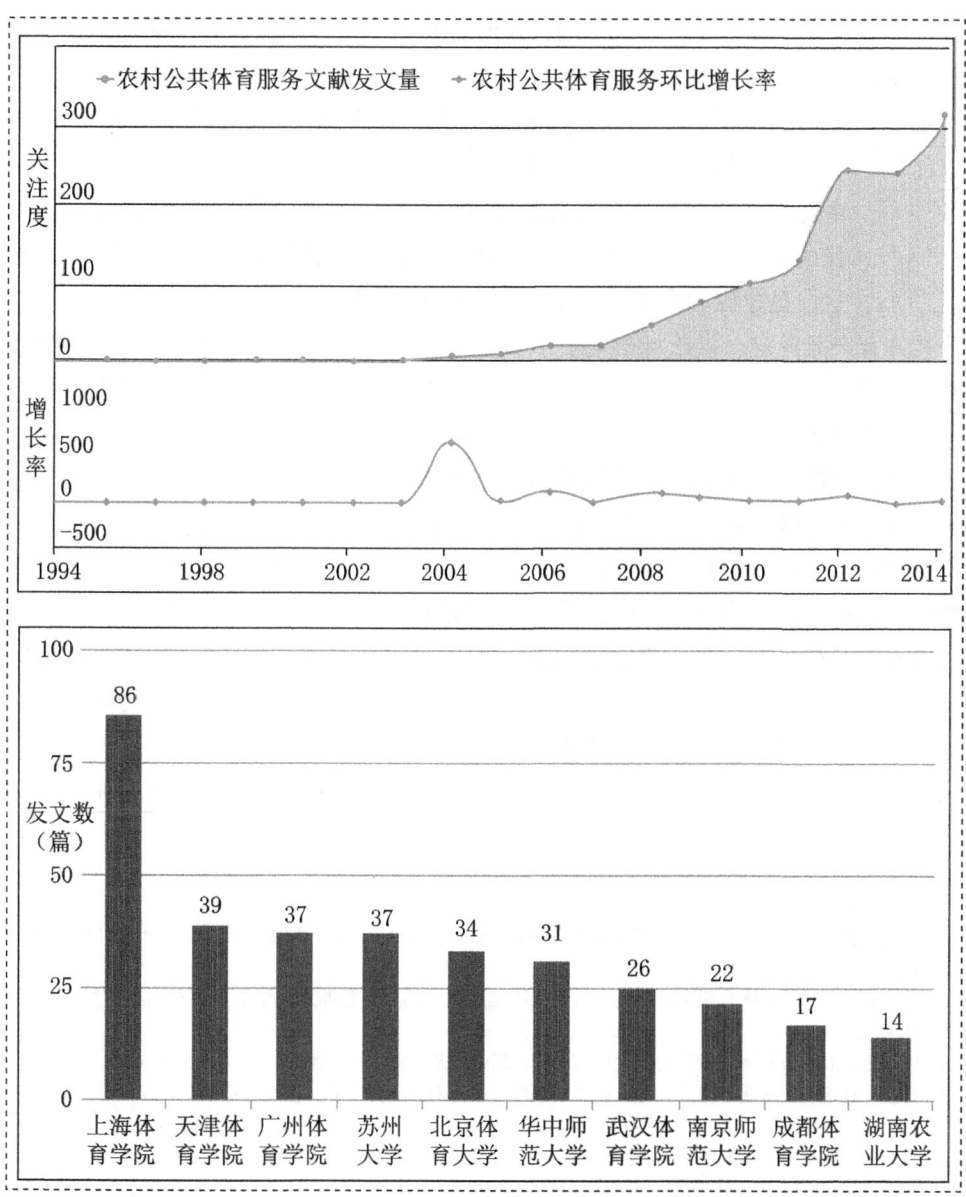

图 1-3　1990—2014 年我国农村公共体育服务的学术关注度及研究机构分布情况

对我国农村公共体育服务研究进行梳理及发文立项分析获知，学界基于不同学术视角针对"农村公共体育服务"议题提出了多种研究维度，概言之，主要有以下六种：

逻辑起点——基于基础理论的构建。包括概念界定及体系内容确立，如农村公共体育服务，即"在农村范围内，对所有农民实施的各种社会体育、学校体育及竞技体育等"[1]，"以公共组织为供给主体，为满足农民（农村）公共体育需求（需要）而提供的有形或无形物品（公共体育物品、混合物品和服务）的总称"[2][3]；性质使然为"一种具有一定非排他性和非竞争性的社会性服务"[4]。由此可见"农民的公共体育需要是农村公共体育服务供给的发端和归宿"[5]，目的是"通过提高农民身体素质以促进农村经济、文化和社会的发展"[6]，这恰是建设和谐新农村的需要。农村公共体育服务体系则指"对农村公共体育产品界定、供给标准与方式确定及供给者选定的管理行为"[7]，经合并为"政策法规、人力资源、资金保障、物质保障、信息服务、活动内容、活动指导、教育培训、组织管理、创新系统、体质监测及评估表彰"[8][9]等。

面上反馈——基于基本现状的描述。我国农村公共体育服务现实问题较多，嵌于深层当是国家和社会提供的体育服务不能满足人们日益增长的体育需求，浮于表层则有"设施数量不断提高，但结构性失衡；规划已起步，但规定较笼统；整体利用率不高；建设用地以公共为主，投资以政府为主；管理制度已确立，但管理水平有待提高"[10]。建设新农村过程中"支持力度不够""人们体育锻炼思想还未达到根本性转变"[11]现象普遍存在。区域层面有如西北"公共财政投入少、人均体育活动经费少、公共体育活动场所少、农村体育社会指导员匮乏、群众体育锻炼意识淡薄"[12]"服务意识浅薄，管理理念滞后；服务活动扭曲，管理

[1] 曹荣芳，张宝霞. 浅析我国农村公共体育文化的构建——基于城乡一体化的视角 [J]. 中国报业，2012（2下卷）：23-24.

[2] 郝莹，任莲香. 西北农村公共体育服务的环境分析及对策研究 [J]. 甘肃理论学刊，2012（5）：107-110.

[3] 籍玉新. 农村公共体育服务能力提高与政府职能强化 [J]. 长春理工大学学报（社会科学版），2013（2）：82-84.

[4] 钱伟良. 农村公共体育服务均等化研究 [J]. 湖州师范学院学报，2009，31（2）：63-66.

[5] 郝莹，任莲香. 西北农村公共体育服务的环境分析及对策研究 [J]. 甘肃理论学刊，2012（5）：107-110.

[6] 曹荣芳，张宝霞. 浅析我国农村公共体育文化的构建——基于城乡一体化的视角 [J]. 中国报业，2012（2下卷）：23-24.

[7] 齐立斌. 农村公共体育服务体系的运行机制研究 [J]. 南京体育学院学报（社会科学版），2010，24（4）：44-48.

[8] 齐立斌. 新农村公共体育服务理论体系的架构 [J]. 河北体育学院学报，2011，25（2）：4-9.

[9] 孙锋. 江苏农村公共体育服务体系构建研究 [J]. 湖北体育科技，2012，31（4）：402-403，407.

[10] 戴健. 中国公共体育服务发展报告（2013）[M]. 北京：社会科学文献出版社，2013：103.

[11] 王燕梅. 论我国新农村公共体育服务的现状与发展 [J]. 体育科技文献通报，2014（3）：97-98.

[12] 郝莹，任莲香. 西北农村公共体育服务的环境分析及对策研究 [J]. 甘肃理论学刊，2012（5）：107-110.

内涵不清"[1]等问题。省、市、区如河南"基础设施薄弱，城乡差距显著"[2]，重庆"农村基础性公共体育服务滞后、公益性公共体育服务缺位及信息服务渠道不畅通"[3]，浙江"建设公共体育场地设施缺少统一规划；农村健身服务体系有待健全"[4]，鲁西北"体育场地设施匮乏及技术保障不足、缺乏有效的管理机制与组织运行"[5]等。

中间要环——基于供给方式的探索。公共服务供给是理论到实践的关键链环，它可通过公共部门直接提供，亦可由政府出资让私人间接供应。农村公共体育服务供给具有"公益性和社会性、广泛性和多层次性、公平性和公正性、科学性和法制性、开放性和社交性"[6]等特点，有学者认为其存在"供给低水平、缺乏针对性、机制缺陷及缺乏法律保障"[7]等问题，或是"主体缺失、内容单一化、客体滞后"，可能与"体育法规建设落后、体育机构设置残缺、体育组织力量薄弱等"[8]有关。策略方面"乡镇政府职能转变是农村公共体育服务有效供给的重点"，要"培育民间体育组织的壮大、弥补市场失灵与政府失灵的功能优势及组织形态和运作的优势"[9]，鼓励成立"农民体育协会、农民体育俱乐部"，明确"政府职责，建立与完善供给的资金保障、激励与约束机制"[10]；除此之外，还需"不断创新供给的技术选择，完善多元供给中的协同创新机制"[11]等。

[1] 范海棠，范宏伟，刘晚玲，等．西北农村公共体育服务问题研究 [J]．甘肃高师学报，2012，17 (6)：134-136．
[2] 王海宏，杨建国，王剑，等．农村公共体育服务的现状调查与对策研究 [J]．武汉体育学院学报，2008，42 (11)：73-77．
[3] 袁锋，赵云书，陈秀峰．健康重庆背景下农村体育健身服务体系构建探讨 [J]．科技信息，2010 (32)：458，461．
[4] 钱伟良．浙江省农村公共体育服务现状及其对策研究 [J]．湖州师范学院学报，2014，36 (2)：66-69．
[5] 石金龙，石婷婷，赵元吉．鲁西北地区农村公共体育服务现状分析及对策研究 [J]．湖北体育科技，2014，33 (2)：117-120．
[6] 朱寒笑．新农村背景下农村公共体育服务供给的特点和政府职责 [J]．理论与当代，2009 (3)：27-30．
[7] 卢文云，梁伟，孙丽，等．新农村建设背景下西部农村公共体育服务供给现状、问题及对策研究 [J]．体育科学，2010，30 (2)：11-19．
[8] 朱寒笑．社会主义新农村公共体育服务供给机制研究 [J]．贵州体育科技，2009 (1)：24-28．
[9] 朱寒笑．新农村背景下农村公共体育服务供给的特点和政府职责 [J]．理论与当代，2009 (3)：27-30．
[10] 卢文云，梁伟，孙丽，等．新农村建设背景下西部农村公共体育服务供给现状、问题及对策研究 [J]．体育科学，2010，30 (2)：11-19．
[11] 朱毅然．协同创新——我国农村公共体育服务供给模式新发展 [J]．阜阳师范学院学报（自然科学版），2014，31 (1)：63-71．

价值诉求——基于均等化的探讨。公共体育服务供给的理想形式是确保每一民众获享，即均等地享受公共体育服务是每个公民的基本权利。农村公共体育服务均等化是指"农村居民大体同等享用政府准社会性公共体育服务均等化政策中的公共体育资源和服务"[1]，其内涵为"农民与其他任何社会阶层一样，所享有的公共体育资源和机会应均等、结果应大体相等"，且"选择权应受到尊重"[2]，但此研究仍有"资源非均等化发展、弱势群体问题凸显、公平效率失衡"[3]，在"享有权力、财政供给、结果"[4]上不均等现象，致因有"地域城乡差异、社会阶层分化、过度体育市场化、体育管理体制改革滞后"[5]"缺乏法律制度保障措施、公共体育服务效率低下"[6]等，"农村人口继续流动和迁移对输出地（农村）公共体育服务均等化发展"[7]也有一定影响。

良性期许——基于运行机制的探究。包括内涵及组成等，农村公共体育服务体系运行机制"是其自身内有的，确保体系整体保持正常运行所需的各功能的组合、联动与循环，是推动整个农村公共体育服务体系沿着正确轨道健康运行并不断向前发展的方式或原理"[8]，即达至一种良性运行与协调发展的社会期许状态。"体育公共服务运行离不开效率、公平、激励和公共监督机制的联动"[9]，农村公共体育服务运行机制则由"效率、公平、问责、监督等构成"[10]，或有"责任分担、资金保障、激励与约束机制"[11]及"宏观决策、动力、创新、协调、监督和组织保障机制"[12]等融入；且要"对管理工作实行绩效评估机制"[13]，这为继续探究机制联动、良性运行作好铺垫。

［1］钱伟良. 农村公共体育服务均等化研究［J］. 湖州师范学院学报，2009，31（2）：63-66.

［2］李萍美. 新农村体育服务模式建构［J］. 体育文化导刊，2008（10）：17-20.

［3］黄晓. 和谐社会语境下公共体育服务均等化发展研究［J］. 成都体育学院学报，2008，34（5）：5-8.

［4］钱伟良. 农村公共体育服务均等化研究［J］. 湖州师范学院学报，2009，31（2）：63-66.

［5］黄晓. 和谐社会语境下公共体育服务均等化发展研究［J］. 成都体育学院学报，2008，34（5）：5-8.

［6］陈媛媛. 农村公共体育服务均等化路径探索［J］. 成人教育，2011，31（11）：116-117.

［7］李详，周武. 我国城乡公共体育服务均等化发展策略研究——基于农村人口流动与迁移角度［J］. 山东体育科技，2012，34（2）：30-35.

［8］齐立斌. 农村公共体育服务体系的运行机制研究［J］. 南京体育学院学报（社会科学版），2010，24（4）：44-48.

［9］王伯超. 构建我国体育公共服务体系的理论思考［J］. 广州体育学院学报，2009，29（1）：1-4，24.

［10］齐立斌. 新农村公共体育服务理论体系的架构［J］. 河北体育学院学报，2011，25（2）：4-9.

［11］卢文云，梁伟，孙丽，等. 新农村建设背景下西部农村公共体育服务供给现状、问题及对策研究［J］. 体育科学，2010，30（2）：11-19.

［12］齐立斌. 农村公共体育服务体系的运行机制研究［J］. 南京体育学院学报（社会科学版），2010，24（4）：44-48.

［13］齐立斌. 新农村公共体育服务理论体系的架构［J］. 河北体育学院学报，2011，25（2）：4-9.

　　问题拟解——基于建设对策的探寻。农村公共体育服务策略应对不外乎从物、人、财、政策等角度倡议：①物态环节，"创建农村公共服务中心，整合农村公共资源"[1]，且要"结合新农村建设实践，发展农村基础性服务体系"[2]，完善"农村公共体育设施整体规划""强化农村体育设施管理""提供必要的健身器材"[3]。②人才队伍建设，需充分"发挥大学生'村官'能量，培养农村社会体育指导员"[4]，实行"体育教师融入农村公共体育服务政策"，以"提供专业化服务，缓解指导人员紧缺的矛盾"[5]。③财政方面，"通过树立公共服务型财政观，稳步增加政府拨款"[6]"建立适应新型农村体育服务发展的财政保障机制"[7]，如"以省市统筹为主、多级负责的财政投入体制"[8]。④参与部门应"制定相关制度和措施"[9]"依法发挥政府职能，确保相应责任的履行"[10]"合理划分我国政府公共体育服务的事权并逐渐法制化"。除此之外，应"调动农民的积极性与创造性"[11]"转变人们体育锻炼的态度和意识，促其积极主动参与"[12]，并要"建立和完善农民的公共体育需求表达机制"[13]，从而"引导观念更新，激发公民需求"[14]。

　　此外，（农村）公共体育服务研究方法又不外乎以下几种：①文献研究法，通过中国知网等途径获取相关学术论文、报纸杂志、地方年鉴和政策文件等材料并加以提炼，旨在掌握我国（农村）公共体育服务研究进展，为深层研究提供

[1]戴健.中国公共体育服务发展报告（2013）[M].北京：社会科学文献出版社，2013：103.

[2]李艳.农村公共体育服务存在的问题与思考[J].成都体育学院学报，2008，34（10）：30-32.

[3]王海宏，杨建国，王剑，等.农村公共体育服务的现状调查与对策研究[J].武汉体育学院学报，2008，42（11）：73-77.

[4]郝莹，任莲香.西北农村公共体育服务的环境分析及对策研究[J].甘肃理论学刊，2012（5）：107-110.

[5]张美玲.体育教师参与农村公共体育服务的可行性研究[J].新乡学院学报（自然科学版），2012，29（6）：549-551.

[6]李萍美.新农村体育服务模式建构[J].体育文化导刊，2008（10）：17-20.

[7]曹亚东，王海燕.我国农村公共体育服务中的政府职责研究[J].消费导刊，2009（23）：247.

[8]郎昌店，肖林鹏，杨茜萍.我国农村公共体育服务"以县为主"发展模式的困境与突破[J].体育科研，2012，33（6）：47-50.

[9]王燕梅.论我国新农村公共体育服务的现状与发展[J].体育科技文献通报，2014（3）：97-98.

[10]孙锋.江苏农村公共体育服务体系构建研究[J].湖北体育科技，2012，31（4）：402-403，407.

[11]曹亚东，王海燕.我国农村公共体育服务中的政府职责研究[J].消费导刊，2009（23）：247.

[12]王燕梅.论我国新农村公共体育服务的现状与发展[J].体育科技文献通报，2014（3）：97-98.

[13]孙锋.江苏农村公共体育服务体系构建研究[J].湖北体育科技，2012，31（4）：402-403，407.

[14]郝莹，任莲香.西北农村公共体育服务的环境分析及对策研究[J].甘肃理论学刊，2012（5）：107-110.

有力的理论基础[1]。②问卷调查法，向研究对象系统地询问社会背景、态度和行为，以发现社会现象和过程的原因或影响因素[2]，如石金龙等[3]向"鲁西北部地区发送农民问卷 220 份，村委会、体育工作者问卷 55 份"。③实地考察（调查）法，如郇昌店[4]于"2011 年 7 月赴山东，2011 年底赴内蒙古，2012 年 7 月赴山西、湖北，2012 年 10 月赴云南等地调研"。④访谈法，电话或面谈形式咨询以了解当地农村公共体育服务现状，如游俊等[5]对"调查区域内体育局、文体站、社区委员会、街道办事处、村委会、健身组织等相关人员"进行调查访问。另有逻辑分析、数理统计、规范与实证研究等方法。

1.4.3　国内外相关研究述评

综上所述，国内外关于公共服务的研究成果丰硕，为我国农村公共体育服务探究积累了理论基础和实践经验。不过，在梳理国外（农村）公共服务发展的思想来源、理论范式及供给现状和国内农村公共体育服务研究进展的情形下，发现学界在达成一定共识的同时，亦存有些许不足，这为进一步思考和探索埋下伏笔。

（1）共识：农村公共体育服务作为一种"社会事实"而存在。关于农村公共体育服务的研究，学界的共识表现是广泛的，主要体现在以下几个方面：国外公共服务研究并非无源之水，其思想基础可溯及古典自由主义理论和社会契约论等；国外公共服务供给方面由政府独揽到市场参与再到公民社会的多元主体融入，体现出社会的进步；国外农村公共服务供给涉及面广，除教育、文化、医疗卫生等直接关乎民生的社会事业外，公共体育服务内容也多有被提及，这为我国农村公共体育服务研究提供经验借鉴；国内农村公共服务体系研究既有整体性把握，也有单独通过具体项目进行构建，如文化等，体育领域亦多有涉猎。农村公共体育服务体系作为一种社会事实已散存于现实之中，且实践先行于理论。

（2）不足：农村公共体育服务体系构建与运行探索依据不详。目前对农村

[1] 王家宏，李燕领，陶玉流. 我国公共体育服务体系：过程结构与功能定位 [J]. 北京体育大学学报，2014，37（7）：1-7.
[2] 郑杭生. 社会学概论新修（精编版）[M]. 北京：中国人民大学出版社，2009：46.
[3] 石金龙，石婷婷，赵元吉，等. 鲁西北地区农村公共体育服务现状分析及对策研究 [J]. 湖北体育科技，2014，33（2）：117-120.
[4] 郇昌店. 城镇化进程中我国农村公共体育服务发展模式研究 [M]. 北京：北京体育大学出版社，2013：6-7.
[5] 游俊，刘超，雷泽勇，等. 城乡公共体育服务均等化探析——以四川省成都市为例 [J]. 山东体育科技，2013，35（4）：33-37.

公共体育服务体系和运行的探究仅是刚刚起步，尚未整理出一套完备的学术框架。通过文献回顾，发现仍存如下缺憾：政策支持力度渐强，效果反馈研究不够：关于公共体育服务的政策研究虽有涉及，但多以一种背景进行解读，对于更加细致的研制、执行及效果评估较少；管理理论参考借鉴较多，学科融合涉猎偏少：学界多从公共管理视角展开对农村公共体育服务的探究，其体系、供给、均等化及运行机制的深刻内涵注定具有农村特色，而当下多学科理论的交融步伐略显缓慢；基础内容研究丰富，实践层面课题略缺：运行机制的模式提炼不够彻底（条件鲜有描述，机制依据不详）；研究方法稍显单一，新颖综合思路待拓：农村公共体育服务研究还未形成独具特色的范式，综合思路探索在已有研究成果中或未表述，这些问题直接影响农村公共体育服务研究的成熟程度，亟待完善。

1.5　研究思路

1.5.1　研究方法

（1）文献研究法：利用文献资料间接考察历史事件和社会现象的研究方式就称为文献研究[1]。查阅中华人民共和国成立以来的《人民日报》《光明日报》《中国体育报》等报纸杂志，《中国体育年鉴》及相关省（市）、自治区的《体育年鉴》和体育法律法规等国内外相关文献；数据采用政府职能部门权威公告或报告（如全民健身计划实施评估材料，见附件）；参阅关于公共体育服务的所有学术著作。农村公共体育服务研究的理论基础、体系建设中的成果借鉴及各种论点的支撑论证等都需要文献研究方法的对应解决。

（2）比较研究法：是指对两个或两个以上的事物或对象加以对比，以找出它们之间的相似性与差异性的一种分析方法[2]。以时间为准线了解中国农村公共体育服务的纵向发展；以国度为界线凝练部分发达国家公共体育服务体系建设的横向经验。

（3）逻辑分析法：逻辑分析多用于社会科学研究的理论建构环节，经验社会科学研究是从经验观察到理论（建构），又从理论到经验（检验）这样一个不断循环往复的过程[3]。常见的逻辑分析主要有归纳与演绎两种，归纳法即是

[1]林聚任，刘玉安．社会科学研究方法［M］．济南：山东人民出版社，2004：145．
[2]林聚任，刘玉安．社会科学研究方法［M］．济南：山东人民出版社，2004：167．
[3]林聚任，刘玉安．社会科学研究方法［M］．济南：山东人民出版社，2004：60．

"从个别事实中推演出一般原理的逻辑思维方法"[1]，农村公共体育服务的体系建设可完全依托归纳形式将其定型，即综合宏观层面的政策法规、中观层面的文献资料及微观层面的实地案例加以确立。演绎法则是"从一般到个别，从逻辑或理论上预期的模式到经验观察，最后检验原来的理论模式的过程"[2]，农村公共体育服务的运行研究可借助郑杭生、李强的"社会运行论"[3]来展开对其条件与机制的表述，最终形成农村公共体育服务内属的运行模式。

（4）问卷调查法：问卷调查就是将若干份事先设计好的、统一的问题表格——问卷通过邮局或派调查员送到样本中的每一个被调查者手中，由被调查者自行填答问题，然后仍通过邮局寄回或由调查员收回的调查方法[4]。结合实际需要进行分段抽样（不完全随机）调查，具体方案为：

①**确定研究区域**。根据国家统计局公布的《东西中部和东北地区划分方法》，将总体分为东部、中部、西部和东北四个研究域（层），抽取结果见表1-8。抽取的省区市涉及中国农村经济发展水平各种类型（表1-9），即是说选择的样本尽可能从空间结构和经济情况来考量，前者避免地域相近，后者则确保经济均衡，涵盖每一层次的省、市、区。

表1-8　样本抽取情况说明

区域划分	省区市	样本抽取
东部	北京、天津、河北、上海、江苏、浙江、福建、山东、广东和海南（10省市）	山东、浙江、广东（3省）
中部	山西、安徽、江西、河南、湖北和湖南（6省）	安徽、河南、湖南（3省）
西部	内蒙古、广西、重庆、四川、贵州、云南、西藏、陕西、甘肃、青海、宁夏和新疆（12省区市）	甘肃、广西、重庆（3省区市）
东北	辽宁、吉林和黑龙江（3省）	辽宁（1省）

[1] 林聚任，刘玉安. 社会科学研究方法 [M]. 济南：山东人民出版社，2004：62.

[2] 林聚任，刘玉安. 社会科学研究方法 [M]. 济南：山东人民出版社，2004：66.

[3] 郑杭生，李强，等. 社会运行导论——有中国特色的社会学基本理论的一种探索 [M]. 北京：中国人民大学出版社，1993.

[4] 风笑天. 透视社会的艺术——社会调查中的问卷设计 [M]. 天津：天津人民出版社，1990：7.

表 1-9　中国农村经济发展水平类型划分[1]

级别	省级行政区	占比（%）	平均综合指数	经济发展程度	类型命名
一	上海、北京、浙江	9.7	3.53	发展水平最高	高水平地区
二	天津、江苏、广东、福建	12.9	1.74	地处东部沿海，无论经济实力还是生产力无疑都在全国平均水平之上	较高水平地区
三	河北、吉林、黑龙江、湖北、内蒙古、湖南、江西、辽宁、山东	29.0	0.396	基本与全国平均水平持平	中等水平地区
四	广西、宁夏、四川、新疆、重庆、河南、海南、安徽、山西	29.0	-0.69	综合指数得分为负，意味着其发展水平低于全国平均水平	较低水平地区
五	陕西、云南、甘肃、青海、贵州、西藏	19.4	-2.12	地处西部高原山地地区，农业发展条件差，农村经济水平低	水平最低地区

注：表中加粗省级行政区为所选取的样本，在农村经济各发展水平类型中均有，其中以第四类为多（4个），其次是第三类（3个），其余级别都是1个。

②调查问卷设计。基本理念：主要针对具体的研究内容，社会科学研究中通过问卷调查获取三类信息，属性与状态，即事物的基本特征和表现形态，如调查对象的性别、年龄等；意向性，即分析单位的行为倾向，而非已存的社会事实，如村民对公共体育服务的需求与满意程度等；社会行动，具有明确目的性的一类行为，如村民公共体育参与的时空特征表现等。

制定参考：综合《我国公共体育服务体系研究调查（农村）》（国家社科基金重大项目，2016）、《农村公共体育服务状况调查问卷》（郧昌店，2013）、《川渝两地农村体育现状调查》（邱建钢，赵元吉，王莉丽，2012）等而成。涵盖：①根据人口统计学变量确定调查个体情况；②依据"经常参加体育锻炼"标准了解村民体育参与现状；③借助建成的体系内容反馈农村公共体育服务供需状况；④农村公共体育服务治理情况；⑤农村公共体育服务重要及满意程度评价。

---

[1] 牛剑平，杨春利，白永平. 中国农村经济发展水平的区域差异分析 [J]. 经济地理，2010，30（3）：479-483.

效度检验：选取公共体育服务研究领域的相关专家，职称以教授为主，辅以副教授、讲师及协会会长，且在备注中对其匹配性作了进一步说明，以增加有效性（表1-10），通过专家咨询后，20%认为非常有效，70%认为比较有效，10%认为一般（表1-11）。

表1-10　问卷效度检验所选取的专家及其信息

序号	专家姓名	职称/职务	研究专长	效度反馈	备注
1	YCG	教授	农村体育公共体育服务	比较有效	国家社科重大项目《我国公共体育服务体系研究》成员
2	LJG	教授	体育与社会发展	比较有效	《我国体育公共服务体制与机制建设研究》等
3	XHY	教授	体育文化传播	比较有效	国家社科重大项目《我国公共体育服务体系研究》成员
4	ZL	教授	体育管理	比较有效	国家社科重大项目《我国公共体育服务体系研究》成员
5	CKQ	教授	公共体育服务	比较有效	主持国家自然课题《公共体育服务：体系构建、运行机制及制度安排》国家社科重大项目《我国公共体育服务体系研究》成员
6	DCS	教授	公共体育	一般	主持国家自然课题《中国情境下竞争合作型体育团队的冲突与干预》
7	ZXT	会长	社区体育	非常有效	上海市社区体育协会会长
8	ZJK	副教授	公共体育服务	比较有效	国家社科重大项目《我国公共体育服务体系研究》成员
9	HCD	讲师	公共体育服务	非常有效	教育部人文社科研究青年项目《城镇化进程中我国农村公共体育服务发展模式研究》
10	MDH	讲师	体育社会学	比较有效	国家社科青年项目《新型城镇化视域下我国"村改居"社区公共体育服务治理模式研究》

表1-11　专家问卷效度检验统计情况

指标	非常有效	比较有效	一般	不够有效	完全无效
人员分布	2	7	1	0	0
人员比例（%）	20	70	10	0	0

注：1. 效度检验按照《社会科学研究方法》而设计；2. 因一专家对问卷的整体效度未作直接评判，特将其定为"一般"选项。

信度检验：根据 $R=S/（M×N）$，最终求得问卷的信度系数为 0.72（$S=849$；$M=20$；$N=59$），虽然数值并不算太高，但基本达到一份综合性调查问卷可使用的程度（表1-12）。

R：重测信度系数；

S：问题 1 两次测量结果一致的问卷数+问题 2 两次测量结果一致的问卷数+…+问题 N 两次测量结果一致的问卷数；

M：问卷数量（重测的对象数量）；

N：问卷题目的数量（测量指标的数量）。

表1-12　问卷每一题项的样本一致度情况及信度系数求解

问卷题号	样本量	一致的样本	一致度	问卷题号	样本量	一致的样本	一致度
1	20	19	95	31	20	15	75
2	20	20	100	32	20	16	80
3	20	19	95	33	20	7	35
4	20	16	80	34	20	13	65
5	20	16	80	35	20	10	50
6	20	19	95	36	20	11	55
7	20	15	75	37	20	18	90
8	20	10	50	38	20	18	90
9	20	13	65	39	20	16	80
10	20	17	85	40	20	16	80
11	20	14	70	41	20	15	75
12	20	14	70	42	20	15	75
13	20	12	60	43	20	16	80
14	20	10	50	44	20	15	75
15	20	15	75	45	20	12	60

问卷题号	样本量	一致的样本	一致度	问卷题号	样本量	一致的样本	一致度
16	20	19	95	46	20	17	85
17	20	12	60	47	20	15	75
18	20	10	50	48	20	16	80
19	20	17	85	49	20	15	75
20	20	15	75	50	20	14	70
21	20	8	40	51	20	13	65
22	20	20	100	52	20	13	65
23	20	9	45	53	20	13	65
24	20	13	65	54	20	15	75
25	20	11	55	55	20	12	60
26	20	17	85	56	20	12	60
27	20	7	35	57	20	14	70
28	20	16	80	58	20	13	65
29	20	17	85	59	20	19	95
30	20	15	75	平均值	20	14.38983051	71.94915254
						$R=0.72$	

③**调研工作执行**。2015 年 12 月—2016 年 3 月，对我国农村公共体育服务发展情况进行了调查，范围涵盖东、中、西及东北四大地区（根据全国行政区划特点），在地理格局方面分别抽取山东、浙江、广东、河南、安徽、湖南、甘肃、重庆、广西、辽宁，以"地级市、县（县级市）、乡镇、村委会、村民"的"2-2-2-2-20"的抽取方式确定最终样本数量，共发放问卷 3200 份，回收并剔除无效问卷后获得 2956 份，有效回收率为 92.38%（表 1-13）。

表 1-13 农村公共体育服务调查区域及省份情况

地区	省区市	频数	比例（%）	频数合计	比例（%）合计
东部	山东省	270	9.1	872	29.5
	浙江省	300	10.1		
	广东省	302	10.2		

续表

地区	省区市	频数	比例（%）	频数合计	比例（%）合计
	河南省	280	9.5		
中部	安徽省	310	10.5	860	29.1
	湖南省	270	9.1		
	甘肃省	298	10.1		
西部	重庆市	320	10.8	918	31.1
	广西壮族自治区	300	10.1		
东北	辽宁省	306	10.4	306	10.4

（5）访谈法："有特定目的的会话，是研究者与信息提供者之间的会话，会话的焦点是在信息提供者对自己、生活、经验的感受，而用他/她自己的话表达。"[1]先后访谈了山东省梁山县老年体协协会会长、洪拳协会会长、任庄村支部书记；浙江省体育局群体处副处长、海宁市体育科科员、袁花镇文体站站长、黄湾镇文体站站长、桐乡市体育局体育科科长及科员、屠甸镇文体站站长、义乌市体育局体育科科长；江苏省常州市武进区体育局副局长、永安社区文化站负责人等；河南省宜阳县体育局局长及体育科职员等，并走访了部分村民，了解具体情况。

（6）统计分析法：研究主要涉及的统计分析方法为描述型，描述统计分析是社会统计分析最基本和最常用的方法，它是指运用一定的统计量说明数据资料的特征及其相互关系。主要包括集中趋势分析、离散趋势分析、相关与回归分析等[2]。如对调查对象社会学背景的信息统计、村民对农村公共体育服务体系建设的态度整理及影响村民对公共体育服务满意度因素探究（如地域、文化程度、年龄、性别与农村公共体育服务的差异分析）等。

（7）个案研究法：个案研究法又称个案历史法，追踪研究某一个体或团体的行为的一种方法，它通常采用观察、面谈、收集文件证据、描述统计、测验、问卷等方法。如对农村公共体育服务各大体系的案例说明，辅助论证；或对农村公共体育服务运行条件和机制的个案支撑，利于整体运行的探索。

[1] Minichiello V, Aroni R, Timewell E & Alexander L. In Depth Interviewing (2nd ed.) [M]. South Melbourne: Addison Wesley Longman Australia Pty Limited, 1995.

[2] 林聚任，刘玉安. 社会科学研究方法 [M]. 济南：山东人民出版社，2004：316-317.

1.5.2 技术路线

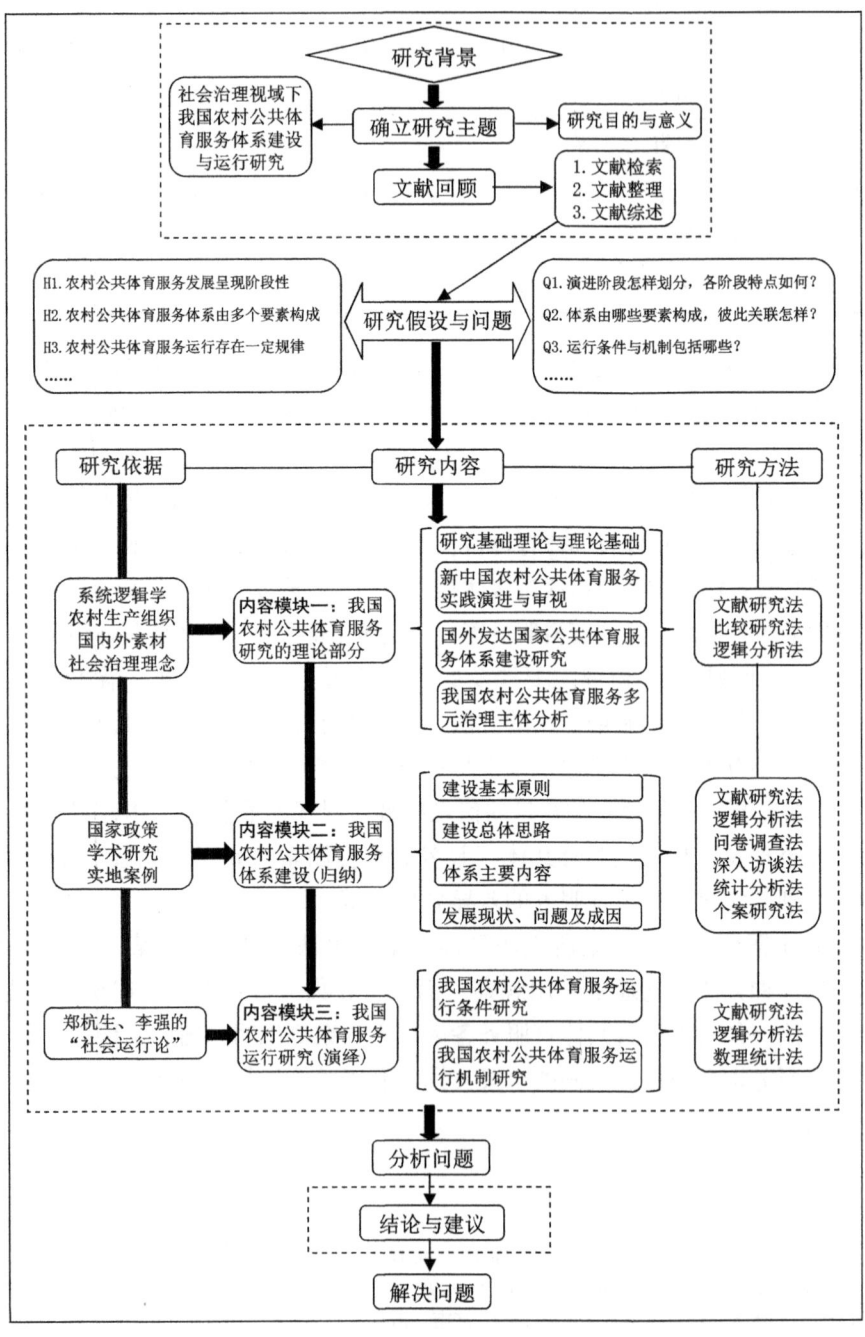

2

CHAPTER 02

研究的基础理论与理论基础

　　社会治理视域下我国农村公共体育服务体系建设与运行研究需对核心概念和依循理论加以界定或说明。通过对社会治理、公共服务、农村公共服务、公共体育服务、农村公共体育服务及农村公共体育服务体系等概念的梳理界说，从"服务于谁—由谁服务—服务什么"的逻辑出发界定了农村公共体育服务体系，明确研究的逻辑主线；并在此基础上勾勒出社会治理视域、公共服务理论及社会秩序理论等分析框架，描绘出国外公共（体育）服务理论范式的演进理路，并尝试说明我国社会治理视域形成的学理依据与现实需求，使得研究更具理论性和学术依托。

2.1　基础理论：核心概念界定

2.1.1　社会治理概念

　　社会治理：一种多元主体参与的理念。英文中的"治理"（governance）一词溯源至拉丁文中的"gubernare"、希腊文中的"kubernetes"，意为"古代的船长或舵手"。按照柏拉图的释义，"kubernetes"意即"掌舵或操纵的艺术"。关于"治理"的权威定义，当属 1995 年全球治理委员会的论述："治理是各种公共的或私人的个人和机构管理其共同事务的诸多方式的总和"[1]（《我们的全球伙伴关系》）。美国学者詹姆斯·N. 罗西瑙（James N. Rosenau）认为："治理指的是一种由共同的目标支持的活动，主体未必是政府，也无须依靠国家的强制力

---

[1] The United Nations Development Programme. Our Global Neighborhood：the Report of the Commission on Global Governance ［M］. Oxford：Oxford University Press, 1995：2-3.

量来实现。"[1]即是说，治理理论认为公共服务的多元化供给是现代社会发展的必然要求和选择，强调公共事务治理的主体应当包括政府在内的众多社会结构乃至个人。可见，西方治理理论多元主体的重视，与时下我国"社会改革"所倡导的"社会治理"理念极为契合。2013年11月12日中国共产党第十八届中央委员会第三次全体会议通过《中共中央关于全面深化改革若干重大问题的决定》，提出创新社会治理体制，正确处理政府和社会关系。适合由社会组织提供的公共服务，交由社会组织承担。传统政府较为单一主体治理方式将为集政府、市场、社会组织等多元主体的模式所取代，形成一种关于社会治理的学术视域。党的十九大报告提出要"加强社会治理制度建设，完善党委领导、政府负责、社会协同、公众参与、法治保障的社会治理体制，提高社会治理社会化、法治化、智能化、专业化水平"。综上，社会治理是在一个既定的空间范围内由多元行动者运用各自权威对社会组织、事务和生活的规范、协调和服务的过程[2]。

2.1.2 公共服务概念

（1）公共服务：以公益为终极目标。公共产品按萨缪尔森的经典表述为："如果一种产品是由市场来提供的，则是市场产品或私人产品，如果是由政府或政治程序和公共选择来提供，则属于公共产品或集体产品。"[3]公共服务的概念界定主要有物品说、利益说、主体说、价值说、内容说、职能说及服务说等，综合而言，公共服务是指"以政府为代表的公共部门和其他治理主体为满足社会公共需要，整合公共权力和公共资源，通过各种机制及方式，提供物质形态或非物质形态的公共物品和服务，以实现公共利益目标的行为总称"[4]。公共服务种类繁多，按照不同标准会得到相应类型，如从城乡二元角度划分，很显然可以有城市公共服务和农村公共服务的两种结果（图2-1）；而从具体领域视角出发，则会产生别样形态，如基本公共服务"十二五"规划将其细分为公共教育服务、公共文化服务、公共卫生服务等，公共体育服务应运而生。将以上两种形式交

---

[1]詹姆斯·N. 罗西瑙. 没有政府的治理 [M]. 张胜军，刘小林，等，译. 南昌：江西人民出版社，2001：75.

[2]何增科. 做社会治理和社会善治的先行者 [J]. 学术探索，2013（12）：1-2.

[3]保罗·萨缪尔森，威廉·诺德豪斯. 经济学：第16版 [M]. 萧琛，等，译. 北京：华夏出版社，1999：268.

[4]方堃. 当代中国新型农村公共服务体系研究——基于"服务三角"模型的分析框架 [D]. 武汉：华中师范大学，2010：16.

叉，便会有城市公共体育服务、农村公共体育服务等为主题确立奠定逻辑基准。

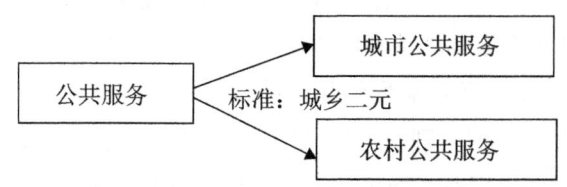

图 2-1 城乡二元标准下的公共服务类型划分

（2）农村公共服务：城乡二元并存中的均等化议题。它是为满足农村地区农民生产和生活的公共需求，由政府等公共部门与企业和社会团体共同提供的，农村及其居民同城市及其居民一样能同等获得的公共产品和服务[1]。

（3）公共体育服务：全民健身与健康中国的践行依托。它是指："公共组织为满足（民众/公众的）公共体育需要（需求）而提供的各种产品（公共物品或混合物品）与行为的总称。"[2][3]

（4）农村公共体育服务：民众"体有所享"的"最后一公里"。农村公共体育服务即"以公共组织为供给主体，为满足农民（农村）公共体育需求（需要）而提供的有形或无形物品（公共体育物品、混合物品和服务）的总称"[4][5]"具有一定的非排他性和非竞争性"[6]（图 2-2）。

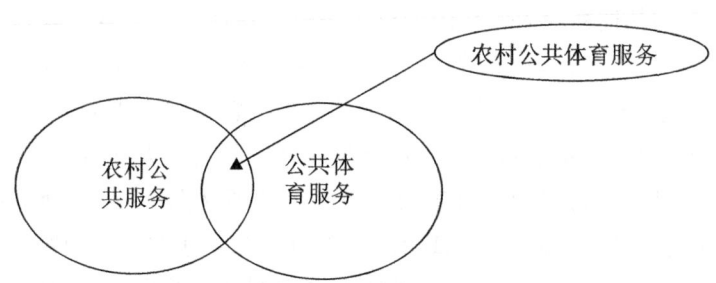

图 2-2 农村公共体育服务的生成逻辑

[1] 程又中，等. 外国农村公共服务研究 [M]. 北京：中国社会科学出版社，2011：4.

[2] 肖林鹏，李宗浩，杨晓晨. 公共体育服务概念及其理论分析 [J]. 天津体育学院学报，2007，22（2）：97-101.

[3] 郇昌店，肖林鹏，杨晓晨. 我国公共体育服务研究框架探讨 [J]. 山东体育学院学报，2009，25（2）：4-9.

[4] 郝莹，任莲香. 西北农村公共体育服务的环境分析及对策研究 [J]. 甘肃理论学刊，2012（5）：107-110.

[5] 籍玉新. 农村公共体育服务能力提高与政府职能强化 [J]. 长春理工大学学报（社会科学版），2013，26（2）：82-84.

[6] 钱伟良. 农村公共体育服务均等化研究 [J]. 湖州师范学院学报，2009，31（2）：63-66.

（5）农村公共体育服务体系：有序建设的要素保障。系统理论认为："'体系'是指若干有关事物或某些意识相互联系的系统而构成的一个有特定功能的有机整体。"[1]公共体育服务体系则是"由满足公共体育需求的要素构成的有机整体"[2]，农村公共体育服务体系则指"对农村公共体育产品界定、供给标准与方式确定及供给者选定的管理行为"[3]。综上所述，农村公共体育服务体系是指以保障农村居民体育权益、满足其体育需求为目的，在政府引导下，以公共财政为杠杆，辅以市场化运营手段，积极吸纳社会资本，向农村提供公共体育设施、产品、服务的制度和系统的总称。从"服务于谁、由谁服务、服务什么"的思路将其定义。

2.2　理论基础：综合学科交融

2.2.1　社会治理视域

党的十八届三中全会通过了《中共中央关于全面深化改革若干重大问题的决定》，中国的改革进入了新的历史阶段[4]。这次的文件有一个变动，就是提出了"创新社会治理"，之前为"加强和创新社会管理"。社会治理通常是指以政府为主导的包括其他社会力量在内的行为主体，在法律、法规、政策的框架内，通过各种方式对社会领域的各个环节进行组织、协调、服务、监督和控制的过程[5]，并与运行机制联系起来。我国学者郑永年曾指出中国的改革路线图遵循"经济—社会—政治"的逻辑由易到难逐步展开，联结三大部门（政府、市场及社会）的历史地位可形成中国改革的纵横向示意图（图2-3）。李培林亦认为："经济机会平等、社会利益公正和政治权力民主，实际上是一个问题的三个侧面，但从发展的阶段性来看，当前的改革要从经济领域进一步向社会领域和政治领域深化，从而为我国未来的发展不断提供新的强大动力。"[6]这正是社会治理视域

[1] 何池康. 旅游公共服务体系建设研究 [D]. 北京：中央民族大学，2011：25.

[2] 肖林鹏，李宗浩，杨晓晨. 我国公共体育服务体系概念开发及其结构探讨 [J]. 天津体育学院学报，2007，22（6）：472-475.

[3] 齐立斌. 农村公共体育服务体系的运行机制研究 [J]. 南京体育学院学报（社会科学版），2010，24（4）：44-48.

[4] 桑玉成，周光俊. 论全面深化改革之图、谱、度、路的辩证统一 [J]. 探索与争鸣，2016（9）：87-89.

[5] 李培林. 社会改革与社会治理 [M]. 北京：社会科学文献出版社，2014：189.

[6] 李培林. 社会改革与社会治理 [M]. 北京：社会科学文献出版社，2014：267.

形成的学理依据。

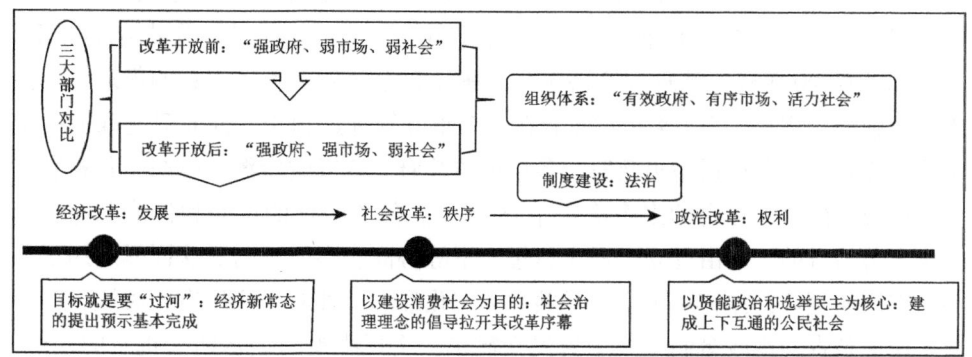

图 2-3　三大部门特征对比[1]与中国改革路线图[2]

2.2.2　公共服务理论

西方公共服务发展的思想基础可溯及政治学与哲学领域的托马斯·霍布斯的《利维坦》、大卫·休谟的《人性论》及经济学代表亚当·斯密的《国富论》、罗纳德·H.科斯的《经济学中的灯塔》等经典著作，而其理论范式恰好伴随思想的涌动悄然而生。公共服务理论观点的形成和表达，不仅是社会发展与变迁的反映和总结，亦是传统公共行政、新公共管理、公共治理和新公共服务等理论相互交融与互补的结果[3]；从发达国家来看，行政管理学界逐渐终结了管理主义，提出新公共管理、新公共服务、治理、善治等政府改革的新理论[4]；西方公共行政学经历了古典公共行政、新公共行政、新公共管理、新公共服务以及治理五个时期[5]；我国体育界亦对公共服务理论进行了论述，包括传统的公共行政、新公共管理、公共治理及新公共服务等[6]。综上，关于公共服务的理论类别可以大致总括为公共行政（传统型与新型）、公共选择、新公共管理、公共治理和新公共服务等，它们的产生与发展在时间上呈现出连贯特性；在主体对应方面从

[1]李培林.社会改革与社会治理[M].北京：社会科学文献出版社，2014：220.

[2]郑永年.中国改革路线图[M].北京：东方出版社，2016：35-50.

[3]曹可强，俞琳.公共体育服务：体系构建、机制创新与制度安排[J].北京：北京体育大学出版社，2013：14.

[4]石国亮，张超，徐子梁.国外公共服务理论与实践[M].北京：中国言实出版社，2011：1.

[5]范逢春.农村公共服务多元主体协同治理机制研究[M].北京：人民出版社，2014：45-46.

[6]戴健.中国公共体育服务发展报告（2013）[M].北京：社会科学文献出版社，2013：30-34.

单一逐渐趋于多元且更加关注公民需求；主旨要义则从仅注重效率到倡导公平、改革政府、引入市场，再到强调多元主体和以民为本，足见其演进线路（图2-4）。结合图2-3可知，目前我国公共服务理论正处在社会改革的公共治理时期。

20世纪90年代，治理理论兴起并迅速成为指导公共管理实践的新理念。治理理论强调"多中心"，这"意味着在社会事务管理过程中，并非只有政府一个主体，而是存在着包括中央政府、各级地方政府、各级政府派生组织、各种私人机构以及公民个人在内的多个决策中心"[1]。公共治理的内涵和价值取向可简括为：善治目的、自由理念、民主思想、平等协商、多元参与。这同样适用于公共体育服务领域，体育作为全人类共有的文化形态，理应得到所有人关注，体育政府部门负责宏观政策制定及了解民众需求，实现决策与表达两大机制的联结；市场可根据人们体育需求层次的差异来供给不同形式的服务内容；体育社会组织则以自愿且公益的形式为民争得体育福利，属于执行层面的契合主体；社区居（村）委会以自治方式极易促使公共体育服务的基层创新，展开自下而上的模式建构；公民个体亦是公共体育服务治理不可或缺的一环，尤其在自组织体育团体中发挥重要作用。公共治理理论正是吸纳多元主体进驻公共体育服务，以完成全民"健身—健康"的宏大目标。

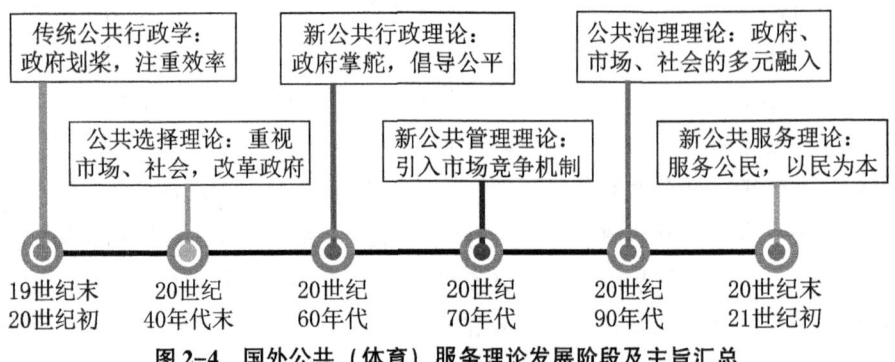

图2-4 国外公共（体育）服务理论发展阶段及主旨汇总

2.2.3 社会秩序理论

孔德强调："不仅社会学，所有学科都可以分为静力学和动力学。"[2]这正

---

[1]唐娟.政府治理理论[M].北京：中国社会科学出版社，2006：84.

[2]乔治·瑞泽尔.古典社会学理论：第6版[M].王建民，译.北京：世界图书出版公司，2014：107-114.

是农村公共体育服务体系与运行相连的重要依据，从静态的体系建设与动态的运行研究完成主题的结合。

（1）社会静力学：对应农村公共体育服务体系建设。孔德将关于社会静力学的社会学研究界定为"对行动的规律和对社会系统不同部分的作用的研究"。他认为社会系统各部分之间相互作用的规律（社会静力学）不是来自经验研究，而是"从人性的规律中推演而来"。这对农村公共体育服务体系建设的要素挖掘具有重要启示，作为一种社会事实存在定会有多项内容组成且成一定规律，这是社会学关于农村公共体育服务体系探究的静态依据。

（2）社会动力学：匹配农村公共体育服务运行研究。在孔德看来，社会永远依循着向前发展的规律，唯一可能发生变化的是从一个时期向另一个时期或从一种社会向另一种社会发展的速度。由于永恒规律控制着变迁过程，人们对这一过程的总体方向的影响相对甚少。人们可以影响"社会现象的强度和辅助性运转，但并不能影响它们的本质或起源"。人们只能修正（如使其加速）与当前趋势一致的事物，也就是说，无论如何，人们只能推动那些将会发生的事物。人们能够影响社会发展，哪怕影响十分有限——这一事实使孔德提出了关于改良社会的观点和理论与实践关系的观点。农村公共体育服务运行属社会动力学的一项微观内容，其自身蕴含一定的动态规律性，将静态部分的体系要素相互作用，产生影响以形成有规律的存在模式。

2.2.4　社会运行理论

郑杭生将社会学的研究对象规定为"社会良性运行与协调发展的条件和机制"（图2-5），并作为其社会学探索最为基础的理论，统领社会学研究。这一理论能借鉴于体育领域是因为已有学者将其演绎至居家养老服务视角下的老年人体育中，形成了集动力、激励、保障、整合及控制五位一体的依托居家养老服务的老年人体育运行机制体系[1]。因此，将其引至农村公共体育服务运行研究具有一定的基础与依据。

---

［1］戴志鹏. 居家养老服务视角下的老年人体育运行机制研究［D］. 苏州：苏州大学，2015：摘要Ⅱ.

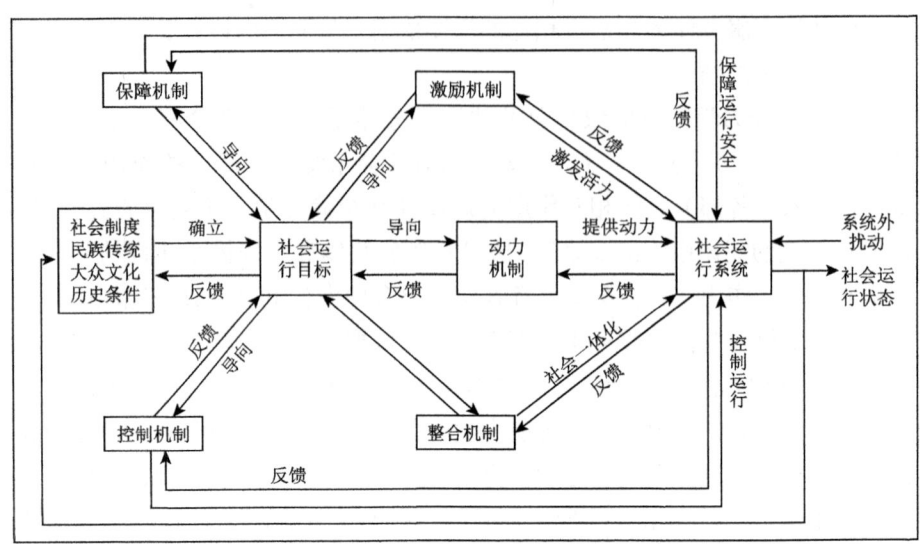

图 2-5 社会运行机制示意图[1]

[1]郑杭生，李强，等．社会运行导论——有中国特色的社会学基本理论的一种探索 [M]．北京：中国人民大学出版社，1993：357．

3 CHAPTER 03
中国农村公共体育服务实践演进与审视

　　"三农"问题一直是中国经济社会发展的重大课题，1982—1986 年连续 5 年颁发"三农"为主题的一号文件后，从 2004 年至 2017 年，中共中央更是对其展开 14 年的侧重，并多次提到与农村生产和生活密切相关的公共产品议题。体育作为公共产品（服务）备受关注，是"社会建设"关于事业篇的重要组成部分。农村公共体育服务属于社会公共事业范畴[1]，其供给实际是体育权利和利益的转移与再分配，是多种具有关联的规则和制度的整合。伴随农村经济制度变革和重大政策出台，中国农村公共服务体系不断变迁，历经"人民公社时期、家庭承包制至税费改革前和税费改革后"[2]；中国农村公共体育服务发展按照政府改革的进程可划分为：中华人民共和国成立至人民公社前、人民公社时期、改革开放至税收改革前、税收改革以后[3]。综上且纵观中国农村发展历程，我们可以将其定为社会主义改造时期、人民公社时期、家庭承包制时期和农村税费改革后[4]。我国

---

[1] 陈宁，周挺. 农村体育发展的新挑战与制度创新 [J]. 武汉体育学院学报，2005，39（10）：1-6.

[2] 王颖. 中国特色农村公共产品供给体制研究 [D]. 长春：吉林大学，2011：47.

[3] 郇昌店. 城镇化进程中我国农村公共体育服务发展模式研究 [M]. 北京：北京体育大学出版社，2013：46.

[4] 以农村生产关系的调整为基本依据将中国农村公共体育服务划分为四个演进时段：①社会主义改造时期（1949—1956 年）：主要完成农业、手工业和资本主义工商业的升级，尤其是对农业的大力发展，形成"以农促工"之雏形。②人民公社时期（1958—1984 年）：1958 年 7 月 1 日，《红旗》杂志第 3 期文章《全新的社会、全新的人》提出"把合作社办成一个既有农业合作，又有工业合作的基层组织单位"。1979 年 3 月至 1982 年 12 月，全国有 9 个省、直辖市的 213 个公社开展试点工作，有 5 个县全部建立了乡政府；1982 年 12 月至 1983 年秋，新《宪法》规定农村人民公社要改变政社合一的体制；1983 年 10 月至 1984 年底，中共中央、国务院联合发出《关于实行政社分开，建立乡政府的通知》，随之，99% 以上的农村人民公社完成了此项任务，建立了 9.1 万个乡（镇）政府和 92.6 万个村民委员会。③家庭承包制时期（1985—2005 年）：20 世纪 70 年代末伴随改革开放而陆续展开，1984 年人民公社的彻底取缔拉开其登上历史舞台的正式序幕，在经历农业税改革方案酝酿（2000—2001 年）、试点（2002—2003 年）和全面推广三个发展阶段后，在我国沿袭两千年之久的传统农业税得以终结。④农村税费改革后（2006 年— ）：根据中国最高立法机关的执行机构——全国人民代表大会常务委员会的一项决议，自 2006 年 1 月 1 日起，中国全面废除农业税，步入社会主义新农村建设周期。

农村公共产品供给机制包括需求表达、决策、筹资及生产和管理四项[1]，而"机制"与"带规律性的模式"可等同表述[2]，于此，迁移并综合以确立研究依循。

3.1 社会主义改造时的初探（1949—1957年）：主体单一的自治型

3.1.1 农村公共体育服务要素显现

（1）组织建设初成。主要涉及青年团和民兵。1949年，《中国新民主主义青年团工作纲领》提出："发扬青年爱好活动、团结互助和创造的精神，组织青年的文化娱乐和体育活动，加强体格锻炼，并建立各种文化的、艺术的、娱乐体育等团体。"[3]1956年6月，国家体委和青年团在北京召开"全国农村工作会议"，肯定了农村体育与民兵训练相结合的做法，并要求建立县域体育运动委员会，配备专职干部[4]。至1956年底，有22个省、市、自治区共建立了436个县级体委，配有554名专职体育干部；青年团在261个县级团委中配备了268名专职体育干部；共建有30505个体育协会，发展会员915050人[5]。处此阶段的体育组织在健全体育行政体系之余，更加促使了基层体育迅速发展，如1952年河北省全省134个县中，成立体育协会的县约占50%以上[6]。

（2）活动特色鲜明。将农村体育与民兵练习相结合，凸显军事色彩。1953年11月17日，《劳动卫生与卫国制度》颁布，农村区域，采取与民兵训练联合的方式，于农闲季节开展，丰富村民精神生活；且不断挖掘具有乡土气息的民间体育项目，增添活动内容。1955年，青年团二届二中全会发布《关于加强青年业余文化工作的决议》强调"在农村应倡导组织民兵和青年喜爱的体育活动"[7]；

[1] 冯华艳. 农村公共服务供给研究 [M]. 北京：中国政法大学出版社，2015：43-67.
[2] 郑杭生，李强，等. 社会运行导论——有中国特色的社会学基本理论的一种探索 [M]. 北京：中国人民大学出版社，1993：349-350.
[3] 夏成前，田雨普. 新中国农村体育发展历程 [J]. 体育科学，2007，27（10）：32-39.
[4] 周小林. 中国农村体育组织管理体系的历史变迁（1949—2010）[J]. 体育成人教育学刊，2012，28（1）：37-39.
[5] 刘峥. 新中国体育发展战略的演变（1949—2008）[D]. 北京：北京体育大学，2011：47.
[6] 袁伟民，李志坚. 中华人民共和国体育史（地方卷：1949—1999）[M]. 北京：中国书籍出版社，2002：55.
[7] 秦华奇. 新中国60年农村体育的回眸与反思 [J]. 沈阳体育学院学报，2011，30（1）：28-30.

1956 年，国家体委和青年团在北京召开农村体育工作座谈会，提出农村体育工作必须"服从生产、坚持业余、自愿原则、开展简单易行的体育活动"[1]。如 1951 年春节，太原市南郊区举办了以村为单位组队参赛的农民运动会，300 多名农民运动员进行了武术、负重竞走、障碍赛跑、拔河等多项比赛[2]。此时的农村体育活动备受国家顶层关注且实践效果较好。

（3）人才培养跟进。1950 年 7 月，在北京清华园举行"全国体育工作暑期学习会"；同年 11 月，与北京市体育分会共同举办"首都体育工作时事报告会"。1951 年，下发"为各地体育总分会、分会在暑期举办体育工作者学习会和业余体育班的通知"，提出"根据体育运动在全国各地日益广泛开展的需要，提高现有体育工作者的水平和培育大批的业余体育干部已经成为当前开展体育运动极为重要的环节"；提及学员应以"中、小学体育教员为主，并吸引大学、工会等部门的体育工作者参加"；业余体育干部培训班则"组织工厂、部队中爱好体育运动和运动技术优良的积极分子参加"[3]。通过培训使其成为体育骨干，这里不乏来自农村的体育工作者，如吉林省在农村公社、大队建立基层体育协会，发展会员[4]，以积累人力资本。

（4）设施供给开启。邓小平同志曾批示：建体育场是国家体委的职责，1952 年，中华全国体育总会章程规定："设计并审查全国重要体育运动场地建筑设备及运动产品。"农村体育场地设施应遵循"多修建简易、适用的场地，标准低、花钱少，尽可能发动群众义务劳动修建场地"的原则进行[5]。随着农村基层体育协会的成立，职能逐渐明确，即"在行政、工会和青年团组织的帮助下，利用会员义务劳动修建简易的运动场地，购置运动设备；修理运动场地及各种运动器械，从物质上保障协会的工作"。河北省农村体育场地器材解决办法有：青年业余劳动所得购买；自己制作；利用可以利用的东西进行锻炼；将学校、工厂等赠送的残旧器材修补后加以使用；富裕的农业社则出资用部分公益金购买器材。

[1] 郭修金. 新中国农村体育的演进历程及阶段特征 [J]. 上海体育学院学报，2013，37（5）：42-46.
[2] 袁伟民，李志坚. 中华人民共和国体育史（地方卷：1949—1999）[M]. 北京：中国书籍出版社，2002：81.
[3] 汪流. 中华全国体育总会初期发展之研究 [J]. 社团管理研究，2008（8）：50-55.
[4] 袁伟民，李志坚. 中华人民共和国体育史（地方卷：1949—1999）[M]. 北京：中国书籍出版社，2002：168.
[5] 王金玉. 黑龙江省农村体育场地设施供给问题及对策 [J]. 边疆经济与文化，2014（1）：7-8.

3.1.2 政府单一主体，运行效率略低

供给主体单一，政府独家承担：囿于社会主义改造时期的侧重有限，更加关心政局稳定及经济发展，体育受重视程度略低，但亦有顶层领导的强烈呼吁，周恩来总理在第一届全国人民代表大会第四次会议所作的"政府工作报告"中指出："国家只能集中地举办少数示范性的文艺和体育事业，并且引导他们走向自给""过去由国家完全包下来的想法和办法是不妥当的"[1]。由此可知，政府在这一阶段扮演垄断角色，军事与生产目的明显：中华人民共和国成立初始，农村人口比例占80%以上，农村公共体育服务供给对村民体质锻炼、精神生活等具有重要意义。其中以1954年《"准备劳动与卫国"体育制度暂行条例》和"项目标准"颁布、实施最为显著。透析政策，农村体育活动的开展多与军事或生产相联系，尤其体现在项目设置环节。运行效率不高：此一阶段，体育工作的主要任务围绕组织建设、人才培养、活动开展等因素而展开，其意在带动政治和军事目的的实现，而非切实考虑民众体育所需，国家政治需求代替农民体育需求，农村的体育参与仅是反映保家卫国的政治态度与进取心理，供需两端都忽视了农村公共体育服务的价值本源，导致运行不畅、效率偏低。

3.1.3 无暇顾及的自治模式

（1）需求表达多被忽视。中华人民共和国成立伊始，国家发展之重任首先落至政治和经济两块，政治未稳，必当重视；经济贫瘠，首要改善。如此，作为次属的体育于农村领域多被忽略，民众的体育需求不会呈现主动表达态势，仅有的体育诉求也是为迎合国家政治或军事目的，自由的心声表露微乎其微，农村公共体育服务的客体愿望未得满足。

（2）决策执行政府独揽。政府对农村公共体育服务实行统领模式，农民体育需求的消极渴望更加稳定了此种决策机制，即完全的自上而下行使，不容也不可能将村民决策意愿联合起来思考，政府决策即是彼时农村公共体育服务最直接的反映，在绝对服从的统治理念下，其他供给主体的决策意识常常被扼杀在萌芽时期，而决策未及之地，一种自我发展的方式得以蔓延。

（3）筹资渠道未能稳定。在村民需求表达受阻、政府决策执行控制的情形

---

[1] 卢元镇. 以史为镜 重整衣冠——重温周总理的一段讲话 [J]. 体育文史，1999 (3)：18-19.

下，农村公共体育服务的资金筹集理应由政府承担，也就是说典型的制度内筹资，但苦于政府对体育的侧重不足，诸如单位、个人筹集形式多见，尤其是青年自己筹备或制作极受鼓励，当然，像规模较大的场地设施建设还需政府承担，整个筹资过程并未具体。

（4）生产管理合二为一。限于农村公共体育服务其他主体的能力及参与机会，当时的政府既是生产者，又要充当管理者，集生产与提供于一体，"教练与裁判的双重角色"充满农村体育发展进程中，这势必导致运行的低效与腐败，因为问题的产生与解决都由同一主体决定，缺少必要的监督及问责机制。此时期的农村公共体育服务仅是次等地位的社会事业，处于边缘状态以催生自治机制，青年团、民兵等共同维持此模式。

3.2　人民公社时的曲折发展（1958—1984年）：政社一体的垄断型

3.2.1　农村公共体育服务逐步推进

（1）活动联系生产。活动供给受到重视，至1958年，全国农村已成立16万个体育协会，组建180万个运动队和锻炼小组，举办乡级运动会5万余次，共有160多个县实现体育普及，保证近1亿农民经常参加体育活动。1960年2月17日，《关于1960年全国体育工作会议情况》指出："农村开展体育活动，应注意围绕生产，利用业余时间进行，特别是民间固有的民俗项目。"1961年，《全国体育工作会议纪要》认为农村体育活动：群众应根据生产需要，坚持自愿原则，结合民兵训练与卫生保健，因时、因地、因人制宜，积极组织小型多样的体育活动。山东省"随着农村经济的好转，农村体育活动逐步恢复，特别是年节日庙会的体育活动比较活跃"[1]。

（2）经费来源分散。依靠民兵参加劳动获取，同时包括社队集资、村民自筹及政府投入等。改革开放初期，国家体委、文化部、团中央在福建省龙海县角美公社召开全国农村体育工作会议，针对农民体育经费，要求"广开门路解决经费问题"，并指出"农村文化体育建设，主要依靠社队集体经济力量来办。但一些地区采用自筹办法，如从社队集体收入中拨出一点；倡导青少年搞各种副业自

[1] 山东省地方史志编纂委员会. 山东省志·体育志 [M]. 济南：山东人民出版社，1993：300.

筹一点。各级体委、文化部门都要从现有经费中拨出一定比例用在农村文化体育事业上"[1]。沿海地区，伴随乡镇企业的发展，农村体育也逐步走向社会化——依靠国家、集体和个人的支持与赞助兴建具有相当规模的文化体育设施[2]。

（3）组织发展激进。于政治驱动下数量增多，速度加快，如 1958 年初，山东省高唐县只有 3 个农业社成立了体育协会，运动队只有 96 个，但在 3 月 29 日至 4 月 1 日 3 天间，全县 20 个乡、127 个农村合作社都成立了体育协会，发展会员 32281 人，做到乡乡社社都有体协[3]。1963 年，全国很多公社团委配备了专职军体委员负责抓民兵训练和体育活动。农村民兵组织体系的完善，为农民开展群众性体育活动提供了有利条件。体委协同人民武装部门、文教部门和共青团组织，通过民兵开展日常活动，体委、文化馆（站）组织一些竞赛活动[4]。安徽省 3434 个乡有 2898 个成立"体育之家""文化中心""文化馆"，并将体育列为日常活动内容[5]。

（4）指导力量薄弱。此时期的指导环节基本依靠体育爱好者，即乡村体育精英或能人等。1968 年，"知识青年下乡"活动拉开帷幕，城市体育观念开始渗入农村地域。知识分子"上山下乡"、退伍军人及学校体育教师与学生等扮演农村公共体育指导的角色。如"安徽省南陵县的奎湖公社掀起群众性体育热潮，就是大学毕业生带动的结果"[6]。20 世纪 70 年代初，运动队和体育院系"开门训练与办学"，师生常深入农村进行辅导，成为当时最为关键的社会体育指导员。部分高校认识到要处理农村体育问题，就必须要彻底批判"重城市轻农村""重洋轻土"等修正主义思想，树立为工农兵服务的思想[7]。这可谓最初的公共体育服务指导内容，虽薄弱却散于广大的农村大地。

[1] 国务院批转国家体育运动委员会、文化部、共青团中央关于全国农村体育工作会议纪要的通知 [J]. 中华人民共和国国务院公报，1983（3）：92.
[2] 袁伟民，李志坚. 中华人民共和国体育史（地方卷：1949—1999）[M]. 北京：中国书籍出版社，2002：245.
[3] 傅砚农. 中国体育通史：第五卷 [M]. 北京：人民体育出版社，2008：141.
[4] 熊晓正，钟秉枢. 新中国体育 60 年 [M]. 北京：北京体育大学出版社，2010：100.
[5] 袁伟民，李志坚. 中华人民共和国体育史（地方卷：1949—1999）[M]. 北京：中国书籍出版社，2002：303.
[6] 傅砚农. "文革"中"知青"对农村体育的影响及其原因 [J]. 体育文化导刊，2003（10）：72-73.
[7] 广西师院中共体育系总支委员会. 面向农村 开门办学 [J]. 广西师范大学学报（哲学社会科学版），1974（9）：15-17.

3.2.2 政府公社一体，社会力量介入

供给主体表面单一，实则二元化特征凸显：人民公社是农村体育开展的主要提供机构，它是典型的"政社合一"组织，对农村各种事务的处理较有成效。从农村公共体育服务发展状况来看，政府供给可分为县级以上政府和公社内部两种类型，前者称作"国家支援"[1]，后者更显示出其自治的特性。供给侧重区域在小城镇：此处小城镇与费孝通先生所提等同，即虽为城镇但"城"的概念不明显，"镇"多指集镇，即带有农村性质的场域。1962年，全国体育工作会议纪要指出："农村体育应以城镇为重点加强领导。"1965年，全国群众体育工作会议上提出："市、县体委的工作，应转向农村，兼顾县城和集镇。"社会力量参与多有体现：政府承担之余，全社会开始涉足，如退伍军人、"上山下乡"的知识分子等踊跃融入农村体育发展过程中；部门跨界整合效应开始呈现，体委与文化部、共青团组织合作，共同促进农村文化体育工作开展。农村经济体制改革为农民体育活动参与创造了条件，亦表现出特定差异：1979年，国家体委在《关于加强群众体育工作的意见》中强调开展农村体育活动"一定要分情况，从实际出发"。政治体制改革阻碍农村公共体育服务协调发展：1978—1985年处于改革开放初期，经济与政治改革促使生产组织形式和管理制度发生重大变革，改变原来以队为基础的社会组织形式，由社队为单位的群众体育无人问津。农村整体充满活力，同时亦难免遭遇体育受冷遇的尴尬。

3.2.3 政社合一的垄断模式

（1）需求表达同质性强。人民公社集农村一切事务于一体，实行统一的行政管理，在集体化制约下农民没有参与体育的自主权，其体育需求同质化突出，是集体需求的映射。加之"文革"偏激的体育方针，体育需求依附于政治需求，致使民众喜爱的体育项目反遭"封资修"而被禁止。计划经济体制下，农民对公共体育服务的需求体现的是集体的需求偏好，农民或社员只能被动接受，并无主动表达的权利。

（2）决策执行基本单向。人民公社实行高度集中的管理方式。农民虽是集体劳动组织的成员，却以出售劳动力来换取自己和家人生活的必需品，包括体育

---

[1] 陈定洋. 中国农村公共产品供给制度变迁研究 [D]. 咸阳：西北农林科技大学，2009：47.

福利，表面作为"国家的主人"，公共决策中却处于失语境地。农村公共体育服务供给由各级政府及职能部门自上而下做出决策；自下而上的反馈机制亦有呈现，如公共体育服务供给有逐级上报政府部门批准的程序。

（3）筹资渠道双轨推进。农村公共体育服务的筹资涉及制度内与制度外两种形式，前者主要是国家财政拨款，后者则由人民公社自筹或热心人士资助。农村体育活动所需经费，基本上通过民兵组织参加劳动解决，公社、区镇、县级组织的年节活动或竞赛，由所在地的政府和体委拨给少量经费[1]。场地设施方面，政府和体委拨出一定经费，社队集体收入拨一点，青少年搞副业自筹一点，热心人士资助一点，形成多元供给雏形。

（4）生产管理政社一体。农村公共体育服务生产和管理制度具有明显的"自我生产"和"自我管理"特点。人民公社时期的宪法秩序决定了政府既是农村公共体育服务供给的决策者，又是其生产者和管理者，同时也确定农村公共体育服务制度内和制度外双重筹资方式的产生与存续。此阶段农村公共体育服务供给呈现政府垄断局势，"政社合一"导致社会力量参与力度不够明显，恰是时代特征于体育领域的反映。

3.3 家庭承包制的过渡复兴（1985—2005年）：三驾马车的协作型

3.3.1 农村公共体育服务体系完善

（1）组织体系恢复。1985年，时任国家体委主任的李梦华同志在省市自治区体委主任汇报会上提出："建议恢复在以前撤销合并的县级体育机构，乡镇成立体育领导小组或体协。"[2]1986年9月11日，中国农民体育协会正式成立。1996年6月21日，《关于深化改革加快发展县级体育事业意见》要求："充分发挥各级农民体协、乡镇体育指导站等基层体育组织及乡镇文化站、村民委员会的作用。"2000年12月，国家体育总局颁布《2001—2010年体育改革发展纲要》提及："农村体育以乡镇为龙头，村民委员会为基础，农民体协为纽带，形成有

---

[1]熊晓正，钟秉枢.新中国体育60年［M］.北京：北京体育大学出版社，2010：101.

[2]郇昌店，肖林鹏，杨茜萍.县级政府供给公共体育服务：责任、困境与突破［J］.山东体育科技，2013，35（2）：1-5.

辐射力的组织网络。"[1]2002 年 4 月 12 日，《农村体育工作暂行规定》明确指出："县、乡镇、村和居民小区适时建立和发展体育健身点。"[2]

（2）指导队伍启动。1993 年，国家体委颁布《社会体育指导员技术等级制度》，2001 年 8 月，由国家劳动与社会保障部颁发《社会体育指导员国家职业标准》，标志着我国社会体育指导员的职业化进程步入实质性发展阶段。2005 年，国家体育总局印发《关于进一步加强社会体育指导员工作的意见》，通过社会体育指导员队伍建设，构建出较为完善的组织体系，促进农村体育活动开展。但农村社会体育指导服务仍显薄弱，如广西壮族自治区社会体育指导员分布在县镇居多，达 62.36%，城市次之，占 28.15%，农村仅有 9.49%[3]。河南省抽取 24 个行政村调查显示，拥有专职社会体育指导员的人数为零，只有 5 名兼职人员；有学者在走访西安市的行政村中发现，均没有农村社会体育指导员，所有的锻炼者在锻炼时均无人指导[4]。农村社会体育指导队伍虽得重视但发展状况不佳。

（3）供给纳入规划。1996 年 11 月 25 日，《国家体委关于深化改革加快发展县级体育事业的意见》指出："县级人民政府要将体育事业经费、体育基本建设资金列入本级财政预算和基本建设投资计划。"[5]山东省广饶县稻庄镇自 1994 年以来的 10 年间，农民体育健身场地设施建设的累计投资达 270 万元，主要用于建设体育设施及购置体育器材。天津市蓟县上仓镇规划文体设施的做法有：①投资 50 万元兴建了面积 8700 平方米的镇文化广场；②投资 45 万元建设了占地面积 3500 平方米的商贸大楼健身小区；③投资 100 万元建设了占地面积 9000 平方米的程家庄、花窝等体育示范村；④投资 15 万元巩固、提高了东塔庄、刘各庄等体育健身小区标准，进一步完善了基础设施建设[6]。

（4）典型活动推出。政府以专项治理的形式推动农村公共体育服务发展，如"亿万农民健身活动"等。1990 年 10 月，农业部、国家体委、中国农业体协下发《关于开展"亿万农民健身活动"的补充通知》，得到全国各级农民体协响应，许多乡、村农民出钱资助比赛，兴建体育场地，并开展"全国亿万农民健身

[1] 周小林. 中国农村体育组织管理体系的历史变迁（1949—2010）[J]. 体育成人教育学刊，2012，28（1）：37-39.

[2] 陈宁. 论农村体育的新发展 [J]. 成都体育学院学报，2003，29（1）：1-4.

[3] 陈然. 对广西社会体育指导员基本现状的调查分析 [J]. 体育科技，2001，22（2）：53-57.

[4] 周登嵩，李林，茹秀英，等. 新农村体育服务体系研究 [J]. 北京体育大学学报，2009，32（11）：1-7.

[5] 张小林. 我国农村体育公共产品供给制度分析与创新 [D]. 长沙：湖南农业大学，2010：52.

[6] 郇昌店. 城镇化进程中我国农村公共体育服务发展模式研究 [M]. 北京：北京体育大学出版社，2013：64-65.

活动先进县镇"评选。自1991年至2006年，全国已有8批共计1891个乡镇获此殊荣，省级层面先进乡镇达到6242个[1]。农村运动会典型案例为陕西延安县梁岔村和青梁寺村，1993年，提出"推倒香炉、告别愚昧、办好运动会、走向文明"，将盛行于农村的庙会转变为农民运动会，吸引了当地方圆几十里的村民前来观看或参与。为突出"农味"，比赛将耙地、播种等富有乡土气息的项目积极引入进来，与农活紧密关联。这成为创新农村公共体育服务内容的必经路径。

3.3.2 三驾马车齐驱，制度建设加强

供给主体呈现多元趋势：伴随改革开放，社会主义市场经济开始显露，这为政府、市场及社会三驾马车并驾参与农村公共体育服务奠定了基础。1993年，全国体委主任会议通过《关于深化体育改革的意见》，提出："建立与社会主义市场经济体制相适应，符合现代体育规律，国家调控、依托社会，自我发展活力的体育体制和良性循环的运行机制……"[2]体育社会化改革路方向确立：以改变体育单纯依靠政府组织的局面，让全社会共同融入。2000年，国家体育总局、民政部令第5号发布《体育类民办非企业单位登记审查与管理暂行办法》，鼓励事业单位、社会团体、其他社会力量和公民个人利用非国有资产举办的，以开展体育活动为主要内容的民办的中心、院、社、俱乐部、场馆等社会组织[3]。2002年7月22日，中共中央、国务院发布《关于进一步加强和改进新时期体育工作的意见》指出："构建群众性体育服务体系，要坚持政府支持和社会兴办相结合。"农村公共体育服务制度化建设逐步完善，体现在激励政策和约束条件的确立。1987年，国家体委颁布《全国体育先进县的标准和评选办法》和《全国体育先进县标准的细则》，无疑对农村公共体育服务发展起到了激励作用，促使其朝着精致化方向前进。政府为确保农村公共体育服务良性运行，出台了一系列政策法规，如《全民健身计划纲要》《国民体质健康监测制度》及《中华人民共和国体育法》等，体育活动的约制与规范极力推动农村公共体育服务迈向新的台阶。

[1]国家体育总局.改革开放30年的中国体育[M].北京：人民体育出版社，2008：62.
[2]熊晓正，郑国华.我国竞技体育发展模式的形成、演变与重构[J].体育科学，2007，27（10）：3-17.
[3]李琛.我国农村体育组织发展论[J].体育文化导刊，2012（5）：19-21.

3.3.3 创新管理的协作模式

（1）需求表达主动显现。家庭承包制使农户成为农村微观经济主体，是对"国家全面控制农村各项资源产权"宪法秩序的改进[1]。村民对公共体育服务的需求开始显露，原来仅是被动接受国家服务内容的机制发生扭转，村民体育需求的差异性及多样化得到反映。政府考虑自身政绩或利益的需求格局被肢解，伴随而来的是以民为本的需求趋向。

（2）决策执行自上而下。因家庭承包制高度行政化的社会管理体制，农村公共体育服务供给决策并非按照由下而上的民主做法，却是遵循领导意志，借助行政力量展开维护政绩的方式确定内容，难以体现民众对体育的切实偏好。运行过程中易产生机会主义、"搭便车"问题及"寻租"行为，整个局面以个人职务升迁、权利范围扩大为基础，忽视村民体育决策。

（3）筹资渠道内外结合。农村公共体育服务资金可通过国家行政拨款；或以制度外筹资借助农村劳动力分摊的"三提五统"和"两工"形式，农民投资后分配至体育领域及投入劳力实现略微低限度的公共体育服务内容，国家以政策推行方式加以调控，确保筹资内外联合。

（4）生产管理始有分离。政府资源配置主要通过对公共产品的提供来完成，体育领域与农村地域的交集自然产生出一种现实的公共服务，与传统农村公共体育服务生产管理方式不同，家庭承包制时期政府不再是唯一主体，伴随社会主义市场经济体制的确立，市场力量逐步强大，体育企业开始承接政府所需，涉足生产公共体育产品，政府得以抽身，将重点任务放至管理上，提升农村公共体育服务运行的效率与效益。家庭承包制处在改革开放、经济转轨等重大历史机遇时期，这为市场力量的融入奠定了基础，使政府联手企业构建农村公共体育服务的二元治理模式得以实现。

---

[1]冯华艳.农村公共服务供给研究［M］.北京：中国政法大学出版社，2015：43-67.

3.4 农村税费改革后的全面完善（2006 年— ）：多元格局的融合型

3.4.1 农村公共体育服务运行渐畅

（1）组织的网络化。2006 年，全国 31 个省、区、市均成立了农民体育协会，80%左右的市（地、州），70%左右的县（市），60%左右的乡（镇）都成立了农民体育协会[1]，基本形成全国、省、市、县四级农民体育组织层级。2010年 6 月 29 日，国家体育总局、文化部、农业部携手印发《关于发挥乡镇综合文化站的功能进一步加强农村体育工作的意见》，要求："建立健全各级各类农村社会体育组织网络，有效发挥其对发展农村体育工作的桥梁和纽带作用""形成以综合站为龙头、社会体育组织为纽带、社会体育指导员和体育教师为骨干的乡镇体育组织网络。"[2]农村乡镇体育健身中心建设就是组织网络化的具体表现，据《全民健身计划（2011—2015 年）》评估数据可知，陕西省建有 1198个，覆盖率达到 98%。

（2）硬件取得突破。农村公共体育场地设施发展迅猛，"十一五"期间，全国投入到农民体育健身工程的资金达 118.3 亿元。其中，中央投入资金 12.4 亿元；地方财政资金 60.53 亿元（各省级政府投入 19.39 亿元，地、市政府投入 7.77 亿元，县级政府投入 33.37 亿元）；社会资金投入 45.3 亿元。而这些经费运用至场地设施的达到 93.69 亿元；用于器材、器械的资金为 24.69 亿元。共建设了 231306 个农民体育健身工程，国家规划 10 万个，地方自建 13.1 万个；新增体育场地面积 2.3 亿平方米，受惠人数 3.3 亿[3]。截至 2013 年 12 月 31 日，分布在乡村的体育场地 67.97 万个，占 41.39%，场地面积 6.12 亿平方米，占 31.39%。其中，室内体育场地 2.73 万个，场地面积 0.05 亿平方米；室外体育场地 65.24 万个，场地面积 6.07 亿平方米[4]。

（3）信息传播多元。农村体育开展，信息和宣传尤为重要。国家层面：国家广电总局积极推广全民健身的理念与知识，仅 2011 年，中央电视台《体育人

[1] 国家体育总局.改革开放 30 年的中国体育 [M].北京：人民体育出版社，2008：47.

[2] 李琛.我国农村体育组织发展论 [J].体育文化导刊，2012（5）：19-21.

[3] 徐云，房强，杨磊.农民体育健身工程建设中存在的问题与对策研究 [J].经济研究导刊，2013（18）：47-48.

[4] 第六次全国体育场地普查数据公报 [N].中国体育报，2014-12-26（003）.

间》栏目 35~40 期节目均为全民健身系列，占到全年播出比重的 80% 以上；中央人民广播电台亦推出了诸多促进民众健身意识增强的专题节目。地方层面：2011 年，黑龙江省体育局编写了《全民健身宣传手册》，促进农村体育知识普及；安徽省含山县利用《含山体育》介绍农民体育健身工程的实施情况和效果反映，拍摄专题片与县民生办和县电视台联合制作农民体育健身工程的宣传片。偏远地区，因民族禁忌及电视的普及不够，且农村网络开通受阻等，导致农民很难获得较全面的体育信息，而乡（镇）文化站及村委会只有通过广播、标语等形式向农民进行体育方面的宣传教育[1]。

（4）指导储备较少。农村社会体育指导员是联合各级体育行政部门促进农村体育发展的重要力量。目前农村社会体育指导员的情况并不乐观。数量不足，2009 年我国有 45 万名社会体育指导员，而农村仅占 10%，而 9 亿农民的广大农村每 2 万人中才有 1 名社会体育指导员[2]。江苏省只有 30.2% 的行政村有社会体育指导员。质量不高，承担农村体育指导任务的多是退休返回老家居住的教师、干部等人群，年龄因素使其力不从心，本想好好为农村体育作贡献，但却障碍重重。知识结构方面，农村社会体育指导员储备偏少，只能进行简单的内容传授或是技术指点。这表明农村公共体育服务发展须有社会指导员队伍的壮大作为保障。

3.4.2 多元参与格局，注重体育共享

多元参与格局形成：农村税费改革后的农村公共体育服务虽以政府供给为主，但更多主体开始充斥进来。我国农村公共体育服务发展秉承"以县为主"的带动模式，但因县级财政的匮乏且承担的公共服务事项较多，导致其自身运行不断受阻。鉴于此，政府多途径提供公共体育服务顺理成章，除直接负责硬件设施和软件活动外，还会运用"购买"等形式丰富农村公共体育服务的多元供给路径。供给结构提档：我国幅员辽阔、城乡二元特征明显，表现出地理、经济及文化等领域的差异，这迁移至农村公共体育服务的结构方面，尤其反映在需求上，并不仅仅停留在传统的场地设施层面，还逐渐扩大到健身指导、健康管理等服务环节。需求数量与质量不断提高：物质生活的提升和健康意识的转变，极力

---

[1] 浦北娟，袁华亭. 论民族地区农民体育需求与农村体育服务体系建设 [J]. 贵州民族研究，2012，33（6）：178-182.

[2] 农村社体指导员队伍亟待壮大 落实三个"身边"工程 [EB/OL]. http：//sports. people. cn/GB/22155/22159/34923/9320049. html.

促进村民获得数量充足、质量上乘的服务内容；农村公共体育服务需求主体进一步扩大，随着我国社会迅速发展，民众公共空间形成，公众权利意识增强，以致服务主体铺向各个社会阶层；农村公共体育服务需求多样，因行业、地域、城乡及社会发展程度与水平的不同，致使我国农村公共体育服务需求呈现多元化、差别化特征。供给模式定型：公共体育服务可有"纯""准"之分，前者由政府提供实属正常，而后者则会更加倾向于市场等社会力量。农村公共体育服务可划分为物质型（场地设施等）和服务型（信息宣传等），针对不同类型的服务事项可设定具体供给方式。同时各主体间相互合作亦是一大特色，恰是社会治理理念的体现。

3.4.3 社会治理的融合模式

（1）需求表达一事一议。农村税费改革后，农民拥有根据自身喜好而反映体育意愿的权利，政府向农村强制提供公共体育服务的局面得到改变，多采取"以需定供"模式而展开，即通过了解村民的体育偏好后进行供给，体现一种自由的表达方式。在整个需求表达过程中，"一事一议"制度充分考虑到民众的公共服务需求，体育亦然，以往政府独自提供并不能满足村民真正的体育所需，针对农村公共体育服务的具体事项协商可以显示民主要求，突显民本思想。

（2）决策执行上下复合。农村公共体育服务需求得以改善，但自上而下的行政命令式决策机制仍然明显。"一事一议"等自下而上的决策受到重视，以此扭转政府"元话语"霸权，成为村民之间对话的议题。当然，政府凭借转移支付形式向农村提供大部分公共体育服务，仍为最大的供给主体，而增加体育"一事一议"的方法为决策执行上下复合创造无限可能。

（3）筹资渠道由外转内。逐渐告别内外并行的历史，由外转内。过去，农村作为城市发展的财政后盾，付出的是各种税务，如"三提五统"，农村公共体育服务供给也仅是从农民劳动中获取制度外筹资以聚集到国家财政，进而通过专项资金再分配至公共体育服务领域，这并非国家出资完善农村公共体育服务，仅是一种"以农促工"之余的变向支出。筹资由制度外向制度内转变是农业税取消的必然结果，更是农民不再缴纳税务却更多享受体育福利的保证。

（4）生产管理分工明确。农村公共体育服务正在构建以政府为主导、以公共财政为主体支撑、供给主体多元的新框架。社会治理背景下，政府、市场、社会组织、社区及村民个体或独自或联合作为公共体育服务的生产主体，这促使农村公共体育服务生产多样化，而管理主体仍由政府来承担，即基本的决策与监督等分工还需政府部门把持，形成生产—提供—监管的清晰格局。税费改革后，村民闲暇时间倍增、吃穿有余，对体育健身的渴求愈发强烈，尤其是全民健身上升为国家战略，社会治理持续推进，多元主体参与农村公共体育服务渐成常态。

3.5　中国农村公共体育服务供给模式的比较与反思

3.5.1　需求表达："无意识—同质性—主动性—有意识"的民主激发

农民开始并无体育需求意识，迫于生活压力，无暇顾及上层建筑的体育参与，即使进行体育锻炼也多漫无目的，本能使然；人民公社时期，以集体为基本单位，农村体育开展反映的是全体愿望，或说仅由负责人决定，势必表现出较强的同质性，这只是表面特征，实际是一种被动的同质；家庭承包制将集体观念打破，个体力量成长起来，为村民体育需求的主动表达奠定基础，呈现出类别化的供给所需；农业税费取消后，农民负担减轻，物质生活有了改善，精神生活自然要求提高，体育等丰富民众的公共福利日益受宠，而对其需求则更乐意运用"一事一议"的方式进行心声表达，恰是民主自由的真实体现。

3.5.2　决策执行："独揽—转向—联动—复合"以实现农民体育所需

中华人民共和国成立初始，国家首要任务在于稳固政局，次之摆脱贫困，体育略受忽视，导致公共体育服务供给多以基层自治为主，自主性强且略显随意；人民公社阶段政权基本稳定，形成牢固的集体模式，决策权集中在上层，农村体育供给仅是领导意志的单向实行，具有鲜明的"统而治之"色彩；改革开放后，农村公共体育服务的决策机制虽仍以政府为主，但社会力量亦有参与，逐渐避免以往单一路径，考虑民众的体育需求，创新社会管理；而其理想局面在于既有上层的宏观把握，亦需深入了解基层村民的体育需求，形成上下对接，复合推进，鼓励多元主体融入，达到供需平衡，做到提供的体育服务正是民众迫切需要的，以促进农村公共体育服务供给侧结构性改革。

3.5.3 筹资渠道:"制度外—外主内次—内主外次—制度内"的转向

中华人民共和国成立初始,国家正处于重建阶段,农村公共体育资金投入偏少,多依靠农村青年团或村民进行经费积攒;人民公社时期,国家极力参与农村公共体育服务资金供给,由于财政仍显薄弱,政府仅是少额补充,筹资仍以制度外为主,即依靠人民公社的集体力量,或是体育精英的个人能力获得经费;家庭联产承包责任制后,国家对农民征集各种税务,国家积累财富的同时,农村公共体育服务难以改善,不过国家开始承担农村公共体育服务的经费投入,制度内筹资成为主要方式,村民个体正逐渐退出专门的体育筹资机制,因其以交税形式间接参与筹资;取消农业税释放了农民负担,农业一直是工业化、城市化推进的坚实后盾,当实现经济发展、国家富强的目标后,反哺农村的行动也有倡导,而农村公共体育服务的经费来源可说大多来自制度内的财政预算,真正做到为农民体育福利共享确定资金保障。

3.5.4 生产管理:"集体—政社一体—分离—分工"以明确主体责任

社会主义改造时期,生产与管理未有具体实施策略,政府未能有针对性地进行关注,基本是集体组织或个人负责,执行效果无反馈;人民公社时期,政府虽承担农村公共体育服务的管理职责,但兼职生产主体,既管又办在所难免遇到问题,终触及公平与效率的矛盾话题,以致影响村民享受体育福利;随着市场机制的介入、社会组织的成长及公民个体的壮大,社会力量与行政力量开始趋于平衡,政社分开、官办分离的呼吁时刻充斥在体育领域,政府应当也必须作为管理者进行实践的决策、监管,而生产任务可交由社会;带有竞争性的场地设施规划可运用市场机制进行公开投标,具备公益性的则以购买服务的方式让社会组织承接,充满志愿性的可充分利用村民个体参与,这正是农村税费改革阶段结合社会治理理念的明确分工,以确保生产管理的有效分离。

中华人民共和国发展历程离不开对农村历史演变的考察,从典型的农业大国伴随城镇化进程加快的现实背景确实值得梳理。"三农"问题一直是中国特色社会主义现代化建设的关键要环,而农村公共体育服务的福利提供更彰显出国家对村民的基本关怀,是全民健身国家战略顺利实施的重要组成;是城乡公共服务均等化思想的具体落实；是"健康中国"实时塑造的区域响应；同时亦是关乎人权切实赋予的时代体现。纵观中国农村公共体育服务的供给之路，表现出的繁荣景象，恰是其体系构建的要素组成，如组织、场地等；契合的结构特征，每一阶段都表露出一定的特色，是一种要素体系的外在反映；透过外显内容挖掘农村公共体育服务的需求表达、决策执行、筹资渠道及生产管理等深层机理，获知治理模式。于此，可形成关于中国农村公共体育服务"要素体系—结构特征—运行机制"的静态与动态联结框架。未来，农村公共体育服务体系建设及运行完善须密切结合社会治理理念，积极参与到时下社会改革浪潮中，实现借体育以促民生，迎接更加健康的国度的到来。

4 CHAPTER 04
国外发达国家公共体育服务体系建设研究

公共体育服务体系是指由满足公共体育需求的要素构成的有机整体，可归纳为政策法规、场地设施、组织机构、经费来源及活动开展等[1]。国外方面历经传统公共行政、新公共行政、公共选择、新公共管理、公共治理及以民为本的新公共服务等理论阶段，并经历重视民众体育福利获取的实践，至 2008 年，全世界有 116 个国家公布体育公共服务和大众体育发展计划[2]。我国陆续出台诸如《全民健身计划（2011—2015 年）》（国发〔2011〕5 号）、《国家基本公共服务体系十二五规划》（国发〔2012〕29 号）、《全民健身计划（2016—2020 年）》（国发〔2016〕37 号）的政策，其核心在于构建比较完整、覆盖城乡、可持续的全民健身公共服务体系，且要推进每一要素发展。然而，现实情况却是人民群众日益增长的体育需求与供给不足的矛盾突出；体育管理体制中"管办不分""政社一体"的弊端仍然存在；体育社会化水平不高，基层体育社会组织发展滞后等。因此，根据 2015 年世界 GDP 排名选取欧、美、亚三洲的六个经济发达国家[3]，实证以将其公共体育服务体系建设作为一种"社会事实"进行学术提炼；诠释以对不同国家公共体育服务体系的差异作一原理说明。旨在描述发达国家公共体育服务体系建设的实践经验，解释其相互比较的异同与探索给予本土的启示。

---

[1] 胡娟，等. 江苏公共体育服务体系示范区创建：指标体系的设计与实现 [J]. 体育与科学，2015，36 (5)：28-38.

[2] 王才兴. 体育公共服务国际比较及启示 [J]. 体育科研，2008，29 (2)：27-31.

[3] 研究对象选择依据：2015 年世界 GDP 情况（http：//www. phbang. cn/general/147871. html） [总量（十亿美元）/世界排名/洲排名]，英国（2532. 05/6/3）、德国（3373. 3/4/1）、美国（16197. 96/1/1）、加拿大（1839. 14/11/3）、日本（4817. 52/3/2）、韩国（1234. 04/14/4）。

4.1 国外公共体育服务体系建设的实践

4.1.1 英国公共体育服务体系建设经验

（1）政策法规：侧重社区，以人为本。英国公共体育服务政策法规颁发与其"福利国家"定位密不可分，自 1948 年开始，英国福利制度改革大致经历传统行政、新自由主义和网络协作三种模式，第一阶段要求政府提供公共体育服务，如基础设施等，这能够促进政府制定政策法规以推动体育事业发展（表4-1）。

表 4-1 英国公共体育服务之政策法规

要素	名称	颁布时间
政策	体育与社区	20 世纪 60 年代
	体育供给计划	1972 年
	未来十年的社区体育	1982 年
	90 年代的社区体育：1988—1993 发展战略	1988 年
法规	大众体育的未来	2000 年
	游戏计划	2002 年
	英格兰体育战略（2008—2011）	2008 年
	场地、人、运动	2010 年

英国公共体育服务政策法规落归至社区，如《体育与社区》的发表确保保守党政府对民办体育俱乐部增加财政援助；《未来十年的社区体育》提出"目标群体"概念，对应人群特点以推荐适合项目，且推出了 5~10 年的预期计划，可谓注重"人本位"的典范；《90 年代的社区体育：1988—1993 发展战略》确立了量化服务策略，对民众体育参与的细微设计是人性化的充分体现。除此之外，《场地、人、运动》的出台更是将三者互动联结，实现以人为核心，借助场地物态和运动方式展开关于人的全面发展。

（2）场地设施：种类齐备，管理多元。英国公共体育场地设施涉及两块：社区体育中心由中央政府购买，地方政府负责维护，社区体育俱乐部私人购置抑或租赁；其分类细致，依所有权性质包括社区体育中心、商业体育俱乐部、学校及各类营利性和非营利性的民间体育设施等，实行标准化建设。如 20 世纪 80 年代，英国体育理事会制定了基本标准，要求每25000人的社区就需要建一个体育中心（能够开展17个体育项目）；体育厅内部设计以羽毛球场作为参照标准，规模分别为4个、6个、8个、9个、12个羽毛球场的大小。英国社区体育设施管理呈现多元格局：政府参与是公共体育服务运行的本意，尤其在"福利国家"初期，实属正常，但伴随社会发展，政府独自承担受到考验，开始转变管理方式，实践中亦是如此，2002—2005年地方政府管理公共体育设施的比例从73%降为62%，至2006年低至47%[1]；私人管理是指政府与合作伙伴（私人企业、非营利组织等）达成协议，按一定价格将社区体育设施管理委托给第三方，即将产品和服务市场化的过程；运用基金管理的优势在于目标较为明确，专注于体育和娱乐服务，还可获得国家商业税和增值税的减免。

（3）组织机构：国家调控，社会参与。英国体育管理将国家宏观调控与社会共同参与联合起来，除政府外，众多非政府组织亦会投入公共体育服务中（图4-1）。英国体育组织机构经过数百年发展日趋完善，且以成熟模式维持着公共体育活动的运转。政府是公共体育服务政策的制定者，而对于政策的执行则多交由社会组织，如俱乐部或地方非营利组织等。英国文化、媒介和体育部是主管全国体育事业的政府单位，对体育促进作政策指导和财政拨款，但并非直接实施事务管理与经费分配，而是与其他政府或非政府组织进行合作，以实现对公共体育服务的有效供给，并形成网格化的组织管理体系，具体分工为：儿童与家庭部、环境部、教育与就业部等负责学校体育；体育与娱乐中央委员会、奥委会承担竞技体育的任务；体育理事会则是社区体育的对接窗口。体育政策实施是多元共促的过程，体育理事会、单项体育联合会、体育俱乐部、私有企业、各种级别形式的学校以及其他合作组织等形成的网络成为政策执行的主体[2]。英国政府通过横向集权、纵向分权的体育管理改革，有力地推动了公共体育服务体系的建设。

[1] Audit Commission. Public Sports and Recreation Facilities：Making them fit for the future ［R］. London：Audit Commission, 2006.

[2] 陈洪，梁斌，马瑛. 英国社会体育管理模式及其启示 ［J］. 体育文化导刊, 2014（2）：27-30.

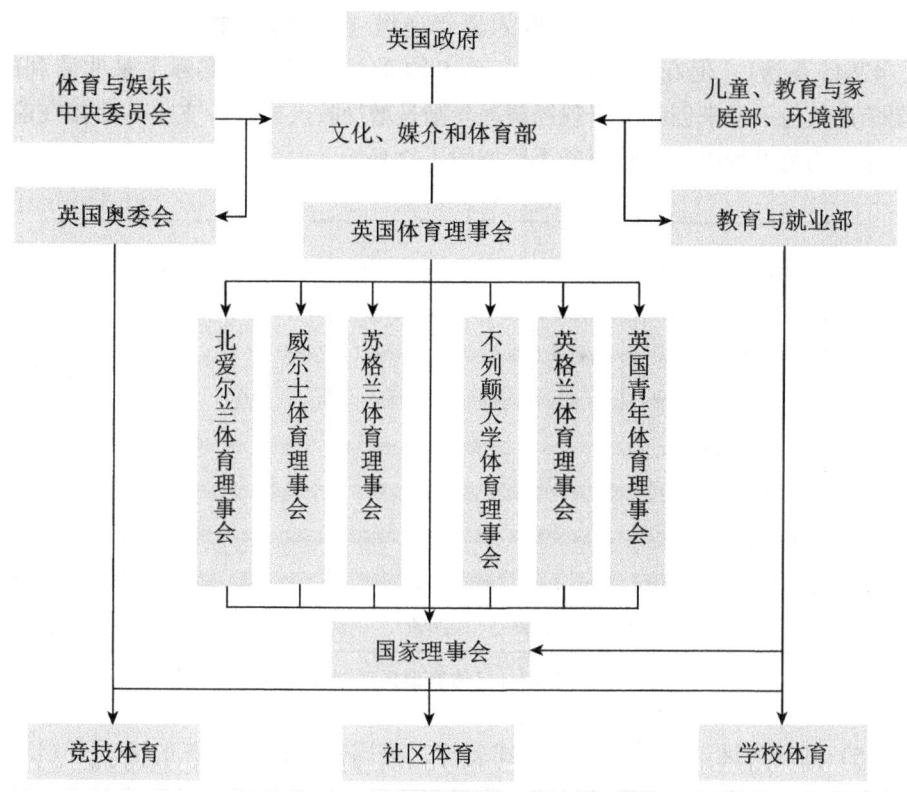

图 4-1 英国公共体育服务组织机构框架[1]

（4）经费来源：政府拨款，社团自筹。英国公共体育服务的经费来源有：
①国家财政拨款，政府每年对体育的投入一般占到国民生产总值的 0.2%～
0.6%。供给分配上地方政府占比较大，如 2007 年，英国全国的社区体育金额为
26.19 亿英镑（中央：1.32 亿英镑；地方：24.87 亿英镑）。虽然英国体育资金
来源多渠道，但政府仍占主导地位，如 2009 年，体育局用于支持社区体育发展
的经费大约为 3 亿英镑，其中国家财政 1.25 亿英镑，彩票销售收入 1.35 亿英
镑，民间募集和家庭消费 0.5 亿英镑。地方政府对公共体育事业的支出更大，每
年总量达 20 亿英镑，并以约 4% 的速度增长[2]。这些经费多取自税收，其使用
主要通过定向调拨和公开竞标申请的方式流向社区。②社会团体自筹，包括会员
缴纳会费、体育指导员注册收入、私人和企业赞助金、体育基金会等。英国社区
俱乐部相对自治，属于半公益性质，绝大多数的社区体育设施都是以微利或无利

[1] 王英峰. 英国体育管理组织体系研究 [D]. 北京：北京体育大学，2010：19.
[2] 廖含文. 浅析通过设计手段构建"健体型"社区 [J]. 城市建筑，2011（11）：28-30.

的模式运营，2009—2012 年虽然收入逐年递增（分别为 35736 英镑、38146 英镑、42845 英镑），但花费也在增多，有 90% 的社区俱乐部实际上是非营利的，需要借助其他手段来创收，宏观经济理念则是增加收入或减少支出，而排在前五位的选择均为增加收入，其筹资手段如图 4-2 所示。

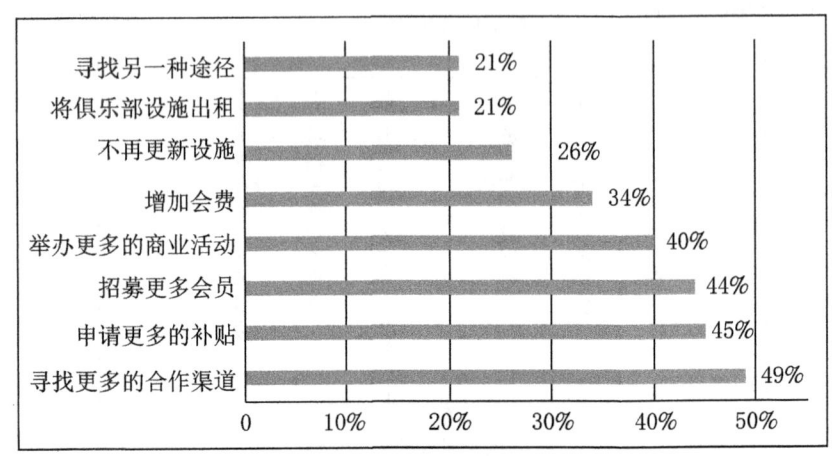

图 4-2　英国社区体育俱乐部创收手段

（5）活动开展：内容丰富，形式多样。英国公共体育服务的活动开展不外乎围绕参与、宣传和志愿三种形式。①参与项目：一是技术、身体练习类，社区体育中心能够进行 17 个体育项目（羽毛球、篮球、保龄球等）；二是学习为主类，针对初学者；三是为会员提供体力测试、健康诊断、运动处方等服务。②宣传工作：英国社区体育发展已形成中央—地方—俱乐部集外部合作伙伴于一体的稳定模式。2008 年 3 月 10 日，英国政府批准了英格兰体育理事会的战略纲要，欲构建一个世界领先的社区体育推广体系。③志愿服务：英国社区体育志愿者活动正在蓬勃发展，迈入组织化、规范化、科学化轨道，是社区体育发展的"基石"。2012 年伦敦奥运会共有 70000 名志愿者无偿参与这一赛事中；2013 年，社区体育俱乐部的志愿者数量从 2010 年的平均 20 人上升到平均 24 人（图 4-3），其中 90% 都是合格的指导员。尽管较 2011 年的 21 人上升了 20%，但仍有 73% 的俱乐部声称并没有志愿者直接参与他们的活动，2013 年调查显示：有 36% 的俱乐部希望在未来 2 年里能够增加志愿者的数量。

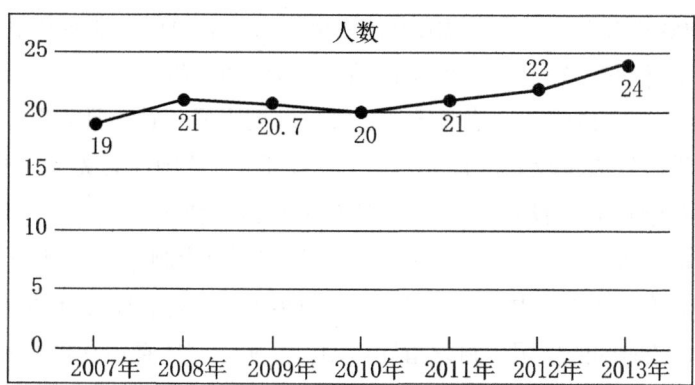

图 4-3 俱乐部平均志愿者数量

4.1.2 德国公共体育服务体系建设经验

（1）政策法规：黄金计划，联合声明。德国公共体育服务体系建设特别重视政策法规的制定（表 4-2）。

表 4-2 德国公共体育服务的政策法规

要素	名称	颁发部门	颁布时间
政策	德国体育奖章	德意志帝国体育委员会	1913 年
	家庭体育奖章	体育联合会	1985 年
	黄金计划（三期）	奥林匹克协会	1960—1975 年 1976—1985 年 1985—1989 年
法规	德国体育宪章	体育联合会	1966 年
	闲暇体育方案	体育联合会	1976 年
	德国体育指南	体育联合会	2000 年
	联合声明	体育联合会与州体育部长	2000 年

1913 年，德国体育委员会颁发"德国体育奖章制度"，加强了国民体育意识，提高了国民体育热情，达到了强身健体的目的，至 1988 年获此殊荣的民众

已累计达 2000 多万人次[1]。德国也较注重以家庭为单位的奖励机制，1985 年，实行的"家庭体育奖章制度"，就是推动全民健身的有效手段，当年全国就举办了 8000 多次大型群体活动。德国最具名气的政策当属"黄金计划"，其实施成效可通过体育设施发展来反映（图 4-4）。1966 年，《德国体育宪章》提出"体育是为全民的健康和幸福服务"[2]，尤其对学校体育作了规定：学校体育与俱乐部的合作要进一步加强；实行学生家长与学校共同负责制；提供良好的体育场馆以及为学生颁发"青少年体育奖章"[3]。1976 年，《闲暇体育方案》确定任务：认清体育在闲暇时间的作用；制订指导计划；落实闲暇体育活动设施和提供信息、咨询等，2000 年，《联合声明》规定出未来大众体育的发展目标：提高自身地位、完善俱乐部活动计划及使其成为世界上规模最大的社会性市场经济活动[4]。

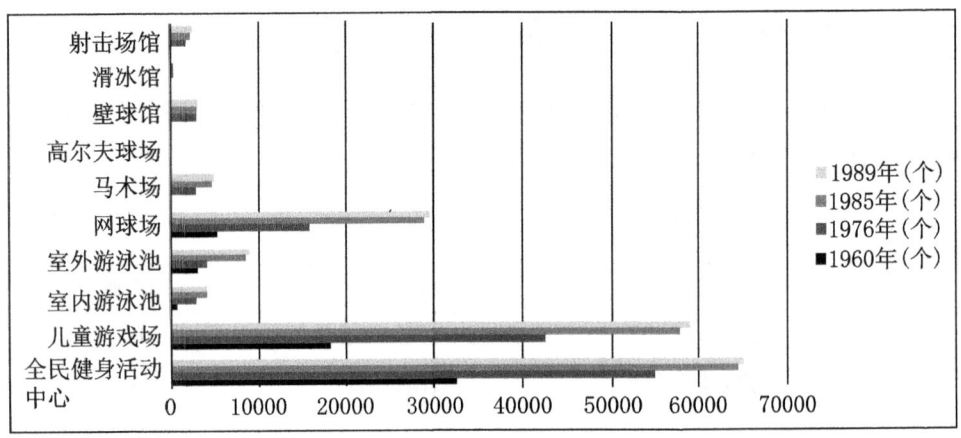

图 4-4 德国三期"黄金计划"实施后体育设施变化情况

（2）场地设施：日渐完善，运营得当。德国公共体育场地设施有两种设置方式：①俱乐部是德国公共体育服务运行的物质载体，德国共有 9 万多个俱乐部，8100 家拥有自己的体育馆，10200 家配有足球和曲棍球场地，10100 家建有

[1] Deutscher Sportbund. Sport in Deutschland [M]. Frankfurt am Main：Deutscher Sportbund Generalsekretariat，2003：38-39.

[2] Krüger, Michael. Einführung in die Geschichte der Leibeserziehung und des Sports. Teil 3：Leibeserziehung im 20. Jahrhundert. Sport für alle [M]. Schorndorf：Verlag Karl Hofmann, 1993：200.

[3] Corroll, Victor A. Employee Fitness Programmes：An Expanding Concept [J]. International Journal of Health Education 1980, 23（1）：35-44.

[4] 齐国强，郑立新，张永军. 域外大众体育发展状况及思考 [J]. 中国体育科技，2000，36（6）：46-48.

网球场，超过 18000 块体育场、49000 块网球场和 38400 个其他体育设施。至 2008 年，68%的德国体育俱乐部（约 61000 家）可以使用乡镇体育设施，其中约 28%的俱乐部免费使用，不需回报，其余俱乐部则要缴纳使用费。②非俱乐部形式：德国通过三个"黄金计划"，其基础设施日渐完善。至 2002 年，德国拥有体育场馆共计 126962 处，其中约 47.4%是露天设施，27.9%是体育馆（表 4-3）。萨克森州和巴伐利亚州的体育场馆最多，达 4300 余家，占德国总量的 49.8%。

表 4-3　德国体育场馆统计数据

体育设施	露天体育场	体育馆	网球场	射击场	游泳池	大型体育馆和多功能馆	溜冰场	总计
数量（个）	60161	35409	14192	8814	7792	408	186	126962

资料来源：大志. 德国体育场馆最新据（http：//www. vo2max. com. cn/simple/index. phpt 1241. html. 2009-04-16）。

（3）组织机构：政府协作，公民自治。德国体育管理体制属于政府辅助、社团主导型，即联邦政府和州政府多以拨款给体育社团为主，其他事项干预甚少，奠定公民自治的基础。德国公共体育服务主体分工明确且以体育社会组织为主，政府较好地实现了任务与权力的转移，并从法律上确保组织自我治理。当前德国联邦政府并没有专门的体育部进行统一管理公共体育事务，政府完全做到权力释放，在公共体育服务运行中仅是扮演协作者的角色（图 4-5）。德国体育社会组织的典型模式为俱乐部制（图 4-6），自 1816 年第一个俱乐部成立后，经过近 200 年的发展，至今已有 9 万多个体育俱乐部，会员 2700 多万人[1]。俱乐部多由 300 人以下的会员组成，少于 100 人的最多（35.2%）；超过 10000 人的较少（5.5%），它们吸纳了全国 29.6%的俱乐部会员。德国俱乐部的外显特征有"自由的成员资格、以成员利益为准则、不依赖第三者、义务参加工作和民主决策"[2]；实践运转中具有"团结合作、角色分配、协调自治和通过人际关系树立形象"[3]等特点。

[1] 刘波. 德国体育俱乐部体制与群众体育关系的研究 [J]. 体育与科学, 2009, 30 (1)：64-68.
[2] 蔡俊五. 德国大众体育进入"正确健身"新阶段 [J]. 中国体育科技, 1997 (9)：14-15.
[3] 凌平. 联邦德国体育俱乐部的结构特点 [J]. 天津体育学院学报, 1993, 8 (4)：25-28.

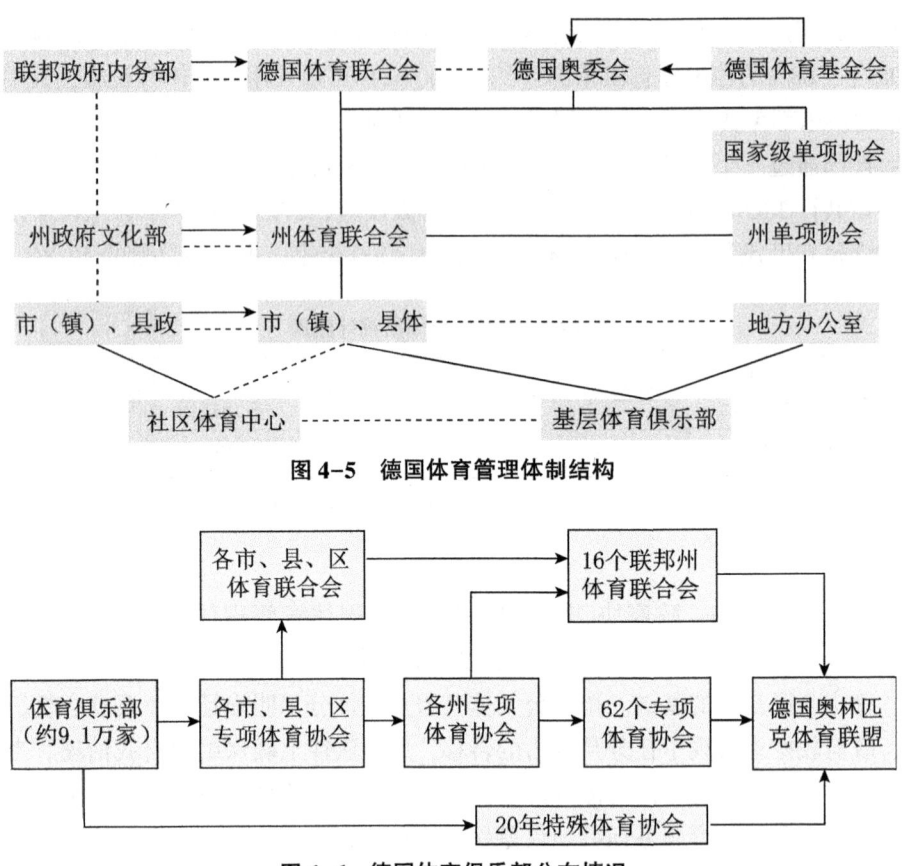

图 4-5　德国体育管理体制结构

图 4-6　德国体育俱乐部分布情况

（4）经费来源：国家资助，俱乐部制。①国家财政拨款，德国政府每年对体育的投入一般占国民生产总值的 1% 以上，比例方面国家投资占到公共投资总额的 10%，而地方投资占到 90% 以上，如 1990 年，德国的体育经费占国民生产总值的 1.4%，其中地方政府拨款占 98%，中央政府仅占 2%。彩票收入是政府财政拨款的重要部分，也是公共体育服务经费的一大获取渠道，从 1970—2005 年，德国体联从彩票中获利累计达 7.5 亿欧元。②社会团体自筹，包括社会捐赠、基金会资助、会员会费、企业赞助，场地出租及门票出售等。一般体育俱乐部经费中政府资助占 20%，自筹占 80% [1]。德国社区体育俱乐部的会费收取形式有：年会费、月会费、听课费和设施使用费，其余部分依靠政府的财政支持和

---

[1] 李海，董永顷，闫华．西方发达国家社区体育对我国高校体育社会化进程启示之研究 [J]．西安体育学院学报，2002，19（4）：8-10.

企业的捐助[1]。大众体育获得的赞助金额较竞技体育要多，德国储蓄和转账银行协会约90%的体育赞助经费流向大众体育，80%的体育俱乐部得到了其下属银行网点的赞助[2]。此外，家庭体育消费也成为俱乐部经费来源的新型途径。

（5）活动开展：大众推广，志愿参与。德国公共体育服务的活动开展基本围绕内容、宣传及志愿等进行。①活动内容：新型运动项目推出，如滚轴溜冰、气功等；俱乐部体育运动形式多样，城市马拉松赛、骑自行车旅游、赛艇和皮划艇水上旅行等随处可见，其活动类型可归为健身体育、休闲体育、体育旅游及体育探险四大类，每类并无严格划分标准，仅是各有侧重。②宣传工作：公共体育服务建设与大众媒介配合密切，提出许多简明且具有鼓动性的口号，如"运动的第二选择""有氧耐力锻炼130分钟""最好的锻炼效果在俱乐部""体育运动有益于德国""德国，动起来"等。国家通过电视、广播、报刊等在交通要道和公共场所广为宣传。政府官员以及众多文体明星为这个运动做服务，带头上街跑步做表率。国家还设立体育节、体育日，每年选举"德国最佳体育城市"，这为公共体育服务运行提供了助力。③志愿服务：德国将每年的12月5日定为志愿者日，德国34%（2200万）14岁以上的公民是志愿者。在德国约90000家体育俱乐部中，有210万个不计报酬的名誉职位，成为德国大众体育普及发展的基石。

4.1.3　美国公共体育服务体系建设经验

（1）政策法规：注重健康，追求公平。美国公共体育服务政策法规制定除政府负责外，各州有权进行自我颁布，社区拥有属于自己的实施法令（表4-4），促使社区体育分工明确、有法可依，确保广大群众参与锻炼、共享体育。1973年，《户外休闲计划——一份美国的遗产》通过保障民众参与户外休闲的机会来提高美国人的生活水平，无论有钱人或穷人、青少年或老年人以及残疾人都应获得这种机会。1990年，《健康公民2000年》规定：增加城市社区体育中心数量，提高企业开展体育活动的要求等，旨在增加国民健康生命的长度、减少美国公民的健康不平等待遇问题及实现全美人民的预防性服务目标。2000年，国家健康中心进一步推出AUU身体健康计划，对社会各阶层的体育设施配套提出新的标准。1919年，美国联邦政府出台《体育法案》，这是第一个全国性的体育法；

---

[1] 唐建军，孟涛，李志刚，等．英、德、日社区体育俱乐部基本状况和存在的问题 [J]．体育与科学，2001，22（3）：8-11．

[2] 侯海波．德国大众体育发展现状及成功经验探析 [J]．山东体育科技，2014，36（3）：95-99．

1950年，国会颁布《奥林匹克协会组织法》，把对体育活动的管理权转移给群众团体和业余组织。1972年，《TITLEE IX 修正案》强调妇女享有同等教育权利，保证女性体育参与；1973年，《残疾人康复法》要求在生活、就业、教育、体育等方面不得歧视残疾人，体育课或校内、校际体育活动中注重对残疾学生的特殊对待；1978年，《业余体育法》鼓励发展大众体育，实现体育均等分享。可见，美国对特殊人群体育参与的高度重视。

表4-4　美国公共体育服务之政策法规

要素	名称		颁发部门	颁布时间
政策		户外休闲计划———一份美国的遗产	内政部	1973年
		健康公民2000年（Healthy People 2000）	保健福利部	1990年
		开放场地计划	房产与城市发展部	1961年
	体育场地设施配套计划	第66号文件	国家公园/森林服务部	1965—1966年
		健康国民2000计划	国家健康中心	2000年
法规		土地与水资源保护法	联邦政府	1965年
		联邦规划休闲法	联邦政府	1965年
		TITLEE IX 修正案	联邦政府	1972年
		残疾人康复法	联邦政府	1973年
		业余体育法	国会	1978年
		美国当今个人健康投资法案	众议院	2009年

（2）场地设施：按需投建，强调多样。①社区体育中心：美国对社区体育配套设施设有具体标准，具有项目本土化、规模层次性、内涵亲民性等特点；配置中注重与自然景观融合，目的在于满足社区居民不同层次的体育需求，实施标准如表4-5所示。②学校体育设施：据20世纪80年代的调查，美国小学拥有1万座体育馆，近3000个综合体育设施；2万所中学中，拥有体育馆2万个，田径综合设施1.7万个，游泳池4000个；大学体联所属的730所高等院校中，拥有室内篮球场2571个、体育馆790个、橄榄球场744个、田径综合设施682个、游泳池603个、山地滑雪基地44个等。不仅能满足体育课和课外锻炼之用，还向社会开放，为社区体育开展提供硬件资源。③户外体育设施：美国联邦政府、州

政府和地方政府分别拥有 2. 6 亿英亩[1]、4200 万英亩和 1000 万英亩的土地可用于休闲体育活动[2]，涉及森林、湖泊、河流、海滩、山峰、沙漠、草原等地带，其中有一半是森林，9% 是自然保护区，10% 是钓鱼与游戏区，6% 是公园及其他指定的休闲区。④民间体育设施：企业以盈利为目的的休闲地带开发，如野营与野餐地、高尔夫球场等；非商业性使用，主要服务于俱乐部会员，开放时收取一定费用，但属非营利性的；企业无偿或低价向雇员及社会开放的场地与设施[3]。

表 4-5 社区体育中心建设的实施标准[4]

层次（类型）	面积（规模）	配置（标准）
小型公园	1~4 英亩，每 1000 人 0. 25~0. 5 英亩	通常是为某类特殊年龄群体设计的
街区公园	5~50 英亩，每 1000 人 1~2 英亩	10%~20% 的面积保持自然景观，其余地方则建有游泳池、体育活动设施、游戏场、运动场等；有些街区公园往往和学校的体育设施融为一体，可以满足不同年龄群体的体育需求
社区公园	50~400 英亩，每 1000 人 5~8 英亩	20%~40% 保持自然景观，除常规体育活动场地外，还有高尔夫球场、儿童游乐场、野餐区域、运动场、游泳池、自行车与徒步旅行道
管区公园	400~800 英亩	40%~50% 为自然景观，辟有自行车运动、徒步旅行、散步道路、高尔夫球场、野餐区域以及水上运动区域，可以进行游泳、划船、垂钓等活动
地区公园	1000 英亩左右	50%~80% 是自然地带，可进行骑马、徒步旅行、自行车、野餐、划船、游泳、钓鱼、野营、冬季运动、登山及其他活动

注：1 英亩=4046. 864798 平方米。

（3）组织机构：层次分明，分工明确。美国体育组织架构分为政府、社团及企业俱乐部等形式（图 4-7）。政府组织形成联邦、州及地方的鲜明层次，为国家公共体育服务体系建设制定政策法规，并提出实施意见和监督评估，如美国有 70 多个政府机构向人们提供户外运动机会，在 50 个州的户外运动管理机构

[1] 注：1 英亩=4046. 864798 平方米。

[2] 尚东锋. 中日美基层大众体育活动特点及对我国的启示 [J]. 山西煤炭管理干部学院学报，2013，26 (2)：220-221.

[3] 李高峰，郝力宁. 中日美大众体育场地设施管理的比较研究 [J]. 体育成人教育学刊，2006，22 (3)：26-28.

[4] 林显鹏，刘云发. 国外社区体育中心的建设与经营管理研究——兼论我国体育场馆建设与发展思路 [J]. 体育科学，2005，25 (12)：12-16；27.

中，21 个设置了休闲体育部门。美国社区体育一般由公园与休闲委员会负责，其管理体制是行政长官负责制，下设专门机构，举全国之力共同促进其发展。美国公共体育服务虽由政府承担，但并非政府亲自实施，而是由各种非营利性体育社会团体接管，如奥委会、单项体育协会等，层层推进，确保组织管理建立条块分明、纵横延伸的格局。美国企业俱乐部主要涉及三种类型，传统型的老式俱乐部，如网球、高尔夫球等（约 6000 个）；健身和使用球拍俱乐部（8000～10000个）；隶属于各类组织的"准俱乐部"（20000 多个）。如此，美国公共体育服务的组织分工得以明确，政府于其中仅是统领以把握方向；而社区体育社团起到基层实践的作用，属于通往公共体育服务"最后一公里"的关键助力；企业性体育俱乐部则为更高级体育服务供给做好补充，最终实现全面且均等的公共体育服务目标。

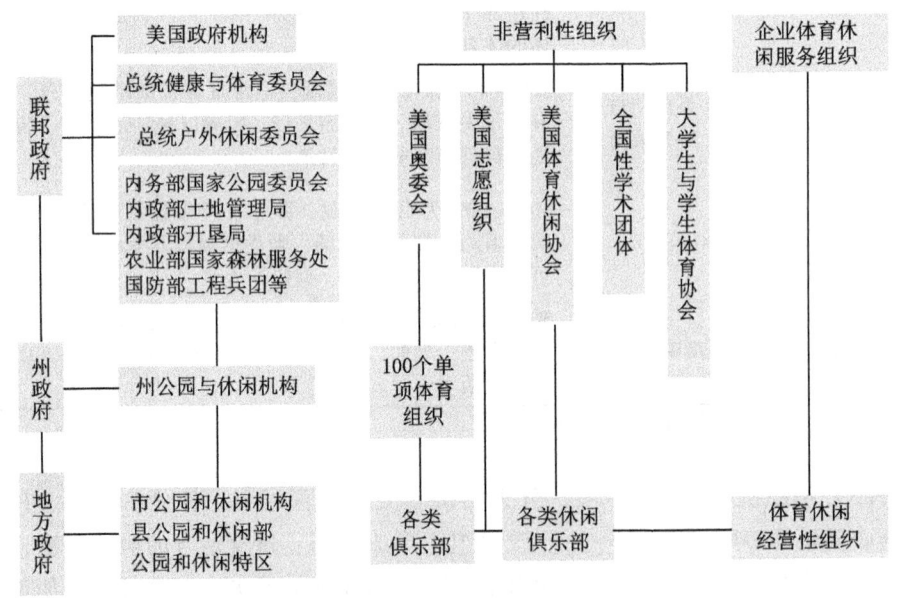

图 4-7　美国休闲和体育服务组织框架[1]

（4）经费来源：来源多渠，市场凸显。美国公共体育服务的资金来源包括：①政府投资。一般占国内生产总值的 1% 左右，且地方政府多于中央政府，投资方式有直接的财政补助和间接的投入。据调查，政府直接性财政补助从 1996 年

---

[1] 朱寒笑，苗大培. 发达国家城市体育休闲服务组织体系分析与启示 [J]. 体育科学，2006，26（12）：9-15；19.

到 2006 年，美国纳税人为建造新的场馆设施投资达 140 亿美元。政府还通过免税、转让土地、低价出租等措施为体育场馆的建设提供财政帮助。②体育彩票。1998 年，400 亿美元的彩票销售额中，州政府获得 125 亿美元，占彩票销售总额的 31%，彩票的盈利主要投向教育事业、环保事业、公园和娱乐场所等建设[1]。美国至少 34.1% 的彩票收入要投入公共事业中。弗吉尼亚州 2009 年彩票销售额为 13 亿美元，其中用于公共事业的投入为 4.39 亿美元，占总金额的 32%，57.7% 作为奖金回馈彩民，5.6% 为零售费用，5.4% 为发行费用。③其他来源。社会筹资远大于政府对体育的投入，约占体育经费的 70% 以上。服务性消费包括会费、会员使用俱乐部设施的费用、举办比赛活动的创收。企业赞助、社会捐赠也能给俱乐部注入资金。美国俱乐部收入的 15%～25% 来自体育场馆运营。私人资本在美国体育场馆投资中呈上升趋势，约为 76 亿美元[2]（图 4-8）。民间组织可以进行酒吧、桑拿、博彩等经营活动，也可采用商业赞助和公告开发的方式增加中心收入；还可借融资活动、捐赠、场馆出租等渠道获得收入。

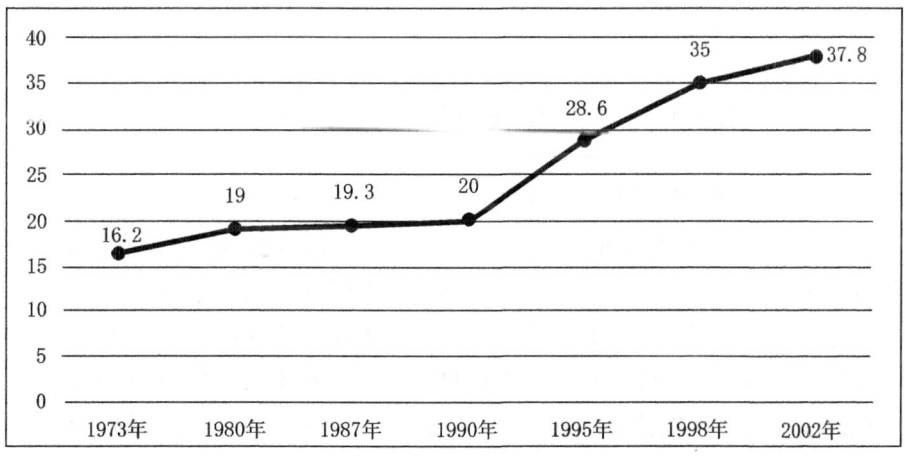

图 4-8 体育场馆融资中私人资本比重（1973—2002 年）

（5）活动开展：项目多样，宣传有力。①项目内容。健身散步是最广泛的运动方式（25.2%）；其次是游泳（24.1%）；网球、棒垒球、有氧运动和排球的参与度都在 6% 左右。社区体育项目：设置具有均衡性和共生性特点，按需（年龄及社会弱势群体）开设；设施承担方面，社区中心（37.8%）、市属公共设施

［1］徐再荣. 美国彩票业的发展及其对公益事业的作用［J］. 史学集刊，2014（6）：71-76.
［2］刘铭忠. 美国大型体育设施的运营管理［J］. 体育文化导刊，2008（10）：118-120.

（38.5%）、学校和社会体育俱乐部（23.7%）。学校体育项目：2011—2012 学年，美国共有 450 万男生和超过 320 万的女生参加了中学体育活动，最受男生欢迎的体育项目有橄榄球（达到 100 万人）、田径、篮球、棒球、足球均在 40 万人以上；最受女生欢迎的有田径（近 47 万人）、篮球、排球、足球、垒球。户外体育项目：可进行徒步旅行、钓鱼、打猎及其他休闲和健身活动。②宣传推广。为有效实施健身计划，联邦政府通过电视、广播等大众传播媒介，进行科学健身宣传。美国每年出版 1200 多种有关体育锻炼和竞技运动方面的书籍，另有 300 多种体育杂志，吸引大众参与体育项目。美国 3 家主要电视（ABC、NBC、CBS）每年播出体育节目 1500 小时左右[1]。社区体育宣传：通过电视、广播、报纸等方式促进体育运动信息传递到不同群体和各个家庭，对低收入家庭成员提供参与社区项目的消费券[2]；学校体育宣传：运用报纸和时事通讯及其他印刷品和电子媒介，具体手段有宣传手册、公告牌和网站等。③指导制度。社区体育指导员要经过培训，考试合格后进行资格审查，之后颁发合格证书，持证上岗[3]。美国体育指导员主要由 4 个部门管理，不同管理部门认定的体育指导员的类别不同，约有 10 类[4]。

4.1.4 加拿大公共体育服务体系建设经验

（1）政策法规：阶段推进，制度重建。加拿大政府对大众体育的介入大致划分为三个阶段：1930—1960 年，颁布《加拿大身体健康法》；1960—1980 年，联邦政府正式融进体育管理；1980—2000 年，做出新尝试以改变公共体育服务的发展方向。此进程中陆续出台了相应的政策法规（表 4-6）：1970 年，《加拿大公民体育政策提案》强调对大众体育的重视；1986 年，《体育加拿大：体育中的女性政策》为女性在体育方面赢得平等机会；2005—2006 年，《加拿大体育资助项目》对地方承办大众体育赛事进行资助等。加拿大体育法包括判例法和制定法，1943 年，《加拿大国家身体健康法》的实施效果有：成立国家身体健康委员会、拨款给省级政府、联邦政府设立国民健康和福利部；1961 年，因由中央集

［1］李红.对美国政府发展大众体育的研究［J］.时代经贸，2011（24）：56-57.
［2］王晓露，尚志强，唐建军.美国城市社区体育的组织、发展模式及其启示——以 BELLEVUE 市公园与社区服务机构为例［J］.中国体育科技，2005，41（1）：65-68.
［3］邓荣彪.世界发达国家和地区社区体育发展的启示［J］.山东体育科技，2005，27（3）：52-54.
［4］肖柳.长株潭城市健身俱乐部健美操指导员职场生存环境调查与研究［D］.长沙：湖南师范大学，2011：5.

权的政治背景、经济发展与公共服务失衡的社会背景及体育竞技成绩下滑等而颁布《健康与业余体育法》，明确了政府的责任；2003年，《身体锻炼和竞技运动法》提出建立"体育纠纷解决中心"的独立机构，提供调节和仲裁服务，避免体育矛盾走向司法诉讼程序，促使体育成为国民健康幸福的基本要素、鼓励体育融入民众日常生活。

表4-6　加拿大公共体育服务之政策法规

要素	名称	颁发部门	颁布时间
政策	加拿大公民体育政策提案	联邦政府	1970年
	走向业余体育政策	联邦政府	1977年
	走向国家健身及娱乐政策	联邦政府	1979年
	国家面临的挑战：80年代的健身和业余体育	联邦政府	1981年
	体育加拿大：体育中的女性政策	联邦政府	1986年
	加拿大体育政策目标	体育局	2001年
	加拿大体育资助项目	体育局	2005—2006年
法规	加拿大国家身体健康法	联邦政府	1943年
	健康与业余体育法	下议院	1961年
	身体锻炼和竞技运动法	国会、众议院、参议院等	2003年

（2）场地设施：纳入福利，写进制度。加拿大政府高度重视公共体育设施建设与完善，并将其纳入福利与制度保障范畴，具体有社区体育中心、学校及户外体育设施等。①社区体育中心：在加拿大每个社区，都有一个宽阔平整的草坪，其两边竖有足球网和棒球网，中间有单杠、双杠。每个社区均有专供孩子健身的场地，如露天游泳池、田径公园等。多数社区建有室内体育馆，馆内设有游泳池、健身器材、桌球、乒乓球桌等[1]。社区体育中心配备的体育设施包括体育健身中心、少年托管中心、老年人健康护理中心等。②学校体育设施：加拿大高校体育设施较为发达，可从以下三所学校中看出（表4-7）。③户外体育设施：加拿大政府重视户外场地设施建设，陆续出台政策法规以促进户外场地设施更新与发展，并制定了相关标准（表4-8）[2]。

---

[1] 戴明. 健身理念深入人心，体育锻炼已成习惯——访加有感 [J]. 中国校外教育：美术，2012（1）：156.

[2] 章丽洁. 主要发达国家社区体育配套设施建设及发展现状的研究 [D]. 北京：北京体育大学，2013：30.

表 4-7　加拿大三所高校体育设施情况 [1]

学校	体育设施	开放程度	备注
英属哥伦比亚大学	3 个标准冰球馆和高标准室外运动场	面向社会开放	许多场馆通过国家、社会、个人和学校共同出资建设
渥太华大学	3 个高标准体育馆	向学生免费开放；在一定时间里向社区居民提供部分场馆，必须缴纳一定费用；对于资助单位和个人实行免费开放政策	需提前预约；学校以俱乐部形式，学生自愿缴纳每学期 50 加元或者 20 加元后，获得不同类型的有体育指导员专项指导的体育运动
乔治亚学院	2 个大型标准室外运动场	25% 的在校生每年自愿缴纳 60 加元，进入所有场馆参与体育活动，否则只能在室外田径场跑步或在室外打篮球等；社区居民每年缴纳 320 加元后成为会员，才有资格去场馆健身，社区会员 800 人左右	1996 年承接过奥运会；体育场馆费用主要由安大略省政府提供和学生会员、社区会员缴纳会费支持

表 4-8　加拿大市区户外场地标准

级别	服务面积（英亩）	服务辐射范围	场地大小
亚街区游乐场地	—	100 码到 0.25 英里	500 平方英尺，通常 0.5 英亩
街区公园、游乐区	1000~2500	0.25 英里，通常 0.5 英里	0.25 英亩，通常 6 英亩
行政区游憩场	1000~2500	0.5~3 英里，通常 1 英里	4~100 英亩，通常 10~20 英亩
全市公园	5000	通常 3 英里或 30 分钟车程	25~200 英亩，通常 100 英亩
区域公园	4000~10000	通常 1 小时车程	通常 100 英亩以上

注：资料来源于加拿大公园和游憩协会网站；100 码 = 91.44 米、1 英亩 = 4046.864798 平

---

[1] 陈建华. 加拿大高校的竞技体育、社区体育、体育教育及其启示 [J]. 体育文化导刊, 2013 (10): 91-94.

方米、100 平方英尺＝9.290304 平方米、1 英里＝1609.344 米。

（3）组织机构：权力分化，职能具体。加拿大政府对体育事业的管理分为国家级和地方级。①国家体育管理机构（图4-9）：加拿大文化遗产部的体育局是联邦政府体育管理的最高行政单位，包括国家体育组织（实施国家体育发展战略、促进教练和政府官员加入体育事业，如奥委会、全国各单项体育协会等）；国家综合体育服务机构（为社区提供特定服务，有体育教练的教育和认证、体育计划在高等教育中的发展及弱势群体体育参与的重视等）和体育中心（支持竞技体育发展，提供职业培训等）。②地方大众体育管理机构（图4-10）：由被任命的市议员组成的休闲委员会管理地方体育与休闲活动，其任务在于确保所有社区居民享有体育休闲的权利及参与的机会；市政府设立综合性的休闲部门，管理领域有体育、旅游及文化等；许多中小城镇设有政务委员会，雇用部分专、兼职人员，尤其借助志愿队伍，共同促进加拿大基层公共体育服务的良性运行。

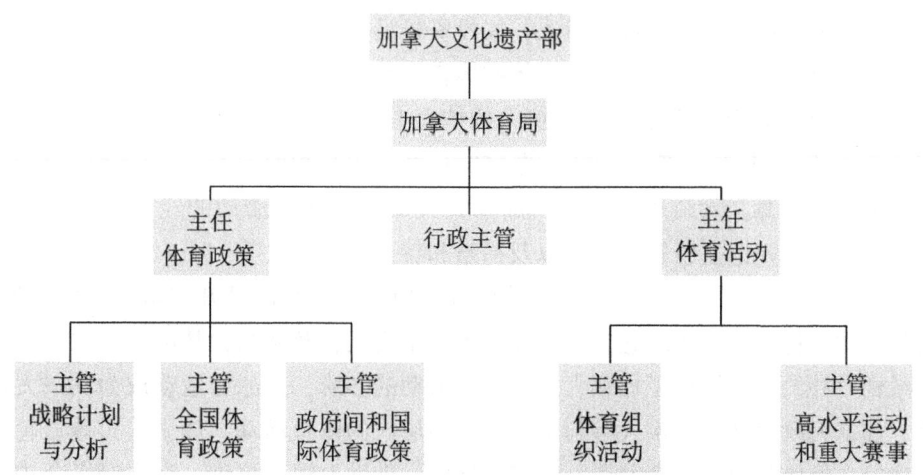

图4-9　加拿大国家体育机构组织框架[1]

---

[1] 倪晓燕. 加拿大体育局体育财政资助模式的研究 [D]. 北京：北京体育大学，2009：14.

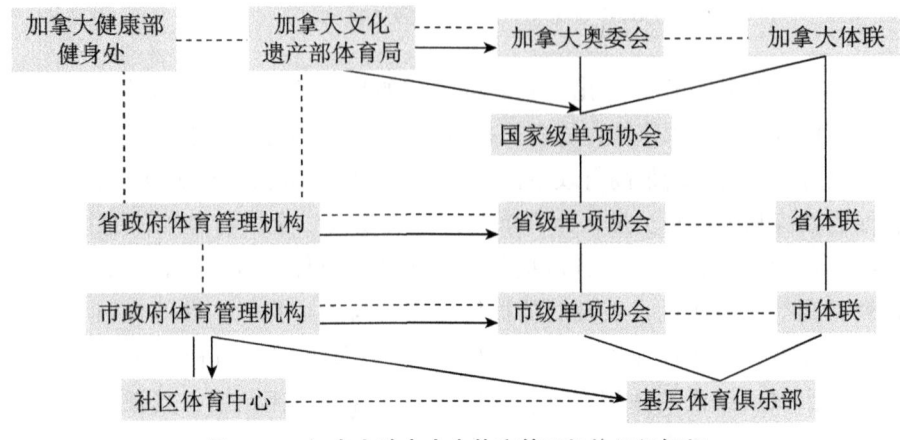

图 4-10　加拿大地方大众体育管理机构组织框架

（4）经费来源：政府承担，城市税收。加拿大公共体育服务的经费来源为国家财政拨款，体育彩票也是重要的经济收入手段。①政府投资：联邦政府为公共体育服务体系建设提供资金支持，鼓励民众健身，促进大众体育参与，尤其注重对大众体育场地设施的资金投入，如投资建设体育运动实验室等，以保障公共体育服务协调发展。政府对弱势群体的体育参与给予高度关注，承诺每年将提供1250万美元的资金，用来提高残疾人的体育参与，其中用于让残疾人能接近体育的资金额为1100万美元，剩下的150万美元用来提高残疾人的体育参与率。②其他财政来源：除政府供给外，加拿大大众体育休闲活动的经费来自城市税收，再有就是登记注册费、租金以及捐赠和特许经营收入等[1]。

（5）活动开展：服务均等，倡导终身。加拿大体育活动开展除正规内容外，还凸显均等化及终身化理念。①项目内容。丰富且普及率高，从冰雪到水上，从社区到户外，充分体现了加拿大大众体育活动的多彩，且冰雪运动成为其一大特色。加拿大政府鼓励残疾人参与多类型、多层次的体育活动，如坐式排球、轮椅网球等，促使其融合体育发展。②宣传推广。借助电视、报纸、杂志等媒介进行宣传和推广，萨斯卡通市在持续一年宣传后，参加体育锻炼的人数从占全市人口的17%增至51%，增加了2倍[2]。加拿大经常以社区为组织单位，举办健康讲座，由体育专业的志愿者开办。③指导制度。有健身指导员和体质诊断师两类，前者由中央审议会认证，侧重于健身指导工作；后者由加拿大体育科学学会认

[1]陈玉忠．加拿大体育政策的特点及启示［J］．上海体育学院学报，2014，38（1）：36-40．

[2]王维川．国际大众体育的发展及我们的对策［J］．福建体育科技，1989（1）：15-18．

证，侧重于健身指导、体质诊断和评价等工作[1]。④服务均等。加拿大政府加强对重点人群公共体育服务供给，实现服务均等化。如"体育参与计划"规定儿童健康免税，即16周岁以下孩子的父母，可以申请免交500加元的税额用于孩子的体育活动与健康开支[2]。⑤服务终身。运动员培养按照年龄分类，实施不同应对策略，启发其参与游戏的积极性（0~6岁）；让孩子接触体育项目，理解竞争（9~10岁）；努力培养有运动天赋的孩子，使其成为卓越的运动员（13岁以后）。加拿大为孩子制订终身体育计划，在为运动员服务的同时为大众服务。

4.1.5　日本公共体育服务体系建设经验

（1）政策法规：振兴计划，立国战略。日本在经历1964年东京奥运会后，实现了竞技体育向大众体育的迅速转型，此间不乏实质性政策法规的出台（表4-9）。2000年，《体育振兴基本计划》旨在实现日本"体育权利"普及化、政策内容系统化、保障体育财政投入、创造安全体育环境等，并提出终身体育思想。2010年，《日本体育立国战略》指出要确保各个年龄段人群的体育参与机会，促进各界合作和协调发展，创造全社会支持的体育事业，将体育上升为国家文化战略。2012年，《体育基本计划》注重体育价值观确立、推进基础设施建设、发挥体育团结作用、建成竞技体育与大众体育互为基础的循环机制。2013年，《21世纪国民体育振兴计划》创建综合型社区体育俱乐部，在体育指导员制度中增设志愿者事项，促进民间体育组织自立、自律、自治。1998年，《体育振兴彩票法》确保体育财源，用于完善区域体育俱乐部室内建设、扩大范围、援助社团发展等。2011年，《体育基本法》提出"体育是一项人权"，鼓励民众熟知运动规律、积极参与，并呼吁体育政策需纳进国家战略，促进政府职能转变。

表4-9　日本公共体育服务之政策法规

要素	名称	颁发部门	颁布时间
政策	体育振兴基本计划	文部科学省	2000年
	日本体育立国战略	中央教育审议会分科会	2010年
	体育基本计划	中央教育审议会分科会	2012年

[1]戴俭慧．国外体育指导员资格认证制度的启示 [J]．体育学刊，2008，15（5）：33-36.
[2]俞琳，曹可强．国外公共体育服务的制度安排 [J]．上海体育学院学报，2013，37（5）：23-26.

要素	名称	颁发部门	颁布时间
政策	21世纪国民体育振兴计划	体育协会	2013年
法规	体育振兴彩票法	国会	1998年
	体育基本法	文部科学省	2011年

（2）场地设施：数量显著，标准清晰。日本公共体育设施发展迅速、数量显著，2008年，文部科学省调查显示：公共体育设施占3.76%，民间体育设施占7.78%，企业设施占3.07%，中、小学校体育设施占最大的比例，数量为136276个，占61.2%[1]。其类型涉及体育中心、学校、户外及民间等：①体育中心。是日本实现公共体育服务均等化的基本载体，向国民提供体育培训、指导、健康咨询、医疗咨询[2]。2001年，日本文部科学省颁布了《日本大众体育白皮书》，明确了日本体育设施标准（表4-10）。②学校体育设施。满足学校内部需求，同时兼顾学校和社会。日本学校体育设施积极向社会开放，全国89.7%的校园体育设施制定了开放条例或规则。2001年，日本开放体育设施的公立学校的比率为98.8%[3]。在开放的场所中，学校体育馆为86.6%，游泳馆为25.5%，网球场为18.2%。③户外体育设施。日本国土交通省的规划建设目标是确保每人有20平方米的公园面积，到2004年末，平均每人的公园面积达到8.7平方米[4]，据SSF（笹川体育财团）的《体育生活数据》显示，成人对"道路"的利用率最高，为56.1%，其次为"公园"和"家"，均为24.2%，表明户外运动场所是成人运动休闲的主要去处。④民间设施。根据2005年健康促进经营编辑部门调查的结果，民间体育设施数量以逐年约2%的速度增长，2000年为1778个，2004年为1951个。

[1] 张秋萍. 日本2008—2012年评估政策基本规划概述 [J]. 中国高等教育评估，2009（2）：72-74；80.

[2] 钱伟良. 日美社区体育中心建设的比较研究——兼谈对我国社区体育中心建设的启示 [J]. 成都体育学院学报，2010，36（2）：37-39.

[3] 谷晨. 日本学校体育设施对社会开放状况研究 [J]. 体育文化导刊，2009（3）：157-158.

[4] 肖焕禹. 《日本体育白皮书》解读 [J]. 体育科研，2009，30（5）：17-25.

表 4-10 2001 年《日本大众体育白皮书》中体育设施标准

级别	机能	种类	标准	附属设备	备注
社区设施	社区居民日常运动的常用设施（供体育俱乐部和各种例行体育活动，如体育节等）	多功能运动场	10000 平方米（可开展棒球、垒球、足球等运动）	长椅、场地围栏、更衣室、夜间照明、洒水设备	在市区及村镇内，根据实际情况，以人口和中小学的区域为基础设定社区的范围，幼儿游乐场应另外考虑
		多功能球场	2000 平方米（可进行网球、门球等运动）		
		社区体育中心	720 平方米（可开展排球、篮球、体操等运动）		
		柔道、剑道场地	300 平方米		
		游泳池（最好是温水）	25 米泳池，6～8 个泳道		
市区町村设施	市区町村范围内发挥作用的设施（开展各种运动会或例行体育活动，如运动节、体育节、居民就近日常体育活动）	综合运动场（包括田径场、各种球场）	可进行正常比赛	娱乐室、保健咨询室、资料室、西餐厅、交流室、会议室、研修室、观众席、夜间照明	—
		社区体育中心	3000 平方米以上		
		柔道、剑道场地	400 平方米		
		游泳池（最好是温水）	50 米或 25 米泳池，6～8 个泳道		
都道府县设施	培养社区体育骨干，推动社区体育健身方法；供国内、全县体育运动会使用为主，也供培养运动员、教练员和收集提供体育科研信息时使用	综合比赛设施（田径场、足球场、橄榄球场、网球场、棒球场等室外设施），体育馆、柔道剑道馆、游泳池等室内设施、滑冰场，综合训练社会上，研究、研修设施，情报中心	可进行正式比赛	看台、西餐厅、谈话室、夜间照明 训练房、体力、体育咨询室、研修室、研究室 体育资料室、住宿、研修室、研究室、训练房 体育资料室	"主要种类"一栏所指设施在设置和运营时最好有机结合

（3）组织机构：政府主导，民间协同。日本体育管理体制中，政府和社会团体管理系统均分为三级。日本的社会体育就是通过这样一个金字塔型的管理体制得以振兴的（图4-11）。①行政管理机构：实行中央—省—县三级管理模式，自上而下的运行机制推动大众体育发展，文部科学省体育局是管理体育事业的最高政府单位，纵向层级设有都道府县、市区町村教委保健体育科，对应基层大众体育发展。政府方面主要根据国家有关政策法令通过提供场地设施、信息咨询等服务将居民组织起来，促进地域体育组织形成。②社会团体：以协会形式展开，涉及都道府县、市区町村的体育协会，还有各单项体协、地方企业体协及学生群体体协，其责任是与社会各界联系，吸纳社区体育人才。③体育俱乐部：有社区综合型（配备各式运动项目、区域内任何人都可进行体育锻炼、公共体育设施对外开放、聘用体育指导员及投资主体自主组织运营）、学校（分为必修和自由两种，以学生为主体建立，确保学生参与体育运动）和民间组织（营利性组织，多由企业经营组织运作，有专门的指导队伍，对企业文化塑造具有较好作用），与政府及社团联合共同组成网格化组织体系。

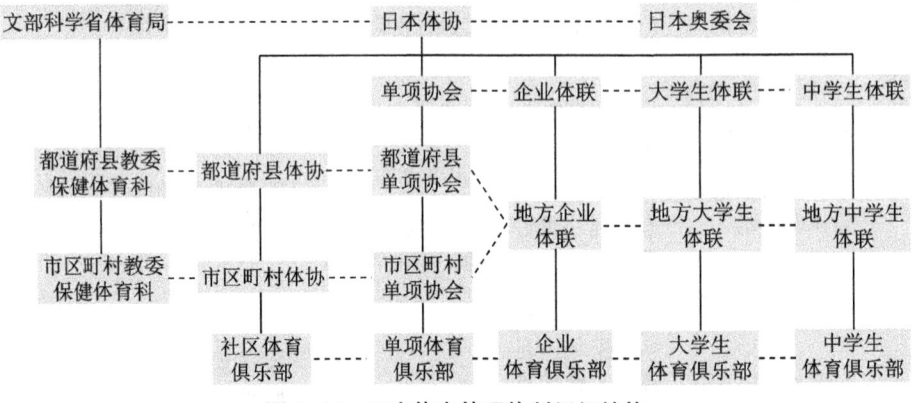

图4-11 日本体育管理体制组织结构

（4）经费来源：社会募集，市场运作。日本公共体育服务的经费采取国家财政补贴，但是最高不超过30%，其余运用社会募集及市场运作方式获得，形成政府、协会、民间组织及个人的三元模式。①政府投资。据 SSF（笹川体育财团）2000年统计，国家各部门在大众体育方面投入预算总额高达3950亿日元，建设省1596亿日元，文部科学省717亿日元，社会保险厅689亿日元。全国47个都、道、府、县教育委员会体育的预算是787亿日元，平均县级以上辖区预算是16.7亿日元，2140个市区町村大众预算总额为3163亿日元，平均每个町村拥有约1亿4千万日元的预算[1]。2014—2015年，日本文部科学省大众体育预算总计达255亿日元，占当年全部文部科学省预算的0.5%[2]。②振兴体育彩票。日本振兴体育彩票制度规定奖金返还率为50%，除掉发行费用，余下的为公益金。2002—2010年，约268亿日元的公益金资助了日本各项体育事业，排在前3位的分别是社区体育设施建设、体育团体的体育活动和综合性体育俱乐部的建设，分别为72.04亿日元、64.65亿日元和61.82亿日元[3]（图4-12）。2002—2012年，日本体育彩票共资助体育事业1.2万件，总额达到571亿日元，主要用于青少年健康、体育国际交流等项目。③民间财源。引进民间融资（Private Finance Initiative，PFI），公共部门充分利用民间资金和经营管理技术以提高公共事业的效率，包括4种方式（表4-11）。

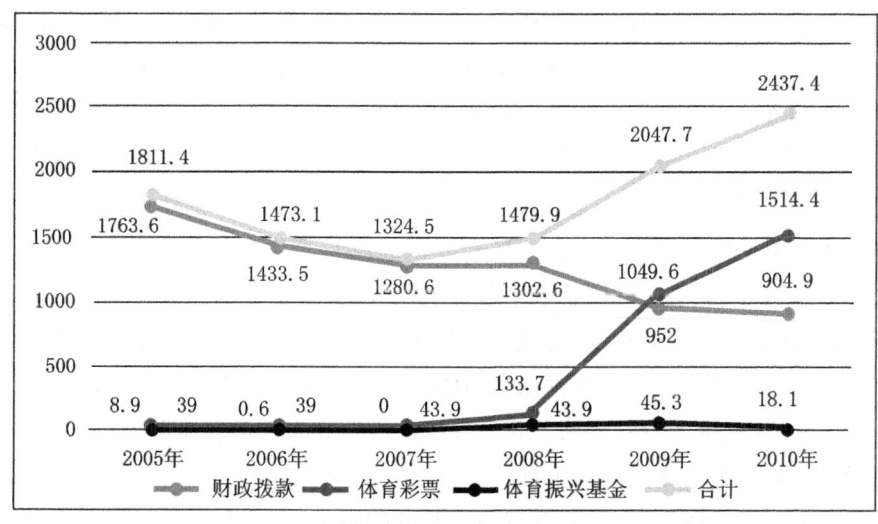

图4-12 日本体育协会获得的扶持资金 单位：百万日元

表4-11 PFI方式流程

方式	运作流程
BTO（Bild-Transfer-Operate）	民间出资建设，所有权移交给公共事业，但民间仍然负责经营管理

[1] 阎智力，石井胜. 试析日本人的体育生活观 [J]. 体育文化导刊，2005（4）：57-60.
[2] 刘国永，杨桦，任海. 中国群众体育发展报告（2014）[M]. 北京：社会科学文献出版社，2014：275.
[3] 周强，玉聚成，方娜. 日本体育振兴彩票制度及其启示 [J]. 体育文化导刊，2011（10）：76-78.

方式	运作流程
BOT（Bild-Operate-Transfer）	民间出资建设，获取期限内经营管理权，期满后移交给公共部门统一管理
BOO（Bild-Own-Operate）	民间出资建设，拥有并经营管理设施
RO（Rehabilitate-Own）	维修已有设施，进行管理经营，所有权不进行移交

（5）活动开展：敢于创新，鼓励指导。日本社区体育活动的开展有本土化、层次性、休闲化与大众化的特点[1]。①项目内容。日本大众体育包括新兴运动在内的项目大约有 400 种，整个社会的体育活动领域非常广泛。日本成人参加体育项目主要有散步、慢跑、体操、保龄球、肌力练习等。②宣传推广。开展体育培训，日本中小学每周有 3 节体育课，以田径运动、游泳、球类为主。学校体育部也会组织体育活动，每年春夏在全国开展高中棒球比赛。举办体育节，将东京奥运会的开幕日定为法定体育节，每年 10 月第二周的周一全国放假一天，形成"三日连休"假期，期间体育场所实行打折或免费制度。据日本 SSF 体育财团 1995 年调查，全国共 153 个地方政府有体育健康都市宣言。创建体育社交，2010年 7 月，日本文部科学省拟定的《体育立国战略》草案中提出"体育婚"，将网球场、高尔夫球场、区域俱乐部等当作年轻人邂逅的场所。网络信息宣传，据 SSF（笹川体育财团）2005 年的调查，日本 40 个都、道、府、县都建立了体育情报网，由其教育委员会或体育振兴团体来经营管理。③指导制度。据日本文部科学省 1994 年的统计资料表明，其社会体育指导员与人口的比例为 1∶2000，体育指导员总数为 69633 人，其中社区体育指导员为 52862 人[2]；到 2003 年约为 9 万人，增长近 30%[3]。体育指导员要想获得资质，必须支付 2 万~7 万日元培训费并经过专业训练[4]。日本社会体育指导员制度为完善社会体育网络建设和国民运动健康提供支持。

4.1.6　韩国公共体育服务体系建设经验

（1）政策法规：生活体育，扩充发展。韩国体育由生活、竞技和残疾人三块

[1] 李洪坤，陈立农. 中日美三国大众体育发展的比较研究 [J]. 广州体育学院学报，2000，20（1）：27-31.
[2] 李荣娟. 体育教师形象的再塑 [J]. 南宁师范高等专科学校学报，2006，23（2）：131-132.
[3] 张永龙，储龙霞，赵先卿，等. 中日社会体育指导员比较研究 [J]. 体育文化导刊，2008（9）：88-91.
[4] 倪同云. 国际大众体育发展趋势的研究 [J]. 体育科学，1998，18（3）：8-11.

组成，为使其顺利发展，政府陆续推出相应政策法规，保证其规范运作（表4-12）。1990年，《国民生活体育振兴综合计划》以振兴生活体育为目标，提出借体育实现社会福祉，合理利用资源、加速社会繁荣进程，丰富闲暇生活，确立体育发展长远计划。1993年，《全民体育振兴5年计划》旨在扩充公共体育设施，引导地方大众体育发展，组织体育活动，提高体育人口比例，培养体育指导人员及公共体育信息服务和网络建设。1962年，《国民体育振兴法》以促进国民身心全面发展、丰富和愉悦生活为目的，指出国家应开发和支持休闲体育活动，实施体质监测，确立以体育节或体育周的形式展开宣传推广。2014年，《国民生活体育设施扩充中长期计划》预计投资1.272万亿韩元，增设1124项体育设施，到2022年达到供应计划目标，国民体育参与常态化。

表4-12　韩国公共体育服务之政策法规

要素	名称	颁布时间
政策	国民生活体育振兴综合计划	1990年
	全民体育振兴5年计划	1993年
法规	国民体育振兴法	1962年
	国民生活体育设施扩充中长期计划	2014年

（2）场地设施：免费开放，促进健身。韩国公共体育设施包括公共、学校与私营三块（表4-13），一般由地方政府部门管理，免费向居民开放或象征性收费。2007年，韩国国民公共体育设施人均面积为1.08平方米、注册体育设施人均面积为4.07平方米[1]；2008年末，韩国正式注册的体育场馆设施达50612所。韩国城市大型体育设施建设包括体育馆、室内滑雪场、体育公园、健身中心、室外跑道；小型体育设施建设以健身广场、小型运动场为主，服务乡村居民的体育实施可概括为两类：体育中心和学校体育设施。前者自我运营，不用缴纳税款，可凭借较低的会员会费收入维持中心持续发展，如首尔特别市的25个区，每个区都有一个社会体育中心；后者是韩国公共体育服务顺利运行的重要资源。1983年2月17日，韩国体育部颁布了《关于开放利用学校运动规则》第1号令，规定在不影响学校教育的情况下，清晨、放学、公休日及假日期间，学校体育场馆和体育设施向国民开放，并明确开放时间和使用细则。

---

[1]金育强，魏婷.韩国生活体育发展状况及其振兴政策的研究——对中国体育生活化的启示[J].沈阳体育学院学报，2013，32（2）：43-45.

表 4-13　1998—2001 年韩国政府支援建设体育设施类别及数量　　单位：个

时间	体育运动场	体育馆	室内滑雪场	体育公园	建设中心	乡村文化中心	小型健身广场	草坪运动场	户外跑道	小型运动场	棒球场	门球场
1997 年前	130	117	8	—	—	21	1916	—	—	—	860	—
1998—2001 年	4	8	3	13	22	22	697	75	63	109	1407	4

资料来源：文化体育观光部（1998—2002 年）体育政策实施结果年度报告。

　　(3) 组织机构：运行娱化，管理转型。韩国公共体育服务由政府体育组织和社会体育组织共同管理（图 4-13）。①行政机构：最高部门为文化体育观光部，下属的体育局负责国民体育振兴政策制定、维护基金运作、培育体育社团等，其目标在于普及体育、提升民众健康水平；韩国道、市、郡、区等地方行政委员会下设各种与体育相关的发展科室以保证基层民众的体育自治及有效运营。②社会团体：包括国家体育会、国民大众体育会、残疾人奥委会等非政府组织，负责体育局委托的专门事务，如韩国体育协会明确规定各体育协会必须开设大众体育普及和指导班，并能够有机地将学校体育与社区体育相结合，迎合国民参与生活体育的需求；国民体育振兴协会为国家体育提供资金保障，实现韩国无处不享有体育福利的待遇，为低收入阶层提供参与体育的机会，实现公共体育服务均等化。③体育俱乐部：1998—2011 年，韩国体育俱乐部从 3.5 万个增长到 7 万多个，这期间完成了整合工作，即更加注重体育俱乐部的质量提升。单一型体育俱乐部以会员形式开展，收取一定会费维持，并提出了 BTL（Build Trangfer Lease）新型融资模式；成立学校体育俱乐部以增加学生体育活动时间、扩展参与项目、培养体育兴趣，让体育成为其全面发展的推动器。

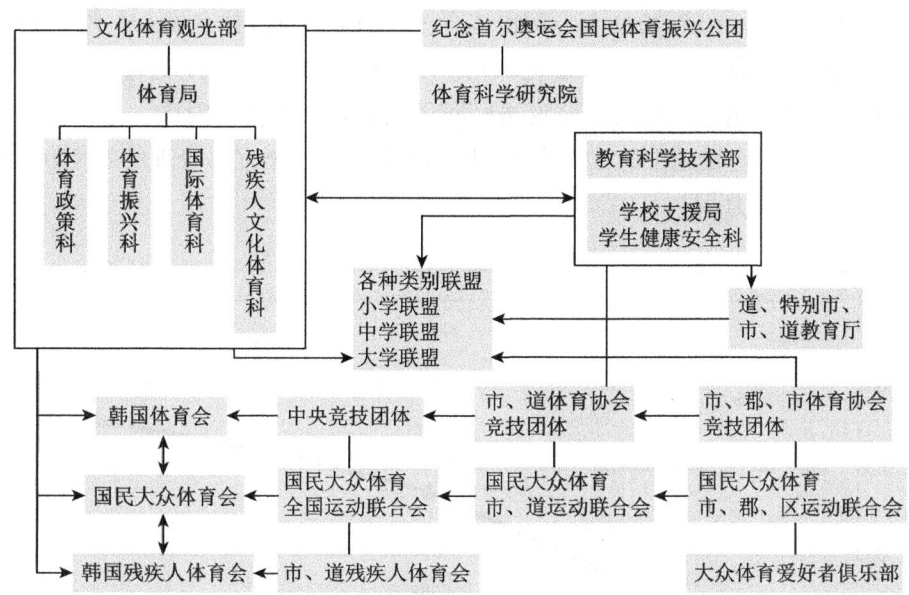

图 4-13 韩国体育管理的组织结构

（4）经费来源：国家预算，民间财源。韩国体育振兴财源由中央和地方政府预算、国民体育振兴基金、社会团体以及民间体育团体自筹构成。财源组成分别为中央财政占 4.3%，地方财政占 71.4%，体育振兴基金占 18.3%，民间组织占 5.9%[1]。①政府投资。2011 年，文化体育观光部体育局的统计显示，中央政府在大众体育上的预算为 995.5 亿韩元，占中央体育财政的 61.94%。2011 年，韩国 16 个道、市的体育预算显示大众体育预算为 5662.95 亿韩元，占地方体育预算的 21.21%。②体育彩票。韩国的体育彩票有赛车彩票、赛艇彩票（奖金返还率为 72% 左右，发行费用不得高于 10%，各种税款为 16%，其余 2% 为公益金[2]）和体育振兴彩票，分别占 GDP 的 0.237%、0.0767%、0.188%，其中体育振兴彩票中足球彩票销售额最多，占销售总额的 58.2%（图 4-14）。③民间财源。韩国体育事业的民间财源包括民间捐赠、俱乐部会员会费、国民体育振兴基金收益、体育相关产业收益、体育振兴股票、体育设施租赁收益等。国民体育振兴基金以 3110 亿韩元为基础成立，从 1989 年到 2011 年，共产生投入 6 兆 6804 亿韩元，其中基金援助体育事业投入 3 兆 7887 亿韩元，2011 年末，基金累计额为 1 兆

[1] 韩国文化体育观光部.2011 体育白皮书 [R]. 首尔：韩国文化体育观光部，2012：145-146，158-159，169-171.

[2] 福券委员会.福券制度 [M]. 首尔：福券委员会，2010：164-184.

7383 亿韩元[1]。截至 2011 年，国民体育振兴基金对竞技体育投入 1 兆 8679 亿韩元，对生活体育投入 1 兆 6062 亿韩元，对学校体育投入 2101 亿韩元。为了提高体育设施的使用率，韩国政府吸纳民间组织管理公共体育设施，1999 年，韩国 919 处公共体育设施中的 270 处交由民间组织管理，增强了管理的效率和体育设施的市场竞争力[2]。

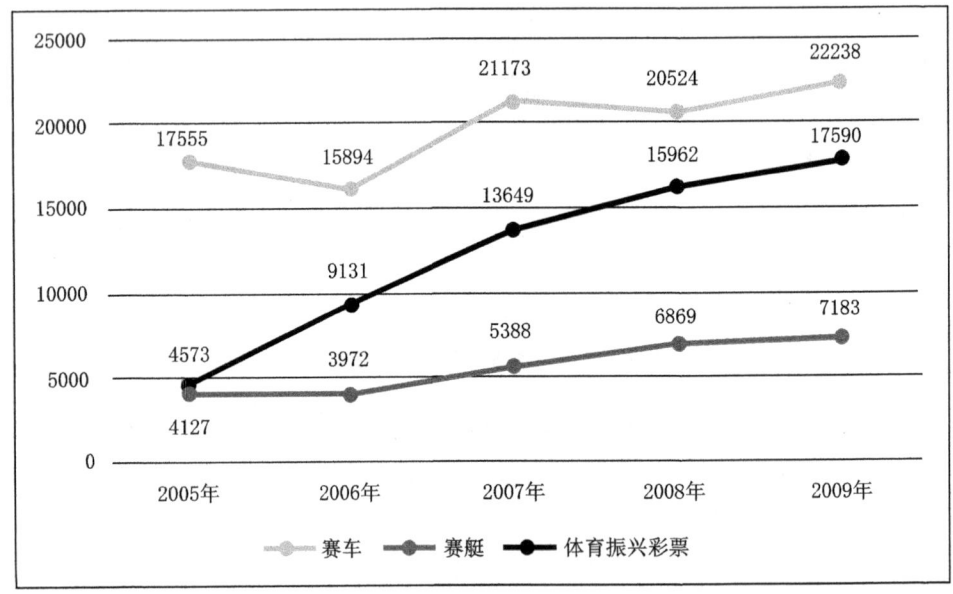

图 4-14 2005—2009 年韩国体育彩票销售额 单位：亿韩元

（5）活动开展：开办课堂，塑造文化。韩国体育活动注重培训及体育亚文化的积淀。①活动内容。韩国男性热衷登山、篮球和足球；女性则喜爱登山、徒手体操和羽毛球。10~29 岁人群对篮球活动参与最高，50 岁以上开始出现参与活动减少的趋势，特别在 60 岁以后，几乎不参加篮球、自行车和足球等运动项目，反映出闲暇体育运动内容的变化性和对象的选择性[3]。②宣传推广。第一，塑造体育亚文化，韩国体育振兴法规定每年 10 月 15 日为国家体育日；每年

[1]袁春梅，杨依坤，袁军，等. 汉城奥运会后韩国群众体育发展研究 [J]. 体育成人教育学刊，2011，27（6）：14-15，18.

[2] Seongsik C. Outcome and Future Prospect of Governmental Sport Policy for Sport for All Promotion inKorea [J]. Journal of Tianjin Institute of Physical Education, 2003, 18（1）：17-23.

[3]周莹，申萍. 中、日、韩居民闲暇体育活动倾向的比较研究 [J]. 中国体育科技，2001，37（11）：43-45.

4 月最后一周为体育周；每年 10 月举办全运会；5 月举办全国少年运动锦标赛，以及举行体育文化节、青少年体育俱乐部锦标赛、家庭体育节日等。韩国政府致力于宣传本国体育传统文化，激发国民掌握体育技能的愿望，从而提高国民参与体育活动的热情[1]。第二，新媒体手段，到 2016 年，韩国将制成国家体育设施信息电子地图，以便国民更加便利地进行体育设施信息查询和预约。地图与门户网站相联动，向普通市民提供现有资料[2]。③开办体育课堂。每天清晨，在全国开放 405 个大众体育广场，每周末进行娱乐性足球、篮球等比赛，引导大众体育健康发展。④体育指导员制度。韩国 16 个市及 232 个市郡区已部署大众体育正式带薪职员，起到体育爱好者培训、管理和体育项目普及、体育现场指导等作用[3]。韩国政府从 1974 年开始普及一、二级比赛教练，从 1986 年开始普及二、三级健身教练，从 1998 年开始一直培养一级运动处方健身教练。到 1997 年止，韩国培养的大众体育教练和运动保健教练约 6 万名[4]，其中大众体育教练 33545 名和运动保健教练 21000 名[5]。2000—2003 年，约 6 万名体育指导员获得官方注册。

4.2　公共体育服务体系建设的国际比较

4.2.1　公共体育服务体系建设国际比较之同

通过对欧、美、亚三洲部分发达国家公共体育服务体系的实践梳理及经验总结，可寻得共识规律。这些国家在长时间注重体育发展的进程中虽未直接运用"公共体育服务"字眼，但现实表明其对大众体育的重视恰是对这一国家体育服务内容的最好反映，即是说"公共体育服务"作为一客观的社会事实早已渗透到各个国家的日常事务中，只是以不同的表现形式或隐或现呈现。国外发达国家公共体育服务持续推进中，均逐渐形成了较为稳定的"体系"特色，大致分作政策法规、场地设施、组织机构、经费来源和活动开展五大项。政策法规是具体措施的决策依循，确保其他要素的投建、组建、筹集及举办，各个国家都能从政

[1] Hun-il K, Laurence C. Capitalizing on a Sport's Association with an International Destination: The Illustrative Example of Tae Kwon Do [J]. Journal of Sport & Tourism, 2010, 15 (4): 307-335.
[2] 文化体育观光部. 韩国将新建 1124 项公共体育设施 [EB/OL]. http://www. sportluck. or. kr.
[3] 张雷. 由韩国体育白皮书解读韩国大众体育 [J]. 当代体育科技, 2013, 3 (35): 109-110.
[4] 周永明, 龚斌. 国内外大众体育成功发展模式的启示 [J]. 体育成人教育学刊, 2007, 23 (2): 22-24.
[5] 陈显健. 韩国体育发展模式对长三角地区建设体育强省的启示——以浙江省的调研为个案 [J]. 体育与科学, 2007, 28 (3): 52-56.

策与法规两块进行建设；场地设施是最为基础的硬件条件，是国家公共体育服务整体推行的物质载体，各国公共体育设施类型基本涉及社区、学校及户外三块；组织机构则起到管理、运营的作用，是政策法规的制定者，保证公共体育服务运行的秩序，形成国家和社会的两元组织架构，外加俱乐部制；经费来源是场地设施建设及活动开展的重要保障，借助政策及组织的规定实现预期目标，包括国家拨款、彩票抽成及社会自筹等；活动开展是最终的呈现结果，由静态转向动态的切实反馈，表达着公共体育服务实践的效果，围绕参与项目、宣传推广及指导服务等进行。如此，完成"公共体育服务体系"之"体"（构成）与"系"（联系）的解释说明。因此，从理论上讲，国外发达国家公共体育服务体系具备类似的要素组成及联结关系，以为实践指导做好准备。

4.2.2 公共体育服务体系建设国际比较之异

公共体育服务体系建设不可能按着某一标准行进，必然表现出些许差异，这恰是特色之处。国外发达国家公共体育服务体系定然存有不同，通过比较觅得其创新及独特，以作镜鉴：

（1）政策法规重视之余更会结合本国实际加以制定。英国公共体育服务政策法规与其"福利国家"的定位相吻合，这势必促使其目标归至较为基层的社区一域，而与此紧联的定是以人为本的体育分享；德国则以最为经典的两道政策法规实现公共体育服务普及化，即连续三期的"黄金计划"和鼓励追求大众体育消费时代来临的"联合声明"，注重经典传承；美国更加关注国民健康水平，不断推出"健康公民计划"（四期），并加强对不同人群尤其是弱势群体体育参与的公平呼吁；加拿大强调政策出台的阶段性，凸显层次感和递进趋势，作为一种制度重建的重任加以维持；日本以计划或是战略的要求将政策法规上升至较高的位置，统领实践工作的开展，重在发挥政府职能；韩国多实行倡导民众积极参与的措施，志在将体育融进国民日常生活，于一种生活方式中扩充发展。

（2）场地设施作为物质基础的同时，各国亦有自身的鲜明特点。英国项目种类繁多自然需保证场地设施之丰富，这加强了不同类型场地设施的管理方式，实现多元化；德国场地设施在"黄金计划"推出后明显增长、逐步完善，在运营中采取有效的俱乐部制，直接联结会员体育参与；美国公共体育设施更加注重标准化建设，根据民众的切实需求进行投建，可谓按需定供的典例，设置上更是以多样化著称，体现出公共体育服务的选择性；加拿大把体育场地设施供给当作公民社会福利，人们享有使用体育场地的基本权利，并将此郑重地写入制度层面，维持最为普通的要素价值；日本体育场地设施按照类似行政区划分的层级扩建，数量显著提高且制定标准清晰，有利于国家公共体育设施建设质量的提升；韩国对公共体育场地设施实行免费开放，增进民众社交性互动，加强健身意识。

（3）自各国均成立公共体育服务组织机构后，更是凸显出各自的管理制度。英国从"国家—社会"的框架出发，力求宏观介入政府力量以调控公共体育服务运行，社会领域则极力倡导民众融入，发挥社会力量的作用，属于政社互动模式；德国政府在公共体育服务提供过程中扮演着次要角色，多以协作者身份辅助其实践推进，主角是公民个体，与此相连的为俱乐部制，属于公民自治模式；美国公共体育服务组织要素既有天平担当的政府，又有社团的积极参加，还有企业的市场运营，结构上层次分明，职责上分工明确，属于多元治理模式；加拿大行政层面权力分化，即中央政府放权给地方政府，让其具有更多决策权、话语权和实操权，避免"自上而下"的政令机制和"自下而上"的报送成本，属于政府放权模式；日本政府在公共体育服务建设中起核心作用，其中央—省—县的三级管理方式完全与国家行政管理相吻合，民间组织仅是配合上级政府的安排以协同推动，属于政府主导模式；韩国伴随经济的快速发展，将公共体育服务倾向娱乐化和生活化，引向市场运行轨道，实现体育事业管理转型，属于市场引导模式。

（4）各国公共体育服务资金除了遵循国家补贴、社团筹集的思路外，还存有细微差别。英国公共体育经费来源与其组织管理模式相契合，国家财政预算和社会团体自筹是其主要途径，前者以彩票及税收获取，后者则通过自我运营获得；德国政府投入方面，地方占较大比例，且私人投资具有一定份额，其次是俱乐部创收、会员会费等，这直接带动以家庭为单位的大众体育消费，进而创造出另一经费途径；美国公共体育服务经费包括政府拨款、社团创收及企业经营，特别是市场化尤其突出，带动一系列相关产业发展；加拿大以政府供给为主，承担主要责任，还有城市税收的分担及登记注册费、捐赠等；日本公共体育服务在经费上以社会募集为主，且结合市场运作模式，维持在3∶7的比例，达到政府、社会及市场三元经济主体联合的路径；韩国地方政府财政预算占大头，基金和民间组织亦是重要途径，而彩票收入是更为重要的经费来源手段，且种类较多。

（5）各国在保持项目参与、宣传推广和指导服务外，还试图增设符合国家需求的特色活动。英国和德国比较重视志愿者队伍建设，借助大型赛事或是确立具体的日子作为志愿者日并使其形成传统，前者以社区为载体展开志愿服务，后者则依托俱乐部形式为大众体育发展贡献力量；美国和加拿大作为国土辽阔的国家更加注重户外运动的开展，利用资源禀赋实现人与自然的和谐统一，前者还以学校体育为抓手，促进青少年参与体育活动，而后者关注群众体育参与的机会均等，将体育上升为社会公平的高度，并以体育服务终身化的长远构思确保国家体育事业持续发展；日本和韩国不拘泥于传统的开展方式，敢于创新以营造公共体育服务的新潮流，前者体育节、体育婚等是较为新式的活动形式，而后者的体育亚文化打造、新媒体介入及开办大众体育课堂等更加能促使其公共体育服务的多样与丰富。

4.3　国外公共体育服务体系建设的启示

4.3.1　注重政策法规颁布的连续性及依法治体

目前，我国政策出台亦注重上下周期的紧密联系，与国家经济社会发展规划相一致，制定 5 年为一档的"体育规划"，从宏观角度对体育的发展做了大致预期，竞技体育、学校体育、群众体育及体育产业等整合在一起进行统一规划。在此基础上应针对某一服务事项展开更为具体的制度安排，分解式完善。围绕全民健身公共服务体系的核心要素设定发展目标，并在执行过程中合理监督，且要实行第三方评估，完成实施前期、中期及后期的完整工作。法制建设方面，要进一步加强《体育法》的修缮，既要汲取原理性的法理知识，又要紧密联系体育实例，保证公共体育服务运行过程中有法可依，避免不必要的纠纷，为体育创造和谐、辅助全面建成小康社会的制度前提。地方应颁发适合本地实际的法律法规，树立体育组织机构的权威，确保人人享有参与体育的权力。

4.3.2　确保公共体育设施规范推进且有效利用

我国对公共体育设施以标准化推进，如"十二五"时期的公共体育设施建设规划，对小、中型全民健身活动中心及农民体育健身工程的规格、服务人口和项目进行了详细规定。此外，对全国体育场地展开普查工作，实行分类统计以获知其数量，于静态环节中掌握公共体育设施情况。在确保公共体育设施能够合理设置及总量登记的同时，还亟须攻克动态运行中的"有效利用"问题。实践中投建的较多体育场地设施并未遵循民众的切实需求，导致一种"不匮乏但却闲置"的怪象出现，这亟须促使身边社区、周边学校及边远户外三个层面的体育设施高效利用起来：社区体育设施应结合居民的实际需要加以投入，也许仅有一片空地就足以让社区大妈们翩翩起舞；学校体育设施应尽可能做到面向社会开放，但需加强管理，校门的打开可能又唤起民众曾经的体育热情，为体育终身化维持来一段社会化的续缘；户外体育设施应联结"体育消费"的举措而设计，以城市规划或乡村休闲的方式进行多种资源整合。如此，形成从社区经学校而投向户外的、由近及远的公共体育设施的空间层次，且要注重三者的互补性以求共同发展。

4.3.3　优化政府主管部门的协调联动整合机制

无论在西方国家还是东方国家，公共体育服务的政府职责是得到公认的。发达国家重视政府多部门的联合协作，这里不单纯是体育主管机构的职能整合，更有其他领域的进驻，英国儿童、教育与家庭部、环境部、就业部负责学校体育等，可看出多元政府主体的公共体育服务分担。反观我国公共体育服务则存在诸多问题，如体育场馆运营困难、体教结合疏松、学校场地设施开放受阻、健身路径维护不当、科学健身宣传乏力、运动康复推广低效等，这无疑与政府职能履行不到位、部门合作不充分、资源整合不科学等有关。现阶段我国公共体育服务体系建设仍需坚持以政府为主导，尤其在组织管理、经费投入、服务运行等环节还需强化各级政府的职责，加大财政对公共体育服务的投入力度，不断提高供给能力。体育部门既要引入其他机构，又要主动纳进城市（乡）规划委员会、居民小区等组织，把好城乡体育设施的规划关、建设关、验收关，夯实公共体育服务体系的根基。

4.3.4　加强体育社会组织参与社会治理的能力

发达国家在公共体育服务供给过程中注重对体育社会组织的引入，实现高效运行。各国在强调政府部门公共体育服务的应有职责外，鼓励发挥体育社会组织的作用，如美国的奥委会、志愿组织、学生协会等。从中可以看出，政府并非公共体育服务的唯一供给者，体育社会组织可成为重要生产者。于我国的思考有以下几方面：适当放宽基层体育社团成立的标准，简化注册、年检等手续，努力提高体育社会组织的实体化、社会化及规范化，促使其有能力承接政府的职能转移和购买任务，为群众享受公共体育服务提供多种尝试和可能。为此，还需制订更为具体的建议，以与时下社会改革大背景下的社会治理相吻合，挖掘体育社会组织的治理潜力。要设立体育社会组织扶持发展基金，着力改善基层尤其是乡镇、街道体育社会组织的硬件设施条件，动员民众积极参与健身，达到体育共建、共荣、共享的和谐画面；各级政府需制定向体育社会组织购买服务的办法，运用直接或委托提供等方式，促使体育行政部门和社会组织的有效互动，对公信力较高、服务能力较强的体育社团应予以优先考虑。如此，从门槛降低、基层关注及权力释放几个角度确保体育社会组织更好地融入社会治理进程中，为政府减压，形成更加多元的公共体育服务治理格局。

4.3.5 拓宽经费来源渠道并建立专项财政制度

发达国家公共体育服务的资金支持有政府财政拨款、体育彩票抽取和社会团体筹集。目前，我国公共体育服务供给不足的原因在于公共财政经费不足，亟须建立以公共财政为杠杆、吸纳社会资本的提供机制，形成多元投资局面。制定针对性政策并加大投入，使公共体育服务体系建设的经费增长幅度不低于财政收入增长幅度；鼓励社会资本投资，积极引导非公有资本进入体育产业领域，如场馆运营、竞赛表演、赛事策划等，并发布详细的投资指南以确立目标与方向；将公共体育场地设施投建列入经济社会发展及城市建设总体规划中，在政府专项资金的统领下，多渠道筹资、调配土地，大力扩建体育场馆。除此之外，结合国际经验及本土实际打造三级财政分担体制：在顶层设计中完善中央政府的财政转移支付制度，公共体育服务资金落实应尽可能不低于国民经济增长比例，加大转移支付力度，重点向农村和落后地区倾斜；省级层面需明确各级政府的财政保障责任和分摊比例，以专项财政的形式确定公共体育服务支出占地方财政支出的比重；县级地方公共体育服务支出中，体育财政应打破以往与文化、新闻等打包式的拨款方案，实行单列、独立预算。

4.3.6 积极推动公共体育服务智慧平台搭建

发达国家公共体育服务推进中极为重视"智慧"元素的运用，较显著的是人才和科技，二者结合塑造出基本的保障机制。我国公共体育服务的智慧平台搭建仅能反映在发展较好的城市，而对于偏远的乡村则蔓延不到。公共体育服务体系的重点在基层建设，应大力发展：将乡镇文化站改作乡镇文体站，利于体育部门对乡镇文体站的业务指导与管理；合理配置专、兼职公共体育服务人员，乡镇、街道设置具体岗位，费用由县、乡财政按比例承担，行政村、社区配备体育工作协调员，经费可从当地体育彩票公益金中支出；联系地方高等院校和科研院所实行"政产学研"合作，对公共体育服务的政策出台、产业发展进行专项研究，努力培养高精端的专门人才。另外，需建立公共体育服务的综合信息平台，加快体育服务智慧平台建设：利用移动互联等现代技术和手段，提供场馆预定、信息查询及在线报名等服务；与地方媒体合作，推广竞技体育，营造顶级赛事宣传氛围，普及科学健身知识，引导群众科学健身；充分发挥国民体质监测体系的作用，开展群众体质测试和运动能力评估。

4.3.7　创新"保底性"公共体育服务供给模式

发达国家在整体推进公共体育服务体系建设的同时，还能够关注相对弱势群体的体育参与与服务享受，如加拿大为女性在体育方面的融入赢得公平权利等，可看出国外对特殊人群的体育服务更加看重，即一种"保底性"公共体育服务的供给。目前，我国公共体育服务体系还不能为所有群体提供均等化、保底性服务，残疾人、少数民族、农民等所获得的服务，仍存有总量不足、针对性不强、覆盖不广等问题，需要各级政府引起高度重视。应从体育需求的角度出发展开对此些人群的调查研究，形成分析报告，根据不同群体的兴趣、习惯等提供具体的公共体育服务内容，如社区居民体育服务生活化，村落农民体育服务乡土化，青少年体育服务校园化，老年人、残疾人体育服务社会化；面对特殊人群，更需要创新公共体育服务供给方式，采取直接提供、委托提供和服务购买等多元方式；大力发展体育服务业，紧紧围绕地方产业布局，推动体育产业与养老、旅游等产业融合，打造体育培训、体育传媒等特色业态，不断丰富公共体育产品和提高公共体育服务，以促进体育消费。最终从人权维度审视公共体育服务体系均等化发展的程度，力求共享局面。

欧、美、亚发达国家对公共体育服务事项特别关注，可看出改革重心由经济领域转向社会范畴，这对时下中国发展是一个重要启迪。我国自经济"新常态"提出后，中高速的增长目标维持已宣告进入社会改革阶段，在此时期有两大任务需要完成：一是社会治理，政府需权力释放，使得社会力量不断融入；二是制度建设，依法治国刻不容缓。对体育而言，能够较好地与其对接，尤其是公共体育服务供给，更是需要多元主体的联合推动，与社会治理理念相契合，而依法治体促使公共体育服务运行中有法可依也与大环境的法制完善相一致，所以通过对国外发达国家公共体育服务体系建设的实践来获取经验是十分必要的，他们都能在实际推进过程中形成固定的要素体系，如政策法规、场地设施、组织机构、经费来源及活动开展等，较为系统地确保公共体育服务良性运行与协调发展。当然，各国在具体要素环节亦表现出相异的特点，于动态标准中体现着自己独特的魅力。既同又异的比较结果给予我国公共体育服务体系建设良多启示：政策法规方面要保持颁布的连续性和强调依法治体的关键性；场地设施要做到标准化建设同时还需达到有效利用的期望；政府部门应加强整合能效以促成协调联动机制；体育社会组织积极参与社会治理进程且不断提升自身能力；经费来源需引入社会资本并建立专项财政制度以加大转移支付力度；推进公共体育服务智慧平台搭建且要创新"保底性"公共体育服务供给模式，以期实现体育的民众共享！

5

CHAPTER 05

我国农村公共体育服务多元治理主体分析

　　未来学家说过，一个词如果被反复地使用，就会成为一种大趋势[1]。自 2013 年 11 月 12 日中国共产党第十八届中央委员会第三次全体会议通过《中共中央关于全面深化改革若干重大问题的决定》（以下称《决定》）并提出"社会治理"以来，跨进治理时代已成为现实。然而，将"社会治理"作为一种学术视角的研究并不是那么细致，多零星片语一带而过，或将其作为背景展开对某一主题的论述，而对具体思想的凝练明显不足，这就须有对其理论厚度的挖掘以不断积淀。《决定》中指出："坚持系统治理，加强党委领导，发挥政府主导作用，鼓励和支持社会各方面参与，实现政府治理和社会自我调节、居民自治良性互动"等，其中就蕴含着社会治理"主体多元"的思想，这种多元倾向不仅仅固定于社会组织，更可延伸至个体。党的十九大报告高度重视社会治理问题，对"打造共建共治共享的社会治理格局"作出新的部署，如完善党委领导、政府负责、社会协同、公众参与、法治保障的社会治理体制。农村公共体育服务治理需有不同主体的参与，形成大众体育的"举国体制"模式，即所有主体形式共同融入农村公共体育服务治理过程中，以实现共建、共享。

5.1　社会治理视域：倡导主体多元的分析框架

　　对社会治理的时代性赋予需进行国内外考察，国外一般是以"治理"或"公共治理"的术语出现，它是公共服务理论范式进化的阶段产物，国外公共服务汇集了公共行政、公共选择、新公共管理、公共治理和新公共服务众多的思想谱系。其产生与发展在时间上呈现出连贯性；在主体对应方面从单一逐渐趋于多

[1] 郁建兴. 走向社会治理的新常态 [J]. 探索与争鸣，2015（12）：4-8.

元且更加注重对公民需求的重视；主旨要义不尽相同，从仅注重效率到倡导公平、改革政府、引入市场，再到强调多元主体和以民为本。我国学者郑永年曾指出中国的改革路线图遵循"经济—社会—政治"的逻辑由易到难逐步展开，联结三大部门（政府、市场及社会）的历史地位可形成中国改革的纵横向示意图。李培林亦认为："经济机会平等、社会利益公正和政治权力民主，实际上是一个问题的三个侧面，但从发展的阶段性来看，当前的改革要从经济领域进一步向社会领域和政治领域深化，从而为我国未来的发展不断提供新的强大动力。"[1]我国在经历计划经济政府一元主体、社会主义市场经济多元化发展后，正沿着更加民主的路线前行。时下，最适合中国国情的公共服务理论就是社会治理理论，西方国家已基本完成，社会改革的任务也已实现，进入公民社会，他们更符合新公共服务理论的倡导；我国目前正处于社会改革的重要机遇期，在经济新常态提出后，预示着改革的彻底转型，而在通向更高层面改革的进程中，制度建设尤为关键，所以依法治国的举措应运而生，也就是说中华人民共和国成立后在经历了政权巩固、经济建设后，现在正朝向社会改革迈进，并憧憬未来的共产社会。国外公共服务理论的脉络、中国改革的逻辑及现实推进，进一步证实了社会治理视域与中国国情的贴合。

治理理论兴起于 20 世纪 90 年代的西方国家，其观点为：治理乃是政府与市场、政府与社会、政府与公民共同参与，结成合作、协商的伙伴关系，对社会公共事务实施合作管理而形成的一个上下互动的过程；其主旨在于强调管理对象的参与，注重多元主体的共同管理，寻求政府、社会与市场三者之间的良好合作和良性互动，从而通过调动各种力量和资源达到"善治"的目标，实现公共利益最大化[2]。从社会治理的主体来看，政府虽然是公共权力的主要载体，但政府的治理边界受到政治资源配置方式的影响，传统农业社会中，政府能够轻而易举地垄断重要的政治资源、成为社会治理的核心力量；现代工业社会，政府公共权力的治理边界便不得不缩减甚至退出部分领域[3]。随着对政府与市场、社会、公民三者关系的反思，作为"世纪最伟大的社会创新"的公民社会组织的勃兴意味着非政府组织、私人部门等在内的多元主体正同政府一起共同承担着社会治理的职能与责任[4]。也就是说改善当代政府治理的主要方式在于打造市场式、

[1]李培林. 社会改革与社会治理 [M]. 北京：社会科学文献出版社，2014：267.

[2]金立槟. 社会治理视域下的公众参与 [J]. 企业导报，2014（17）：79-81.

[3]罗伯特·A. 达尔. 现代政治分析 [M]. 王沪宁，陈峰，译. 上海：上海译文出版社，1987：130.

[4]莱斯特·萨拉蒙，赫尔穆特·安海尔. 公民社会部门 [A] //何增科. 公民社会与第三部门 [C]. 北京：社会科学文献出版社，2000.

弹性化、解制型和参与式政府[1]。这为农村公共体育服务治理主体类型划分奠定逻辑基础。

5.2　我国农村公共体育服务治理主体类型划分

社会治理理念摆脱以往行政单一、管理二元的局限，鼓励更加多元的发展格局，强调主体多元，这是在追求效率的同时，对公平的极力倡议。作为城乡分割的农村地域，长期遭遇"最后一公里"的难题，发展落实不到位，尤其体现在公共服务事项，这与我国的管理体制密切相关，机构设置级数过多，加之自上而下的供给方式，较难将最好的服务内容第一时间送至乡村，这也引致均等化议题的思考。因此，为确保我国农村公共服务的广覆盖，就需基层主体的参与，即公共事务的治理主体应当由包括政府在内的众多社会组织乃至个人组成。于农村公共体育服务领域的主体则涉及政府（体育局等）、市场（乡镇企业）、体育社会组织（协会等）、自治组织（村民委员会）及村民个体等，以形成主体网格化发展。

5.2.1　权威：农村公共体育服务的政府组织

政府是农村公共体育服务治理的核心主体。古典经济学认为，承担那些对社会每个人都有利的事物的责任主体是政府，因为政府可以保护人们履行他们所缔结的协议。早在200多年前，休谟就探讨了公共草地积水的例子，论证了在公共利益面前政府的优越性及个人的局限性，从而为政府供给公共服务提供了理论基础。亚当·斯密虽然提出自由主义经济理论，强调市场这只"看不见的手"的隐形作用，但他仍然强调那些对社会有益的公共设施、国防、司法、基础教育等需要由政府提供[2]。萨缪尔森一般均衡分析：在满足一些条件的情况下，由政府提供公共物品可以达到资源配置的帕累托最优状态[3]。凯恩斯经济思想对政府角色的重新界定，使政府承担了更多的公共管理和公共服务职能，各国政府普遍采取福利国家制度，政府积极扩大公共支出，在更大范围与更高水平的基础上

[1] B. 盖伊·彼得斯. 政府未来的治理模式 [M]. 吴爱明，夏宏图，译. 北京：中国人民大学出版社，2001.

[2] 亚当·斯密. 国民财富的性质和原因的研究（下卷）[M]. 郭大力，王亚南，译. 北京：商务印书馆，1972：251-254.

[3] 余家凤. 公共财政条件下我国农村公共物品的供给 [J]. 统计与决策，2007（7）：118-120.

提供公共服务。从中可以看出，政府作为公共服务供给的天然主体，农村公共体育服务作为特殊地域、微观领域的公共服务亦不能摆脱政府作为治理主体的现实。

政府作为治理主体以强制求公益，在农村公共体育服务供给过程中扮演多种角色，如资金供应者、生产安排者等，具体特点包括：权威性。政治学家林德布洛姆曾在《政治与市场：世界的政治——经济制度》中认为，市场制度建立在交换关系之上，而政府制度建立在权威关系之上[1]。具体表现为政府通过制定法律来规范公共服务的国有化运作，于农村公共体育服务中体现为依法治体，如《中华人民共和国体育法》等，与社会改革进程中的制度建设密切吻合，进一步增强农村公共体育服务政府治理主体的权威性与制度性。计划性：由于经历了计划经济体制，历史惯性在所难免，我国农村公共体育服务供给基本遵循自上而下的思路，即国家—省、市、自治区—地级市—县（市）—乡镇的层级供给，整个决策、执行都是如此，对公共服务的生产与分配进行指导、控制，如体育事业每五年一次的规划设计等。普遍性：政府对农村公共体育服务的供给将所有村民都纳入享有范围，做到"体有所享"，坚决反对排斥性和歧视性等不良行为，我国城乡二元分割、村民人口社会学特征差异显著等不得不促使农村公共体育服务治理须有政府这一强势主体掌握局面，尤其是对均等化的建设应不遗余力。

农村公共体育服务的政府治理主体虽然能够方便且统一地将其推进，但不可否认的是它也会存有些许局限，这并非政府本身所能控制的，时代发展注定暴露这一治理主体的软肋：效率低下。具体表现为"政府失灵"——由政府组织的内在缺陷及政府供给与需要的特点所决定的政府活动的高成本、低效率和分配不公平等问题（《新帕尔格雷夫经济学大辞典》），其因在于：政府的高度垄断。政府单一主体供给农村公共体育服务因避免重复而节约了费用，但因其缺乏竞争而容易忽视效率，即是说政府的垄断特性使其失去竞争所形成的外部压力，亦会导致改善管理、提高内部动力效率的缺失；政府行为难以评估，农村公共体育服务的投入和产出存在不清晰的关系，较难量化评价，加之政府的权威性特点，难以构建一套有效的评估体系，进而影响政府部门建立有效的激励约束机制。难以了解村民切实的体育偏好。"萨缪尔森条件"认为要实现政府提供公共物品的最优化，政府就要准确了解公众的真实偏好，但其难度较高。"搭便车"的消费心理会使村民隐瞒自己的体育需求，村民的知识、见闻不足会阻碍将其真实的想法

---

[1] 席恒. 公共物品多元供给机制：一个公共管理的视角 [J]. 人文杂志, 2005（3）：138-143.

表达出来，或者不愿意表达，致使政府难以对农村公共体育服务需求把脉；政府部门较难精准地收集到村民对公共体育服务的偏好及其分布，出现信息不对称的现象，现实中体育偏好的信息完全对称是一种理想状态，这就导致了资源投入浪费；村民个体对公共体育服务的效用评价不能自动地、合理地整合为集体评价，也就与"阿罗不可能性定理"相一致，达到某一目标所需的所有条件较难同时满足，政府与村民存在利益偏差。政府并非天然追求公共利益的组织，而是存在自身利益的满足，如政绩观的持有，其面临的政治环境促使政府利益的实现从可能变为现实。政府总是更多地站在自身的立场上去提供农村公共体育服务内容，至于符合程度如何则显得并不重要，因此，经常出现短期与长期、局部与整体利益的矛盾，最后牺牲的永远是村民群体的利益。

5.2.2　效率：农村公共体育服务的市场组织

由于政府垄断公共服务的局限性越来越明显，20 世纪 60 年代以来，一直有学者论证公共服务市场主体介入的必要性和可行性。德姆塞茨指出，当排除非购买者的能力相对足够的时候，私人供给也可以有效地生产公共物品[1]。科斯在《经济学上的灯塔》著作中，以翔实的史料论证了灯塔私人收费的可能性，说明了公共物品由私人提供不仅是可能的，而且是有效的。随后，斯宾塞、米歇尔等学者的研究也表明，对诸如教育、医疗等准公共物品，通过市场安排往往可以取得更高的供给效率。20 世纪 70 年代后，欧美国家普遍面临福利危机，财政收支失衡，难以继续负担沉重的福利支出。福利国家体制面临经济上、政治上、管理上的巨大压力，受到各方面的批判与质疑，要求改革的呼声日益高涨。在这种社会发展形势下，经济学理论从国家干预主义转向新自由主义，以哈耶克为主要代表，公共服务更是向市场导向的供给模式转变，政府职能急剧收缩。与此同时，政府的公共开支也锐减，公共服务更多地转由非政府的民间机构提供。这为农村公共体育服务市场治理主体的融入奠定了学理基础。

农村公共体育服务的市场治理主体以自愿求私益为主，运用交易方式实现自身利益的最大化，其动力来自追求经济效益的内在动机，从而对效率要求极高，这是政府治理主体所不能替代的。农村公共体育服务市场参与的特点表现为：竞争导向。对于农村公共体育服务的硬件建设（场地设施等）鼓励企业介入，采

---

[1] 杨立华. 构建多元协作性社区治理机制解决集体行动困境——一个"产品-制度"分析（PIA）框架 [J]. 公共管理学报，2007，4（2）：6-23.

取公平、公正且公开的方式展开竞标，借助市场的竞争性择取最优承担者，确保投建质量，这能够减少政府的财政开支，又会增强成本意识，以村民需求为努力方向，进而提升服务效率。注重绩效：市场承担公共体育服务供给的投入与产出必须经政府做最后的绩效评估，以作验收。如对参与竞争企业的规模、业务能力、以往工作等进行考量，并对承担的公共体育服务内容进行评价，最终确定绩效情况，决定奖惩事项。差别化：政府通过引入市场机制，增加农村公共体育的差别化条款，提供多层次服务，以满足不同社会学特征的群体差异化需求，如不同性别、年龄、学历的村民体育要求定然不同，尽可建立差别式的体育服务。

如同"政府失灵"一般，市场治理主体的农村公共体育服务供给亦会出现"市场失灵"，具体表现为：具有非排他性的农村公共体育服务无法避免"搭便车"行为，导致私营部门不愿承受。一般而言，按照谁受益谁负担的原则，公共体育服务成本理应由村民共同承担，但现实中却无法摆脱不付成本的人对其进行享受，出现"逃票"行为。当"搭便车"的人增加到一定数量时，私营部门将无法盈利以致退出。具有非排他性的农村公共体育服务由私营部门供给将出现资源配置低效现象。这种模式虽然在理论上可行，但实践中却遭遇尴尬，市场提供公共体育服务较重视边际效益与边际成本的均衡，倘若完全由市场控制，供给量定然不多；而通过价格控制更会制约民众参与，尤其是经济不够发达的农村区域，由于村民收入水平的限制必然导致一大部分人因缺乏购买力而放弃对该服务的使用或寻求替代性服务，农村公共体育服务闲置、福利损失问题在所难免。市场进驻会致使农村公共体育服务产生质量低劣的问题。私营部门会为自身利益而不择手段，良知体现不够，引发各种乱象，国家对公共体育服务的调控能力虽然减少，但其权力若被分散到为数众多、各不相同的企业，必将导致"碎片化"状态的出现。

5.2.3 关怀：农村公共体育服务的社会组织

政府与市场的"双重失灵"，为一种新的机制——以自愿求公益的社会组织形式满足了现实的需求。社会组织参与公共体育服务、注重组织主导、居民融入以形成互动良好局面。突出社会组织在公共体育服务供给中的主体地位，政府应起到宏观调控作用，政策法规出台以为民众谋取体育福利为准则。在公民社会不断成形的进程中，社会参与公共体育服务体现了民间事务的自主性价值，更加符合社会治理理念。体育社会组织在提供公共体育服务方面发挥的作用有：缩减政府职能，实行扁平化运作以提高效率，减少审批环节；较好地传递信息，满足公民体育需求，弥补政府供给的不足；社会组织的介入有助于调和公民与政府间的关系，拓宽公民公共体育服务的表达渠道；第三部门的参与是政府和市场双重失灵后的有效补救，从而为促成公共体育服务多元主体供给的格局奠定理论与实践基础。此外，体育社会组织的进驻可完成与政府和市场的良性合作，相互取长补短，实现共同发展。社会组织提供农村公共体育服务的形式有：公民团体完成、社区组织辅助供应及家庭生产等。相对于公民个人独立参与公共体育服务决策而言，拥有共同价值观的人群组成的社会组织或参与符合自己价值观的社会组织，进而参与公共体育服务决策过程是较为合理的方案[1]。因此，扩大第三方组织对公共体育服务决策过程的参与，是决策科学化的重要保障。

社会组织参与农村公共体育服务与社会治理理念极为契合，它更是一种关怀体现。在除去政绩、利益后，人类前行中理应看到其无私奉献的服务态度。其特点包括：在利他精神指引下实现自我完善的愿望。这在西方属于基督教的博爱思想和人道主义的价值观，而在东方则是儒家的仁爱思想和佛教倡导的普爱思想。在法律约束下展开公益性活动，不以营利为目的，收入也仅用于组织发展或公益事业发展，并不存在追逐利润的投机行为。诸如农民体育协会、乡镇文体站等都是促进农村公共体育服务良性运行的组织载体。自主治理以解决农村公共体育服务问题。体育社会组织的出现在于弥补政府与市场的缺陷，摆脱过于垄断和竞争过激的机制，以更为宽松的方式自我治理，在承担农村公共体育服务事务之余，努力实现村民体育权利，增进其体育福利享受。满足村民多元化的体育需求。我国农村是较为特殊的场域，城乡长期二元并存、社会学特征差异显著，这形成了村民多样化的体育需求，在政府统一安排公共体育服务内容或市场以利为目标的态势下，体育社会组织的出现无疑增加了多元供给的可能，能够有效地捕捉村民的体育所需，从微观、细致的角度满足其体育参与的意愿。

虽然，体育社会组织在农村公共体育服务治理中不可或缺，但仍存不足。缺乏资源是体育社会组织最为突出的问题，特别是资金的获取，较难拥有可靠的资源来满足村民强劲增长的公共体育服务需求，反映了集体物品生产中的"搭便车"问题。此外，体育社会组织参与农村公共体育服务治理还存在一个尴尬现象，即如果他们得到政府支持，就需遵循政府意愿，这样就难以保证自主治理，以致背离组织的最初目标。存有偏向，即体育社会组织内部人群的特殊主义，倾向关注或援助特殊的亚群体，那些控制组织资源的人，很可能不平等地支持农村社区中的部分群体，这会导致提供的公共体育服务不是重复浪费，就是严重短

[1]何洲娥.社会团体参与公共决策研究[D].南京：河海大学，2006：11-12.

缺，失去农村一域的均等要求。家长作风：体育社会组织对农村公共体育服务做出回应时，不可避免地把界定村民需求的权利授予了那些控制最重要资源的人，这类似政府垄断，话语权再次转移至部分有权有势的人手中，进而表现出家庭式的管理形式，失去其民主性，集体失声的悲剧仍会上演。

5.2.4　义务：农村公共体育服务的自治组织

《中华人民共和国村民委员会组织法》规定：农村的自治组织形式包括全体村民大会、村民代表会议、村民委员会、村民小组以及作为监督机构的村务监督委员会，其中村民委员会是主要工作机构。根据相关法律规定：村民委员会是村民进行自治的主要组织，是其自我管理、自我教育、自我服务的基层群众性自治组织。从性质上讲，它应属于非营利组织，但因其体现政府职能向基层延伸，具有国家管理层次中最低一级组织单位的特点，具备"半官方"色彩，且在农村公共体育服务中发挥着区别于一般非营利组织的特殊作用，因此，将其作为独特主体加以区分。村委会有责任也有义务来提高村民的身体健康，在注重应激性医疗服务之余，更应以"不治已病治未病"进行提前预防，参加体育锻炼是较为合适的方式，更能丰富村民业余生活，追求生活品质。

由于村民委员会具备非营利和半官方的双重属性，自然促使其相应地承担了对内自治与对外协助的两份职能，或概括为公共性和开放性。对内负责日常工作：村委会作为村民自治组织形式主体系统中的工作机构，负责村庄日常事务的管理，直接服务于村民，如提供公共体育服务等；主要向全体村民大会、村民代表会议报告工作，并接受村务监督委员会的监督。对外服从上级命令：村委会虽然与乡镇政府之间并非上下级的命令与服从关系，它属于完全自治，但仍需要接受相关政府的"指导、支持与帮助"，也就是协助乡镇及以上的政府开展工作，确保农村公共体育服务"自上而下"的治理过程。在实际运行中，村民委员会的对外职能往往强过对内职能，即其行政、经济功能大过公共服务与社会治理功能。在政府社会管理重心下移、农村公共体育服务均等发展的情境下，需要扭转村民委员会的角色定位，使其成为农村公共体育服务多元治理的中坚力量。

村民委员会是农村公共体育服务治理过程中不可或缺的主体形式，在实践中亦表现出较为契合的特性，但由于种种原因导致其存在不少局限，需要正视，以于后续避免。首先，村委会的双重特点致使其供给公共体育服务时存有工作性矛盾，作为类似的非营利性组织，理应志愿提供，帮助村民享受体育的魅力，但囿于其半官方的性质，实施过程中往往又要遵循顶层的意愿，最终供给的体育福利未必切合村民所需，即产生一种彻底自治与见机行事的尴尬对立，最终抹杀村委基层的创新能力。其次，在唯"GDP"论的发展时期，即使国家倡导经济进入新常态，但推及至村委层面还未能认识全面，村委基层大多关注经济方面的投入，对公共服务重视也是停留在道路维修等间接经济领域，对于农村公共体育服务的广泛涉及还存有现实困难和意识障碍。再次，村委对公共体育服务的建设多在场地设施环节，基本与农民健身工程相结合，而不会从"一事一议"的角度去论证村庄存在的体育元素是否合理，更不会去思考怎样设计才是可行的，一种"惯性"的照办思维影响上下对接，产生农村公共体育服务的缝隙供需现象。

5.2.5　共享：农村公共体育服务的公民个体

随着社会经济和民主政治的不断发展，公众参与公共决策，包括公共体育服务，已日益成为一种普遍而重要的现象。社会公众参与决策过程，可以增强社会的总体认同感，提高政府决策的合理性，更加利于公共政策的施行。因此，在农村公共体育服务领域的政府决策中，需要不断扩大和完善村民有序的政治参与度，以确保其科学化与民主化推进。即是说非政府的参与者在某些公共体育服务管理领域中发挥着政府难以发挥的作用，除了上述市场、社会组织及自治组织外，作为个体的公民显然也是极其重要的治理主体，此处的公民是指具有农村户口的公民，即村民。村民个体不仅是公共体育服务享有者，更是其事务开展的重要参与者，他们在农村公共体育服务组织管理、技能指导、活动举办等要素环节起到积极作用，能够有效地配合村委会工作，间接体现公共体育服务价值，证实村民不仅是服务需求方的共享者，亦是服务供给方的参与共享者，是从供给到需求联结最为紧密的治理主体，其潜能还待深入激发。

村民作为农村公共体育服务的治理主体要多出一重身份，既是受益者又是消费者，也就是说，村民在表达农村公共体育服务需求、参与决策、生产之后，作为消费者将直接享受公共体育服务产品，这就使得村民个体作为农村公共体育服务治理者，在之后的评估、问责环节都将扮演最直接和重要的角色。但是，由于地域特征、参与形式、个体能力、政策环境等各方面因素的影响，村民参与农村公共体育服务并不一定能够取得预期效果。而参与农村公共体育服务过程中村民能否掌握完备、准确的信息并具备信息分析能力，参与程度是否公平，都将直接影响农村公共体育服务治理效果。应该说，作为一种特殊的政治参与形式，具有农村户籍的公民参与农村公共体育服务契合民主理念。

村民个体作为农村公共体育服务的治理主体，往往只被当作是享有体育福利的最末端群体，忽略其作为主动参与的主体形态，这是长期的误解，公共服务要体现公共性，每个人都是公共的一员，理应成为核心主体，这是认识问题的关键，同时也是政府长期垄断的原因，即使是市场、社会组织等主体也经过较长时间的论证，才能够作为合情合理的主体参与公共体育服务治理。村民作为农村公共体育服务治理主体的另外局限在于其自身储备严重不足，对于专业知识的掌握、基本技能的习得、服务意识的体现、组织能力的发挥等都还难以对应其作为名副其实的主体角色，在理论层面可以将其论证为较为合适的治理主体，但实践中还需要进一步去打造，使其真正具备参与农村公共体育治理的综合素养，展开供需两端的互享模式。综上所述，农村公共体育服务治理主体多元格局基本形成（图5-1）。

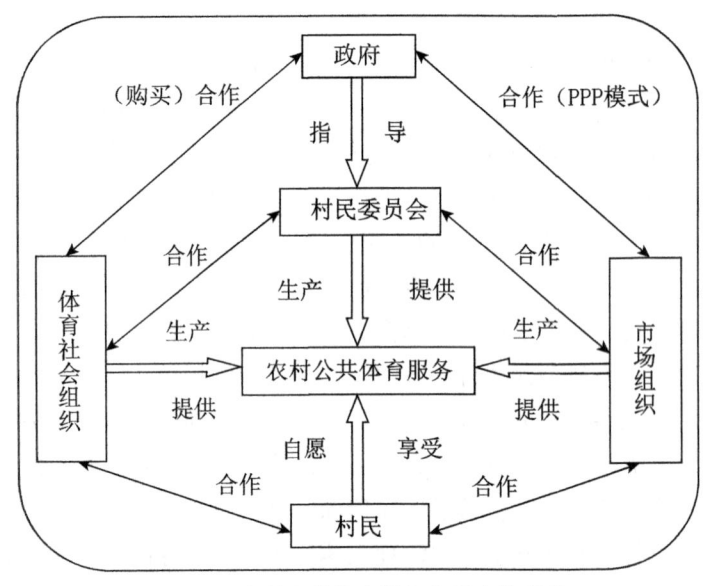

图5-1　农村公共体育服务多元主体联动

5.3　我国农村公共体育服务治理主体功能定位

5.3.1　政府主导：农村公共体育服务治理的总体把握

农村公共体育服务的核心治理主体是政府，政府理应承担重要的责任，在利益关系调整方面，需要政府以权威的身份进行政策规制和总体规划，以保证农村公共体育服务的均衡且公平发展。政府在农村公共体育服务治理中的功能包括资金投入方面：必须依靠政府尤其是各级地方政府的大力支持与扶持，而非社会力量，倘若没有政府的资金保障，那么为相对落后的农村地区提供公共体育服务可谓无源之水。规划管理方面：政府需做好农村公共体育服务的规划，既要设计长期规划，又要有中、短期规划；既要有全局性发展规划，又要考虑局部规划的制定；既要有常规性的规划，又要注重产业化规划，力求对农村公共体育服务的有机推进。管理体制改革：政府在确保基本的资金及规划后，还要注重自身体制的完善，权力适当释放、机构精简，真正建成服务型政府，尤其在农村公共体育服务治理上，政府长链式参与极易导致脱节现象，许多措施未及村域，这是亟须解决的。政策法规方面：政府无疑是农村公共体育服务的首要决策者，表现在政策法规的出台及有效实施，现实中政府不乏较好的政策颁发，如农民体育健身工程等，但在执行环节往往遭遇不力，需改善实施策略，政府可依托其他机构完成。监督评估方面：以往的农村公共体育服务都是政府评价自己，即使是第三方评估也多是在政府委任下进行的，换汤不换药，这亟须改变，政府决策、执行委托、第三方评估，尽可能形成三方独立的运行格局，以保证公平与效率，即决策、执行与监管的分离机制。最终形成政府主导农村公共体育服务的宏观把握局势。总之，须提高政府意愿，增强治理能力；明确政府治理农村公共体育服务的责任，完善其科学决策机制。

5.3.2　市场配置：农村公共体育服务治理的利益衡量

随着经济稳步发展、社会急速转型、城镇化不断推进及新农村建设等宏观背景的发生，农村生活正得到前所未有的改善，这为市场力量参与农村公共服务乃至体育福利的发放成为可能贡献一份力量。市场涉及农村公共体育服务的治理应突出表现在资源的有效配置上，以确保经济利益和社会效益的双重获取。首先，要确定适合市场供给的农村公共体育服务内容，并非所有的公共体育服务都由政府参与治理，对于规模不大、成本不高的项目，完全可以走市场化运作。如企业单独或联合出资兴建小型的健身场所等，或者与政府达成协议，租赁政府现成的健身场馆，加以经营管理，推行 PPP 模式。其次，注重引入市场机制，即在政府承担治理的前提下，把市场激励机制和企业管理手段引入农村公共体育服务供给中，构建政府主导和市场竞争相结合的新形式，需要实行产权制度改革，创造良好的制度环境，市场介入农村公共体育的治理需在法律上获得产权所有，以保障企业或私人的权益；政府出台合理政策，引导农村公共体育服务的市场治理，可采用补贴、奖励、减免税收和信贷优惠等措施鼓励市场机制真正进驻。再次，还要发挥政府在农村公共体育服务市场治理中的作用，应该继续深化农村改革，规范农村财政管理体制，完善农村公共体育服务供给决策和农村需求表达机制，政企联手，实现供需契合；市场参与农村公共体育服务治理的负外部性问题需要政府加以规制，即对市场获取优先资源后出现的垄断行为进行适当干预，最终促使市场在农村公共体育服务治理中的资源得以均衡配置，在实现社会公益的基础上再追逐企业私益。

5.3.3 社会参与：农村公共体育服务治理的活力激发

农村公共体育服务社会组织治理主体的功能定位应指向全社会广泛参与，体育社会组织具有直接联结村民的优势，可保证其有效获得公共体育福利。另外，应多渠道筹集资金，大力发展体育社会组织。农村地区的体育社会组织多为乡镇政府的治理延伸，很难发展成为真正的组织形态，这需要一定的人力、物力加以引导，尤其是资金的投入，可多元获取经费，完善现有农村体育社会组织的发展。努力打造"政府引导、部门扶持、村民自愿、企业捐赠、民主管理"的社团形态。采取激励措施促进体育社会组织自愿参与，人们的积极性是有的，但往往不能被调动，因此，需要一定的激励措施来使其参与的热情凸显出来，如对组织发展的规模大小、举办赛事活动的次数、服务人数等加以量化，制订奖励标准，公开表彰激励其后续参与组织及鼓励更多体育社会组织融进农村公共体育服务治理进程中。开展具体的农村公共体育服务事项，如组织丰富多彩的基层体育活动；正式体育社团可以通过政府委托或公开招、投标来对农村公共体育场馆进行管理、使用和维护。通过农村正式或非正式体育社会组织的活力激发带动更多的村民加入公共体育服务治理中，增强治理主体的中坚力量，以联结政、企与村、民主体，形成联动机制。

5.3.4 村委自治：农村公共体育服务治理的自由表达

村民委员会是农村公共体育服务治理中既直接又具体的基层主体，因其对村庄的发展最为了解，所以对其功能定位就能准确地自由表达，一方面为自上而下的供给内容提供现实依据，避免上下供需出现缝隙；另一方面为村集体的"一事一议"制度顺利实行起到不断尝试作用，农民时间与财富的增多使其休闲方式开始多样，体育活动无疑成为消遣娱乐、促进健康的首选，这就会引发村委对公共体育活动事务的重视与加强。首先，村委会还是需要确定稳定的收入来源，如村庄集体经济（经营）收入、村庄集体资源（租金）收入、政府资助、村民集资及社会捐助等，在此基础上，将经费分配至公共体育服务上，村委会承担所有村庄体育需要的建设。其次，完善"一事一议"制度，在村庄注重经济发展的投入同时，转变观念，将人的全面发展作为更高级目标，借助体育改善村民的生活质量，增加体育在"一事一议"制度中的比例，组成商讨小组，并让全体村民参与讨论，有针对性地了解村民的体育需求，展开实践工作。再次，培育社区（行政村）社会资本，促进公共体育服务供给的有效性，打破传统社会资本的血缘、地缘等关系网络，在享受获得体育福利的同时，更为村民个体参与农村公共体育服务治理奠定了基础。如此，村委会的功能得以体现，即保证完全的自治，不断进行公共体育服务发展的基层创新，对接顶层制度设计，实现农村公共体育服务的全面建设。

5.3.5 村民自觉：农村公共体育服务治理的目标聚焦

农村公共体育服务治理的最终目标是要落归至人，即村民的分享，以形成村民自觉参与公共体育活动的习惯。村民个体一方面作为农村公共体育服务的享有者；另一方面村民亦是重要的治理主体，他们可有效地将政府或村委的任务转变为现实。实践表明：村民在农村公共体育服务治理过程中，主要参与的环节包括诉求表达、决策、筹资、监管、生产及利益分配等。村民必须进一步认清自身于公共体育服务建设中的角色定位与功能发挥，意识到其既不是被动的管理者，也不是单一的享受者，他们有权利通过各种途径成为农村公共体育服务的治理主体，对农村公共体育服务的决策与执行提出谏言，对政府主导的农村公共体育服务的行为进行监督，对绩效展开评价与反馈。因此，必须培育公民自治、自觉理念和公民积极的参与精神。此外，还应该在主、客观上做出努力：主观方面要重视发挥乡村社会力量，政治层面：乡村精英中的村干部或退休村民，能够对公共体育服务实施起到出谋划策、联络人脉、争取更多的社会资源等作用；经济层面：农村不乏经济强人，他们可为公共体育服务发展提供见识和资金，并在决策与监督等环节发挥能效；文化层面：需要乡村知识分子的积极参与，共谋体育福利的获取。客观方面需建造村民参与公共体育服务实践的有效路径，必须健全村民参与的政策法规，破除制度的形式化，明确村民参与的权利范围；增强村民参与公共体育服务知识能力体系的构建，即基本的体育常识和掌握体育技能；此外，还需拓宽村民参与渠道、降低参与成本，促其成为农村公共体育服务实践中的重要主体，且能主动参与农村公共体育服务。

中华人民共和国成立以来，在顺利经过社会主义改造及遭遇"大跃进"和"文革"等挫折后，终迎来了以经济为主线的"改革开放"，随之经济体制迅速转轨，由计划转向市场，经济得到大发展。同时，经济发展的突飞猛进伴随着社会代价的付出，而自"经济新常态"的确立后，中国的改革路线也将理所当然地偏向社会改革，社会治理理念的提出更是与其相契合。农村公共体育服务作为社会改革进程中的微小一环，需在治理思想的指导下展开，其中治理主体多元的倡导尤为重要。政府作为农村公共体育服务的天然主体有其权威但难以均等，时有效率低下的现象出现，政府应起到主导作用以把握总体；市场对农村体育的参与相对较少，但效率较高，需重视市场配置的利益分配；社会组织参与农村公共体育服务具有社会关怀的特性，却资源不足，需不断激发其活力；村委会是最为基层的自治组织，对农村体育建设侧重不够，应给予村委"一事一议"的自由表达；村民个体是农村公共体育服务最直接的享受者，而参与意识薄弱则需完成体育自觉的目标聚焦，以达到体育共享的目的，最终明确且实现农村公共体育服务多元主体的新式格局及职责分工。

6

CHAPTER 06

我国农村公共体育服务体系建设及其概况

党中央、国务院历来高度重视农业、农村和农民工作。2016 年 12 月 31 日，《中共中央　国务院关于深入推进农业供给侧结构性改革加快培育农业农村发展新动能的若干意见》颁发，这份中央一号文件继续锁定"三农"，并指出："农业的主要矛盾由总量不足转变为结构性矛盾，突出表现为阶段性供过于求和供给不足并存。"这种困境在农村公共文化（体育）服务上亦有体现，梳理历年中央一号文件可知：国家对农村经济建设投入较大，主要表现在促进农民增收、增强农产品供给等；政治改革围绕农村基层党建、民主制度健全及管理服务创新而展开；社会服务关注公共基础设施、教育、卫生、社保和文体等，其中公共体育服务论述偏少。因此，国家进入"十三五"周期后相继于体育发展规划、"健康中国"战略及全民健身计划中制定了些许方案。如《体育发展"十三五"规划》关于"场地设施建设与管理、开展全民健身活动、建成覆盖全社会的组织网络"等主张；又如《"健康中国 2030"规划纲要》强调到 2030 年，经常参加体育锻炼人数达到 5.3 亿人，实现每千人拥有社会体育指导员 2.3 名等目标；再如《全民健身计划（2016—2020 年）》涉及"扶持乡村农味农趣项目、培育城乡社区服务类社会组织、实施农民体育健身工程"等要求。农村公共体育服务体系建设在社会改革进程中与城镇化速度加快背景下提出，既响应国家号召，又从权利公平的角度出发塑造人的全面发展，尤其注重弱势群体的体育福利享有，这是均等思想的呈现。因此，需厘清农村公共体育服务体系建设的原则、思路和内容并作细致论证，以供后续理论探讨和实践运用。

6.1　我国农村公共体育服务体系建设的基本原则

根据我国社会主义国家的性质、经济社会发展的阶段特征、城乡二元并存的现实处境及全民健身上升为国家战略等，我国农村公共体育服务体系建设的基本原则主要有：①基础性原则。政府必须保障广大人民群众最基本的体育权益和所有公民平等地享有基本公共体育服务的机会[1]。它确保村民个体最基本的生活与发展需要，事关村民生存权、健康权、受教育权等。在物质生活极大改善的当下，人民群众的精神文明建设早已提上议程，对体育更是热情洋溢，健康需提前储备的意识逐渐增强，村庄健身文化广场、女性群体翩翩起舞等都充分表明村民对体育的强烈诉求，所以从生活质量、增进健康出发以确定这一原则，即以人的综合发展为本。②系统性原则。系统论认为："体系是指若干有关事物或某些意识相互联系的系统而构成的一个有特定功能的有机整体。"[2]农村公共体育服务体系是由多种要素组成的有机整体，各要素间彼此关联，涉及主体、客体及受体三块，主体可从供给考量，为提供公共体育服务的对象，政府、市场、社会组织乃至村委会、村民个体等均可纳入有机整体中；客体则是农村公共体育服务的具体要素，如场地设施等，为整个系统运行确保动力元素；受体则从需求角度直指农村居民，他们是整个体系的落脚点，秉承以人为本的理念。③公正性原则。农村公共体育服务体系建设必须要体现社会的公平正义，这是其核心价值。在中国，公正性是永恒话题，而对于农村发展而言更需考虑此点，"城乡二元"格局长存，导致公正性议题更加突出，公共体育服务亦是如此。城市走在前列而忽略农村的需求与建设，明显存在滞后性。因此，在完善农村公共体育服务体系过程中，需要将城市定型的公共体育服务内容进行参照设置，以推动农村公共体育服务均等化并维护其公益性，实现全民体育覆盖，促进社会公平。④均衡性原则。目前公共体育服务发展存在失衡现象，具体为供给内部结构的公共体育事业支出失衡、设施供给偏重竞技化、社会服务层次普遍较低；城乡结构的公共体育财政支出分布不均、设施布局失衡、社会服务水平偏态发展及区域结构的东部占优、西部波动、中部"塌陷"[3]。农村公共体育服务体系建设应充分考虑均衡设计，破除地域、性别、年龄等社会学特征的制约，其原则就要体现服务供给总量和结构均衡，总量均衡是指农村公共体育服务发展过程中的总投入、总供给，需注重全面性与协调性，以保证农村公共体育服务推进的持续性；结构均衡是指农村公共体育服务的功能划分，反映在空间区域、人口结构等方面。

[1]郑家鲲，黄聚云. 基本公共体育服务评价指标体系的构建 [J]. 上海体育学院学报，2013，37（1）：9-13.

[2]周星岚. 构架高职院校市场营销专业实践教学体系的探索 [J]. 当代教育理论与实践，2012，4（5）：142-144.

[3]姜同仁. 我国公共体育服务供给现状与结构优化对策 [J]. 上海体育学院学报，2015，39（3）：1-7.

6.2 我国农村公共体育服务体系建设的总体思路

6.2.1 他山之石：发达国家公共体育服务体系建设经验

国外发达国家公共服务理论历经注重效率与倡导公平的新、旧公共行政、改革政府的公共选择、引入市场的新公共管理、多元主体的公共治理及以民为本的新公共服务等理论阶段，并经历重视民众体育福利获取的实践，至 2008 年时，全世界就有 116 个国家公布体育公共服务和大众体育发展计划[1]。基于此，根据 2015 年世界 GDP 排名选取英国、德国、美国、加拿大、日本和韩国 6 个经济发达国家，将其公共体育服务体系建设的经验进行归纳后发现：各国公共体育服务体系要素均涉及政策法规、场地设施、组织机构、经费来源和活动开展五项，并表现出一定特点（表 6-1）。可见，国外发达国家公共体育服务体系建设较为系统且特色鲜明，值得借鉴。

表 6-1　发达国家公共体育服务体系建设的要素特点

国家	体系要素				
	政策 法规	场地 设施	组织 机构	经费 来源	活动 开展
英国	侧重社区， 以人为本	种类齐备， 管理多元	国家调控， 社会参与	政府拨款， 社团自筹	内容丰富， 形式多样
德国	黄金计划， 联合声明	日渐完善， 运营得当	政府协作， 公民自治	国家资助， 俱乐部制	大众推广， 志愿参与
美国	注重健康， 追求公平	按需投建， 强调多样	层次分明， 分工明确	来源多渠， 市场凸显	项目多样， 宣传有力
加拿大	阶段推进， 制度重建	纳入福利， 写进制度	权力分化， 职能具体	政府承担， 城市税收	服务均等， 倡导终身
日本	振兴计划， 立国战略	数量显著， 标准清晰	政府主导， 民间协同	社会募集， 市场运作	敢于创新， 鼓励指导
韩国	生活体育， 扩充发展	免费开放， 促进健身	运行娱化， 管理转型	国家预算， 民间财源	开办课堂， 塑造文化

---

[1] 王才兴. 体育公共服务国际比较及启示 [J]. 体育科研，2008，29（2）：27-31.

6.2.2　一号文件：农村文化及体育发展的关注

中央一号文件连续 14 年聚焦"三农"工作，无疑对文化与体育发展有所涉及，对此些要件进行分析发现，从初始的文化事业经费落实到逐步明确公共文化服务体系完善，可看出国家关于农村文化建设渐成系统，如《关于进一步加强农村工作提高农业综合生产能力若干政策的意见（2005 年）》提出："加大农村重大文化建设项目实施力度，完善农村公共文化服务体系。"具体操作准则如《关于推进社会主义新农村建设的若干意见（2006 年）》的"加强县文化馆、图书馆和乡镇文化站、村文化室等公共文化设施建设，继续实施广播电视'村村通'和农村电影放映工程，发展文化信息资源共享工程农村基层服务点，推动实施农民体育健身工程"，可见体育是作为文化内容而被提及的。之后的文件多是针对公共文化服务体系而论述，体育偶有规定，如《关于切实加强农业基础建设进一步促进农业发展农民增收的若干意见（2008 年）》强调"广泛开展农村体育健身活动"《中共中央国务院关于加大改革创新力度加快农业现代化建设的若干意见（2015 年）》"支持建设多种农村养老服务和文化体育设施"等。这为农村公共体育服务体系建设提供了可谓最为吻合的政策依循。

6.2.3　国家层面：基本公共服务体系中的体育元素

为突出"学有所教、劳有所得、病有所医、老有所养、住有所居"的要求，《国家基本公共服务体系"十二五"规划》将范围确定为公共教育、劳动就业服务……公共文化体育等领域（图 6-1）。公共体育服务的重点任务表现在群众体育环节，即加强基层公共体育设施建设；健全基层全民健身组织服务体系，发展壮大社会体育指导员队伍，大力开展全民健身志愿服务活动；广泛开展形式多样、面向大众的群众性体育活动；建立国家、省、市三级体质测定与运动健身指导站，普及科学健身知识，指导群众科学健身；定期开展国民体质监测等。从中可看出群众体育的场地、组织、活动、指导、宣传、体质测试等要素，为农村公共体育服务体系建设奠定了内容基础。

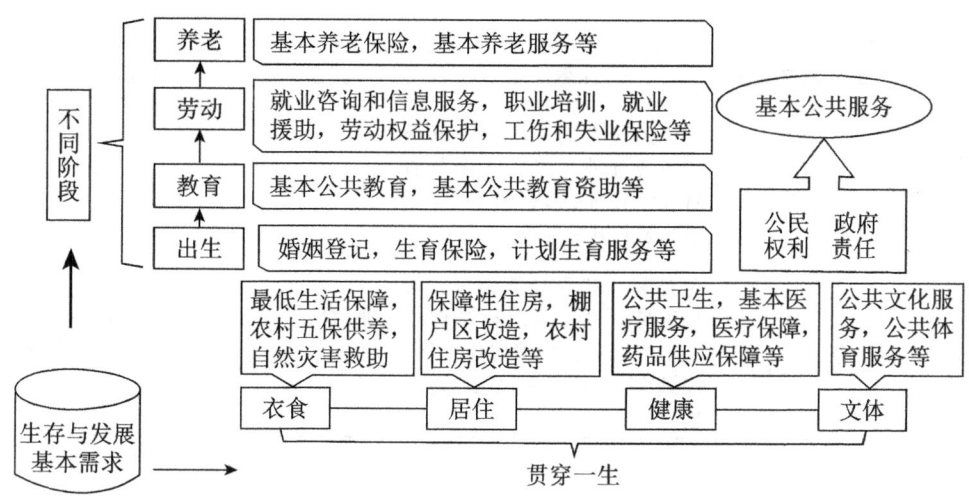

图 6-1　我国基本公共服务范围内涵[1]

为加快建立健全公共体育服务国家标准体系，依据国家体育相关法律法规，为保障服务的供给规模和质量，明确工作任务的事权与支出责任，促进城乡均衡发展，制定"十二五"时期公共体育服务国家基本标准（表 6-2）。各类公共体育设施布局、场馆建设、设备配置、人员配备、服务规范等具体标准，由体育总局依法会同有关部门及国家标准化行政管理部门制定实施。各省（区、市）应遵循实施国家基本标准，并可结合本地区实际情况适当提高标准。并建立保障工程，重点支持县级公共体育场建设，加快建设一批面向群众、贴近基层的中小型全民健身中心和灯光球场，充分利用绿地、广场、公园等公共场所和适宜的自然区域建设全民健身活动设施。继续实施农民体育健身工程，改善农村公共体育设施条件。

表 6-2　我国基本公共服务中的体育内容摘录

服务项目	服务对象	保障标准	支出责任	覆盖水平
体育场馆开放	城乡居民	有条件的公办体育设施（含学校体育设施）向公众开放，免费项目或有关收费标准由地方政府制定；开放时间与当地公众的工作时间、学习时间适当错开，不少于省（区、市）	地方政府负责，中央财政适当补助	可供使用的公共体育场地（含学校体育场地）占全国体育场地总数的比率达到53%左右

[1] 国务院关于印发国家基本公共服务体系"十二五"规划的通知（国发〔2012〕29 号）［EB/OL］. (2012-07-20). http://www.gov.cn/zwgk/2012-07/20/content_ 2187242. htm.

续表

服务项目	服务对象	保障标准	支出责任	覆盖水平
体育场馆开放	城乡居民	规定的最低时限，全民健身日免费开放，国家法定节假日和学校寒暑假期间，应当适当延长开放时间		
全民健身服务	城乡居民	免费享有健身技能指导、参加健身活动、获取科学健身知识等服务；免费提供公园、绿地等公共场所全民健身器材	地方政府负责，中央财政适当补助	经常参加体育锻炼人数比率达到32%以上

6.2.4　它域镜鉴：文化与旅游公共服务体系的参考

《中共中央办公厅、国务院办公厅关于加强公共文化服务体系建设的若干意见》（中办发〔2007〕21号）中将公共文化服务体系概括为"公共文化产品生产供给、设施网络、资金人才技术保障、组织支撑和运行评估"五大体系。但有学者认为其中还应包括法律制度体系，特将公共文化服务体系设置为：法律制度（政策法规）、主体（供给者）与客体（需求者）、基础设施（硬件资源）、产品的生产与供给（公共文化组织、文化企业的生产与提供、非营利性社会文化组织、政府文化管理机构）、组织动员（管理活动）、资金技术保障和运行评估等[1]。此外，中共中央办公厅、国务院办公厅《关于加快构建现代公共文化服务体系的意见》中《国家基本公共文化服务指导标准（2015—2020年）》的服务项目与内容亦有涉及体育部分，可看作公共文化服务之公共体育服务板块，具体包括基本服务项目中的设施开放、文体活动及硬件设施中的体育设施等（表6-3）。

表6-3　《国家基本公共文化服务指导标准》中的体育内容摘录

项目	内容	标准
基本服务项目	设施开放	文化馆（站）等公共文化设施免费开放，基本服务项目健全
	文体活动	城乡居民依托村（社区）综合文化服务中心、文体广场、健身路径等公共设施就近方便参加各类文体活动，并注重文体知识普及和培训

---

[1]王富军. 农村公共文化服务体系建设研究 [D]. 福州：福建师范大学，2012：43.

项目	内容	标准
硬件设施	体育设施	县级以上设立公共体育场；乡镇（街道）和村（社区）配置群众体育活动器材设备，或纳入基层综合文化设施整合设置
人员配备	人员编制	县级以上公共文化机构按照职能和当地人力资源社会保障、编办等部门核准的编制数配齐工作人员；乡镇综合文化站每站配备有编制人员1~2人，规模较大的乡镇适当增加；村（社区）公共服务中心设有由政府购买的公益文化岗位
	业务培训	县级以上公共文化机构从业人员每年参加脱产培训时间不少于15天；乡镇（街道）和村（社区）文化专兼职人员每年参加集中培训时间不少于5天

旅游公共服务较为典型的体系建设是将其划分为三块：一是供给主体，将政府、企业、社会纳入，形成三元主体格局；二是构成内容，包括三类要素且有细分，分别是基础性（企业运营与政府监管）、支撑性（餐饮、住宿、交通与购物服务）和保障性（通讯、公共卫生、公共安全与救援）体系；三是服务主体，涉及旅游者、社会、本地居民等，是从需求视角展开的（图6-2）。如此，旅游公共服务体系由供给、内容及需求三环组成，对接农村公共服务体系建设的主体、客体及受体，并为其提供三位一体之思路。

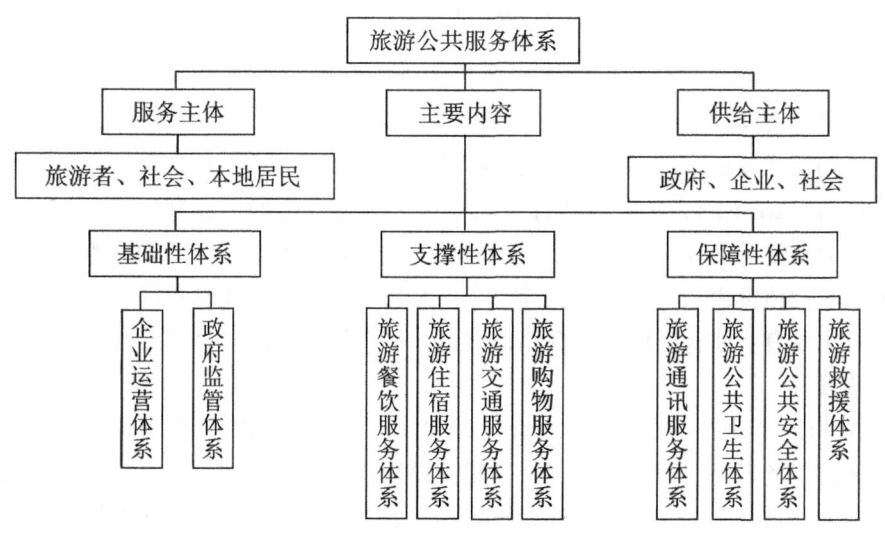

图6-2 旅游公共服务体系架构[1]

[1] 何池康. 旅游公共服务体系建设研究 [D]. 北京：中央民族大学，2011：42.

6.2.5 上下对接：公共体育服务体系建设的内在要求

（1）我国公共体育服务体系的顶层设计。公共体育服务体系是指由政府主导、社会参与的能够满足人民群众体育需求及保障其体育权益以实现公共体育服务供需均衡的要素集合。它由公共体育设施体系、组织体系、运行体系、政策法规体系及监管考核体系构成。每一要素体系又可分为更加细致的层级（图6-3）。其中部分要素可作归纳论证的素材，需做取舍。

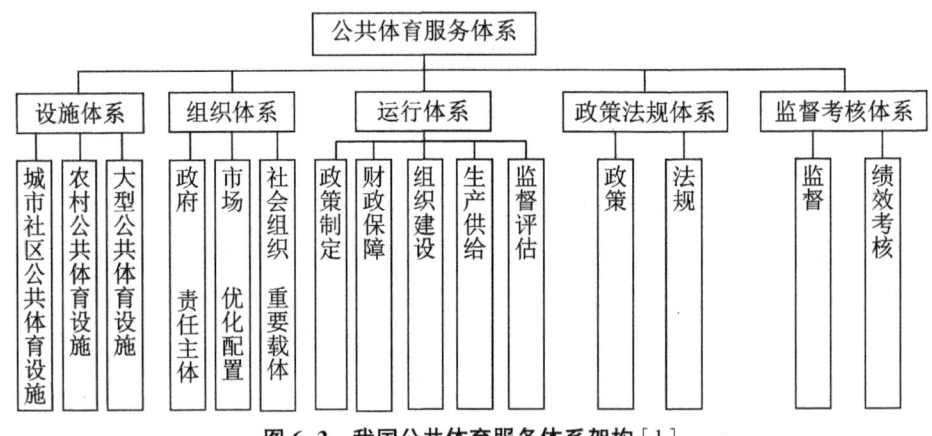

图6-3 我国公共体育服务体系架构[1]

2007年，第三次全国群众体育现状调查中对国家在促进大众体育健身方面工作的要求或期望顺序为：建设和完善与居民社区（村庄）相配套的公益性体育锻炼场所或器材（72.9%）；加强群体活动的组织和引导（26.5%）；开放体育锻炼场馆（26.4%）；加强对体育运动知识、锻炼方法的普及和宣传（24.9%）；加强对大众健身活动的科学指导（21.8%）；健全各种体育法规和政策，以保证公民享有的体育权利（20.3%）等[2]。从中可以看出，彼时我国公民的基本体育需求主要有：体育场所、体育知识信息、体育活动组织、体育指导培训、体育法规政策等。

在2011年颁布的国家体育事业发展"十二五"规划中，明确提出要"强化公共体育服务职能，建立完善以全民健身设施建设、组织建设、活动开展、健身指导、科学评估等为主要内容的全民健身公共服务体系"，这其中实际上明确提

［1］戴健，等.公共体育服务体系建设［M］.上海：上海交通大学出版社，2015：66-331.
［2］国家体育总局.第三次全国群众体育现状调查报告［M］.北京：人民体育出版社，2010：104.

到了我国公共体育服务体系中的 5 种要素类型，分别是场地设施、体育组织、体育活动、体育指导培训和体质监测。在 2016 年颁布的国家体育事业发展"十三五"规划中，于"落实全民健身国家战略，加快推动群众体育发展"环节提出不断完善基本公共体育服务，具体内容为：加快建设水平较高、内容完备、惠及全民的基本公共体育服务体系，逐步推动基本公共体育服务在地域、城乡和人群间的均等化。加强基本公共体育服务信息化建设，建立数据采集和监测体系……开展实施效果评估和满意度调查工作等。并强调"加强健身场地设施建设与管理、广泛开展丰富多样的全民健身活动、基本建成覆盖全社会的全民健身组织网络、加大科学健身指导和宣传力度、保障特殊群体基本体育权利（为贫困人口和农民工等弱势群体参加体育活动提供场地设施、科学指导等保障服务）"。由此可归结出场地、活动、组织、指导、宣传、信息及监测评估等要素项对于公共体育服务的重要性。

公共体育服务体系的构成要素除直接产品外，还包括一定的保障手段。有学者将我国公共体育服务体系的基本框架模型设定为多层次性模型，从需求角度将场地设施置于核心地位，依此辐射出更多要素内容，如活动、指导等；从管理学的人、财、物、信息、管理出发与供给环节契合（图 6-4）。

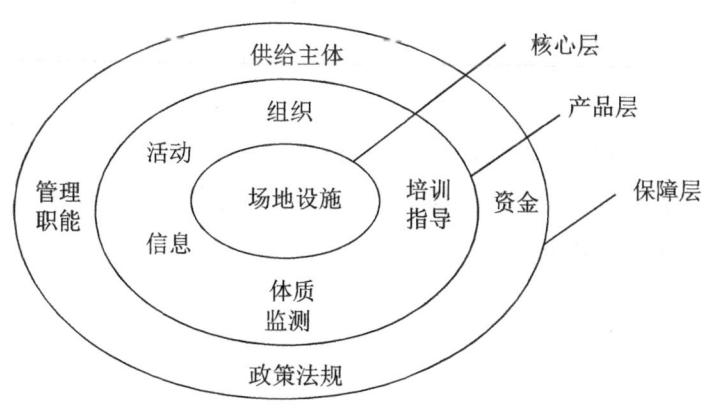

图 6-4 我国公共体育服务体系基本框架[1]

（2）我国公共体育服务体系的基层探索。

①上海公共体育服务体系框架：公共体育服务体系是一个体现公平、公正、公益，能够为广大居民提供基本公共体育服务的体系[2]，即体有所享。上海市

［1］张宏，陈琦. 我国公共体育服务体系服务项目标准研究 [J]. 成都体育学院学报，2012，38（9）：21-24.

［2］于晨. 2007 年上海市体育社会科学研究成果报告 [M]. 上海：上海大学出版社，2008：50-51.

政府根据中央和国家体育总局的要求，在《上海市全民健身发展纲要（2004—2010 年）》中提出，建设"136 工程"，即创建 1 个科学、健康、文明的体育生活环境；构筑日常、双休日、节（长）假日 3 个体育生活圈；完善运动设施、团队组织、体质监测、健身指导、体育活动、信息咨询等 6 个公共体育服务网络[1]。至此，具有时代特征、中国特色、海派特点且结构合理的公共体育服务体系形态初步形成[2]（图 6-5）。

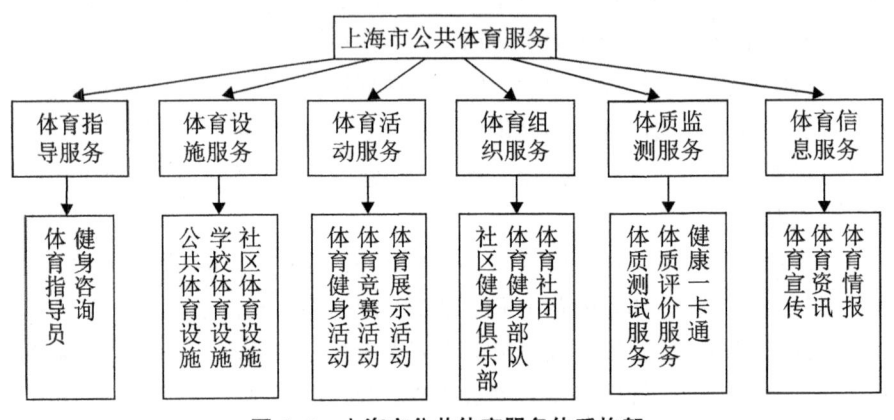

图 6-5　上海市公共体育服务体系构架

②澳门大众体育服务组织体系：需求主体，以市民为主的休闲健身人群和以游客为主的度假旅游人群；供给主体，政府进行公众服务，社会组织进行社团服务；构成要素，从构建大众体育公共服务体系的角度出发，组织、设施、指导为基础性服务，信息、活动、监测是拓展性服务，以中、低层次服务为主的服务内容应包括以下 6 项（图 6-6）。

[1] 戴健. 长三角都市群大众体育与居民生活方式协调发展研究 [J]. 上海体育学院学报，2013，37（3）：31-36.
[2] 曹可强，俞琳. 公共体育服务：体系构建、机制创新与制度安排 [J]. 北京：北京体育大学出版社，2013：68.

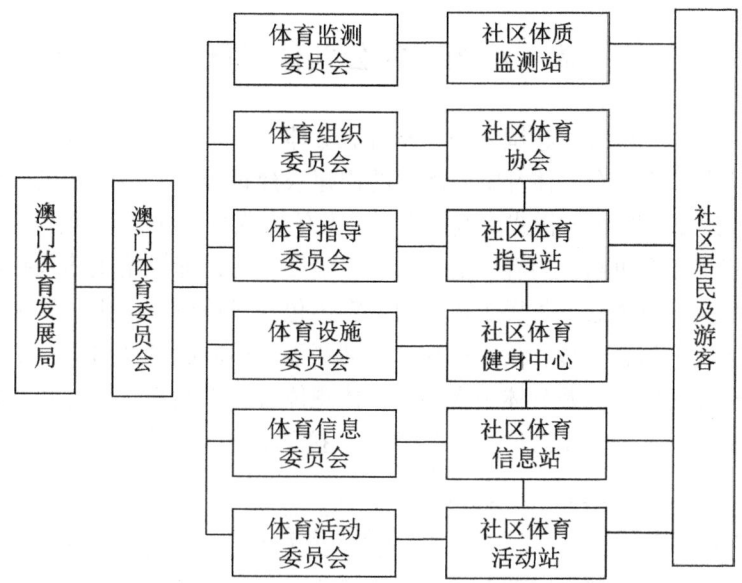

图 6-6　澳门大众体育服务组织体系设置示意[1]

　　③川渝农村体育公共服务体系构建：顺承多元经济背景的公共服务理论、基本公共服务体系及体育公共服务体系将其要素设定为政策制定、设施建设、体育融资、组织管理、健身指导、体制监测、信息服务、监督反馈及绩效评价（图6-7），这为农村公共体育服务体系建设提供了论据。

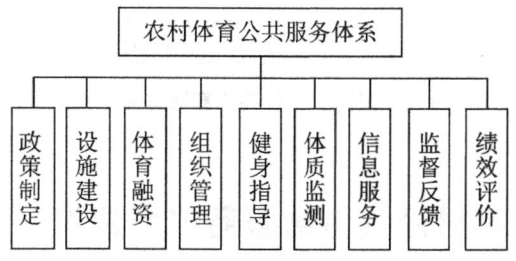

图 6-7　农村体育公共服务体系框架[2]

---

[1] 吴树斌. 澳门大众体育公共服务目标研究 [J]. 西安体育学院学报, 2009, 26 (4)：406-451.

[2] 邱建钢，赵元吉，王莉丽. 多元经济背景下构建川渝两地农村体育公共服务体系的路径探索 [M]. 成都：电子科技大学出版社，2012：31.

6.2.6 三位一体：我国农村公共体育服务体系建设

综上所述关于国外发达国家公共体育服务体系、基本公共服务体系、文化与旅游公共服务体系、公共体育服务体系的构建或建设经验，特将我国农村公共体育服务体系绘制成图6-8样式。遵循农村公共体育服务"主体—客体—受体[1]"的基本思路且结合供给、内容、需求的逻辑最终确定，即供给主体包括政府、市场、社会组织、村委会及村民个体；内容客体包含场地设施、组织管理、经费保障、政策法规、信息宣传、技术指导、活动赛事、体质测试及监督评估；需求受体为农村全体村民，涉及具体个人层面，体现体育人人共享、作为基本权利的深刻内涵。至此，完成体系之"体"的规定，接下展开要素内容的详述。

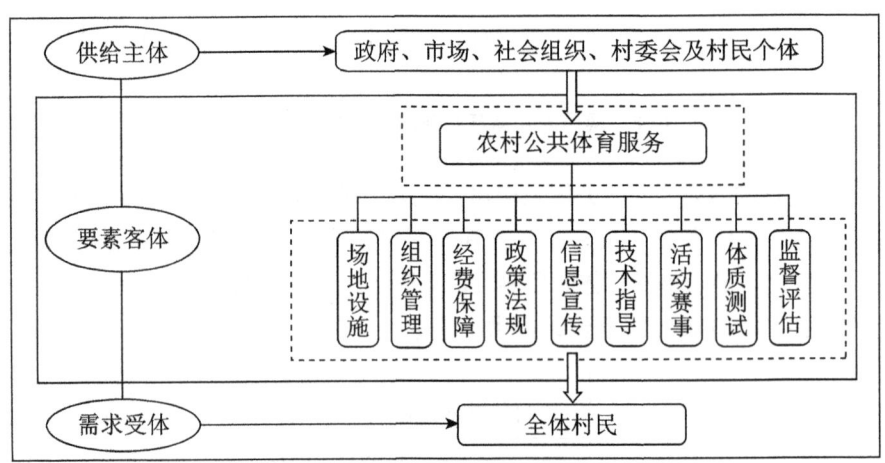

图6-8 我国农村公共体育服务体系构成

6.3 我国农村公共体育服务体系建设的主要内容

我国农村公共体育服务体系作为一种客观的"社会事实"早已存在，它为

[1]注释说明：2016年10月20日，在"绿地集团杯"上海市第二届市民运动会暨2016年社区体育（上海）论坛上，国家体育总局群体司组织建设处处长杨光宇作了题为《健康中国背景下的全民健身》的报告，其中在"全面了解新周期《计划》的内容"环节提出通过三个维度来确立"构建全民健身公共服务体系"的定性目标，具体为：主体提供、客体内容和受体对象三项，这与本研究的构建逻辑相吻合，在此基础上略作完善，推出"供给主体—要素客体—需求受体"的层次框架，以作农村公共体育服务体系建设的学术依据。

广大农村居民提供多样的体育产品或服务，既有物态，如场地设施等；又有非物态，如健身指导等；还有混合形态，如体质监测等。农村公共体育服务体系内容不仅由以上供需对象和九项要素构成，在完善其自身整体建设的同时更需要关注各要素之间的彼此联系，如场地设施是农村公共体育服务的物质基础，是赛事活动举办的载体；组织管理是确保农村公共体育服务实施的决策环节，关系到其他要素的发展；经费保障是一切环节的支撑，没有财力，项目寸步难行；政策法规是决策的文本呈现，能够为其他要素的建设确立文件依据；信息宣传是保证服务需求群体获知内容的关键，起到联结功效，发挥转换作用；健身指导直接对接村民的技能获得，从而为参与体育活动或赛事奠定基础；赛事活动既需要场地支持、组织关注、经费投入、政策扶持，也需要信息传播、健身指导等，牵涉面较广；体质监测事关民众健康情况，需要硬件的加强和软件的宣扬；监管评估涉及每一要素，其发展如何均需一番检验，这就离不开监管与评估事项，各要素需组成有机整体。

6.3.1 农村公共体育场地设施服务：物质基础

体育场地设施是农村公共体育服务良性运行的载体，正所谓"人们体育参与的意向是要有物质基础的，体育设施的建设是所有推行全民体育的国家共同面临和必须解决的问题"[1]。此外，体育设施是最能够反映城乡公共体育服务均等化实现程度的指标，关系着其他体系内容的开展。体育设施在公共体育服务中处于基础阶段，会直接影响到体育活动的内容、时间及空间。我国公共体育场地建设的数量及规模不断增加，特别是在改革开放以后，每五年的增长极快，可从第六次全国体育场地普查分年代统计结果看出其规模变化（表6-4）。若对其进一步分析可通过全国历年公共体育场地建设的数量辅助研究（图6-9）。

表6-4　全国分年代体育场地建设数量及规模状况

建成年份区间	场地数量（个）	用地面积（平方米）	建筑面积（平方米）	场地面积（平方米）
1970年以前	13475	67084726.71	2372203.14	46313238.53
1971—1975年	4439	14221111.39	502970.10	10065134.11
1976—1985年	21668	70776106.43	4772805.31	50385312.60

---

[1] 张宏，陈琦. 我国公共体育服务体系服务项目标准研究 [J]. 成都体育学院学报，2012, 38 (9)：21-24.

建成年份区间	场地数量（个）	用地面积（平方米）	建筑面积（平方米）	场地面积（平方米）
1986—1990 年	24770	82242073.61	15751461.83	64333012.61
1991—1995 年	42324	179750189.66	11185439.13	96799197.86
1996—2000 年	123271	356187566.83	23133691.54	221001504.28
2001—2005 年	229387	614025478.02	47932013.46	337361960.92
2006—2010 年	632679	1290591005.57	75175493.96	624505385.40
2011—2013 年	546792	1254461749.11	59533950.69	496319381.46
合计	1638805	3929340007.33	240360029.16	1947084127.77

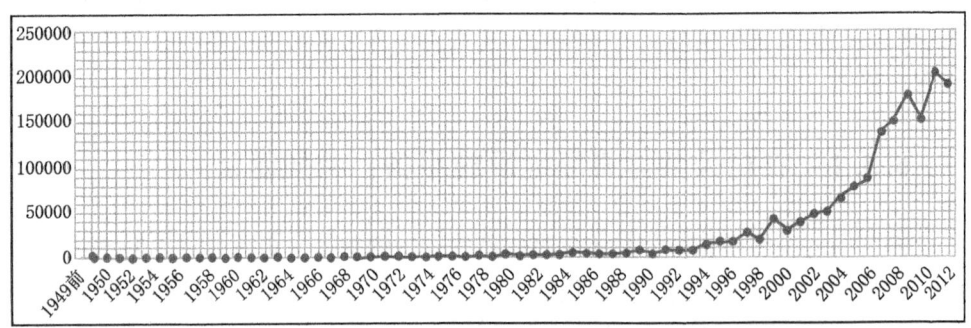

图 6-9　全国历年公共体育场地建设数量状况

根据城乡二元并存格局，农村公共体育场地是其中必不可少的内容，全国体育场地中，分布在乡村的体育场地 67.97 万个，占 41.39%，场地面积 6.12 亿平方米，占 31.39%。其中，室内体育场地 2.73 万个，场地面积 0.05 亿平方米；室外体育场地 65.24 万个，场地面积 6.07 亿平方米[1]，各省、自治区、直辖市及新疆兵团的农村体育场地设施情况如下（表 6-5）。地方层面：广东全省体育场地中，分布在乡村的体育场地 38876 个，占 26.50%，场地面积 5037.54 万平方米，占 23.49%[2]；广西全区体育场地中，分布在乡村的体育场地 37736 个，占 50.87%，场地面积 2100.64 万平方米，占 37.67%[3]。

---

[1] 第六次全国体育场地普查数据公报 [N]. 中国体育报，2014-12-26（003）.

[2] 广东省第六次全国体育场地普查数据公报 [N]. 南方日报，2015-05-28（A13）.

[3] 广西壮族自治区第六次全国体育场地普查数据公报 [N]. 广西日报，2015-04-28（007）.

表 6-5　截至 2013 年我国农村体育场地设施的地方储量

分省情况	个数（个）	面积（平方米）	分省情况	个数（个）	面积（平方米）	分省情况	个数（个）	面积（平方米）	分省情况	个数（个）	面积（平方米）
合计	679446	611859912	黑龙江	8977	16900590	河南	41760	36536116	贵州	18098	12529308
北京	5806	16275764	上海	4721	8438600	湖北	28890	21857584	云南	36218	26554750
天津	5812	4579008	江苏	26914	22646273	湖南	22581	23585704	西藏	4265	1891861
河北	33582	32141326	浙江	54768	22157859	广东	38876	50375427	陕西	18459	12011244
山西	42550	21528850	安徽	20754	21705719	广西	37736	21006443	甘肃	18236	13820468
内蒙古	5870	14053323	福建	29906	23111104	海南	5089	11564298	青海	4012	3382658
辽宁	15864	19566218	江西	30523	19750092	重庆	13475	8988506	宁夏	4643	5726770
吉林	8590	17370821	山东	47892	63425511	四川	28313	19089122	新疆	16266	19288597

同时，可从分隶属关系和分系统环节两项标准探得村域体育场地的建设情况，其中分隶属关系方面可通过县域以下的体育场地状况加以反映（表 6-6），对其进一步说明可借助户外活动营地、全民健身路径、城市健身步道及登山步道状况以作论证（表 6-7）；分系统环节主要涉及体育、教育和其他三项的场地总量（表 6-8）。这进一步证实了场地设施是农村公共体育服务必不可少的要素内容。

表 6-6　县域及以下分隶属关系体育场地状况

隶属关系	场地数量（个）	室内体育设施数量（个）	室外体育设施数量（个）	场地面积（平方米）	建筑面积（平方米）	用地面积（平方米）
县/市/旗	364829	31634	333195	664307506.66	74509019.06	1104749785.27
街道/镇/乡	432136	23909	408227	501637078.66	33866666.25	889747062.69
居民/村民委员会	604307	46462	557845	222720077.12	28874920.29	702159542.37

表 6-7　县域及以下具体体育场地状况

隶属关系	户外活动营地（个）	全民健身路径器械（件）	城市健身步道		登山步道	
			场地数量（个）	步道长度（米）	场地数量（个）	步道长度（米）
县/市/旗	207	315565	1507	4890186	436	3387198
街道/镇/乡	177	665334	2405	4902831	377	2130189
居民/村民委员会	428	2309739	6802	5574413	465	1520333
乡镇/村	536	1840272	2479	4121780	506	2508543

表6-8　全国分系统农村体育场地数量

系统	体育	教育				其他	合计
数量（个）	2192	高等院校	中专中技	中小学	其他	433420	679446
		3054	1327	238454	999		

资料来源：第六次全国体育场地普查数据汇编（http：//www.sport.gov.cn/pucha/index.html）。

6.3.2　农村公共体育组织管理服务：运转中心

政府体育组织中，管理国家公共体育服务的行政部门有国家体育总局、省体育局、市体育局（图6-10）。我国农村公共体育组织管理服务体系基本建成：

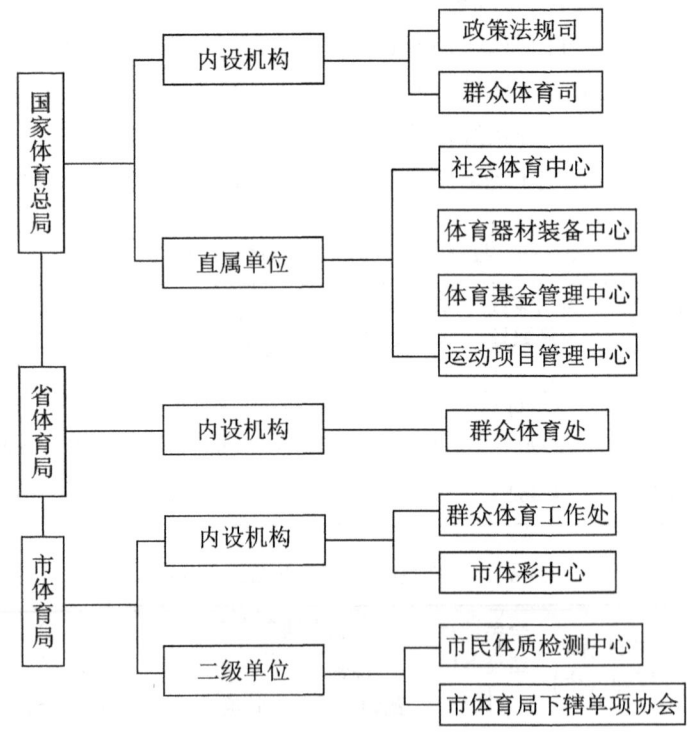

图6-10　管理国家公共体育服务的行政部门示意[1]

---

[1]王家宏，等.我国公共体育服务体系研究[M].苏州：苏州大学出版社，2016：70.

（1）国家体育总局是国务院主管体育工作的直属单位，其关于农村体育开展的职责包括政策法规和发展规划拟定、推进体育体制改革、协调区域体育发展、推行全民健身计划、指导群众体育活动及开展国民体质监测等，可将其职责理解为决策且监管并伴有执行。

（2）与农村公共体育服务供给密切相关的是群体司，其任务为制定政策和规划、指导群众体育组织与健身场地设施建设、协调开展群众性体育活动与全民健身志愿服务工作、推动农村体育及其他社会体育的发展、负责推行社会体育指导员和国民体质监测制度等（表6-9、表9-10），以配合完成上级传达的指令。

表6-9　国家体育总局群众体育司主要职责

机构	职责
群众体育司	（1）拟订群众体育工作的有关方针规划和政策 （2）推行全民健身计划 （3）推动建立和完善全民健身服务体系，指导群众体育组织建设、健身场地设施建设，指导协调开展群众性体育活动 （4）指导协调全国体育大会的组织工作，协助有关部门举办全国性群众体育运动会 （5）指导和推动各类人群的全民健身工作，协调推动全民健身志愿服务工作 （6）指导和推动农村体育、城市体育及其他社会体育的发展 （7）负责推行社会体育指导员和国民体质监测制度，指导国家体育锻炼标准实施工作 （8）组织开展全国群众体育奖励表彰工作 （9）负责拟订总局本级彩票公益金用于实施全民健身计划部分的规划和使用计划 （10）承办总局交办的其他事项

表6-10　国家体育总局群众体育司机构设置及其主要职责

序号	机构	职责
1	综合协调处	（1）拟定群众体育综合性发展规划和法规政策，开展群众体育政策法规督导检查 （2）负责组织全国性群众体育工作综合性会议，拟定全国群众体育工作表彰奖励制度并组织实施 （3）指导开展国民体质监测、全民健身活动状况调查，做好群众体育基础数据统计工作 （4）指导协调全民健身科学研究和理论研究工作，拟定群众体育骨干培训规划并组织实施

序号	机构	职责
		（5）承担司内文秘及综合协调等工作，负责领导批示和重点工作任务的督办落实 （6）承办司领导交办的其他工作
2	公共服务处	（1）协调中央部委建立全民健身工作机制，落实《全民健身计划》部委职责分工 （2）研究制订群众体育组织法规制度和发展规划，指导基层群众体育组织发展 （3）拟定社会体育指导员工作制度的有关政策、规划 （4）建立全民健身志愿服务长效化机制 （5）指导协调农民、职工、妇女、军队、少数民族、老年人、残疾人和行业体育工作 （6）承办司领导交办的其他工作
3	锻炼标准处	（1）拟订全民健身场地设施建设规划和标准 （2）协调落实国家相关规划中公共体育场地设施建设任务 （3）指导和推动中央转移支付地方彩票公益金资助建设全民健身场地设施项目实施工作 （4）指导各级地方体育部门、调动社会力量建设全民健身场地设施 （5）指导全民健身场地设施运营管理工作 （6）承办司领导交办的其他工作
4	赛事活动处	（1）协调总局系统建立全民健身工作机制，落实《全民健身计划》总局系统职责分工 （2）指导协调开展全国性、示范性群众体育活动 （3）指导体育总局各运动项目管理中心、有关直属单位及全国性单项运动协会组织开展全民健身活动和竞赛 （4）指导《国家体育锻炼标准》实施工作 （5）指导协调社会力量参与开展全民健身活动 （6）承办司领导交办的其他工作

资料来源：整理国家体育总局官方网站资料获得。

（3）我国公共体育服务的政府非体育组织部门主要有市体育局下辖体育协会、市教育局、团市委、市妇联、市总工会等，这些组织部门共同协作以提供和管理公共体育服务。其下属部门有区（县）体育局、街道文化站、居（村）委会等，这些组织部门的工作也分别由相对应的部门或机构去落实（图6-11）。

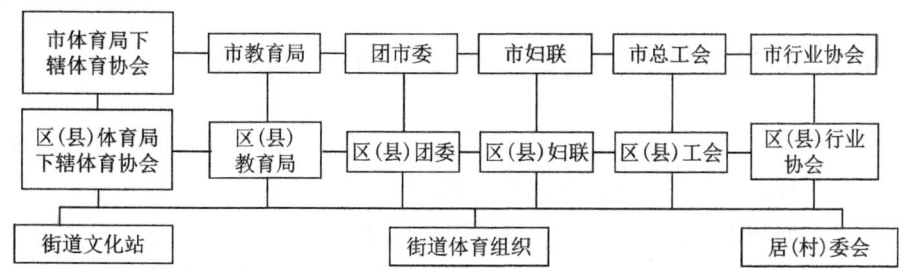

图 6-11 我国政府非体育组织部门结构

（4）党和政府联系体育工作的纽带——中华全国体育总会，其职责为联系、团结体育工作者，普及群众体育运动，提高全民族的身体素质等，它接受其业务主管单位国家体育总局及民政部的业务指导和监督管理，而体育社团之间则是相互交流与协作。除此之外，教育、共青团、妇联、农业、文化等部门也都有承担农村体育事务的责任，如教育部体卫司负有农村体育教育的职能，农业部及其归属的农民体育协会负有协助推进农村体育公共文化事业的职责，共青团对农村青少年体质健康和体育活动开展的组织推动作用，妇联对农村妇女体育文化娱乐活动的组织与开展工作等。进而形成国家与社会多元治理的网络格局（图6-12）。

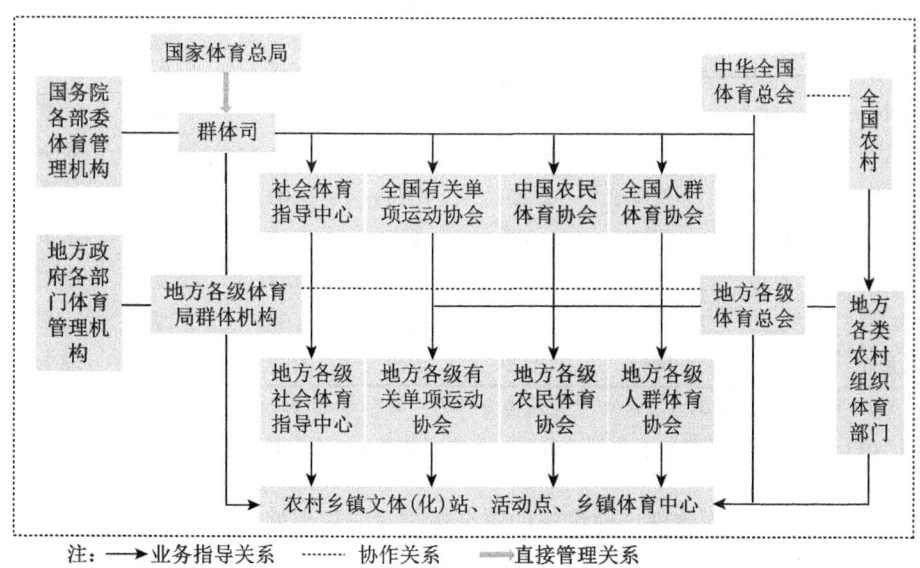

注：──→业务指导关系　……… 协作关系　══⇒直接管理关系

图 6-12 我国农村公共体育服务组织结构示意 [1]

---

[1] 张小林. 我国农村体育公共产品供给制度分析与创新 [M]. 北京：民族出版社，2014：59.

6.3.3 农村公共体育经费保障服务：核心动力

国家财政是国家依据权力，采用价值形式对社会产品和国民收入进行分配和再分配的过程，其作用体现在支持国家和政府向社会提供公共产品和服务，这些服务包括共同防御、法律和秩序、环境控制、货币稳定和管理措施等，当然亦会关涉体育福利。我国财政分中央和地方两块，地方财政主要承担地区政权机关运转以及地区经济、事业发展所需支出，具体为地方行政管理费、城镇维护和建设、文化、教育、卫生和体育等事业费用支出。农村体育直接投入及体育场馆、公园和广场等居民用于锻炼、健身的设施都属于地方财政支出范畴[1]。在社会主义市场经济条件下，农村体育经费作为农村体育建设工程顺利进行的重要保障，已经成为农村体育建设工作众多问题中亟待解决的首要问题[2]。表 6-11是全国群众体育人均事业经费投入情况，可看出国家对公共体育的重视。

表 6-11　全国各省区市《全民健身计划》评估核心指标数据之经费支持

分省情况	群众体育人均事业经费（元）	分省情况	群众体育人均事业经费（元）	分省情况	群众体育人均事业经费（元）	分省情况	群众体育人均事业经费（元）
北京	9.41	上海	9.40	湖北	6.20①	云南	4.86
天津	8.50②	江苏	22.74	湖南	1.71	西藏	5.00②
河北	6.93	浙江	8.60	广东	13.5	陕西	6.90
山西	2.24	安徽	2.25	广西	5.05	甘肃	2.00
内蒙古	3.40	福建	2.00②	海南	7.17	青海	1.40
辽宁	3.36	江西	3.20	重庆	10.09	宁夏	1.75
吉林	4.50	山东	8.23	四川	5.00	新疆	2.62
黑龙江	10.38	河南	10.29	贵州	2.31	平均	6.16

资料来源：根据全国各省区市《全民健身计划》评估核心指标报送材料整理获得，①是湖北省 2013 年数据；②是超出表格显示数值，如天津呈报为 8.5 元以上。

我国县域及以下体育场地设施的资金拨款对农村地域较为关注，居民（村民委员会）的财政拨款为 6303856 万元、体彩公益金 1697893 万元、单位自筹

---

[1] 刘志民，丁燕华. 经济与人类发展——对我国小城镇体育的实证研究 [J]. 体育科研，2005，26（3）：15-19.

[2] 骆秉全，孙文. 多元化筹集农村体育经费问题研究 [J]. 体育科学，2007，27（4）：31-38.

5992904 万元及社会捐赠 992323 万元（表 6-12）。表 6-13 则是学者从更为微观的乡镇层面对全民健身工程财政投入的整理。除将资金投入给公共体育场地设施外，用于赛事活动也属普遍，如第四届广西万村农民篮球赛下拨 14 个市的资助经费共计 133.2 万元，其中乡镇级赛和县级赛资助经费 99.9 万元 [9000 元/县（市、区）]；市级赛资助经费 33.3 万元 [3000 元/县（市、区）]，用于资助各市举办的市级赛（表 6-14）。这从实践环节论证了经费保障作为农村公共体育服务体系要素的命题。

表 6-12　县域及以下体育场地资金状况　　　　　　　　　　单位：元

| 隶属关系 | 收入合计 | 支出合计 | 投资金额 | | | | 单位自筹 | 社会捐赠 | 其他 |
| | | | 合计 | 财政拨款 | | | | |
				财政拨款	体彩公益金			
县/市/旗	1159636	1150999	35547722	26480369	1066882	6690459	812305	1564589
街道/镇/乡	1394705	1570623	17431381	8802810	332808	5912916	1258187	1457468
居民/村民委员会	931522	1070082	14433902	6303856	1697893	5992904	992323	1144819

表 6-13　1999—2005 年北京市昌平区各行政村全民健身工程（含自建）情况一览

| 行政村 | 投资（万元） | 面积（平方米） | 器材分类情况 | | | | 行政村数量（个） | 配建百分比（%） |
			乒乓球台（张）	足球场（块）	篮球架（付）	健身路径（条）		
城南办事处	60	8600	4	—	1	7	6	100
城北办事处	12	1700	2	—	—	4	5	80
沙河镇	487.9	17430	2	—	1	18	22	81
流村镇	259.6	30150	15	—	4	17	28	60
东小口地区	93	8300	4	—	3	11	16	68
百善镇	145.1	17642	38	1	4	13	13	100
长陵镇	63	5500	8	—	1	12	30	40
十三陵镇	92	9000	11	—	2	11	16	68
南口镇	212.2	18400	15	—	5	16	28	57
马池口镇	495	67306	17	—	8	20	20	100
合计	1917.7	184028	116	1	29	129	184	—

表 6-14　第四届广西万村农民篮球赛下拨各市、县经费明细　　　　单位：元

序号	单位	乡镇级、县级赛资助经费			市级赛资助经费		合计
		辖县（区、市）辖区总数	每县（区、市）资助经费	下拨各县总金额	每县（区、市）补助经费	下拨各市总金额	
1	南宁市	12	9000	108000	3000	36000	144000
2	柳州市	10	9000	90000	3000	30000	120000
3	桂林市	17	9000	153000	3000	51000	204000
4	梧州市	7	9000	63000	3000	21000	84000
5	北海市	4	9000	36000	3000	12000	48000
6	防城港市	4	9000	36000	3000	12000	48000
7	钦州市	4	9000	36000	3000	12000	48000
8	贵港市	5	9000	45000	3000	15000	60000
9	玉林市	7	9000	63000	3000	21000	84000
10	百色市	12	9000	108000	3000	36000	144000
11	贺州市	5	9000	45000	3000	15000	60000
12	河池市	11	9000	99000	3000	33000	132000
13	来宾市	6	9000	54000	3000	18000	72000
14	崇左市	7	9000	63000	3000	21000	84000
	合计	111	—	999000	—	333000	1332000

资料来源：广西壮族自治区体育局文件（广西壮族自治区体育局办公室，2015 年 3 月 30 日印发）。

6.3.4　农村公共体育政策法规服务：方向指引

公共体育服务政策法规是由我国权力机关和行政部门正式颁布的，以书面文本为表现形式的各种文件，可谓公共体育服务决策机制的集中体现，是国家关于体育发展最核心的顶层设计，对其过程执行及后续监督起到引领作用。学界对新中国成立后的政策法规作了纵向梳理，形成了探索（1949—1965 年）、停滞（1966—1977 年）、恢复与稳固（1978—2001 年）及快速增长（2002—2012 年）四个阶段（图 6-13）。在数百条政策法规中不乏农村公共体育服务的政策法规，

尽管未有科学的方法统计，但可通过公共体育服务政策法规主题词展开现状描述，农村体育篇数仅为5，排序第32。而于北大法律信息网以"农村体育""农民体育"为关键词分别搜集到8篇和50篇，法规类别以体育综合规定为主，偶有农民工、机关工作综合、预算管理、建设综合规定等内容。政策法规以基层为多，为农村公共体育服务运行奠定政治基础。如2002年4月国家体育总局、农业部发布了《农村体育工作暂行规定》，明确指出"为了贯彻落实《全民健身计划》，加快发展农村体育事业制定该规定，并从组织管理、物质保障、体育活动、体育训练、体育骨干、体育产业六大方面做出了具体规定"；又如国家体育总局、文化部、农业部《关于发挥乡镇综合文化站的功能进一步加强农村体育工作的意见》的通知中，强调综合站运行成为有关方面的共同责任；加强综合站体育场地设施的建设和管理；完善综合站组织机构以建立健全各级、各类农村社会体育组织网络；实现综合站的体育服务功能以促进农村体育生活化、科学化、制度化，分别从主体、设施、机构和功能四方面对综合文化站赋予职责与任务。

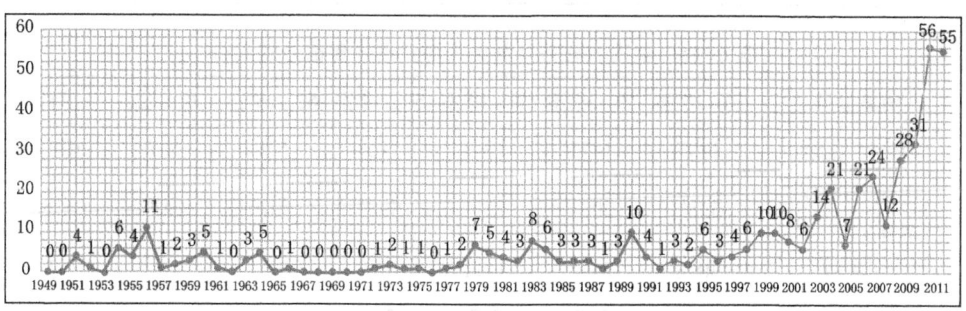

图6-13　我国公共体育服务政策法规变化趋势（1949—2012年）[1]

6.3.5　农村公共体育信息宣传服务：畅通渠道

政府公共体育服务充分利用现代科学技术，加强体育服务信息化建设，不断强化体育宣传教育，为居民提供体育信息及咨询服务。相关部门已建立了包括互联网、广播电视、报纸杂志在内的多渠道信息沟通网络，利于居民相互交流健身技能、普及科学健身知识和方法等。在公共体育服务信息服务的基础上，还构建了公共体育服务平台，方便居民获得各种信息。如各级体育主管部门都建立了门户网站、体质测试窗口、电子地图（如公共运动场查询）等内容。国家层面的

[1] 戴健，等. 公共体育服务体系建设 [M]. 上海：上海交通大学出版社，2015：271.

信息公开内容涉及总局政务、政策法规、全民健身等项，其中全民健身的信息公开情况为 2010 年 520 条、2011 年 253 条和 2012 年 1420 条[1]（表 6-15）。国家体育总局 2015 全民健身活动调查显示：乡村各年龄组人群获得体育信息的途径主要有：书刊报纸、电视（DVD，录像）和广播、互联网、学校教育、现场观摩、社交等，以选择电视（DVD，录像）和广播的 30786 人为最多（表 6-16）。农村公共体育服务的信息宣传较城镇定会落后，但随着科技的快速发展，未来农村公共体育服务的信息宣传将会走入村民视野，促使其更便捷地融入公共体育氛围。

表 6-15　2010—2012 年国家体育总局信息公开情况　　　　　单位：条

年份	信息公开	总局政务	政策法规	全民健身	竞技体育	体育产业	体育发展	子站信息	公众咨询回复	依申请公开信息
2010	9938	1214	251	520	1289	25	142	2802	205	70
2011	14466	2665	19	253	3767	64	363	3700	180	108
2012	13274	1369	4	1420	4698	321	376	3668	—	354

表 6-16　全国乡村各年龄组人群获得体育信息的途径

信息途径	20~29 岁	30~39 岁	40~49 岁	50~59 岁	60~69 岁	70 以上	总计
书刊、报纸	1197	1472	1547	1167	529	337	6249
电视（DVD，录像）、广播	5557	7054	7217	5952	3070	1937	30786
互联网	3068	2463	1411	455	96	31	7523
学校教育	589	327	242	211	59	21	1450
现场观摩	168	223	259	199	79	37	965
社交	992	1218	1248	990	469	270	5187
其他	505	768	784	775	404	270	3507
从不关注	942	1490	1889	2212	1657	1828	10019
合计	13018	15014	14596	11961	6365	4731	65686

6.3.6　农村公共体育技术指导服务：技能获取

社会体育指导员是指在群众性体育活动中从事技能传授、锻炼指导和组织管

---

[1] 王家宏，等. 我国公共体育服务体系研究 [M]. 苏州：苏州大学出版社，2016：114.

理的工作人员，是发展我国体育事业，增进公民身心健康，提高生活质量，建设社会主义精神文明的重要力量。其职责有：群众体育组织管理，通过举办讲座、教学活动、宣传、发动不参加体育活动的人参加到体育活动中来等。据全国各省区市《全民健身计划》评估数据显示：目前健身指导发展水平参差不齐，存在较大差异（表6-17）。早在2009年，于广东中山市小榄镇举办的全国农村社会体育指导员师资培训班上，国家体育总局社体中心社会体育指导员工作负责人闫树文就对我国农村社会体育指导员的现状作了说明："据初步统计，我国有45万社会体育指导员，而农村社会体育指导员仅占10%，大约只有4.5万人；目前我国平均每3000人拥有1名社会体育指导员，拥有9亿农民的广大农村每2万人中才拥有1名社会体育指导员。从人数比例来看，农村社会体育指导员远远满足不了农民日益增长的体育健身需求，农村社会体育指导员队伍的发展任重而道远。"[1]此外，根据《广东省社会体育指导员服务站评估资助办法》规定，广东省体育局委托省社会体育指导员协会有关专家对达到初审要求的服务站进行实地评估，经审查，达到A级标准126个、B级标准47个，确定达到A级标准的乡/镇/县84个、B级标准41个（图6-14），是农村一级社会体育指导工作评估的有效反馈。农村社会体育指导员的差异、问题或是评价都进一步说明其作为农村公共体育服务体系一环的客观存在与发展。

表6-17　全国各省市区《全民健身计划》评估核心指标数据之健身指导

分省情况	人数或每千人指导员比例	分省情况	人数或每千人指导员比例	分省情况	人数或每千人指导员比例	分省情况	人数或每千人指导员比例
北京	44869人	上海	1.94	湖北	1.8	云南	0.5
天津	2	江苏	2.59	湖南	0.0123	西藏	—
河北	0.0095	浙江	3	广东	1.9	陕西	1.67
山西	1.52	安徽	1.07	广西	0.57	甘肃	1.8
内蒙古	1.56	福建	1.62	海南	1.18	青海	0.87
辽宁	1.78	江西	0.705	重庆	1.3	宁夏	1.5
吉林	1.6	山东	1.9	四川	1.46	新疆	0.4689
黑龙江	1.1	河南	1.63	贵州	6	均值	1.7

资料来源：根据全国各省市区《全民健身计划》评估核心指标报送材料整理获得，其中北京市以总人数呈现，西藏自治区未上报，均值来自《全民健身计划》评估报告。

---

[1] 黄心豪. 农村社体指导员队伍亟待壮大 [N]. 中国体育报，2009-05-18（5）.

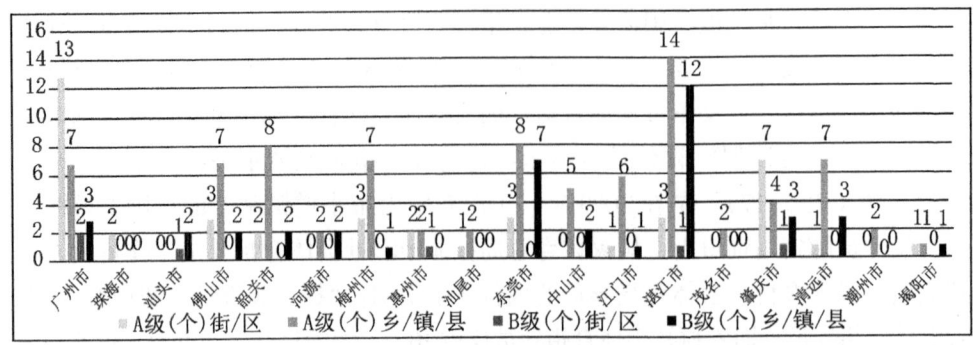

图 6-14　2015 年度社会体育指导员服务站评估结果

资料来源：2015 年度社会体育指导员服务站评估结果公示（http://www.gdqunti.gov.cn/News/zwxx）。

6.3.7　农村公共体育活动赛事服务：呈现方式

活动赛事是公共体育服务的重要组成内容，有学者认为在构成公共体育服务体系的诸要素中，核心要素是体育活动，因为体育活动是体育的本质所在，没有它，公共体育服务体系中的其他任何要素均会失去发挥作用的载体[1]。在农村公共体育服务活动中较为典型的当属"亿万农民健身活动"。20 世纪 90 年代初，农业部、原国家体委和中国农民体育协会为适应农村经济发展和社会进步的需要，在全国开展了"亿万农民健身活动"。活动中涌现出一大批先进集体和个人，他们不仅在活动中做了大量工作，成绩优异，而且对活动的顺利开展发挥了重要的示范带动作用，增强了活动的影响力，取得了较好成效（图 6-15）。2015 年全民健身活动全国乡村居民参与体育锻炼项目的调查发现（图 6-16）：村民体育活动的需求呈现偏好性特征，以较为方便的走、跑类内容为主（12294 人），舞蹈亦是农村居民喜闻乐见的活动形式（2509 人），尤其表现在女性群体（2314 人）。我国农村公共体育服务之重要赛事当属农运会，1998—2012 年于不同省份共举行了七届农运会，举办地跨度很大，在项目设置上根据自身所在地域的文化特征，对参赛项目进行了调整与整合，将"农味"与趣味相结合[2]（表 6-18）。以上仅是从宏观视角探讨了农村公共体育服务的赛事活动，现实中更加多彩。

---

[1] 肖林鹏，李宗浩，杨晓晨. 我国公共体育服务概念及其理论分析 [J]. 天津体育学院学报，2007，22（2）：97-101.

[2] 彭国强，项贤林. 我国农运会特征的演变思考 [J]. 体育文化导刊，2014（1）：8-11.

单位：个

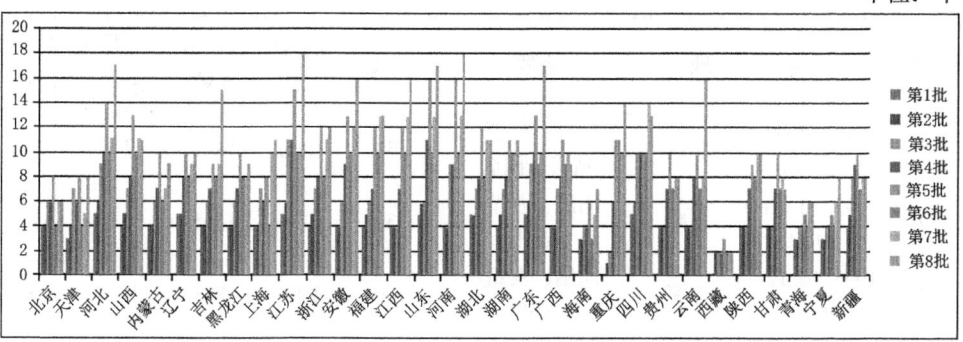

图6-15 我国"亿万农民健身活动"先进乡镇情况

单位：人

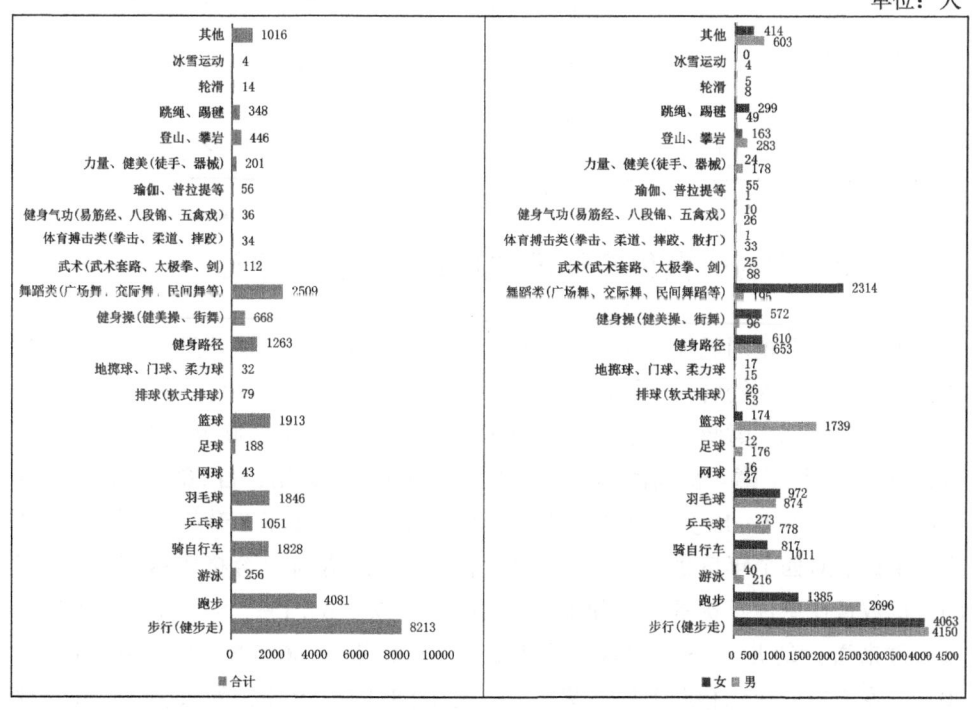

图6-16 全国乡村男/女参加体育锻炼项目情况

表 6-18　我国七届农运会基本情况梳理

届数	时间	地点	主题	队数	代表团人数	运动员人数	项目/个	
							大项	小项
1	1988.10.09—10.16	北京	隆重、热烈、精彩、圆满	30	1800	1431	7	46
2	1992.10.10—10.18	孝感	团结、友谊、奋进	31	1954	1465	9	61
3	1996.10.12—10.19	上海	团结、友谊、奋进	30	2694	1871	10	118
4	2000.10.29—11.14	锦阳	团结、奋进、文明、富裕	32	3700	2831	13	131
5	2004.10.18—10.24	宜春	拼搏、团结、崛起、文明	32	4000	2560	14	155
6	2008.10.26—11.01	泉州	拼搏、创新、和谐、小康	32	4300	3200	15	180
7	2012.09.16—09.22	南阳	运动、健康、幸福、和谐	32	4500	4689	15	198

6.3.8　农村公共体育体质监测服务：健康追踪

国家非常重视国民体质状况，为对其系统掌握以推动全民健身、提高国民身体素质、促进国家经济社会发展，根据相关政策规定：2014 年，国家体育总局、教育部、民政部、财政部、农业部、全国总工会等 10 个部门联合在全国 31 个省（市、区）进行了第 4 次国民体质监测工作。根据可比数据，自 2000 年以来，我国城乡居民（除 6~19 岁儿童青少年）体质总体水平呈逐年上升趋势。按国民体质测定标准对四个年度的数据进行总体评价可见，达到"合格等级以上水平"的人群数量比率逐年提高，分别是 87.2%、88.2%、89.1%、89.6%。从各年龄段人群来看，幼儿人群进步非常明显，从 2000 年的 86.5%，提高到 93.6%。40~59 岁人群的变化相对平稳，基本上稳定在 88.1% 的水平。对过去的四年里评估来看，在 2000—2010 年连续增长的基础上，总体水平继续提高 0.5 个百分点，其中幼儿提高 1.4 个百分点；20~39 岁人群提高 0.1 个百分点；40~59 岁人群无变化；60 岁以上老年人提高 0.5 个百分点（表6-19）。其中，第四次调查中乡村达到"合格"等级的人数比例和体质综合指数见表 6-20（2014 年国民体质监测公报整理获得），目前，我国农村人群达到"合格"等级以上的比率为 87.2%，还落后于城镇（城镇比率为 91.1%）；农村国民体质综合指数为 99.71，仅次于城镇的 100.60[1]。从中可看出国家对农村地区体质测试的重视，这为"健康中国"的全民实现奠定均等基础，而将体质测试纳入农村公共体育服务体系中实属现实所需。

表 6-19　国民体质总体水平十五年的变化特征

测试年	等级	幼儿组（%）	成年甲组（%）	成年乙组（%）	老年组（%）	合计（%）
2000	优秀	8.60	12.60	12.50	8.30	11.10
	良好	21.80	26.40	25.60	22.40	24.60
	合格	56.00	47.90	50.40	55.60	51.50
	不合格	13.50	13.10	11.50	13.70	12.80
2005	优秀	10.90	17.90	15.00	9.00	14.20
	良好	24.70	28.40	25.20	21.60	25.70
	合格	53.80	43.00	47.60	53.80	48.30
	不合格	10.70	10.70	12.20	15.60	11.80
2010	优秀	11.20	15.70	14.30	8.90	13.40
	良好	26.20	27.30	24.70	22.30	25.60
	合格	54.90	45.90	49.10	55.20	50.20
	不合格	7.80	11.10	11.90	13.60	10.90
2014	优秀	13.10	13.90	13.60	10.10	13.10
	良好	28.30	27.60	25.10	23.30	26.50
	合格	52.10	47.50	49.50	53.70	50.00
	不合格	6.40	11.00	11.90	12.90	10.40
合计	优秀	10.90	15.00	13.80	9.00	13.00
	良好	25.20	27.40	25.20	22.30	25.60
	合格	54.20	46.00	49.10	54.60	50.00
	不合格	9.70	11.50	11.90	14.00	11.50

[1] 郭修金，冉强辉，陈德旭，等.全面建成小康社会进程中农村公共体育服务发展的战略使命 [J].体育科学，2016，36（4）：42-50.

表 6-20　我国农村达到《国民体质测定标准》合格等级以上的人数比例及体质综合指数

分省情况	合格百分比	综合指数	分省情况	合格百分比	综合指数	分省情况	合格百分比	综合指数	分省情况	合格百分比	综合指数
北京	84.5	99.70	上海	97.5	109.89	湖北	93.2	102.28	云南	73.9	98.69
天津	91.3	100.08	江苏	89.4	100.90	湖南	84.6	98.83	西藏	89.5	94.51
河北	79.6	96.63	浙江	93.3	106.36	广东	95.7	105.98	陕西	85.5	96.90
山西	86.3	99.32	安徽	88.3	98.83	广西	84.8	101.62	甘肃	86.8	98.29
内蒙古	81.7	97.96	福建	85.2	100.56	海南	87.5	98.41	青海	81.2	95.58
辽宁	87.6	78.32	江西	90.4	104.34	重庆	79.9	99.21	宁夏	83.3	97.62
吉林	84.3	99.09	山东	89.4	102.47	四川	78.4	97.11	新疆	80.5	97.24
黑龙江	85.9	97.60	河南	89.0	100.64	贵州	88.7	95.18	平均	87.2	99.71

6.3.9　农村公共体育监督评估服务：确保成效

在《全民健身计划（2011—2015 年）》颁布时，就制定了配套的评估标准（表 6-21），其内容涉及体育锻炼参与率、身体素质、健身设施、体育组织、健身指导和志愿服务、健身活动、组织保障、制度建设、经费支持、宣传教育等，指标共计 57 项，其中较多指向农村或城乡涵盖，如"行政村农民体育健身工程、农村乡镇体育组织等"，进一步论证农村公共体育服务要素体系的基本构成。而在实际运用中，国家体育总局委托第三方作为评估单位，仅是选取部分且在稍作完善的基础上用作对该周期实施效果评估的核心指标（表 6-22），此次实施效果评估将重点选取《全民健身计划（2011—2015 年）》目标任务完成情况中可量化程度高和数据可靠性强的 20 个核心指标进行评估，总结梳理五年来我国全民健身事业发展的特色及工作成效[1]。这在实践层面再次证明监督评估作为农村公共体育服务的构成要素发挥着重要作用，不过，对于农村公共体育服务体系评估的量化指标还未有具体的参考，需在逻辑科学探索后再作数理科学的深入研究，即在确定好农村公共体育服务要素体系后，再继续确立各要素的指标权重，用来展开细致的评估工作。

---

[1]戴健，等．公共体育服务体系建设 [M]．上海：上海交通大学出版社，2015：356．

表 6-21 《全民健身计划（2011—2015 年）》实施情况评估标准

一级指标	二级指标	A 类标准	B 类标准	C 类标准
体育锻炼参与率	1. 经常参加体育锻炼人数比例	35%以上	32%以上	30%以上
	2. 16 岁以上城市居民（不含在校学生）经常参加体育锻炼人数比例	22%以上	18%以上	15%以上
	3. 16 岁以上农村居民（不含在校学生）经常参加体育锻炼人数比例	10%以上	7%以上	5%以上
	4. 学生参加体育锻炼活动情况	1 小时校达 100%	1 小时校达 100%	1 小时校达 90%
	5. 老年人经常参加体育锻炼人数比例	50%以上	40%以上	30%以上
	6. 残疾人经常参加体育锻炼人数比例	15%以上	10%以上	5%以上
身体素质	7. 《国民体质测定标准》总体合格达标率	92%以上	88%以上	85%以上
	8. 《国民体质测定标准》总体优秀达标率	18%以上	15%以上	10%以上
	9. 城市居民《国民体质测定标准》合格达标率	94%以上	90%以上	85%以上
	10. 农村居民《国民体质测定标准》合格达标率	88%以上	85%以上	80%以上
	11. 学生《国家学生体质健康标准》优秀达标率	25%以上	20%以上	15%以上
健身设施	12. 每万人体育场地数	12 个以上	10 个以上	8 个以上
	13. 人均体育场地面积	1.8 平方米以上	1.5 平方米以上	1.0 平方米以上
	14. 市（地）、县（区）全民健身活动中心（大、中型）	覆盖率 80%以上	覆盖率 50%以上	覆盖率 30%以上
	15. 城市街道室内外健身设施	覆盖率 70%以上	覆盖率 50%以上	覆盖率 30%以上
	16. 居委会健身点	覆盖率 80%以上	覆盖率 50%以上	覆盖率 30%以上
	17. 乡镇体育健身中心	覆盖率 70%以上	覆盖率 50%以上	覆盖率 30%以上
	18. 行政村农民体育健身工程	覆盖率 80%以上	覆盖率 50%以上	覆盖率 30%以上
	19. 公共体育场馆利用率	90%以上	80%以上	60%以上
	20. 学校体育设施开放率	70%以上	50%以上	40%以上
	21. 市（地）、县（区）体质监测站点	覆盖率 80%以上	覆盖率 50%以上	覆盖率 30%以上

一级指标	二级指标	A 类标准	B 类标准	C 类标准
体育组织	22. 城市街道体育组织	覆盖率 90% 以上	覆盖率 80% 以上	覆盖率 60% 以上
	23. 农村乡镇体育组织	覆盖率 70% 以上	覆盖率 60% 以上	覆盖率 50% 以上
	24. 县及以上地区体育总会	覆盖率 90% 以上	覆盖率 80% 以上	覆盖率 60% 以上
	25. 县及以上地区社会体育指导员协会	覆盖率 80% 以上	覆盖率 60% 以上	覆盖率 40% 以上
	26. 县以上地区单项体育协会	30 个以上达 70%	20 个以上达 70%	10 个以上达 70%
	27. 县以上地区人群体育协会	5 个以上达 70%	4 个以上达 70%	3 个以上达 70%
	28. 社区体育健身俱乐部	覆盖率 80% 以上	覆盖率 50% 以上	覆盖率 30% 以上
	29. 青少年体育俱乐部	覆盖率 30% 以上	覆盖率 20% 以上	覆盖率 10% 以上
	30. 健身站点	每万人 5 个以上	每万人 3 个以上	每万人 2 个以上
健身指导和志愿服务	31. 获得技术等级证书的社会体育指导员数	占总人口 1.5%	占总人口 1%	占总人口 0.5%
	32. 获得职业资格证书的社会体育指导员数	2000 人以上	1000 人以上	500 人以上
	33. 经常服务的社会体育指导员人数比例	占社会体育指导员总数 70%以上	占社会体育指导员总数 60%以上	占社会体育指导员总数 50%以上
	34. 每年举办科学健身讲座培训	100 次以上	50 次以上	20 次以上
	35. 每年接受体质测试人数	8 万人以上	5 万人以上	3 万人以上
	36. 开展全民健身志愿服务活动	覆盖率 70% 以上	覆盖率 50% 以上	覆盖率 30% 以上
健身活动	37. 定期举办县及以上地区全民健身运动会	覆盖率 90% 以上	覆盖率 80% 以上	覆盖率 70% 以上
	38. 定期举办街道（乡镇）全民健身运动会	覆盖率 90% 以上	覆盖率 70% 以上	覆盖率 50% 以上

续表

一级指标	二级指标	A 类标准	B 类标准	C 类标准
健身活动	39. 县及以上地区组织开展全民健身日活动	覆盖率100%	覆盖率90%以上	覆盖率80%以上
	40. 开展节（假）日全民健身活动	覆盖率80%以上	覆盖率60%以上	覆盖率50%以上
	41. 县及以上地区性单项（人群）全民健身竞赛活动	30次以上达80%	20次以上达80%	10次以上达80%
组织保障	42. 县及以上地区全民健身领导、协调组织机构	覆盖率90%	覆盖率80%以上	覆盖率70%以上
	43. 街道（乡镇）全民健身专（兼）职工作人员	覆盖率90%	覆盖率70%以上	覆盖率50%以上
	44. 全民健身发展工作纳入县及以上政府工作报告	覆盖率100%	覆盖率90%以上	覆盖率80%以上
	45. 全民健身工作经费纳入县及以上政府财政预算	覆盖率90%	覆盖率80%以上	覆盖率70%以上
	46. 全民健身事业纳入县及以上政府国民经济和社会发展规划	覆盖率80%	覆盖率70%以上	覆盖率60%以上
制度建设	47. 县及以上地区有《全民健身实施计划》检查评估制度	覆盖率100%	覆盖率90%以上	覆盖率80%以上
	48. 县及以上地区有全民健身表彰奖励制度	覆盖率100%	覆盖率90%以上	覆盖率80%以上
	49. 县及以上地区建立全民健身基础数据库	覆盖率80%	覆盖率70%以上	覆盖率50%以上
经费支持	50. 健身设施人均建设经费	20 元以上	10 元以上	5 元以上
	51. 群众体育人均事业经费	8 元以上	5 元以上	2 元以上
	52. 群体财政经费增长比例	5%以上	3%以上	1%以上
	53. 体彩公益金用于全民健身工作投入比例	70%以上	60%以上	50%以上
	54. 社会资助全民健身事业资金	2000 万元以上	1000 万元以上	500 万元以上
宣传教育	55. 媒体健身栏目覆盖率（电视、电台、报刊、官网）	90%以上	70%以上	50%以上
	56. 县及以上地区主要电视台、电台每天播放广播体操等普及科学健身活动的节目	覆盖率90%	覆盖率80%以上	覆盖率70%以上
	57. 全民健身日宣传活动	覆盖率90%	覆盖率80%以上	覆盖率70%以上

表 6-22　《全民健身计划（2011—2015 年）》实施效果评估核心指标[1]

一级指标	二级指标	指标类型
体育锻炼参与率	1. 经常参加体育锻炼人数比例	区间评定类
身体素质	2. 《国民体质测定标准》总体合格达标率	区间评定类
	3. 学生《国家学生体质健康标准》优秀达标率	区间评定类
健身设施	4. 人均体育场地面积	区间评定类
	5. 县（区）全民健身活动中心数量及比例	区间评定类
	6. 城市街道室内外健身设施数量及比例	区间评定类
	7. 农村乡镇体育健身中心数量及比例	区间评定类
	8. 行政村农民体育健身工程数量及比例	区间评定类
	9. 公共体育场馆数量及开放率	区间评定类
	10. 学校体育设施数量及开放率	区间评定类
体育组织	11. 县及以上地区体育总会	基准评定类
	12. 全民健身站点数	达标类
	13. 每万人体育社会组织数	区间评定类
健身指导	14. 每千人公益社会体育指导员比例	区间评定类
	15. 每年接受体质测试人数	区间评定类
体育活动	16. 定期举办县级以上全民健身运动会	达标类
组织保障	17. 全民健身发展纳入政府工作报告	达标类
	18. 全民健身经费纳入财政预算报告	达标类
	19. 全民健身设施纳入国民经济和社会发展规划	达标类
经费支持	20. 群众体育人均事业经费	区间评定类

综上可将农村公共体育服务体系的各要素以作用体现的方式与母体联系起来，以现其彼此关系（图 6-17），确保其既有单个要素的功能发挥，又能够形成联动的有机整体，将农村公共体育服务体系的"体"与"系"充分表现出来。对于农村公共体育服务最为典型的要素联系莫过于"三身边"的案例，如徐州市完善农村公共体育服务体系（案例 6-1），将场地设施、组织及活动紧密联系起来，形成较为密切的整体。又如常州市武进区关于（农村）公共体育服务体

[1]戴健，等．公共体育服务体系建设［M］．上海：上海交通大学出版社，2015：356.

系示范区建设的成效（案例6-2），分别从组织管理、经费投入、服务运行及效益等内容创建。再如常州市新北区农村社区"10分钟体育健身圈"的打造（案例6-3），涵盖场地、组织、经费、体测等多项农村公共体育服务体系要素内容。这恰能与我们对农村公共体育服务体系建设的思路相契合，亦是对其理论构建的进一步实践验证。如此，关于农村公共体育服务体系先借鉴理论成果的归纳成形，后进行实践发展的演绎呈现，再辅以具体案例的前后呼应，将其论证得当、合理（图6-18）。

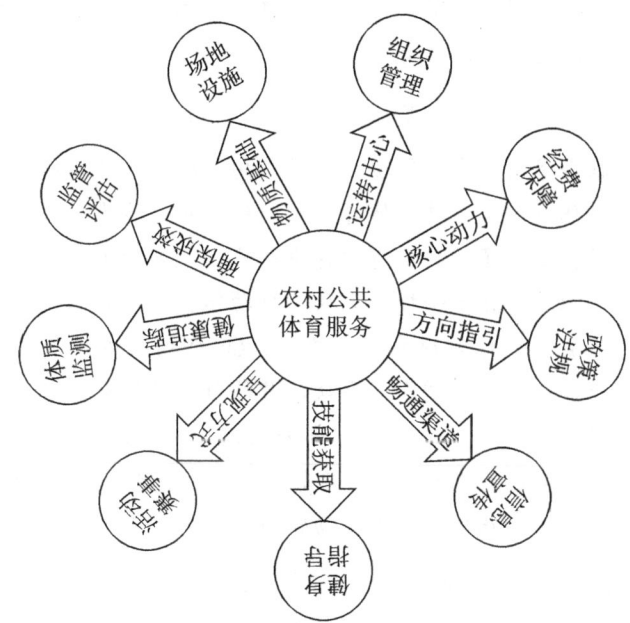

图 6-17　农村公共体育服务体系要素关联

案例6-1：徐州市完善农村公共体育服务体系[1]

徐州市委市政府把农村公共体育服务体系作为建设美好乡村、维护民生福祉的重要内容，让农民群众"健身就在家门口"。因此，推行了较为有效的实施策略：

1. 标准化建设，设施建到村

对农村重点倾斜、优先保障，基本形成了10分钟健身圈。①扩建一批。徐

[1] 蒋兴会，刘敏. 徐州市完善农村公共体育服务体系 [EB/OL]. (2013-09-18). http：//www.chinanews. com/ty/2013/09-18/5300935.shtml.

州市部分重点镇规划建设了体育公园；结合"万村体育健身工程"，累计投入2亿多元，在2122个行政村全部建设了"一室一场一路径"，3604个自然村配备了小篮板。②统筹一批。把基层公共体育服务纳入"幸福家园"创建工作，突出30个中心镇、600个中心村，新建的新型农民集中居住点全部建有健身场所。③开放一批。县区体育场馆全部达到了"新四个一"标准，在承办赛事、开展专业训练之余，全部向群众开放。农村中小学体育设施全部达到省二类以上标准，通过政府购买服务等方式，推动学校体育设施在课余时间向社会开放；同时促进政府机关、企事业单位等定期免费开放健身场地。从中可以看出：农村公共体育场地设施正不断整合，以求有效使用。

2. 网络化推进，组织伸到村

政府引导、社会参与、专业管理，形成纵向到底的健身组织网络。①把群众带动起来。突出文体站职工、具有体育特长的群众和大学生村官，把他们发展成为社会体育指导员，实现了村村都有健身带头人。定期开展"全民健身乡镇行"活动，普及健身知识。②把水平提升上来。推动体育社团向基层延伸，实行专业化指导，老年人体育协会已实现乡镇全覆盖，66个镇村成立了农民体协，每个行政村至少有一个健身组织，增强了群众健身的科学性和有效性。③把工作管理起来。加强文体站基础能力建设，确保办公用房、专职人员和专项经费"三到位"，同时增设国民体质监测点、全民健身指导站，充分发挥管理职能作用。可见，农村公共体育服务组织建设能够牵动较多相关要素发展。

3. 品牌化发展，活动舞到村

每年组织开展1000多项次全民健身活动和展示，形成一批群众性品牌活动。①"一县一品"。睢宁县以行政村为单位，组织村民在晚间开展健身舞等项目，打造了"舞动乡村"活动品牌，强健了农民体魄，促进了邻里交往，融洽了干群关系，被评为"2012全国社会管理创新最佳案例"。②发扬民俗。徐州作为武术文化的重要发祥地，积极挖掘、整理地方武术拳种，努力创建全国武术之乡和国际武术文化名城，全市习武群众超过80万人。舞龙舞狮、踩高跷、划龙舟等民俗体育项目广泛流传。③赛事带动。两年来相继承办省级以上体育赛事100多项次，打造了一批高水平、有影响的赛事品牌。特别是连续承办了两届全国传统武术暨全国农民武术比赛、三届新沂市全国自行车公路赛、四届邳州市海峡两岸象棋公开赛等赛事，极大地激发了群众健身热情，营造了浓厚的全民健身氛围。

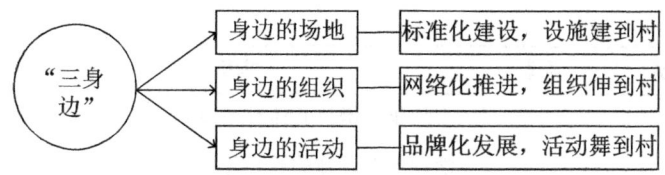

图 6-18 农村公共体育服务体系要素"三身边"发展的徐州模式

案例 6-2：常州市武进区公共体育服务体系示范区创建成效

序号	体系	要素	指标	描述
1	组织管理	政府机构	政府牵头成立本级示范区建设工作机构数量	17 个
			政府牵头成立本级示范区建设工作机构覆盖率	100%
		社会机构	公共体育服务的从业人员数	4579 人
			公共体育服务的从业人员数占本地常住人口数比例	0.29%
			提供公共体育服务的企业单位数量	681 个
			提供公共体育服务的事业单位数量	115 个
			提供公共体育服务的体育社会组织数量	716 个
			省高水平体育后备人才单项基地创建数	4 个
		政策法规	公共体育服务的"三纳入"	有
			示范区建设的《实施意见》	有
			公共体育服务购买、体育组织发展的相关政策	有
2	经费投入	政府财政	公共体育服务预算额	11417.51 万元
			公共体育服务预算额在财政总预算中比例	1.06%
			公共体育服务预算实际完成率	101.20%
			年公共体育服务经费投入增长率	176.05%
			年人均公共体育服务支出	71.11 元
			体彩公益金本级留成用于公共体育服务经费	2857.8 万元
			体彩公益金本级留成用于公共体育服务的经费比例	100%
		社会资本	社会资本投入总量	81369.8 万元
			社会资本与财政投入比率	712.68%

续表

序号	体系	要素	指标	描述
3	服务运行	场地设施	人均年新增公共体育场地面积	0.21 平方米
			学校场地设施的社会开放率	95%
			标准化健身步道公里数	223.42 千米
			乡镇（街道）"三室一场一路经"建成率	100%
			行政村（社区）"两室一场一路经"建成率	100%
			公共体育设施管理维护	有
		活动开展	年度承办省级及以上竞技体育赛事次数	10 次
			年度承办市级及以上群众性体育活动次数	10 次
			年度开展群众性体育活动次数	29 次
			年度开展本级及以上特殊人群体育活动次数	5 次
		健身指导	晨晚练健身站点数量	1756 个
			每万人拥有晨晚练健身站点数量	10.9 个
			社会体育指导员数量	3628 人
			每万人拥有社会体育指导员数量	22.6 人
			AAA 级以上体育社团数量	14 个
			AA 级体育社团数量	4 个
			每万人拥有体育社团数量	4.46 个
			体质测定与运动健身指导机构数	17 个
		运动康复	运动康复机构数量	69 个
			年接受运动治疗人次	127421 人
			年接受运动疗法的特殊人群人次	8336 人
		信息服务	全民健身电子地图覆盖率	100%
			地方主流媒体体育宣传频次	1535 次
			年开展体育健身讲座次数	75 次

续表

序号	体系	要素	指标	描述
4	服务效益	经济效益	年体育产业增加值	256500 万元
			年体育产业增加值在体育产业增加值中比例	69.8%
			年体育产业营业收入	970200 万元
			年体育产业营业收入增长率	22.6%
		社会效益	《国家学生体质健康标准》总体合格达标率	97.25%

资料来源：根据实地调研收集的材料结合武进区公共体育服务体系示范区创建资料整理而成，通过要素汇总的形式进一步证明（农村）公共体育服务体系作为客观"社会事实"存在的科学与合理。

案例6-3：常州市新北区打造农村社区"10分钟体育健身圈"推进公共体育服务体系建设

农村社区"10分钟体育健身圈"建设既有硬件方面的规定，也需软件环节的要求，它无疑可提升公共体育服务能力，完善公共体育服务体系。2013年新北区进行了行政村、社区调整，全区共有48个行政村，60个社区，自然村总数1416个。为积极推进常州市基本公共体育服务体系建设三年行动计划（2014—2016年），大力推进基本公共体育服务体系建设，不断满足人民群众日益增长的体育需求，新北区计划用三年时间实现全区1416个自然村体育设施全覆盖。

1. 明确建设标准

2014年新北区政府将全面建成农村社区"10分钟体育健身圈"作为"为民办实事"十件事之一。为此，社会事业局出台了《关于印发〈常州新北区农村社区"10分钟体育健身圈"建设方案〉的通知》。在全区6个镇41个社区中，龙塘镇街道成立的1个社区开展农村社区"10分钟体育健身圈"建设。每个社区必须按"两室一场一路经"标准建有乒乓球室、棋牌室、篮球场或其他球场、一条10件以上的健身路径，鼓励有条件的社区（行政村）建设体育公园、市级全民健身示范工程或健身广场。居民小区按"一路经一广场"标准建有一条6件以上的健身路径，一片健身广场或一个晨晚练健身点等场地。社区每个晨晚练健身点、体育健身设施点建有区统一样式的标志牌，配备3名社会体育指导员，推行挂牌服务制度，公示站点负责人、健身指导员、健身项目等信息。2014年11

月前 42 个农村社区全面建成达标社区，覆盖总面积达 115 平方公里，占全区面积 1/3。

2. 推动社团建设

2011 年新北区开展了百人文体特色团队建设工作，新建了 10 支百人以上的特色团队。在此基础上，要在农村社区至少建成 2 支 50 人以上的特色团队，每个晨晚练点至少建成 2 支 10 人以上的特色团队。开展社会体育指导员培训工作，培训三级社会体育指导员 100 名以上，并对社会体育指导员进行再培训，提升他们的综合素质。

3. 开展体质测试

2012 年投入近 300 万元新建春江镇、孟河镇、薛家镇、三井街道及新桥镇 5 个国民体质监测站，其中春江镇投入 136 万元购买一套国民体质监测器材，新桥镇今后作为区级国民体质监测中心委托单位开展国民体质测试，投入 80 万元升级国民体质监测器材，包括功率车、体成分分析仪、超声骨密度仪、动脉硬化检测仪。罗溪镇、孟河镇、三井街道将由区配套 IV 型国民体质监测器材，这样新北区建成 6 个国民体质监测中心，基本实现国民体质监测全覆盖。另外，利用已建成的国民体质监测网络，为社区居民定期开展国民体质测试，开具运动处方，指导居民进行正确的体育健身，全年测试人数达到 3000。

7 CHAPTER 07

我国农村公共体育服务体系发展状况调研

7.1 我国农村公共体育服务体系发展的现状调查

7.1.1 调查对象的人口社会学信息

人口学特征涵盖空间、年龄、性别、文化、职业、收入、生育率等指标。人口社会学特征包括性别、年龄、职业、文化程度、种族关系、婚姻状况、家庭结构和社会经济地位等方面[1]。承鉴于此，我们将人口社会学特征暂定为空间（地区与省份）、性别、年龄、学历、职业身份、健康状况及年收入等项（表7-1），以便展开研究。性别方面，男性略多于女性，分别为52.3%和47.7%；年龄结构则以中青年为主，并兼顾青少年和老年群体，其中以20~29周岁人群为主；职业、身份以学生和农民为多，且涉及较多农民工（外出打工者）成员；学历较为相近，初中程度为主，小学及以下略少；健康状况偏"比较健康"，比例将近一半；年收入则集中在5000~15000和30000~100000。通过人口社会学变量的调查，更多地去反映农村居民的社会属性，诸如经济、文化教育等都有进一步的了解，为后续关于农村公共体育服务运行条件奠定基础。

---

[1] 李晓惠. 老年人生活质量与人口社会学特征 [J]. 中国老年学杂志, 1997 (1)：57-59.

表7-1　农村公共体育服务调查样本情况

指标	选项	频数	比例（%）	指标	选项	频数	比例（%）
性别	男	1546	52.3	学历	小学及以下	439	14.9
	女	1410	47.7		初中	965	32.6
年龄	19周岁及以下	445	15.1		高中或中专	856	29.0
	20~29周岁	979	33.1		大专及以上	696	23.5
	30~39周岁	584	19.8	健康状况	很健康	702	23.8
	40~49周岁	394	13.3		比较健康	1225	41.4
	50~59周岁	273	9.2		一般	876	29.6
	60~69周岁	198	6.7		比较差	132	4.5
	70周岁及以上	83	2.8		不健康	21	0.7
职业身份	乡镇干部	50	1.7	年收入	5000元以下	294	9.9
	村干部	168	5.7		5000~9999元	413	14.0
	农民（种地）	756	25.6		10000~14999元	454	15.4
	外出打工者	551	18.6		15000~19999元	285	9.6
	个体工商户	282	9.5		20000~29999元	298	10.1
	教师	175	5.9		30000~49999元	526	17.8
	学生	821	27.8		50000~99999元	469	15.9
	其他	153	5.2		100000元及以上	217	7.3

7.1.2　农村居民体育活动参与特征

（1）村民参加体育活动的时空特征。农村居民公共体育参与可从时空二维展开考察，时间由体育锻炼的频率、时长、季节及时段构成，时间偏好是决定成为体育人口（经常参加体育锻炼的人）的重要标志；而空间主要涉及体育参与的地点，即具体场所（表7-2）。调查发现，村民在体育参与频次上表现为"不固定，偶尔参加"居多，达到39.5%，而每周三次以上的比例仅为13.1%，可见乡村体育人口明显不足，同时不参加体育锻炼的占23.4%，极大地影响了农村体育协调发展；时长方面以30~60分钟占比最多，为43.2%，少于30分钟的有22.2%，加上不参加的更是超过一半，严重阻碍经常参加体育锻炼的预期目标；

季节表现出鲜明的农村特色，春种秋收是两忙阶段，所以参加体育锻炼的机会自然会少，而冬季因天气缘故亦比例不高，只有在夏季时节会有更多的村民进行体育运动，比例为 38.8%；时段以午后锻炼为主，占据近 3/4，而清晨同时亦是村民进行体育活动的受欢迎时间段，为 16.6%。空间主要反映在锻炼地点上，室内或自家庭院占 16.4%，说明村民个体自我供给较多；村里空地 17.5%，农村公共体育场地潜力巨大；健身文化广场 15.7%，满足女性村民翩翩起舞需求，营造健身氛围；学校的开放为村民提供了锻炼的机会，占比 17.4%，是较多人的去处；而农村村镇文体室比例仅有 1.4%，在村民体育社会组织或协会环节方面仍需加强；收费场所 1.8%，说明农村公共体育服务的市场化运作存在理论可能，但实际中于场所运行上仍显不够，村民消费意识及收入的客观制约难免导致此种虽可行却不易行的尴尬局面发生。

表 7-2　村民参加体育活动的时空特征

指标	选项	符号	频数/百分比	指标	选项	符号	频数/百分比
①频次	每周3次以上	#	387	④季节	春季	#	470
		%	13.1			%	15.9
	每周1~3次	#	708		夏季	#	1147
		%	24.0			%	38.8
	不固定偶尔参加	#	1169		秋季	#	438
		%	39.5			%	14.8
②时长	<30min	#	656		冬季	#	209
		%	22.2			%	7.1
	30~60min	#	1277	⑤地点	室内或自家庭院	#	484
		%	43.2			%	16.4
	61~90min	#	234		村里空地	#	516
		%	7.9			%	17.5
	>90min	#	97		健身文化广场	#	463
		%	3.3			%	15.7
③时段	清晨	#	490		村镇文体室	#	41
		%	16.6			%	1.4

指标	选项	符号	频数/百分比	指标	选项	符号	频数/百分比
③时段	上午	#	263	⑤地点	学校体育活动场地	#	514
		%	8.9			%	17.4
	下午	#	529		收费场所	#	53
		%	17.9			%	1.8
	傍晚	#	659		公路旁街道边	#	132
		%	22.3			%	4.5
	晚上	#	323		其他	#	61
		%	10.9			%	2.1

注：#（频数），%（百分比）；从不参加体育运动的692，占比23.4%；①②③④：时间特征，⑤：空间特征。

（2）村民参加体育活动的项目特征。农村居民进行体育锻炼以简便易行的项目为主（表7-3），尤其是散步或快走、慢跑极受欢迎，为44.9%，将近一半，而篮球、羽毛球、乒乓球的参与度也较高，分别为27.2%、19.0%和16.1%，秧歌或广场舞的比例占13.2%，主要是女性村民参与，棋牌类有10.0%，静态的休闲娱乐项目参与者不少，值得一提的是，村落作为民族传统体育的发源场域，其参与度却低得惊人，只有4.4%，这不得不让人反思，无论是从非物质文化遗产保护的角度，还是内圣外王的服务视角，都需发挥民族传统体育的魅力。借助图7-1亦可看出我国全民健身活动项目选择的情况，多是容易进行的体育活动，如步行（健身走）、篮球，进而验证我们调查的合理性。

表7-3　村民参加体育活动的项目情况

项目	散步或走跑	篮球	乒乓球	羽毛球	民族传统项目	秧歌或广场舞	棋牌类	其他
频数	1327	804	477	563	131	390	295	146
百分比	44.9	27.2	16.1	19.0	4.4	13.2	10.0	4.9

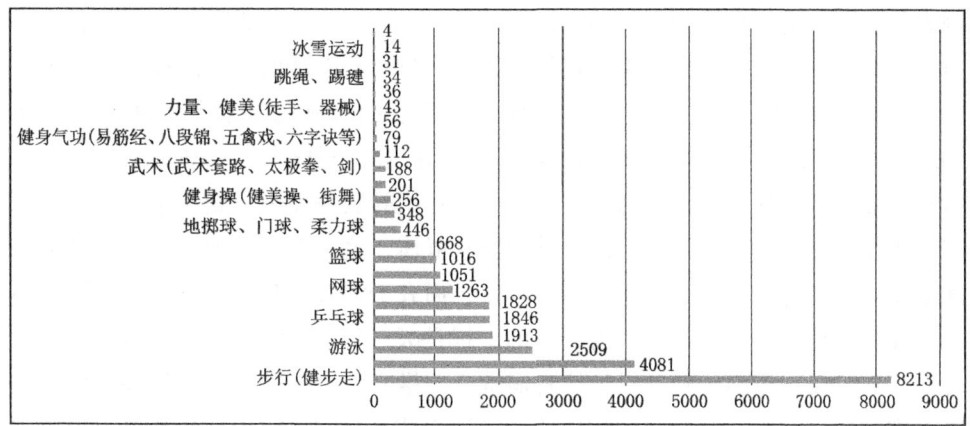

图7-1 全国乡村居民参加体育锻炼项目

资料来源：2015全民健身活动调查基本统计结果。

（3）村民参加体育活动的目的特征。农村居民为什么会进行体育锻炼，即其参与目的或动机是什么值得探索，这对了解村民关于体育的认知、态度、行为等具有重要意义。调查显示（表7-4）：44.7%的村民是为了增进健康而参加体育活动，同时有26.4%的锻炼者是追求审美层面的健身、健美，这可看出农村观念有所突破，不再保守。随着农村生活水平不断提高，利用体育来消遣娱乐逐渐成为时尚行举，有23.2%的村民将此作为自己的业余爱好；有21.0%的锻炼者是想通过体育来丰富自己的余暇生活，增加休闲方式；还有些参与者并不带有明显的目的性，而是自身对体育存有强烈的热爱，这部分群体比例达到16.9%；体育能够增强社会交往和意志磨炼，这在调查中亦有体现，分别为14.6%和10.2%，为体育的综合功能提供证明。由此可见，农村居民参加体育锻炼的目的仍以身体表层为主，如对健康、健身、健美的重视，而像结交朋友、意志提升的行为和精神高度略显不足，有待激发与鼓励。这与马斯洛需求层次理论基本吻合，也反映出需求的动力层级，需环环推进。

表7-4 村民参加体育活动的目的

目的	增进健康	健身健美	消遣娱乐	锻炼意志	丰富余暇生活	结交朋友	感兴趣	其他
频数	1322	781	685	301	622	432	500	62
百分比	44.7	26.4	23.2	10.2	21.0	14.6	16.9	2.1

（4）村民参加体育活动的限制因素。调查中发现影响村民参加体育活动的

因素较多，主要划分为两类：即内因和外因（表7-5）。内部原因中有48.0%的村民认为是缺少时间，余暇不足仍然是困扰农村体育发展的一大阻碍，也是全面小康社会建成进程中的障碍；缺乏锻炼知识会打击村民的参与积极性，占比20.3%，这都是农村公共体育服务亟需完善的内容，同样有11.5%的村民因缺乏运动技能而不能进行体育锻炼，这对公共体育指导服务提出了新要求；部分村民因身体状况导致体育参与受阻，尤其是老年群体，这一人群占到15.1%；当然兴趣是将体育作为一种生活方式的重要因素，而有18.1%的村民由于缺少兴趣而不参加体育锻炼。外部原因中最为严重的干扰是天气环境，占31.4%；26.7%的村民认为缺乏场地设施，随着村民体育需求日益攀升，对以往供给的硬件设施早已不能满足，急需投入符合其切实需要的场地设施；16.7%的村民认为缺乏指导致使其参与热情不高，这与缺少运动技能相一致；此外，缺少组织管理和经济条件限制也会影响村民的体育参与，分别占11.1%和12.6%。综上可知：制约村民参加体育锻炼的要素，一方面有其劳动强度大、时间长、劳作苦，体力和余暇不足的职业原因；另一方面客观环境及硬件设施的影响也至为关键。因此，为确保村民自觉、自愿参与体育锻炼，需不断发展生产力，减少其劳动负荷，促其增收；还要增加农村公共体育服务的投入，改善其运行条件。

表7-5　村民参加体育活动的限制因素

原因	内部					外部					其他
	没兴趣	没时间	缺乏锻炼知识	缺乏运动技能	身体状况	缺乏指导	缺乏场地器材	缺乏组织	经济条件限制	天气环境	
频数	534	1419	600	339	445	495	788	329	373	927	136
百分比	18.1	48.0	20.3	11.5	15.1	16.7	26.7	11.1	12.6	31.4	4.6

7.1.3　农村公共体育服务供需状况

（1）农村公共体育服务供给状况。场地设施是农村体育活动开展的物质基础，但往往被人们忽视，通过对村民了解村里场地设施情况可间接看出农村体育发展状况。调查中发现：有42.8%的村民知道村里有篮球场，39.4%的村民知道有乒乓球台，这两项也是获知比例最高的，与"农民体育健身工程"的推行密切相关。此外，棋牌室和文化广场的获知比例紧随其后，分别为37.6%和34.3%；再就是以体育彩票公益金投入的健身路径，如单双杠27.4%等（图7-2）。总之，村民对村里公共体育场地设施的了解情况不是太乐观，仍需进一步宣传，鼓励民众参与。

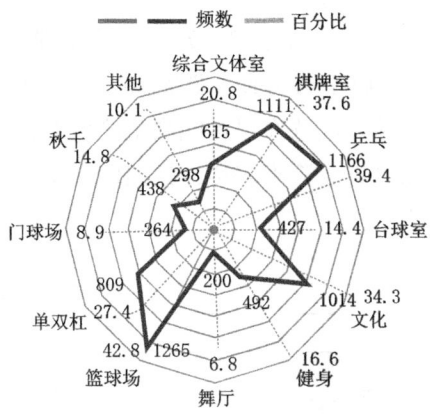

图7-2 村民对村里体育场地和设施的了解情况

农村学校体育场地设施较为齐备，其开放程度直接关系着农村公共体育的发展，更是服务的具体体现。调查中发现（图7-3）：有33.2%的村民认为附近的学校对外开放且时间能够满足其活动需求，但有33.5%的村民认为对外开放时间不足，不能达到锻炼要求。可见，调查中有2/3的学校对外开放，供村民进行体育锻炼，但时间控制上仍然存在些许问题，如何确保合理的锻炼时间是日后需制定的目标之一。虽然，大部分学校能够向村民敞开大门，但仍有1/3的学校并未开放，这仍是需进一步解决的问题。学校作为公共场所，其体育场地设施理应供民众享有，同时学校亦有提供实践指导的义务，保障村民习得技能及获取指导等。

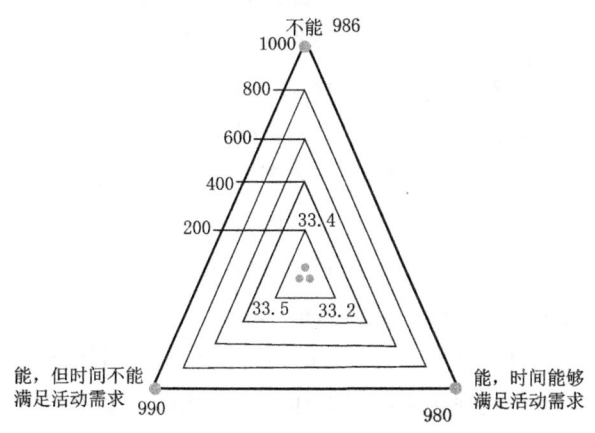

图7-3 村庄附近的学校进行体育活动情况

农村体育健身圈的建设是一项有意义的事，它关系到村民健身的便捷性及体育资源的整合等。倘若体育场所设立的位置偏，离村民生活地方过远，那么势必影响其参与的积极性。调查中发现（图7-4）：多于3/4的村民能够在30分钟内到达锻炼地点，其中少于10分钟的占28.9%，这是打造10分钟健身圈的重要反映。但仍有8.1%的场地设施不够方便，距离超过一个小时，这需要合理规划，尤其是对综合体育场所的建设应选在尽可能满足绝大多数村民的位置，促进他们参与。为此，应进行民意调查及需求表达，按照民众实际所需来设计或规划未来公共体育场地设施的投入。

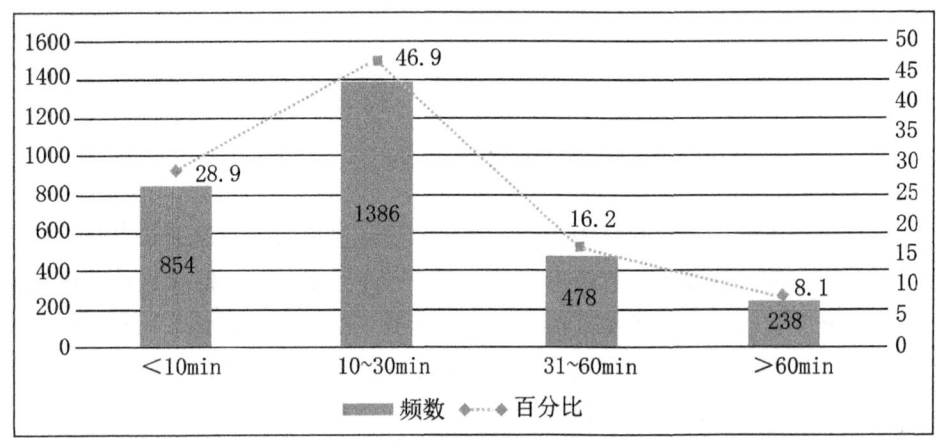

图7-4　村民步行到最近的体育场地需要时间情况

农村公共体育服务体系除最为重要的场地设施外，还涉及组织、活动、指导、财政、宣传、监督、体测等，这些都是其得以良性运行的基本配件。调查中发现（表7-6）：①有9.8%的村民能够每年进行3次及以上体育比赛，1~2次的占39.1%，从不参加的超过一半，达到51.1%。可见，农村在赛事举办方面还存在数量偏少的问题，这需要与节庆活动密切联系起来，借助民俗的整合功效吸引村民参与体育活动或比赛。②村民参加体育活动的组织则可反映农村公共体育服务供给主体情况，有50.5%的被调查者平时喜欢自娱自乐，即是说体育锻炼属于自组织形式，公民个体作为参与主体完成自身体育健身的需求；27.9%的体育活动是由村民委员会来操办，村委会作为最基层的自治单位，既要承接上级安排的行政任务，还需不断自我创新；16.6%的体育活动由健身团队组织，这是社会治理背景下体育社会组织发挥作用的最好体现，但比例仍显不足；乡镇企业是农村公共体育活动开展的重要主体，其经费的投入能够确保活动顺利进行，其占比为

11.1%；此外，其他组织者占15.4%。从中可知，农村体育活动的供给主体形成政府（村委会间接表示）、体育社会组织、企业、公民个体的多元格局，但在比例上仍然偏低，需侧重推动。③社会体育指导员队伍是公共体育服务协调发展的重要保障，于农村地区更是作用显著，但实际中他们的数量与质量建设都存有较多问题，调查中发现：只有4.1%的村里有社会体育指导员且能经常进行指导，19.1%偶尔指导；超过一半的村并没有配备，占比53.8%，还有23.0%的村民不知道这一事项，足见社会体育指导工作于农村领域的薄弱。④村民获得体育信息的途径关乎其参与的积极性，村民多通过电视、网络获取，分别占64.8%和50.9%；报纸书刊、广播亦是有效传播媒介，占比18.9%和22.6%；而村里的宣传栏可谓村民了解体育的最直接窗口，比例为19.6%，这是社会主义新农村建设过程中的重要一环，除此之外，宣传单、活动宣讲的比例相对较少，都在10%以下，是值得加强的板块。⑤政策法规是农村公共体育服务发展的决策呈现，对其了解有利于具体工作的开展，但调查中发现，村民对最基本的几个政策或法规了解甚少，体育法仅有25.5%的人熟知；有37.7%的村民知道全民健身计划；村民对体育健身工程的了解度为16.2%，进一步说明政策法规的下发力度不足，仅是停留在行政机构层面，未落实到基层。⑥在社会治理时代，民众有权知晓具体事务的开展情况，尤其是财政的支出，对其公开程度是反映社会公平正义的集中体现，调查中发现：有23.3%的农村进行财政公开；有相当一部分的农村并没有公开，占比40.7%，还有36.1%的村民不清楚关于财政公开的事情，说明村民对这一要素内容的关心不够，侧面看出其民主意识不强。⑦在体育信息获得途径中有宣传栏一项，而在被问及村里宣传栏设置情况时，仅有20.2%的村民经常关注，而79.8%的村民表示从没见过，这是较为震惊的答案，倘若连最普通的宣传途径都受阻，农村公共体育服务运行也势必不畅。⑧农村体育须有一定的监督机制，外界的压力会保证其效率，但现实中往往是管办一体，缺少评估，导致运行低效，在向村民问及是否愿意参与体育工作监督时，还是有较多村民表示愿意承担，占比41.9%，有27.9%的村民则不愿意，30.2%的村民态度为无所谓，老百姓是有意识、有权利维护自身利益和体育福利的获取，这需要给予承担者一定舆论或监督压力，促进其更有动力地为民众服务。⑨在打造"健康中国"的强烈呼吁下，民众健康的测定指标无疑是体质水平，而农村居民体质测试更显示出均等议题，生命的维护应推及全人类，调查中发现有29.7%的村民从未参加过体质测试，20.4%的村民表示将要参加，这一类群体对健康的关注有所增加，每年参加过一次的村民占比23.7%，曾经参加过的村民占比25.2%，可看出体质测试于农村进行较为顺利，而终极目标是能够全覆盖以促健康。

表 7-6　农村公共体育服务供给情况汇总

指标	选项	符号	频数/百分比	指标	选项	符号	频数/百分比	指标	选项	符号	频数/百分比
①村民一年参加体育比赛情况	3次及以上	#	291	④村民获得体育信息的途径（多选）	电视	#	1916	⑥村里财政支出公开情况	公开	#	688
		%	9.8			%	64.8			%	23.3
	1~2次	#	1155		网络	#	1506		不公开	#	1202
		%	39.1			%	50.9			%	40.7
	从不参加	#	1510		宣传栏	#	579		不知道	#	1066
		%	51.1			%	19.6			%	36.1
②村民参加体育活动的组织者（多选）	自娱自乐	#	1493		宣传单	#	226	⑦村里体育信息宣传栏情况	有，经常关注	#	597
		%	50.5			%	7.6			%	20.2
	村委会	#	826		活动宣讲	#	205		从没见过	#	2359
		%	27.9			%	6.9			%	79.8
	健身团队	#	490		广播	#	668	⑧村民对体育工作的监督意愿	愿意	#	1238
		%	16.6			%	22.6			%	41.9
	乡镇企业	#	329		报纸书刊	#	558		不愿意	#	826
		%	11.1			%	18.9			%	27.9
	其他	#	454		其他	#	138		无所谓	#	892
		%	15.4			%	4.7			%	30.2
③村里社会体育指导员情况	有，并经常指导	#	122	⑤村民对体育法规、文件的了解情况（多选）	体育法	#	753	⑨村民参加体质测试情况	从未参加	#	877
		%	4.1			%	25.5			%	29.7
	有，偶尔指导	#	564		全民健身计划	#	1114		准备参加	#	633
		%	19.1			%	37.7			%	21.4
	没有	#	1589		体育健身工程	#	479		每年一次以上	#	701
		%	53.8			%	16.2			%	23.7
	不知道	#	681		其他	#	1033		曾经参加过	#	745
		%	23.0			%	34.9			%	25.2

注：#：频数，%：百分比。

（2）农村公共体育服务需求状况。农村居民对体育活动的需求可从对其重要程度的认知来反映，而对体育活动于生活中重要性的认识直接影响到体育参与的行为。从表7-7中可以看出大部分村民认为体育是较为重要的，占到60%以上；有超过1/3的村民的态度表现比较平淡，处于模棱两可的区间；仅有4.6%的调查对象觉得体育锻炼在生活中不重要或很不重要，这一结果说明：农民群体对体育重要性的认知良好，但仍有相当一部分对其认识略显模糊，体育社会地位的提升还需不断加强。

表7-7 村民对体育活动在生活中重要程度的认知

重要性	很重要	比较重要	一般	不重要	很不重要
频数	806	1001	1013	126	10
百分比	27.3	33.9	34.3	4.3	0.3

《体育运动国际宪章》第一条指出："参加体育运动是所有人的一项基本权利"，而农村居民体育参与除是一种发展权利的享有外，更是我国城乡二元并存格局下对均等化目标的追求。调查中发现（表7-8）：有68.5%的村民认为其具备公共体育服务享受权，同时将近1/3的村民觉得自己没有享受体育的权利或是并不清楚此事。这需要进一步宣传和引导，确保农村个体对公共体育服务享受权的正确态度，从观念意识层面加强村民对公共体育的积极参与。

表7-8 村民对农村公共体育服务享有权的态度

公共体育服务享受权	有	没有	不知道
频数	2026	256	674
百分比	68.5	8.7	22.8

前面章节通过中国农村公共体育服务纵向演进和欧、美、亚部分发达国家公共体育服务体系的经验借鉴，并辅以相关政策文件、研究成果及现实案例，将我国农村公共体育服务体系的要素确立为场地设施、组织管理、经费保障、政策法规、信息宣传、技术指导、赛事活动、体质测试及监督评估九项内容。在调查中发现：村民最想改善的是场地设施，占54.1%，超过一半；其余是组织管理，占15.4%；经费保障，占15%，而其余要素均低于4%（表7-9），可从图7-5中直观看出各体系要素的排序情况，这为实践建设提供了侧重依据及对薄弱事项的重点加强，特别像监督评估必须得到重视，否则农村公共体育服务发展多会流于形

式，陷入模糊运行。

表7-9 村民认为亟需改善的公共体育服务内容情况

改善内容	场地设施	组织管理	经费保障	政策法规	信息宣传	技术指导	赛事活动	体质测试	监督评估
频数	1599	455	442	66	58	113	98	94	31
百分比	54.1	15.4	15.0	2.2	2.0	3.8	3.3	3.2	1.0

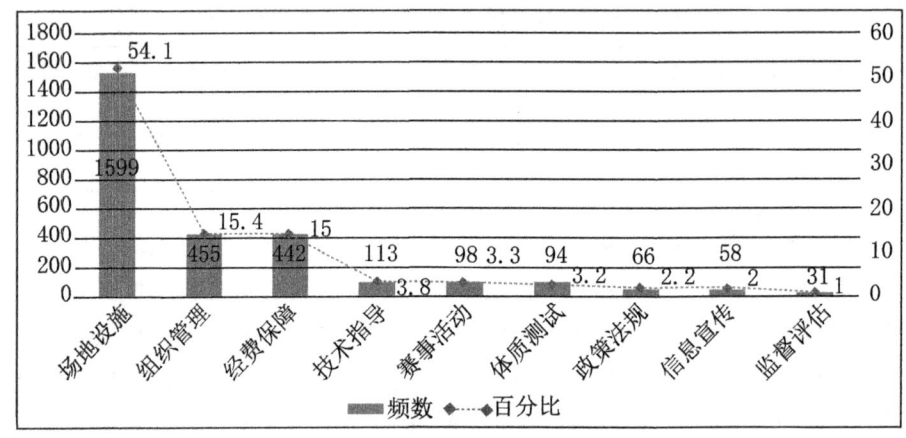

图7-5 村民认为应改善的公共体育服务内容排序

（3）农村公共体育服务供需难题。农村公共体育服务建设过程中遇到的两大困难分别来自场地设施和活动开展。场地设施方面（表7-10），26.9%的村民认为没有体育设施，52.5%觉得体育设施太少，36.8%的村民认为体育设施单一，11.5%的村民认为现有的体育设施并不适合他们，23.4%的村民认为体育设施陈旧，33.7%的村民觉得体育设施缺少维护与管理，26.7%的村民认为室内体育设施偏少。由此可见，村民对体育设施的总量、种类及维护管理较为关注，即对数量和质量的重视，这是亟需改善的基础性环节，这关系到村民参加体育活动。而在体育活动开展中（表7-11），没有场地设施确是一大影响因素，48.3%的村民认为是这一原因导致体育活动难以进行，组织管理落后是最为关键的要素，占比48.6%，缺少指导人员占比36.2%，缺乏经费保障占比44.5%，没有激励政策占比32.1%。可见，与农村体育活动开展较为密切的要素为场地设施、组织管理、经费保障，政策和指导也是重要制约因素。从场地设施和活动举办可以看出，农村公共体育服务运行中最为核心的三要素仍然是"三身边"（场地、组织、活动）问题，由此衍生出一些相关问题，对其解决必须处理好三者的关系，充足的场地设施、运转流畅的组织体系及丰富多彩的活动内容是需要确立的基本目标。

表7-10　农村体育设施存在的问题

存在问题	没有体育设施	体育设施太少	体育设施单一	体育设施不适合村民	体育设施陈旧	缺少维护管理	室内设施偏少	其他
频数	794	1552	1088	339	691	996	788	156
百分比	26.9	52.5	36.8	11.5	23.4	33.7	26.7	5.3

表7-11　农村体育活动开展存在的困难

活动困难	没有场地设施	组织管理落后	缺少指导人员	缺乏经费保障	没有激励政策	其他
频数	1429	1438	1071	1314	950	137
百分比	48.3	48.6	36.2	44.5	32.1	4.6

7.1.4　农村公共体育服务治理情况

（1）农村公共体育服务治理的重要性、满意度及内容。村民对农村公共体育服务治理的地位和开展如何需要有一基本认识，而用重要性和满意度能够较好地反映出以上两大内容（图7-6）。调查中发现，比较重要和很重要的占比达到64.8%，一般的占比为32.0%，村民认为其不重要或很不重要的比例仅有3.1%，从中看出多数村民对农村公共体育服务治理持重视态度，当然仍有近1/3的人群对其不甚了解，需正确引导。满意度方面，则与重要性不同，对农村公共体育服务治理满意情况较低，比较满意和很满意的比例总和只有23.4%，不太满意和不满意的比例达至32.3%，而有相当多的村民对其满意度冷淡，持一般态度。可见，村民对治理要求较高，对现行的治理状况存有意见，进而知晓农村公共体育服务治理重要性与满意度并非正相关关系，越是觉得重要反而要求越高，也能够说明村民对体育的高需求和对供给的不满足。

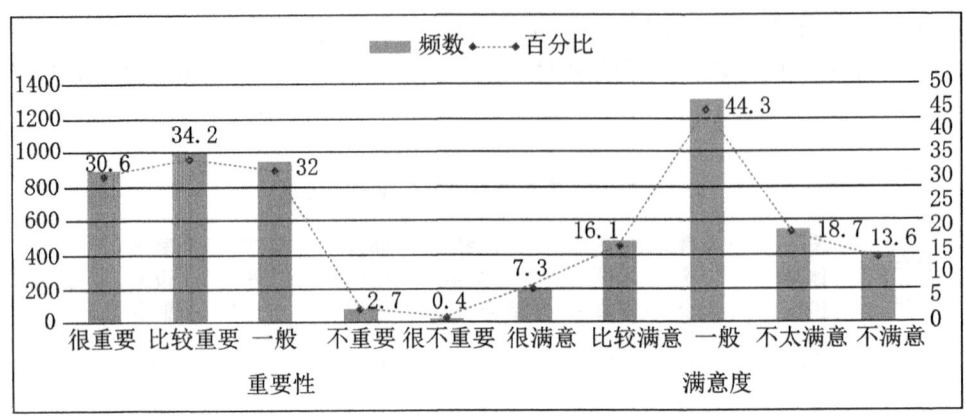

图7-6 村民对农村公共体育服务治理重要性及满意度的认知

农村公共体育服务治理需按照其要素体系的内容展开，调查中发现：有61.8%的村民认为需完善体育场地设施，47.0%的村民要求培育体育组织，43.0%的村民建议投入体育经费，42.0%的村民认为应多开展体育比赛活动，50.3%的村民呼吁提供健身指导，28.1%的村民觉得要多进行体质测试，34.4%的村民希望加强体育信息宣传，24.7%的村民强烈要求出台有针对性的政策，18.4%的村民提出要监督治理过程（表7-12）。从中看出，在农村公共体育服务治理内容中，场地设施、组织培育、比赛活动仍然占据较高比例。除此，诸如经费投入、健身指导两项多受重视，对其频数及比例的反映可从图7-7中直观获取。

表7-12 农村公共体育服务治理内容情况

治理内容	完善体育场地设施	培育体育组织	投入体育经费	开展体育比赛活动	提供健身指导	进行体质测试	加强体育信息宣传	出台体育政策	监督治理过程
频数	1827	1389	1270	1241	1487	830	1017	729	543
百分比	61.8	47.0	43.0	42.0	50.3	28.1	34.4	24.7	18.4

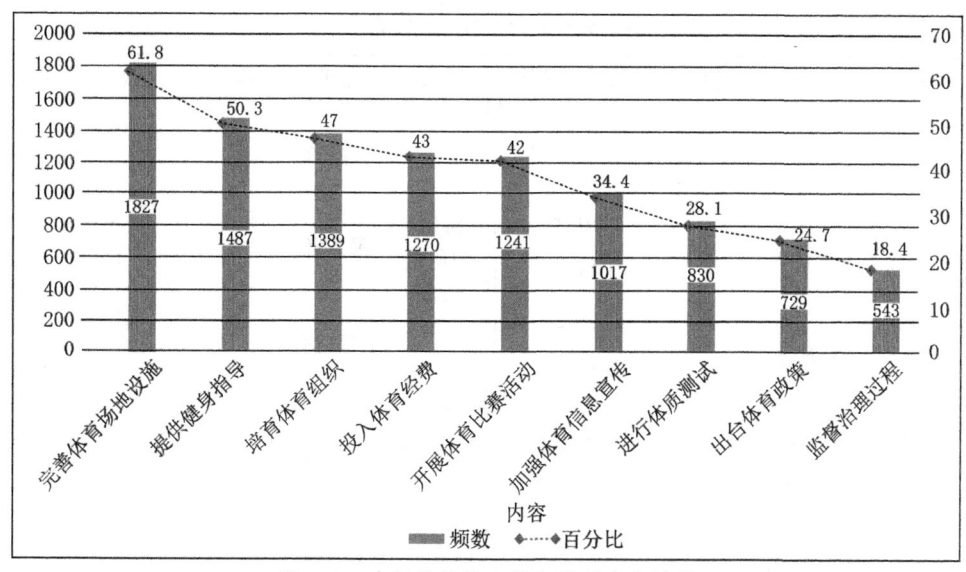

图 7-7　农村公共体育服务治理内容情况

（2）农村公共体育服务治理主体、方式、手段及意愿。由前章所述，农村公共体育服务治理主体呈多元格局，即由政府、企业、体育社会组织、村民委员会及村民个体等构成（表 7-13）。调查中发现，村民对不同治理主体存在差别，其中村委会比例最大，占 53.2%，其次是政府治理主体，占 47.6%，其余依次是乡镇企业 35.6%，村民个体 31.5%，体育社会组织 19.4%，乡村能人 15.2%，其他 6.5%。从中可以看出，政府（村委会虽为基层自治组织，但仍然属于政府部门的延伸）毫无疑问被看作是农村公共体育服务的主要治理主体，但在社会治理背景下强调发挥体育社会组织的作用略显不足，而乡村能人或是公民个体可进一步向组织建设转化，形成均衡发展态势，避免单一依赖现象。在对政府治理主体的角色扮演调查中，有 15.4% 的村民认为其是管理者身份，27.3% 的村民视其为服务者角色，大多数村民则认为其管理与服务职能兼有，占比 57.3%。可见，村民对政府的认识逐渐发生转变，正由传统意义上的典型管理者向服务者转变，这正与公共服务理论范式的变迁相吻合，同时我们可以看出这种转向还处于不彻底阶段，村民觉得目前政府的角色仍然介于管理与服务之间，即是说政府职能转变不够，建设服务型政府的重任还需坚持。在另外两大治理主体，体育社会组织和乡镇企业参加农村公共体育服务的调查中，仅有 8.9% 的村民是确定有的，24.1% 的村民表示没有，2/3 的村民则对此事并不清楚，足见这两大治理主体在公共体育服务实践中的薄弱，需不断提升。

表 7-13　农村公共体育服务治理主体分析

指标	选项	符号	频数/百分比	指标	选项	符号	频数/百分比
①治理主体构成	政府	#	1406	②政府的角色扮演	管理者	#	456
		%	47.6			%	15.4
	乡镇企业	#	1052		服务者	#	806
		%	35.6			%	27.3
	村委会	#	1572		二者均有	#	1694
		%	53.2			%	57.3
	体育社会组织	#	572	③体育社会组织或乡镇企业参与农村公共体育服务情况	没有	#	712
		%	19.4			%	24.1
	乡村能人	#	450		不清楚	#	1980
		%	15.2			%	67.0
	村民	#	932		有	#	264
		%	31.5			%	8.9
	其他	#	192				
		%	6.5				—

注：#：频数，%：百分比。

在看到农村公共体育服务治理主体从单一走向多元的同时，其治理方式与手段也发生了较大变化（表 7-14）。关于农村公共体育服务治理方式，有 38.1% 的村民认为应由政府统一安排，即遵循公共行政理论的思路——政府主导；有 40.6% 的村民认为需要社会组织参与，这与社会治理理念相契合，是治理理论的渗透与演绎；有 21.3% 的村民觉得自身就可作为治理主体，这是社会治理多元主体的体现，同时亦是新公共服务理论于公民社会的发扬，当然，这种主张在我国社会改革时期仍有难度，仅将其看作是农村公共体育服务过渡发展的针对表现。治理手段方面，有 12.9% 的村民坚持传统理念，运用乡规民约约束；20.4% 的村民则建议利用政策法律强制治理；2/3 的村民持中立态度，即乡规民约和政策法律兼具，采取一种柔性与刚性相结合的治理手段，达到综合治理的效果。在对村民参与农村公共体育服务的治理意愿的调查中发现，37.0% 的村民表示愿意融入；接近一半的村民则看情况、无所谓，占比 49.6%；有 13.4% 的村民并不愿意，这进一步与村民自我治理的方式相联系，是值得加强和完善的治理环节。

表 7-14　农村公共体育服务治理方式、手段及意愿

治理方式	符号	频数/百分比	治理手段	符号	频数/百分比	治理意愿	符号	频数/百分比
政府统一安排	#	1127	乡规民约约束	#	380	愿意	#	1094
	%	38.1		%	12.9		%	37.0
社会组织参与	#	1199	政策法律强制	#	604	无所谓看情况	#	1467
	%	40.6		%	20.4		%	49.6
村民自己治理	#	630	以上二者结合	#	1972	不愿意	#	395
	%	21.3		%	66.7		%	13.4

注：#：频数，%：百分比。

7.1.5　农村公共体育服务评价形式

（1）农村公共体育服务重要性：静态构成评价。农村公共体育服务要素的重要性可进一步验证其体系建设的合理性，可看作是再演绎论证。调查中发现（表 7-15），村民对各要素很不重要的评价均在 3.0% 以下，其中场地设施最多，为 3.0%，经费最低，为 1.3%；不重要的选择中，最高比例的选项是监督评估，占 6.3%，最少为经费保障，占 3.6%；一般选项中，监督评估占比 27.2%，是最多的选项，而最少的是场地设施 17.7%；45.8% 的村民认为组织管理至关重要，41.0% 的村民觉得监督评估重要；很重要的选项中经费保障占 33.2%，赛事活动最低，占 22.6%。可见，经费保障是农村公共体育服务中最为核心的要素，其他事项均须有经费维持才能够继续；而对于监督评估等要素评价则相对略低。因此，其静态的构成评价可作为日后具体建设的参考，有针对性推进，避免过分加强与完全忽视的现象发生。

表 7-15　农村公共体育服务重要程度评价汇总

要素	很不重要		不重要		一般		重要		很重要	
	频数	百分比	频数	百分比	频数	百分比	频数	百分比	频数	百分比
场地设施	90	3.0	146	4.9	524	17.7	1239	41.9	957	32.4
组织管理	43	1.5	134	4.5	636	21.5	1354	45.8	789	26.7
经费保障	39	1.3	105	3.6	530	17.9	1301	44.0	981	33.2

要素	很不重要		不重要		一般		重要		很重要	
	频数	百分比	频数	百分比	频数	百分比	频数	百分比	频数	百分比
政策法规	49	1.7	120	4.1	731	24.7	1319	44.6	737	24.9
信息宣传	47	1.6	137	4.6	722	24.4	1338	45.3	712	24.1
技术指导	52	1.8	123	4.2	705	23.8	1341	45.4	735	24.9
赛事活动	47	1.6	165	5.6	783	26.5	1292	43.7	669	22.6
体质测试	48	1.6	138	4.7	659	22.3	1323	44.8	788	26.7
监督评估	78	2.6	185	6.3	803	27.2	1212	41.0	678	22.9

（2）农村公共体育服务满意度：动态发展评价。农村公共体育服务发展如何须有一动态评价，满意度即是较好的反馈指标。调查中发现（表7-16），很不满意选项中场地设施为主，占比16.9%，政策法规相对较少，占12.1%；不满意板块中，技术指导和监督评估均为28.5%，后者频数略高，政策法规仍为最低，占比24.8%；一般选项中，政策法规占比最多，达到41.1%，体质测试略少，为35.8%；满意评价中，最多的为组织管理、政策法规和赛事活动，均是17.3%；很满意环节，监督评估最高，为6.4%，场地设施最少，为3.4%。结合重要性的评价，满意度与其存在一定偏差，几乎是一种相反的呈现。

表7-16 农村公共体育服务满意程度评价汇总

要素	很不满意		不满意		一般		满意		很满意	
	频数	百分比	频数	百分比	频数	百分比	频数	百分比	频数	百分比
场地设施	500	16.9	756	25.6	1145	38.7	454	15.4	101	3.4
组织管理	381	12.9	799	27.0	1157	39.1	511	17.3	108	3.7
经费保障	440	14.9	797	27.0	1124	38.0	472	16.0	123	4.2
政策法规	357	12.1	734	24.8	1214	41.1	512	17.3	139	4.7
信息宣传	374	12.7	792	26.8	1147	38.8	480	16.2	163	5.5
技术指导	419	14.2	843	28.5	1072	36.3	457	15.5	165	5.6
赛事活动	401	13.6	814	27.5	1086	36.7	511	17.3	144	4.9
体质测试	403	13.6	821	27.8	1058	35.8	498	16.8	176	6.0
监督评估	395	13.4	841	28.5	1088	36.8	442	15.0	190	6.4

　　此外，对于农村公共体育服务重要性与满意度的量化评价可进行赋值获得，从表 7-17 中可看出，村民对经费保障的重要性评价最高，评价得分为 4.04，最低的为监督评估，为 3.75；满意度方面，得分最高的是政策法规，为 2.78，最低的为场地设施，为 2.63。从而与上面说明较为吻合，而对于农村公共体育服务重要性和满意度之间的关系将会在后续内容中继续分析。

表 7-17　农村公共体育服务重要性与满意度评价得分

要素	场地设施	组织管理	经费保障	政策法规	信息宣传	技术指导	赛事活动	体质测试	监督评估
重要性	3.96	3.92	4.04	3.87	3.86	3.87	3.80	3.90	3.75
满意度	2.63	2.72	2.68	2.78	2.75	2.70	2.72	2.74	2.73

　　注：重要性与满意度评价采用通常的"5 级评分"方法，即"很重要""很满意"为 5 分；"重要""满意"为 4 分；"一般"为 3 分；"不重要""不满意"为 2 分；"很不重要""很不满意"为 1 分。

7.2　我国农村公共体育服务体系发展的差异比较

7.2.1　我国农村公共体育服务发展的地区差异

7.2.1.1　我国农村公共体育服务供需状况的地区差异

　　（1）农村公共体育服务供给状况的地区差异。村民对村里体育场地和设施的熟知程度存在显著性差异，且差异均达到非常显著水平。各地区综合文体室的比例悬殊较大，依次排序为东部（30.3%）、东北（19.9%）、西部（17.3%）、中部（15.2%），其差异性非常显著；棋牌室的占比差异明显，东部为 43.1%，东北为 24.8%；乒乓球台的占比差距较为突出，东北地区仅为 12.4%，而其他几个地区的比例都在 30% 以上，西部地区更是达到 51.6%，这导致其差异非常显著；台球室以西部地区比例为最（23.4%），其他几个地区比例较靠后，在第 9 或第 10 位，其差异显著；文化广场的地区差异在场地设施中最为显著，东部高达 51.1%，而西部仅有 17.6%；健身苑点比例不一，东部为 23.6%，中部占比 12.9%，其差异非常显著；舞厅的选择较少，基本排在最后，比例除西部 10.2% 外，其余地区均低于 7%，中部仅有 4.0%，其差异非常显著；篮球场作为农民健身工程的内容比例较高，东部达到 52.9%，但中部地区表现略差，仅有 28.8%，这也导致各地区的篮球场差异非常显著；单双杠属于全民健身路径中的要素，其比例不低，东北地区高至37.6%，西部也有23.6%，其差异较显著；门球场差距略大，西部占比11.5%，而东北仅有3.3%，其存在显著性差异；秋千的选择差距较大，西部达到19.1%，而中部地区仅为9.7%，呈非常显著差异；其他项亦存在显著性差异，且达到非常显著水平。可见，各地区村民对场地设施的熟知存有偏差，一方面与其关注有关；同时也与宣传成效不可分割。

学校对外开放有利于农村公共体育服务的运转，不同地区开放情况差异明显。各地区学校不能对外开放的比例略高，尤其是东部和东北地区分别高达40.6%和45.4%，西部相对较低，占比22.3%；在开放的学校中，能够保证时间充足的比例维持在30%~40%，西部比例为37.1%，而时间不能满足活动需求的占比差距较大，西部为40.5%，东北仅为22.9%。

农村公共体育场地设施的位置选取至关重要，各地区村民步行到最近体育场所需时间存在显著性差异。大部分体育场设置在10~30分钟的时间控制范围内，西部地区有55.7%，中部略少，为39.7%，东部和东北地区则稍多，为45%；10分钟以内的占比方面，东部为34.5%，西部略低，为23.4%；超过半小时但少于一小时的比例均在20%以内，中部略高，为18.4%，东部最少，为14.7%；一小时以上的体育场地以中部和东北地区比例为高，分别为12.6%和10.5%，而东部和西部基本保持在5%的占比。体育场地的投建关系到村民参加体育活动的便捷程度，亦是村庄规划治理中的一环，应将其作为"一事一议"的内容加以落实（表7-18）。

表7-18 农村体育场地设施、学校开放及便捷程度的地区差异

| 要素 | 场地设施 | | | | | | | | | | | | 学校开放 | 便捷程度 |
	综合文体室	棋牌室	乒乓球台	台球室	文化广场	健身苑点	舞厅	篮球场	单双杠	门球场	秋千	其他		
χ^2	70.579	33.799	184.965	88.265	249.046	45.786	29.345	126.258	23.876	33.217	33.601	21.107	99.586	86.961
P	0.000	0.000	0.000	0.000	0.000	0.000	0.000	0.000	0.000	0.000	0.000	0.000	0.000	0.000

说明：此表为卡方检验的结果整理，进行了适当整合，避免冗长数据罗列，下同。

不同地区村民参加体育比赛的次数存在非常显著的差异。每年参加3次及以上的比例中东部最高，占比13.2%，其余依次是中部8.8%、东北8.5%、西部8.1%；1~2次的占比以西部为最，占到46.2%，其余地区均在30%以上，东北略低，为 33.3%；但是，从不参加的比例处在第 1 或第 2 位，东北高达 58.2%，其余地区均在 45% 以上，最低的西部也有 45.8%。说明农村公共体育服务赛事供给的匮乏，亟需改善。

不同地区农村体育活动的组织者是其主体的较好体现，各地组织者方面存在不同程度的差异。其中，村民自娱自乐的占比较高，其比例排序依次是东部 54.5%、中部 50.8%、东北 47.7% 和西部 47.4%，差异非常显著；村委会组织的活动比例差异非常显著，以西部最为明显，占比高达 32.9%，而东北地区相差较大，仅有 19.0%；健身团队开展体育活动比例差距很大，西部地区为 23.7%，东北地区却只有 6.9%，这使其呈现显著性差异；乡镇企业承担方面西部和东北地区较好，分别占比 17.3% 和 20.9%，东部和中部相对略低，为 7.5% 和 4.8%，其差异亦是最为明显的；其他选项差异性非常显著。

不同地区农村社会体育指导员情况存在非常显著的差异。各地区有并经常指导的比例均为最低，东部为 6.7%，已是最高，其余地区均都低于 4%；有且偶尔进行指导的占比以东部和西部为高，分别为 22.7% 和 20.2%，而中部和东北地区只占 17.0% 和 11.4%；表示没有的比例均占第一位，且都在 50% 以上，中部高达 58.0%，最低的西部也有 51.0%；除此，还有不知道的村民群体占比较高，东北地区达到 27.1%，即使最低的东部亦有 19.5%（表 7-19）。

表 7-19　农村公共体育服务体系之赛事、组织及社会指导员的地区差异

要素	参赛次数	农村体育活动的组织者					农村社会体育指导员
		自娱自乐	村委会	健身团队	乡镇企业	其他	
χ^2	43.921	10.052	44.044	62.344	112.295	57.647	54.042
P	0.000	0.018	0.000	0.000	0.000	0.000	0.000

不同地区农村村民获得体育信息的途径不尽相同。村民通过电视获知体育信息的比例较高，各地区均在 60% 以上，东北地区更是达到 70.6%，最低的中部也有 61.7%，其差异显著但未到非常显著水平；网络亦是较为流行的方式，各地区运用网络获得体育信息的比例均超过 45%，东部为 56.3%，东北略低，为 45.4%，其差异非常显著；宣传栏的利用比例存在显著性差异，东北为 27.5%，中部较低，为 17.3%；宣传单获知的比例排序靠后，均在 10% 以下，其差异并不显著；活动宣讲方式的比例均在 9% 以下，其差异亦不显著；广播的比例差距明显，西部和东北均为 29.4%，而中部地区仅为 12.9%，其差异非常显著；报纸书刊的获知途径以东部和西部比例为高，分别为 19.6% 和 22.7%，中部略低，为 14.7%，其差

异非常显著；其他选项差异不显著，且比例均未超过5.0%。

不同地区村民对体育政策法规的了解存在不同程度的差异。对《中华人民共和国体育法》的了解比例高低有别，其中东部高达33.6%，其余三区分别为中部24.5%、西部20.7%、东北19.3%，差异显著；村民对《全民健身计划》的熟知程度略高，东北占比56.2%，最低的中部地区也有30.0%，其差异非常显著；与农村最为相关的《农民体育健身工程》却是村民了解比例最低的，即使最高的西部也只有20.5%，其余三地均低于15%，其差异非常显著；其他选项以中、西部地区比例为最，均是41.2%，东部和东北占比分别为27.6%和19.6%，其差异非常显著。这是自上而下制定政策法规的程序所致，村民对其关心并不强烈（表7-20）。

表7-20　农村公共体育服务体系之信息获得及政策法规了解的地区差异

要素	体育信息获得途径								体育政策法规了解情况			
	电视	网络	宣传栏	宣传单	活动宣讲	广播	报纸书刊	其他	体育法	全民健身计划	农民健身工程	其他
χ^2	9.756	16.057	16.777	6.342	0.847	78.664	19.389	1.199	47.952	66.872	18.612	82.449
P	0.021	0.001	0.001	0.096	0.838	0.000	0.000	0.753	0.000	0.000	0.000	0.000

不同地区农村财政支出公开情况存在显著性差异。各地区农村财政公开的比例悬殊较大，东部达到36.0%，东北却只有8.2%，中部和西部地区分别为18.3%和20.9%；不公开的比例较高，其中西部地区高达50.4%，中部和东北地区也在40%以上，东部较低，占比27.2%；除此之外，还有较多村民表示不知道，其中东北占比最高，为46.7%，最低的西部也有28.7%。

不同地区农村体质测试情况存在差异非常显著。从未参加的占比较高，其比例顺序依次是东北34.6%、东部32.2%、中部29.8%、西部25.5%；准备参加的村民比例相差较大，西部地区为26.9%，东北最低，仅有15.0%；每年参加1次以上的比例以东北地区最多，其他地区基本相当，中部略低，为19.0%；曾经参加过的人群占比以东部和中部村民为多，分别是25.5%和30.2%，西部也达到22.5%，东北稍低，为18.3%。

不同地区农村体育信息宣传栏情况差异非常显著。大多数村民表示村里无宣传栏且未曾关注此事，各地区的比例均超过70%，中部地区更是达到83.5%，最低的西部也有73.6%；村里有宣传栏、村民经常关注的比例自然偏低，即使村里设有，对体育的报道也较少，多是人口、反邪教之类的信息，体育作为新农村建设中的文化内容需得到更广泛的宣传才是。

不同地区村民对村里体育工作的监督意愿差异性显著。多数人愿意承担监督任务，东部地区表现出较强意愿，占比 46.4%，最低的西部也有 36.8%；当然还有一批村民表示不愿意，以西部地区为多，比例达到 37.3%，东部最低，为 21.3%；此外，还有相当一部分村民持无所谓的态度，除西部的 25.9% 外，其余三区均在 30.0% 及以上，村民对其不关心或不了解（表 7-21）。

表 7-21 农村公共体育服务体系之财政公开、体质测试、信息宣传及监督意愿的地区差异

要素	财政支出公开	体质测试	体育信息宣传栏	体育工作监督意愿
χ^2	191.344	67.682	31.016	66.718
P	0.000	0.000	0.000	0.000

（2）农村公共体育服务需求状况的地区差异。对体育活动重要性的认知可反映村民的需求，不同地区的村民对其认识的差异非常显著。重要和很重要的比例和顺序依次是东部 64.8%、西部 60.3%、中部 59.7%、东北 57.5%；一般选项的比例较高，均在 30% 以上，东北地区更是高达 40.2%；不重要和很不重要的占比控制在 7% 以内，中部最高，为 6.4%，东北略低，仅为 2.3%。可见，各地区村民对体育重要性的认识较清晰，同时中立态度者较多，须有正确的观念引导。

体育参与是人的一项基本权利，不同地区村民对公共体育服务享有权的认知存在显著性差异。其中，各地区的大多数村民都认为自己有享有公共体育服务的权利，东部比例最高，达到 76.5%，西部表现相对较弱，仅有 59.4%；当然，有一批村民并不觉得拥有这种体育享有权，西部最为明显，占比 12.4%，看出其存有一定的认知偏差；除此之外，还有一部分村民对此问题表示并不知道，东北地区高达 29.1%，西部地区也有 28.2% 的高比例，认知不清严重影响现实中农村公共体育服务的有效运行。

农村公共体育服务内容改善方面，不同地区村民对其看法的差异非常显著。各地区对场地设施的重视均占比最高，中部高达 60.1%，东北地区也达到 48.0%；组织管理以西部和东北的比例为高，分别为 17.5% 和 22.2%，而东部和中部相对较低，仅有 13.5% 和 12.6%；经费保障对于各地区的村民而言都至关重要，比例排序依次是东部 17.2%、中部 15.6%、西部 13.3%、东北 11.8%；政策法规的认识较为不足，均低于 3%，也看出村民与政策的距离疏远；信息宣传各地村民态度不一，其中以东北地区为最，达到 5.6%，其他地区均低于 3%；技术

指导差距明显，中部仅有1%，而西部要求达到5.6%；赛事活动在4%以内，东部最低有2.6%，最高的西部也只有3.9%；体质测试的占比在第5或第6位，西部建议最强，为4.8%，中部仅有2.2%；监督评估在农村公共体育服务体系中是要求改善最低的一项，均在2%以内，东北地区少至0.3%，传统意义上的监管参与，村民未曾涉及，亦不会对其有所关注（表7-22）。

表7-22　农村公共体育服务重要性、享有权及改善内容的地区差异

要素	体育活动重要性的认知	公共体育服务享有权的认知	公共体育服务需改善的内容
χ^2	35.288	77.251	110.892
P	0.000	0.000	0.000

　　（3）农村公共体育服务供需难题的地区差异。场地设施是农村公共体育服务运转的物质载体，其存在问题定会阻碍农村体育协调发展。各地区没有（适合）体育设施差异较为显著；尤其以东北和中部为最，分别为33.0%和32.3%，东部相对较好，只有17.1%；体育设施数量偏少是选择比例最高的一项，且呈现显著性差异，西部地区高达59.4%，其余依次是东部有51.6%、东北有48.7%、中部有47.4%；体育设施单一的问题存在非常显著的差异，西部较为明显，比例达到47.1%，中部略低，为27.8%；场地设施针对性不强方面并未存有差异，基本在10%~13%；体育设施陈旧和缺少维护管理的选项均存在非常显著的差异，且均以西部比例为高，分别为29.0%和43.0%；室内设施不足也存在显著性差异，西部地区比例最高，为31.8%，东北略低，为19.3%；其他的选择表现出显著性差异且比例均为最低。

　　农村体育活动开展存在一定的困难，差异方面除其他选项外均呈现不同程度的显著水平。没有场地设施是阻碍体育活动进行的严重问题，各地区比例均在40%以上，东北达到53.9%，东部最低也有40.5%，其差异非常显著；组织管理落后是一大困难，其中西部高达57.0%，中部略低也有43.3%，其差异非常显著；缺少指导人员且存有明显的地区差异，但未达到非常显著水平，其比例在30%~40%，东北略高，为39.5%；缺乏经费保障是一大现实问题，中部地区比例为53.6%，同时东部43.8%、西部38.3%、东北38.9%，其差异非常显著；没有激励政策是较大难题，东部和西部地区比例高于30%，分别为33.3%和38.6%，中部和东北略低，分别为27.6%和22.5%，其差异非常显著；其他选项是所有困难中比例最低的且差异不显著（表7-23）。

表 7-23 农村公共体育服务供需难题之场地设施及活动开展的地区差异

要素	体育设施存在的问题								体育活动开展存在的困难					
	没有体育设施	体育设施太少	体育设施单一	不适合村民	体育设施陈旧	缺少维护管理	室内设施偏少	其他	没有场地设施	组织管理落后	缺少指导人员	缺乏经费保障	没有激励政策	其他
χ^2	63.446	28.247	75.594	2.978	35.436	92.664	24.473	23.369	35.866	47.056	9.883	47.028	39.043	1.905
P	0.000	0.000	0.000	0.395	0.000	0.000	0.000	0.000	0.000	0.000	0.020	0.000	0.000	0.592

7.2.1.2 我国农村公共体育服务治理情况的地区差异

（1）农村公共体育服务治理的重要性、满意度及内容的地区差异。不同地区农村体育治理的重要性存在显著性差异。村民认为体育治理重要和很重要的比例之和均在60%以上，东部最高，达到69.4%，中部64.1%，西部61.8%，东北63.4%；选择一般的比例不低，在30.0%左右，最高的为西部33.9%，东部稍低，也有29.5%；不重要和很不重要的比例之和均在5%以内，最高的西部仅有4.3%，可见各地区村民对体育治理持认可态度，值得于社会治理背景下进行农村的公共体育治理。

不同地区村民对农村公共体育服务治理的满意度存在非常显著的差异。相当多的村民持一般态度，比例均为最高，中部最低，也达到38.4%，东北地区更是占比51.0%；满意和很满意的比例之和以东部稍高，为34.1%，东北仅有15.7%；不太满意和不满意的比例之和较高，中部高达41.4%，最低的东部也有17.8%。如何让各地区更多多元主体介入农村公共体育服务治理且采取协商共治的方式将是满意度提升的后续任务。

不同地区村民对农村体育治理所涵盖的内容看法不一。相当多的村民认为完善体育场地设施是第一位，除西部地区的54.4%，其他三地均超过60%，且维持在65%左右，其差异非常显著；培育体育组织方面以西部和东北比例较高，分别占到51.2%和53.6%，而东部和中部则为44.2%和43.0%，其差异水平达到非常显著；村民对体育经费的投入重视程度不同，存在显著性差异，西部对此要求偏低，仅有31.0%，而东部高达50.5%，其他二地也超过40%；开展体育比赛活动的占比基本保持在40%左右，东部稍高，占比为45.9%，各地区的差异显著，但未到非常显著水平；各地村民对提供健身指导的选择比例较高，都在第2或第3位，除中部的45.1%外，其余三地均在50%以上，其差异呈非常显著；村民进行体质测试的意愿比例基本在30%左右，西部略低，占比24.0%，其差异非常显著；加强体育信息宣传的比例均在35%左右，所以其差异表现并不显著；村民对于体育政策出台的态度比例存在一定差异，西部略高，为28.5%，最低的东部占比为22.2%；监督体育治理过程是所有内容中选择最少的一项，均在20%以下，最低的东北为14.7%，其差异性亦不显著（表7-24）。

表7-24 农村公共体育服务治理的重要性、满意度及内容的地区差异

要素	重要性	满意度	农村体育治理涵盖内容								
			完善体育场地设施	培育体育组织	投入体育经费	开展体育比赛活动	提供健身指导	进行体质测试	加强体育信息宣传	出台体育政策	监督治理过程
χ^2	47.061	163.147	31.598	20.139	79.989	7.946	15.061	11.562	0.485	11.830	3.278
P	0.000	0.000	0.000	0.000	0.000	0.047	0.002	0.009	0.922	0.008	0.351

（2）农村公共体育服务治理主体、方式、手段及意愿的地区差异。不同地区农村公共体育服务的组织或企业参与存在差异，且水平达到非常显著。其中，超过60%的村民对此表示不清楚，西部尤甚，达到68.6%，最低的东北地区也有63.7%；认为没有的村民比例除西部的19.2%，其余三地均在25%~30%；而有组织和企业参与的比例除西部的12.2%外，其余均在10%以下，中部地区更是低至5.2%。这是值得深思的问题，同时是农村公共体育服务多元主体介入的较好推动。

不同地区村民对农村公共体育服务治理主体的选择存有一定差异。村民认为政府作为主要主体的观点占比较大，东北高达55.6%，最低的西部为44.9%，其差异显著但未到非常显著水平；乡镇企业是农村公共体育服务的重要主体，但各地村民对其认识偏差较大，最高的东北地区为45.4%，东部却仅有29.9%，其差异非常显著；村委会被看作是最重要的治理主体，除西部的46.5%外，其他三地均在50%以上，其中东部高达59.5%，其差异呈非常显著水平；体育社会组织的比例稍微靠后，东部占比23.5%，而最低的西部为15.7%，其差异非常显著；乡村能人参与体育治理的比例以东北地区最低，仅有9.5%，其他三地在15%左右，其差异显著但未到非常显著水平；村民个体成为治理主体的比例不低，即使最低的东北也达到20.3%，其他地区都在30%以上。其差异呈非常显著状态；其他选项亦存在显著性差异，均在10%以内，东部低至3.3%。

不同地区农村公共体育服务的治理方式存在显著性差异。村民认为由政府统一安排的比例均在30%以上，东北地区的比例高达56.5%，可见传统公共服务的

治理主体于此地的保持；社会组织参与的村民认识比例较高，尤其以东部和西部明显，分别为43.7%和46.5%，东北地区则相对较低，占比23.2%；村民自己治理的比例并不算低，在20%左右，中部地区最高，为24.8%，反映了村民个体承担农村公共体育服务治理的积极性和决心。

不同地区村民对农村公共体育服务中的政府角色认识不一，存在非常显著的差异。各地对政府管理者角色的看法比例均为最低，基本在15%左右，最高的西部为17.0%，最低的中部也有13.1%；村民对政府服务者角色更加认可，明显高于管理者的认知，西部高达34.0%，东北相对较低，为18.3%，其他二地分别为23.6%和27.0%；对于政府既扮演管理者又承担服务者的角色认识比例最高，东北高达65.4%，西部最低，为49.0%，东、中部均在60%左右。

不同地区村民对农村公共体育服务治理手段的看法存在非常显著的差异。村民对乡规民约约束的方式认可度在10%~15%，中部略低，占比10.9%，东部相对偏高，为14.4%；对政策法规强制的认识比例稍高，但东北略低，仅有13.7%，最高的西部达到29.0%；结合以上二者既柔又刚的治理手段的比例最高，其中中部达到72.4%，最低的西部也有58.3%。

不同地区村民参与公共体育服务治理的意愿存在非常显著的差异。各地村民表示愿意参加的比例均排在第二位，其中东部地区高达43.6%。最低的西部为29.3%，中部和东北地区分别为38.7%和36.6%；大多数村民则认为无所谓、看情况，占比均为最高，西部达到52.6%，最低的东北也有46.1%；除此，还有一部分村民并不愿意进行治理工作的参与，以西部和东北为多，分别占比18.1%和17.3%，东部和中部稍高，比例分别为7.9%和12.4%（表7-25）。

表7-25　农村公共体育服务治理主体、方式、手段及意愿的地区差异

| 要素 | 组织或企业参与 | 农村公共体育服务治理主体 | | | | | | | 政府角色 | 治理方式 | 治理手段 | 治理意愿 |
		政府	乡镇企业	村委会	体育组织	乡村能人	村民	其他				
χ^2	39.256	10.804	48.980	30.574	19.206	10.889	20.336	31.837	50.262	75.051	69.361	67.167
P	0.000	0.013	0.000	0.000	0.000	0.012	0.000	0.000	0.000	0.000	0.000	0.000

7.2.1.3　我国农村公共体育服务评价形式的地区差异

（1）农村公共体育服务重要性的地区差异。村民对农村公共体育服务重要性的认识，是对其体系的再次验证，同时在地区方面多表现出各要素差异。在农

村公共体育所有的要素中均有显著性差异，除政策法规外，其他全部非常显著（表7-26）。

（2）农村公共体育服务满意度的地区差异。满意度是对现实中农村公共体育服务发展状况的最好评判方式，通过对其各要素的地区比较发现，均存在显著性差异（表7-27），且差异水平非常显著。

表7-26　我国农村公共体育服务重要性的地区差异

要素	场地设施	组织管理	经费保障	政策法规	信息宣传	技术指导	赛事活动	体质测试	监督评估
χ^2	63.024	37.293	39.174	21.200	35.971	28.931	25.164	45.911	44.818
P	0.000	0.000	0.000	0.048	0.000	0.004	0.014	0.000	0.000

表7-27　我国农村公共体育服务满意度的地区差异

要素	场地设施	组织管理	经费保障	政策法规	信息宣传	技术指导	赛事活动	体质测试	监督评估
χ^2	253.957	192.659	227.476	205.478	203.544	174.271	166.059	193.614	225.664
P	0.000	0.000	0.000	0.000	0.000	0.000	0.000	0.000	0.000

7.2.2　我国农村公共体育服务发展的性别差异

7.2.2.1　我国农村公共体育服务供需状况的性别差异

（1）农村公共体育服务供给状况的性别差异。村民对村里体育场地设施的了解多数并不存在性别差异，只有少数呈现显著性差异。男、女村民对综合文体室的熟知程度较为接近，男性比例为19.4%，女性为22.3%，其差异不显著；棋牌室的男、女比例均在第3位，分别为38.3%和36.8%，其差异不显著；乒乓球台的男、女比例更高，分别达到39.3%和39.6%，其差异自然不显著；台球室的比例则相对较低，在15%以内，男、女比例分别为14.9%和14.0%，其差异不显著；文化广场的男、女差异亦不显著，男性占比33.2%，女性为35.5%；健身苑点的男、女比例均排在第7位，分别为15.9%和17.4%，其差异并不显著；在舞厅的了解方面则呈现性别的显著性差异状态，男性占比5.6%，而女性为8.1%，是所有场地设施里比例最低的；篮球场的比例较高且男性明显多于女性，分别为46.1%和39.2%，其差异非常显著；单双杠的比例不低，男、女比例排序均为第5，分别为29.0%和25.6%，存在显著性差异但未到非常显著水平；门球类的比例较低，男性为 9.0%，女性 8.9%，非常接近，其差异不显著；秋千的性别差异亦未达到显著水平，男性占比 14.4%，女性为 15.2%；其他项的性别差异不显著。

不同性别的村民对当地学校体育场地设施开放情况的了解存在显著性差异但未达非常显著水平。男性认为不能开放的比例为 32.3%，女性则为 34.5%；大部分村民知道学校对外开放，但时间能够满足活动需求的比例为男性 32.1%，女性 34.3%；同时有 35.6% 的男性和 31.2% 的女性村民觉得学校开放时间并不能满足互动需求。

不同性别村民步行到最近的体育场地进行锻炼所需要的时间存有显著性差异。其中以 10~30 分钟的比例为最高，男性占比 46.0%，女性为 47.9%；10 分钟以内的排在第二位，男性比例为 30.5%，女性为 27.2%；介于 30~60 分钟之间的比例男性为 16.9%，女性为 15.4%；超过 60 分钟的比例则男、女选择均在 10% 以下（表 7-28）。

表 7-28　农村体育场地设施、学校开放及便捷程度的性别差异

要素	场地设施												学校开放	便捷程度
	综合文体室	棋牌室	乒乓球台	台球室	文化广场	健身苑点	舞厅	篮球场	单双杠	门球场	秋千	其他		
χ^2	3.857	0.692	0.045	0.489	1.806	1.252	7.438	14.070	4.226	0.014	0.397	0.011	6.324	12.124
P	0.050	0.405	0.832	0.484	0.179	0.263	0.006	0.000	0.040	0.905	0.529	0.917	0.042	0.007

村民一年参加体育比赛次数的性别差异非常显著。男、女村民从不参加的比例最高，男性为 51.3%，女性也有 50.9%；1~2 次的比例排序为第 2，男性占比 37.3%，女性 41.0%；村民参加 3 次以上的比例最低，男性仅有 11.4%，女性更低，为 8.2%。农村赛事活动作为公共体育服务的内容之一亟须加大供给力度。

不同性别村民对农村体育活动组织者的看法不一。自娱自乐的比例排序均为最高，男、女比例分别为 53.4% 和 47.3%，其差异非常显著；男、女村民对村委会作为体育活动组织者的认识较为一致，比例分别为 28.3% 和 27.5%，并不存在差异；健身团队方面存有性别差异，男性比例为 14.6%，女性为 18.7%；乡镇企业承担体育活动组织者的角色并不存在性别差异，男、女比例相当，分别为 11.0% 和 11.3%；其他项差异亦不显著。

不同性别的村民对村里社会体育指导的了解不存在显著性差异。多数村民不

论男、女均表示村里没有社会体育指导员，占比分别为 54.5% 和 52.9%，比例均排第 1 位；而还有较多村民并不知道关于社会体育指导员一事，男、女占比为 23.2% 和 22.8%；认为有但偶尔进行指导的男、女比例为 18.0% 和 20.2%；有较少村民表示有且经常指导，男、女占比分别为 4.2% 和 4.0%（表 7-29）。

表 7-29　农村公共体育服务体系之赛事、组织及社会指导员的性别差异

| 要素 | 参赛次数 | 农村体育活动的组织者 | | | | | 农村社会体育指导员 |
		自娱自乐	村委会	健身团队	乡镇企业	其他	
χ^2	10.378	11.061	0.242	8.986	0.059	0.062	2.268
P	0.006	0.001	0.623	0.003	0.809	0.803	0.519

不同性别的村民获得体育信息途径多样。最为便捷的方式是通过电视获得，男性占比 69.1%，女性 60.1%，其差异非常显著；村民从网络上获知体育信息的比例较高，男、女比例分别为 51.0% 和 50.9%，其差异并不显著；村民以宣传栏为信息获得途径不存在差异显著，男性比例为 18.8%，女性为 20.4%；村民以宣传单方式获得信息的男、女比例分别为 7.1% 和 8.2%，其差异并不显著；通过活动宣讲以了解体育信息的男、女比例偏低，男性仅有 6.1%，女性为 7.9%，其差异并不显著；广播途径较受欢迎，男、女选择的比例排序均为第 3，分别为 21.7% 和 23.5%，其差异不显著；报纸书刊以了解体育信息的性别差异不显著，男性占比 19.3%，女性为 18.4%；其他项的男、女差异亦不显著。

不同性别的村民对体育政策法规了解不存在显著性差异。男、女村民对《全民健身计划》的熟知程度最高，分别占比 37.8% 和 37.6%，其差异不显著；其次是其他项的比例较高，男性为 34.8%，女性为 35.1%，其差异不显著；村民对《中华人民共和国体育法》的了解排在第 3 位，其差异不显著，男、女比例分别为 26.2% 和 24.7%；而对《农民体育健身工程》熟悉比例最低，男性为 16.8%，女性为 15.5%，其差异并不显著（表 7-30）。

表 7-30 农村公共体育服务体系之信息获得及政策法规了解的性别差异

要素	体育信息获得途径								体育政策法规了解情况			
	电视	网络	宣传栏	宣传单	活动宣讲	广播	报纸书刊	其他	体育法	全民健身计划	农民健身工程	其他
χ^2	26.633	0.001	1.203	1.291	3.670	1.385	0.336	0.709	0.892	0.011	0.898	0.031
P	0.000	0.979	0.273	0.256	0.055	0.239	0.562	0.400	0.345	0.917	0.343	0.861

村民对村里财政支出公开的了解存在性别差异。其中大多数村民表示并不公开，男性比例为 38.6%，女性达到 42.9%；男、女村民不知道的比例排序为第 2 位，分别为 35.7% 和 36.5%；而认为公开的比例均较低，男性为 25.7%，女性仅有 20.6%。

不同性别村民参加体质测试不存在显著性差异。从未参加过体质测试的村民比例排序占第 1 位，其中男性为 30.6%，女性为 28.7%；男、女村民表示曾经参加过的比例均为 25.2%；每年一次以上的男、女占比分别为 22.8% 和 24.7%；准备参加的男、女比例均为 21.4%。体质测试关系着村民健康状况，应给予提前了解。

不同性别村民对体育信息宣传栏的了解不存在显著性差异。有 80% 左右的村民表示村里无宣传栏并未曾关注，男、女比例分别为 78.9% 和 80.8%；而只有 20% 左右的村民认为村里有宣传栏且经常关注，男性占比 21.1%，女性为 19.2%。

不同性别村民对村里体育工作监督意愿不存在显著性差异。多数村民表示愿意参与体育工作的监督，男、女占比分别为 42.2% 和 41.5%；村民持无所谓态度的比例在 30% 左右，男性为 29.5%，女性为 30.9%；而不愿意参与的村民比例亦不算低，男性占到 28.3%，女性也有 27.6%（表 7-31）。

表 7-31 农村公共体育服务体系之财政公开、体质测试、信息宣传及监督意愿的性别差异

要素	财政支出公开	体质测试	体育信息宣传栏	体育工作监督意愿
χ^2	11.506	2.002	1.595	0.717
P	0.003	0.572	0.207	0.699

（2）农村公共体育服务需求状况的性别差异。不同性别的村民对体育活动重要性的认知并不存在显著性差异。男性对比较重要和很重要的选择比例较高，

达到 62.4%，女性相对略低，为 59.6%；男、女村民认为体育活动重要性为一般的比例不低，均在 30% 以上，分别为 33.1% 和 35.5%；不重要和很不重要的男、女比例均在 5% 以内，男性为 4.4%，女性为 4.8%。所以，不同性别的村民对体育活动各重要维度的认识较为相似。

不同性别的村民对其是否有公共体育服务享受权的认识并不存在显著性差异。其中，不论男、女，对享有公共体育服务持认可态度，比例均接近 70%，分别为 69.0% 和 68.1%；而认为没有这种权利的占比均低于 10% 且比例相当，男性为 8.7%，女性为 8.6%；此外，还有超过 20% 的男、女村民表示并不知道公共体育服务享受权，分别占比 22.0% 和 23.3%。

村民在农村公共体育服务改善内容方面存在性别差异，且达到差异显著水平。男、女村民一致认为场地设施是最需完善的要素，分别占比 56.3% 和 51.7%；其次是组织管理，男性占到 15.3%，而女性为 15.5%；再次是经费保障，男、女比例分别为 15.2% 和 14.7%；村民对政策法规的认识则相对偏弱，男性仅有 1.9%，女性也只达到 2.6% 而已；信息宣传则更加靠后，男、女排序均为第 8 位，比例分别占 1.6% 和 2.4%；技术指导方面，男、女比例几乎接近，前者为 3.8%，后者为 3.9%；赛事活动性别认识略有偏差，男性略低，为 2.5%，女性稍高，占比 4.2%；体质测试的性别比例仍是女性稍多，为 3.8%，男性则只占 2.7%；监督评估是所有要素中比例最低的一项，男性仅有 0.8%，女性也只有 1.3%。从中可以看出，除场地设施、经费保障外，女性其他要素的改善要求均强过男性（表 7-32）。

表 7-32　农村公共体育服务重要性、享有权及改善内容的性别差异

要素	体育活动重要性的认知	公共体育服务享有权的认知	公共体育服务需改善的内容
χ^2	8.251	0.435	17.975
P	0.083	0.804	0.021

（3）农村公共体育服务供需难题的性别差异。不同性别村民对村里体育设施存在问题的看法均无显著性差异。没有体育场地设施的男、女比例分别为 26.1% 和 27.7%，不存在性别差异；而村民认为体育设施太少的比例均为最高，且不存在显著性差异，男性占比 53.6%，女性为 51.3%；体育设施单一也是较严重的问题，男、女将其列为第 2 位，分别占比 38.1% 和 35.4%，差异水平并不显著；有一部分村民认为现有的体育设施并不适合他们，男性占到 12.3%，女性亦

有 10.6%，其差异不显著；体育设施陈旧、更新不足等问题突出，男性比例为 24.5%，女性亦达到 22.1%，其差异并不显著；缺少维护管理服务导致设施损坏现象频发，男、女比例排序均在第 3 位，分别为 33.4% 和 34.0%，其差异不明显；对于室内设施偏少的选择，男性占比 27.7%，女性为 25.5%，差异不显著；村民对其他项亦不存在显著的性别差异。

不同性别的村民对农村体育活动开展存在困难的认识均不存在显著性差异。相当一部分村民认为没有场地设施是一大原因，男、女比例分别为 49.7% 和 46.8%，其差异不显著；组织管理落后方面不存在性别差异，男、女比例分别为 47.9% 和 49.5%；缺乏经费保障的男、女占比排序均为第 3 位，分别为 46.1% 和 42.7%，其差异性并不显著；缺少指导人员的男、女比例为 35.1% 和 37.4%，其差异不显著；没有激励政策亦是农村体育活动开展的受阻因素，男、女占比较为接近，分别为 31.5% 和 32.8%，其差异不显著；其他项的性别比例差异不显著（表 7-33）。

表 7-33 农村公共体育服务供需难题之场地设施及活动开展的性别差异

要素	体育设施存在的问题								体育活动开展存在的困难					
	没有体育设施	体育设施太少	体育设施单一	不适合村民	体育设施陈旧	缺少维护管理	室内设施偏少	其他	没有场地设施	组织管理落后	缺少指导人员	缺乏经费保障	没有激励政策	其他
χ^2	1.038	1.627	2.325	2.155	2.346	0.093	1.975	0.528	2.540	0.792	1.724	3.370	0.604	0.056
P	0.308	0.202	0.127	0.142	0.126	0.761	0.160	0.467	0.111	0.373	0.189	0.066	0.437	0.813

7.2.2.2 我国农村公共体育服务治理情况的性别差异

（1）农村公共体育服务治理的重要性、满意度及内容的性别差异。不同性别村民对农村体育治理重要性的认知不存在显著性差异。超过 60% 以上的男、女村民表示体育治理工作比较重要或重要，其占比分别为 65.6% 和 64.0%；认为一般的比例较高，男性为 31.5%，女性高达 32.6%；村民觉得体育治理不重要或很不重要的比例均在 4% 以内，其中男性为 2.9%，女性为 3.4%。

不同性别的村民关于农村公共体育服务治理满意度不存在显著性差异。村民表示比较满意和满意的比例不算高，男性只有 24.4%，女性为 22.4%；多数村民都认为一般，男性占比高达 43.2%，女性更高，为 45.35%；还有相当一部分村民觉得不太满意或不满意，男性达到 32.4%，女性也有 32.2%。

不同性别村民认为农村体育治理涵盖内容的看法较为多元。多数村民将完善体育场地设施放在第一位，男、女占比分别为 63.6% 和 59.8%，其差异显著但未到非常显著水平；对于培育体育组织的认识，男、女村民的差异并不显著，男性比例为 47.3%，女性为 46.7%；投入体育经费的看法男、女观点较一致，选择比例分别为 43.3% 和 42.6%，其差异亦不显著；开展体育比赛活动上，男性要求略高于女性，比例分别为 45.15% 和 38.6%，其差异非常显著；男、女村民均将提供健身指导作为农村体育治理的第二大内容，比例分别达到 50.1% 和 50.6%，其差异不显著；村民对体质测试的倡议不存在性别差异，男、女比例排序略靠后，分别为 26.6% 和 29.6%；加强体育信息宣传方面亦不存在性别差异，男、女占比分别为 34.8% 和 34.0%；对于体育政策法规的出台，男、女认识略有差别，其中男性比例稍高，为 26.3%，女性则有 22.9%，其差异水平达到显著状态；监督治理过程的男、女比例均为最末，其比例分别为 18.8% 和 17.9%，其差异不显著（表 7-34）。

表 7-34 农村公共体育服务治理的重要性、满意度及内容的性别差异

| 要素 | 重要性 | 满意度 | 农村体育治理涵盖内容 | | | | | | | | |
			完善体育场地设施	培育体育组织	投入体育经费	开展体育比赛活动	提供健身指导	进行体质测试	加强体育信息宣传	出台体育政策	监督治理过程
χ^2	1.595	6.194	4.657	0.113	0.185	12.802	0.075	3.278	0.224	4.464	0.444
P	0.810	0.185	0.031	0.737	0.667	0.000	0.785	0.070	0.636	0.035	0.505

（2）农村公共体育服务治理主体、方式、手段及意愿的性别差异。不同性别村民对组织或企业参与农村公共体育服务的了解存在显著性差异。多数村民表示自己并不清楚此事，男、女比例分别达到 65.2% 和 68.9%；明确认为没有的男女比例亦不算低，分别占 26.4% 和 21.6%；而选择有的村民比例均在 10% 以下，男性为 8.4%，女性为 9.5%。

不同性别村民对农村公共体育服务治理主体认识不同。无论男女，均把村委会看作是农村公共体育服务最重要的治理主体，比例分别为 55.2% 和 50.9%，其差异显著但未到非常显著水平；政府作为治理主体的比例较高，男性达到 50.4%，女性也有 44.5%，其差异非常显著；乡镇企业的选择并不存在性别差异，男性占比为 34.9%，女性 36.4%；村民认为自己即可为治理主体的比例不低，男、女占比分别为 29.3% 和 34.0%，其差异非常显著；体育社会组织的男、女比例保持在 20% 左右，分别为 19.0% 和 19.7%，其差异并不显著；乡村能人承担农村公共

体育服务治理主体方面不存在显著性差异，其中男性为15.8%，女性为14.6%；其他主体的选择上差异不显著。

不同性别村民对农村公共体育服务政府角色的认识并不存在显著性差异。男、女村民表示政府作为管理者角色的比例略低，分别为16.0%和14.8%；接近30%的村民觉得政府应该充当公共体育服务的服务者，其中男性占比27.0%，女性也有27.6%；超过一半的村民认为政府关于农村公共体育服务的角色担当应管理与服务身份兼具，男性为57.1%，女性达到57.6%。

不同性别村民对农村公共体育服务治理方式存在显著性差异但未到非常显著水平。男性认为由政府统一安排的比例最高，为40.2%，女性对此则只有35.8%；社会组织参与方面相反，女性比例高达42.1%，男性为39.1%；村民自己治理的比例较低，男、女占比分别为20.6%和22.1%。

不同性别村民对农村公共体育服务治理手段的认识并不存在显著性差异。村民选择乡规民约约束的柔性方式比例不高，男性仅有12.6%，女性也只有13.1%；对于政策法律的刚性形式则维持在20%稍多，男性为20.4%，女性为20.5%；大多数村民认为以上二者结合是最好的治理手段，男性占比67.0%，女性比例也达到66.4%。

村民参与公共体育服务治理意愿的性别差异不显著。接近50%的村民对此表示无所谓或看情况，男性比例为49.7%，女性为49.6%；有一大部分村民愿意参与公共体育服务治理过程，男性占比38.3%，女性为35.6%；还有部分村民不愿意参与，男性占比12.0%，女性有14.8%（表7-35）。

表7-35　农村公共体育服务治理主体、方式、手段及意愿的性别差异

| 要素 | 组织或企业参与 | 农村公共体育服务治理主体 | | | | | | | 政府角色 | 治理方式 | 治理手段 | 治理意愿 |
		政府	乡镇企业	村委会	体育组织	乡村能人	村民	其他				
χ^2	9.670	10.362	0.742	5.520	0.231	0.786	7.450	0.655	0.776	6.105	0.197	5.744
P	0.008	0.001	0.389	0.019	0.631	0.375	0.006	0.418	0.678	0.047	0.906	0.057

7.2.2.3　我国农村公共体育服务评价形式的性别差异

（1）农村公共体育服务重要性的性别差异。不同性别村民对农村公共体育服务各要素重要性的认识均不存在显著性差异（表7-36）。

表 7-36　我国农村公共体育服务重要性的性别差异

要素	场地设施	组织管理	经费保障	政策法规	信息宣传	技术指导	赛事活动	体质测试	监督评估
χ^2	2.928	2.123	0.265	2.989	1.860	2.950	0.979	4.396	4.169
P	0.570	0.713	0.992	0.560	0.762	0.566	0.913	0.355	0.384

（2）农村公共体育服务满意度的性别差异。不同性别村民对农村公共体育服务满意度除组织管理和赛事活动两项要素存在显著性差异外，其他均不显著（表 7-37）。

表 7-37　我国农村公共体育服务满意度的性别差异

要素	场地设施	组织管理	经费保障	政策法规	信息宣传	技术指导	赛事活动	体质测试	监督评估
χ^2	6.308	15.732	4.643	7.263	7.840	6.784	15.138	9.405	5.030
P	0.177	0.003	0.326	0.123	0.098	0.148	0.004	0.052	0.284

7.2.3　我国农村公共体育服务发展的年龄差异

7.2.3.1　我国农村公共体育服务供需状况的年龄差异

（1）农村公共体育服务供给状况的年龄差异。村民对农村体育场地和设施情况的了解，在年龄方面表现出不同差异特征，其中在综合文体室、健身苑点、舞厅、篮球场、门球场和其他项不存在显著性差异。村民对棋牌室的了解比例均在 30% 以上，30~39 岁的比例最高，达到 42.3%，最低的 19 岁以下的占比为 30.3%，其差异非常显著；乒乓球台比例以 19 岁以下为高，达 45.8%，40~49 岁的占比最低，为 32.7%，其差异非常显著；台球室比例以 60~69 岁年龄段最低，只有 4.0%，20~29 岁的占比达到 18.2%，其差异非常显著；文化广场方面除了 60~69 岁的 27.3% 外，其余比例均在 30% 以上，30~39 岁的比例高达 40.4%，其差异非常显著；单双杠的占比参差不齐，30~39 岁的比例为 31.2%，60~69 岁的占比低至 17.2%，其差异非常显著；秋千占比略低，均在 20% 以下，70 岁以上低至 9.6%。

村民对学校开放情况的了解在年龄上存在显著性差异。村民认为不能开放的比例以 70 岁以上为高，达到 54.2%，19 岁以下村民的比例最低，只有 25.2%；

能开放且时间能够满足活动需求的比例以 19 岁以下为多，占比 41.1%，其余比例均在 20% 以上；而表示能开放但时间不能满足活动需求的比例稍低，30~39 岁的比例最高，为 36.5%，60~69 岁的比例最低，占 20.7%。

村民步行到最近体育场地所需时间在年龄上存在显著性差异。10 分钟以内的比例以 19 岁以下最高，占比 34.2%，70 岁以上比例最低，只有 13.3%；10~30 分钟的占比普遍较高，除高年龄段的 37.3% 外，其余均在 40% 以上，30~39 岁的比例高达 51.5%；31~60 分钟的比例以 70 岁以上最高，达到 34.9%，40~49 岁的占比最低，只有 12.9%；而 60 分钟以上的比例普遍较低，基本在 10% 左右，最高为 70 岁以上的 14.5%（表 7-38）。

表 7-38 农村体育场地设施、学校开放及便捷程度的年龄差异

| 要素 | 场地设施 | | | | | | | | | | | | 学校开放 | 便捷程度 |
	综合文体室	棋牌室	乒乓球台	台球室	文化广场	健身苑点	舞厅	篮球场	单双杠	门球场	秋千	其他		
χ^2	9.822	20.472	17.410	42.504	18.255	1.773	9.888	12.157	24.927	11.892	22.074	5.384	136.488	72.472
P	0.132	0.002	0.008	0.000	0.006	0.939	0.129	0.059	0.000	0.064	0.001	0.496	0.000	0.000

村民一年参加体育比赛次数在年龄上存在显著性差异。3 次及以上的比例普遍较低，最高为 19 岁以下的 16.6%，60~69 岁的比例最低，只有 5.6%；1~2 次的比例稍高，19 岁以下占比高达 51.7%；同时，村民从不参加的比例基本随年龄的增长而增加，70 岁以上的比例更是达到 79.5%，最低为 19 岁以下的 31.7%。

村民对农村体育活动组织者的认识在自娱自乐方面不存在显著性差异。村民表示由村委会承担的比例以 30~39 岁年龄段最高，为 34.4%，19 岁以下的占比偏低，只有 20.4%，其差异非常显著；健身团队的比例除 60~69 岁的 21.2% 外，其余均低于 20%，40~49 岁的占比只有 12.1%，其差异非常显著；乡镇企业方面的比例基本在 10% 左右，且以 20~29 岁为高，占到 13.3%，其差异非常显著；其他项的比例相差略大，19 岁以下的占比达 22.7%，而 30~39 岁的比例只有 10.4%，其差异非常显著。

村民对村里社会体育指导员情况的了解并不存在显著性差异。村民表示有并经常指导的比例多数在 5% 左右，只有 60~69 岁和 70 岁以上的比例略低，分别为 2.5% 和 0；认为有并偶尔进行指导的比例以 70 岁以上的比例为低，占比 9.6%，其余维持在 20% 左右；村民觉得没有的比例普遍较高，除 50~59 岁的

47.6%外，其他年龄段均在50%以上；而不知道的比例都在20%以上，其中50~59岁的占比达到29.7%（表7-39）。

表7-39 农村公共体育服务体系之赛事、组织及社会指导员的年龄差异

要素	参赛次数	农村体育活动的组织者					农村社会体育指导员
		自娱自乐	村委会	健身团队	乡镇企业	其他	
χ^2	195.400	10.411	27.200	21.738	13.491	36.090	25.482
P	0.000	0.108	0.000	0.001	0.036	0.000	0.112

农村居民在获得体育信息的途径上多数不存在年龄差异，电视、宣传栏、宣传单、活动宣讲、报纸书刊及其他等均无显著性差异。网络获取体育信息则存在非常显著的年龄差异，基本按照年龄的递增而对网络的利用降低，最高为20~29岁的64.8%，而70岁以上村民的比例只有18.1%；广播的方式占比除高年龄群体的36.1%外，其余都在30%以下，其差异非常显著。

村民对农村体育政策法规的了解在《中华人民共和国体育法》和《农民体育健身工程》两项上不存在显著性差异。对《全民健身计划》的熟知以20~29岁的比例略高，为40.6%，70岁以上者稍低，占比27.7%，其差异显著但未到非常显著水平；其他政策法规亦存在显著性差异但未到非常显著水平，其中40~49岁的比例较高，达到44.0%，最低者为20~29岁的32.8%（表7-40）。

表7-40 农村公共体育服务体系之信息获得及政策法规了解的年龄差异

要素	体育信息获得途径								体育政策法规了解情况			
	电视	网络	宣传栏	宣传单	活动宣讲	广播	报纸书刊	其他	体育法	全民健身计划	农民健身工程	其他
χ^2	10.748	280.650	10.283	10.687	6.301	20.006	9.573	4.642	7.597	14.889	3.661	13.730
P	0.096	0.000	0.113	0.099	0.390	0.003	0.144	0.591	0.269	0.021	0.722	0.033

村民对农村财政支出公开情况的了解存在显著性差异但未到非常显著水平。村民知道公开的比例以50~59岁年龄段为高，占到30.4%，而19岁以下的村民关心程度略低，只有18.4%；村民认为不公开的比例在40%左右，其中30~39岁的比例略高，为43.7%；此外，还有部分村民表示并不知道此事，占比均在30%以上，70岁以上村民更是达到42.2%。

村民参加体质测试方面存在显著性差异。村民表示从未参加的比例偏差较大，高者如 50~59 岁的 48.0%，而 20~29 岁年龄段的比例偏低，为 18.5%；村民准备参加的比例基本维持在 20% 左右；村民能够每年进行一次以上的比例以 19 岁以下为多，占到 37.3%，多为学生群体；而曾经参加过的以 20~29 岁的村民比例最高，达到 28.9%，60~69 岁的占比最低，为 19.7%。

村民对村里体育信息宣传栏的关注不存在年龄差异。认为有且经常关注的比例除最低的 70 岁以上的 9.6%，其余基本在 20% 左右，20~29 岁的比例略高，为 21.6%；而表示没有并未曾关注的比例普遍较高，均在 70% 以上，高年龄的占比高达 90.4%。

村民对体育工作的监督意愿存在显著性差异但未到非常显著水平。中低年龄段的村民较愿意参与此项工作，比例都在 40% 以上，而高年龄段的比例稍低，分别为 60~69 岁的 31.3% 和 70 岁以上的 27.7%；村民表示不愿意的比例高、低各有，最高年龄的比例偏高，达到 41.0%，而 30~39 岁的占比却少至 25.7%；此外，部分村民还持无所谓的态度，均在 30% 左右（表 7-41）。

表 7-41　农村公共体育服务体系之财政公开、体质测试、信息宣传及监督意愿的年龄差异

要素	财政支出公开	体质测试	体育信息宣传栏	体育工作监督意愿
χ^2	24.875	277.124	10.636	25.782
P	0.015	0.000	0.100	0.012

（2）农村公共体育服务需求状况的年龄差异。对体育活动重要性的认知可反映村民的需求，不同年龄的村民对其认识的差异非常显著。村民表示体育活动重要或很重要的比例以 19 岁以下较高，占比 65.7%，70 岁以上比例略低，为 45.8%；认为一般的比例均在 30% 以上，其中 70 岁以上高达 38.6%；而不重要或很不重要的占比基本按年龄的增长而增高，30~39 岁的比例稍低，只有 2.6%。

不同年龄段的村民对公共体育服务享有权的认知存在显著性差异。超过半数的村民均认为其有公共体育服务享受权，其中 40~49 岁的比例最高，占比 72.1%，最低为 60~69 岁的 53.5%；认为没有的村民占比均在 10% 以内，同时还有部分村民表示并不知道且比例不低，即使最低的 20~29 岁也有 18.8%，70 岁以上村民的比例更是达到 38.6%。

农村公共体育服务内容改善方面，不同年龄村民对其看法的差异并不显著。其中以场地设施的比例最高，除最低的 70 岁以上的 47.0% 外，其余均在 50% 以上，50~59 岁占比高达 56.4%；组织管理的比例基本维持在 15% 左右，最高的

40~49 岁为 16.0%；经费保障以最高年龄比例为高，占 19.3%，19 岁以下稍低，只有 11.9%；政策法规的比例普遍较低，50~59 岁低至 1.1%；信息宣传的比例则在 3% 或以下；技术指导的比例全部维持在 5% 以内；赛事活动、体质测试的比例均较低，而监督评估的占比甚至低于 2.0%（表 7-42）。

表 7-42　农村公共体育服务重要性、享有权及改善内容的年龄差异

要素	体育活动重要 性的认知	公共体育服务 享有权的认知	公共体育服务 需改善的内容
χ^2	82.031	56.245	46.507
P	0.000	0.000	0.534

（3）农村公共体育服务供需难题的年龄差异。村民对村里体育设施问题的认识存在的差异各异，其中没有体育设施、体育设施单一、不适合村民、体育设施陈旧和室内设施偏少不存在显著性差异。村民认为体育设施太少的比例均在 40% 以上，30~39 岁的比例高达 55.5%，最低的 70 岁以上的占比也有 42.2%，其差异非常显著；缺少维护管理的比例以 20~29 岁的比例为高，占到 36.9%，70 岁以上的占比只有 26.5%，其差异显著；其他项的比例均在 10% 以内，其差异显著但未到非常显著水平。

村民对体育活动开展存在的困难在年龄方面差异各异，其中在没有场地设施、缺少指导人员、缺乏经费保障和其他项均无显著性差异。村民认为组织管理落后的比例以 20~29 岁最高，达 53.6%，70 岁以上的比例最低，只有 37.3%，其差异非常显著；没有激励政策同样是体育活动展开的一大困难，除 50~59 岁的 22.7% 外，其余均在 30% 以上，其差异显著但未到非常显著水平（表 7-43）。

表 7-43　农村公共体育服务供需难题之场地设施及活动开展的年龄差异

要素	体育设施存在的问题								体育活动开展存在的困难				
	没有 体育 设施	体育 设施 太少	体育 设施 单一	不适 合村 民	体育 设施 陈旧	缺少 维护 管理	室内 设施 偏少	其他	没有 场地 设施	组织 管理 落后	缺少 指导 人员	缺乏 经费 保障	没有 激励 政策	其他
χ^2	7.691	18.423	7.216	9.258	11.391	14.469	11.224	12.872	7.788	19.874	3.979	4.826	14.911	10.717
P	0.262	0.005	0.301	0.160	0.077	0.025	0.082	0.045	0.254	0.003	0.679	0.566	0.021	0.098

7.2.3.2　我国农村公共体育服务治理情况的年龄差异

（1）农村公共体育服务治理的重要性、满意度及内容的年龄差异。村民对农村体育治理重要性的认知存在年龄差异且非常显著。村民表示很重要或比较重要的比例基本在60%以上，60~69岁和70岁以上略低，分别为54.6%和55.4%；认为一般的比例除19岁以下的28.1%外，其余均在30%以上；而觉得不重要或很不重要的比例相对较低，只有70岁以上这一年龄段超过10%，为10.8%。

村民对农村公共体育服务治理的满意度情况存在年龄差异但未到非常显著水平。村民表示满意或比较满意的比例和除70岁以上的12.0%外，其余也仅超过20%而已，最高为30~39岁的25.2%；村民认为一般的比例普遍较高，均在40%以上且维持在45%左右；村民感到不满意或不太满意的比例之和以70岁以上者最高，达到42.1%，其余也都在30%以上。

村民认为农村体育治理所涵盖的内容在完善体育场地设施、进行体质测试和加强信息宣传方面并不存在显著性差异。培育体育组织的比例较高，其中20~29岁达到50.9%，最低为50~59岁的38.5%，其差异非常显著；村民认为投入体育经费的比例以70岁以上者最高，达到57.8%，而年龄最小者只有37.8%，其差异显著但未到非常显著水平；开展体育比赛活动的比例基本遵循年龄越高反而越小的规律，以20~29岁村民的占比为高，达到46.6%，其差异非常显著；村民要求提高健身指导的比例均在40%以上，50~59岁最低，亦有41.8%，最高为20~29岁的53.7%，其差异非常显著；出台体育政策的比例除60~69岁的17.2%外，其余均在20%以上，差异非常显著；监督治理过程的比例较为不同，20~29岁达到21.6%，而60~69岁仅有11.6%，其差异非常显著（表7-44）。

表7-44　农村公共体育服务治理的重要性、满意度及内容的年龄差异

要素	重要性	满意度	农村体育治理涵盖内容								
			完善体育场地设施	培育体育组织	投入体育经费	开展体育比赛活动	提供健身指导	进行体质测试	加强体育信息宣传	出台体育政策	监督治理过程
χ^2	66.315	39.676	9.064	19.187	15.326	42.558	18.552	8.932	11.996	18.951	21.147
P	0.000	0.023	0.170	0.004	0.018	0.000	0.005	0.177	0.062	0.004	0.002

（2）农村公共体育服务治理主体、方式、手段及意愿的年龄差异。村民对组织或企业参与农村公共体育服务的了解存在年龄差异且非常显著。村民表示没

有的比例以 40~49 岁为高，占比 33.2%，20~29 岁最低，为 19.5%；村民觉得不清楚的比例普遍较高，均超过半数，20~29 岁的比例高达 71.0%；而认为有的比例除 70 岁以上的 12.0% 外，其余均在 10% 以下，最低为 40~49 岁的 7.4%。

村民对农村公共体育服务治理主体的认知于村委会、乡村能人和其他类不存在显著性差异。村民认为政府作为农村公共体育服务治理主体的比例均在 40% 以上，其差异显著但未达非常显著水平，其中 50~59 岁村民的比例最高，达到 56.0%，最低为 19 岁以下的 42.7%；乡镇企业可成为治理主体的比例以 20~29 岁倡导较多，占比 40.2%，而 70 岁以上者只有 24.1%，其差异非常显著；体育社会组织的比例基本与年龄成反比，其差异显著但未达非常显著水平；村民个体承担农村公共体育服务治理主体的比例并不算低，尤其以 19 岁以下为高，占到 36.6%，其差异非常显著。

村民对农村公共体育服务政府角色的认知存在年龄差异但其水平未达非常显著。村民认为政府作为管理者角色的比例以 40~49 岁最高，为 21.3%，19 岁以下占比最少，仅有 13.7%；而村民将其定位为服务者的比例则以 19 岁以下群体为高，占到 30.8%，最低为 40~49 岁的 24.4%；村民表示既有管理又需服务的双重角色占比较高，均在 50% 以上，其中 20~29 岁年龄段高达 60.3%。

村民对农村公共体育服务治理方式的认知存在年龄差异且达到非常显著水平。村民认为由政府统一安排的比例均在 30% 以上，最高为 50~59 岁的 49.1%；村民建议社会组织参与的比例除 40~49 岁和 50~59 岁的 35.3% 和 30.0% 外，其余都在 40% 以上；而村民自己就可治理的比例以 30~39 岁为低，占比 19.9%，其他均在 20% 以上，高者为 70 岁以上的 28.9%。

村民对农村公共体育服务治理手段的认知并不存在年龄差异。村民表示运用乡规民约约束的比例以 40~49 岁略高，为 16.2%，最低为 70 岁以上的 9.6%；村民认为需用政策法律强制的手段比例基本在 20% 左右，最高为 19 岁以下的 21.8%，而 40~49 岁的占比略低，为 18.8%；村民将二者结合的比例均在 65% 左右，最高为 70 岁以上的 69.9%，19 岁以下的比例稍低，也有 64.0%。

农村居民参与公共体育服务的治理意愿存在年龄差异且达到非常显著水平。村民表示愿意的比例除 70 岁以上的 24.1% 外，其余都在 30% 以上，最高为 30~39 岁的 39.0%；而村民持无所谓态度的比例普遍较高，70 岁以上者达到 54.2%，最低的 60~69 岁占比也有 44.7%；村民不愿意参与的比例仍以年龄最高者为多，占比 21.7%，20~29 岁的村民比例相对略低，只有 10.6%（表 7-45）。

表 7-45　农村公共体育服务治理主体、方式、手段及意愿的年龄差异

| 要素 | 组织或企业参与 | 农村公共体育服务治理主体 | | | | | | | 政府角色 | 治理方式 | 治理手段 | 治理意愿 |
		政府	乡镇企业	村委会	体育组织	乡村能人	村民	其他				
χ^2	38.895	15.345	28.933	10.850	13.123	6.787	25.926	5.175	25.568	40.240	10.355	27.833
P	0.000	0.018	0.000	0.093	0.041	0.341	0.000	0.522	0.012	0.000	0.585	0.006

7.2.3.3　我国农村公共体育服务评价形式的年龄差异

（1）农村公共体育服务重要性的年龄差异。村民对农村公共体育服务各要素的重要性多数不存在年龄差异，只有场地设施、信息宣传和技术指导存在显著性差异（表 7-46）。

表 7-46　我国农村公共体育服务重要性的年龄差异

要素	场地设施	组织管理	经费保障	政策法规	信息宣传	技术指导	赛事活动	体质测试	监督评估
χ^2	61.313	35.788	30.093	28.038	40.002	50.010	19.046	35.823	28.909
P	0.000	0.058	0.182	0.258	0.021	0.001	0.750	0.057	0.224

（2）农村公共体育服务满意度的年龄差异。农村公共体育服务满意度的年龄差异在场地设施、政策法规、信息宣传及体质测试方面并未得到体现，其他要素均有显著性差异，只有组织管理达到非常显著水平（表 7-47）。

表 7-47　我国农村公共体育服务满意度的年龄差异

要素	场地设施	组织管理	经费保障	政策法规	信息宣传	技术指导	赛事活动	体质测试	监督评估
χ^2	23.625	43.696	36.682	31.386	28.142	40.264	36.955	34.578	38.846
P	0.483	0.008	0.047	0.143	0.254	0.020	0.044	0.075	0.028

7.2.4　我国农村公共体育服务发展的职业差异

7.2.4.1　我国农村公共体育服务供需状况的职业差异

（1）农村公共体育服务供给状况的职业差异。村民对农村体育场地和设施

的了解情况除秋千一项外其余均存在一定差异。综合文体室的比例基本在20%左右，但其他职业的占比高达38.6%，差异非常显著；棋牌室的比例均在30%以上，最低为学生群体的30.6%，其差异非常显著；乒乓球台的比例均在30%以上，其中以教师群体的占比稍高，为46.9%，个体工商户比例稍低，也有33.7%，其差异非常显著；台球室的比例除外出打工者的20.5%外，其余均低于20%，务农者最低，为8.7%，其差异非常显著；文化广场的比例相差较大，乡镇干部的比例高达46.0%，而村干部的占比只有28.0%，其差异非常显著；健身苑点的了解以外出打工者最低，只有12.2%，村干部稍高，占比26.2%，其差异非常显著；舞厅的熟知比例以干部群体比例为高，分别为乡镇干部的16.0%和村干部的13.7%，而其余均在10%以下，其差异非常显著；篮球场的比例普遍较高，其中外出打工者占比高达47.0%，而最低的为教师群体的34.3%，其差异非常显著；单双杠的比例均在20%以上，外出打工者的比例最高，为32.8%，而最低为务农者的20.6%，其差异非常显著；门球场占比基本维持在10%左右，其差异显著但未达非常显著水平；其他项亦存在显著差异。

村民对农村学校开放情况的了解存在职业差异。村民表示不能开放的比例参差不齐，以务农者比例最高，达到44.4%，教师群体最低，只有19.4%；村民认为能开放且时间能够满足活动需求的比例以乡镇干部最高，占比50.0%，而务农者与外出打工者比例偏低，分别为23.9%和24.1%；村民表示能开放但时间不能满足活动需求的比例普遍较高，其中外出打工者高达39.9%。

村民步行到最近的体育场地所需时间存在职业差异。10分钟以内的比例均在25%以上，其中乡镇干部、个体工商户、教师、学生及其他群体的比例在30%及以上，而其余职业的群体占比在25%~30%；10~30分钟的比例均较高，都在40%以上，乡镇干部的比例达到52.0%，而最低的其他群体也有42.5%；31~60分钟的比例除村干部的20.2%外，其余均低于20%；而60分钟以上的比例相差较大，乡镇干部只有2.0%，外出打工者却达到11.1%（表7-48）。

表7-48　农村体育场地设施、学校开放及便捷程度的职业差异

要素	场地设施												学校开放	便捷程度
	综合文体室	棋牌室	乒乓球台	台球室	文化广场	健身苑点	舞厅	篮球场	单双杠	门球场	秋千	其他		
χ^2	48.217	44.058	21.580	41.681	32.121	40.436	24.352	24.420	32.355	15.348	10.572	30.061	170.205	53.227
P	0.000	0.000	0.003	0.000	0.000	0.000	0.001	0.001	0.000	0.032	0.158	0.000	0.000	0.000

村民一年参加体育比赛的次数存在职业差异。3 次及以上的比例以学生群体稍高，占 15.7%，而务农者的比例只有 6.2%；1~2 次的比例参差不齐，高者如村干部的 63.1%，而务农者的比例则低至 25.0%；村民表示从不参加的比例以村干部最少，占比 27.4%，而务农者的比例偏高，达到 68.8%。

村民对农村体育活动组织者的认可均存在一定的职业差异。村民自我组织、自娱自乐的比例普遍较高，只有村干部占比偏低，为 29.2%，外出打工者和学生群体比例分别高达 54.4% 和 55.3%，其差异非常显著；村委会是较为重要的组织者，其中村干部为 48.2%，而学生群体只有 19.7%，其差异非常显著；健身团队的比例以务农者较低，只有 11.5%，而村干部达到 25.6%，其差异非常显著；乡镇企业的比例相差偏大，高者如村干部的 23.2%，而最低为务农村民的 6.3%，其差异非常显著；其他项亦存在显著差异。

村民对村里社会体育指导情况的了解存在职业差异。村民表示有并经常指导的比例均低于 10%，其中以务农者和外出打工者稍低，分别为 2.8% 和 2.7%；村民认为有但只是偶尔进行指导的比例以村干部最高，达到 44.6%，外出打工者的比例偏低，仅占 15.4%；村民表示没有的比例不低，学生群体达到 59.0%，村干部比例较低，只有 36.3%；此外，还有部分村民并不知此事（表 7-49）。

表 7-49 农村公共体育服务体系之赛事、组织及社会指导员的职业差异

要素	参赛次数	农村体育活动的组织者					农村社会体育指导员
		自娱自乐	村委会	健身团队	乡镇企业	其他	
χ^2	343.491	51.934	70.025	54.102	62.104	34.427	146.427
P	0.000	0.000	0.000	0.000	0.000	0.000	0.000

村民对农村获得体育信息的途径在活动宣讲上不存在显著性差异。村民通过电视获取体育信息的比例均较高，最低的村干部群体亦有 47.0%，而高者如务农者的 67.5%、外出打工者的 66.8% 及学生群体的 68.5%，其差异非常显著；村民利用网络获得信息的比例相差略大，务农者仅有 29.1%，而学生群体高达 67.4%，除此，工商个体户的比例较高，达到 58.2%，其差异非常显著；宣传栏的比例以村干部最高，为 32.1%，而务农村民比例稍低，占 14.8%，其差异非常显著；宣传单的比例基本在 10% 左右，其中务农者稍低，仅有 4.6%，其差异非常显著；广播的比例以干部群体稍高，如乡镇干部的 38.0% 和村干部的 34.5%，而学生及其他职业者的比例略低，均为 18.3%，其差异非常显著；报纸书刊的比例均在 15%

以上，其中务农者与外出打工者占比偏低，分别为 15.5% 和 15.4%，最高为乡镇干部，占比 28.0%，其差异非常显著；其他项亦存在显著性差异。

村民对农村体育政策法规的了解均存在一定的差异。村民对《中华人民共和国体育法》的了解除务农者的 19.0% 外，其余均超过 25%，村干部占比最高，达到 33.3%，其差异非常显著；《全民健身计划》的熟知比例以乡镇干部最高，为 62.0%，最低的务农者比例也有 32.4%，其差异非常显著；村民对《农民体育健身工程》的了解除略高的村干部的 29.2% 和略低的其他职业者的 8.5% 外，其余群体比例均在 15% 左右，差异非常显著；其他项比例不低且存在显著差异（表 7-50）。

表 7-50　农村公共体育服务体系之信息获得及政策法规了解的职业差异

要素	体育信息获得途径								体育政策法规了解情况			
	电视	网络	宣传栏	宣传单	活动宣讲	广播	报纸书刊	其他	体育法	全民健身计划	农民健身工程	其他
χ^2	39.222	249.311	38.489	21.053	9.352	39.422	22.933	41.077	27.908	47.490	28.690	70.448
P	0.000	0.000	0.000	0.004	0.228	0.000	0.002	0.000	0.000	0.000	0.000	0.000

村民对农村财政支出公开情况的了解存在职业差异。村民表示公开的比例以村干部最高，占比 39.9%，而学生群体只有 18.8%；村民认为不公开的比例颇高，除其他职业者的 21.6% 外，其余均在 40% 左右，教师比例更是达到 44.6%；此外，村民不知此事的比例不低，除村干部略低的 16.7% 外，其余均在 30% 以上，其他职业者更是达到 45.1%。

村民体质测试参与情况存在职业差异。村民表示从未参加的比例悬殊较大，其中以务农者最高，达到 44.6%，而学生群体也有 13.5%，对于学校体质测试产生怀疑；而准备参加的村民比例除其他的 7.2% 外，其余均在 15% 以上，村干部更是高达 36.9%；每年一次以上的比例以学生居多，达到 44.9%，而务农者和外出打工者比例偏低，分别为 11.2% 和 12.3%；村民表示曾经参加过的比例以村干部最低，仅有 17.3%，其他职业者的比例高达 36.6%，其余都在 20% 及以上。

村民对农村体育信息宣传栏的关注存在职业差异。村民表示村里有且经常关注的比例偏差较大，务农者只有 13.9%，而村干部的占比高达 39.9%；村民认为没有且未曾关注的比例自然偏高，其中以务农者和外出打工者居高，分别为 86.1% 和 81.9%，而最低的村干部群体比例也有 60.1%。

村民对村里体育工作的监督意愿存在职业差异。村民表示愿意的比例均在35%以上，其中以村干部的比例最高，为51.2%，务农者较低，亦有35.3%；而村民表示不愿意的比例以乡镇干部为高，占比38.0%，村干部群体比例也有36.3%，这可能是作为监督管理者的一种抵触，以对自身工作的变向维护；村民持无所谓态度的比例除其他职业者的47.7%外，外出打工者比例也较高，达到33.6%，个体工商户亦有32.3%（表7-51）。

表7-51　农村公共体育服务体系之财政公开、体质测试、信息宣传及监督意愿的职业差异

要素	财政支出公开	体质测试	体育信息宣传栏	体育工作监督意愿
χ^2	90.917	467.263	65.019	87.150
P	0.000	0.000	0.000	0.000

（2）农村公共体育服务需求状况的职业差异。村民对体育活动重要性的认知存在职业差异。村民表示比较重要和很重要的比例以教师最高，达到77.1%，务农者的比例最低，为48.7%；村民认为一般的比例都在20%以上，其中以务农者最高，达到42.6%，教师群体占比稍低，为22.3%；村民觉得不重要或很不重要的比例除务农者的8.7%外，其余均在5%以下。

村民对公共体育服务享受权的认知存在职业差异。多数村民表示他们有这种权利，特别是学生和外出打工者的比例较高，分别为76.9%和72.4%；村干部的比例反而较低，只有53.0%；认为没有的比例相差较大，干部群体的认知明显存在偏差，比例高达18.0%和20.8%，外出打工者只有7.1%；而仍有较大比例的村民对此并不知道，除学生的16.8%外，其余都在20%以上，务农者占比达到30.8%。

村民认为农村公共体育服务最需改善的内容存在职业差异。村民表示场地设施需要改善的比例普遍较高，均在35%以上，学生群体高达58.1%，最低为乡镇干部的38.0%；组织管理以村干部的比例最高，占比23.8%，而务农者和外出打工者比例略低，均为13.4%；经费保障以教师和学生群体比例较低，分别为13.1%和12.2%，乡镇干部占比最高，达到24.0%；政策法规的比例普遍较低，未有一项超过4%；信息宣传的比例多数在3%以下；技术指导以乡镇干部比例略高，为10.0%，其余均在5%及以下；赛事活动的比例教师群体占比稍高，仅有5.7%，其他都低于5%；体质测试和监督评估的比例均较低，未超过4%（表7-52）。

表7-52　农村公共体育服务重要性、享有权及改善内容的职业差异

要素	体育活动重要 性的认知	公共体育服务享 有权的认知	公共体育服务需 改善的内容
χ^2	168.315	101.985	93.465
P	0.000	0.000	0.001

（3）农村公共体育服务供需难题的职业差异。村民对村里体育设施问题的看法在没有体育设施、不适合村民和室内设施偏少上无显著性差异。体育设施太少的比例较高，基本都在50%以上，其中个体工商户高达57.1%，务农者最低，也有48.9%，其差异显著但未达非常显著水平；村民认为体育设施单一的比例均高于30%，乡镇干部占比高达48.0%，其他职业者最低，为30.1%，其差异显著但未达非常显著水平；体育设施陈旧的比例相差较大，高者如乡镇干部的38.0%，而教师群体的比例则低至17.1%，其差异非常显著；缺少维护管理的村民比例除务农者的28.3%外，其他都在30%以上，乡镇干部更是达到42.0%，其差异显著但未达非常显著水平；其他项的比例亦存在显著性差异。

村民对体育活动开展所遇到的困难在缺乏经费保障和没有激励政策上并不存在显著性差异。村民觉得没有场地设施的比例均偏高，只有村干部的比例较低，为36.9%，其差异显著但未达非常显著水平；组织管理落后的比例较高，均在40%以上，村干部更是达到57.7%，最低的其他职业者比例亦有42.5%，其差异非常显著；缺少指导人员以乡镇干部比例最低，为22.0%，其他职业群体占比均超过30%，外出打工者达到39.9%，其差异显著但未达非常显著水平；其他项亦存在显著差异（表7-53）。

表7-53　农村公共体育服务供需难题之场地设施及活动开展的职业差异

要素	体育设施存在的问题								体育活动开展存在的困难					
	没有 体育 设施	体育 设施 太少	体育 设施 单一	不适合 村民	体育 设施 陈旧	缺少 维护 管理	室内 设施 偏少	其他	没有 场地 设施	组织 管理 落后	缺少 指导 人员	缺乏 经费 保障	没有 激励 政策	其他
χ^2	11.565	16.132	15.961	8.285	25.709	16.483	5.643	27.734	15.962	22.932	17.331	6.221	10.892	36.676
P	0.116	0.024	0.025	0.308	0.001	0.021	0.582	0.000	0.025	0.002	0.015	0.514	0.143	0.000

7.2.4.2　我国农村公共体育服务治理情况的职业差异

（1）农村公共体育服务治理的重要性、满意度及内容的职业差异。村民对

农村体育治理重要性的认知存在职业差异。村民表示比较重要或很重要的比例以个体工商户为高,达到70.9%,最低为务农者的56.6%;村民认为一般的比例不低,其中以乡镇干部最高,占比40.0%,个体工商户比例稍低,为25.5%;村民觉得不重要或很不重要的比例普遍较低,乡镇干部更是为0,而最高的村干部占比也只有5.4%。

村民对农村公共体育服务治理的满意度存在职业差异。村民表示比较满意或很满意的比例并不高,最高为村干部的31.1%,其他均未超过30%;村民认为一般的比例除教师群体的38.3%外,其余都在40%以上;村民感到不太满意或不满意的比例以外出打工者和教师群体为高,分别为37.8%和38.3%,乡镇干部稍低,占比14.0%。

村民认为农村体育治理所涵盖内容在提供健身指导、出台政策法规和监督治理过程方面不存在显著性差异。村民认为完善体育场地设施的比例较高,最低的村干部群体亦有45.2%,高者如其他职业者的71.9%、外出打工者的66.4%和学生群体的64.8%,其差异非常显著;培育体育组织的要求比例均在40%以上,以村、镇干部及教师群体为高,分别为56.5%、56.0%和56.6%,务农者最低,占比40.7%,其差异非常显著;投入体育经费的呼吁以其他职业者为高,占比55.6%,村镇干部的比例略低,分别为32.0%和33.3%,其差异非常显著;开展体育比赛活动的比例均超过30%,最低为务农者的33.9%,其差异非常显著;村民对体质测试的认可比例以乡镇干部最低,为14.0%,村干部也只有19.6%,其余均在20%以上,差异非常显著;加强体育信息宣传以外出打工者和学生群体比例较高,分别为37.9%和38.4%,最低为乡镇干部的26.0%,差异非常显著(表7-54)。

表7-54 农村公共体育服务治理的重要性、满意度及内容的职业差异

要素	重要性	满意度	农村体育治理涵盖内容								
			完善体育场地设施	培育体育组织	投入体育经费	开展体育比赛活动	提供健身指导	进行体质测试	加强体育信息宣传	出台体育政策	监督治理过程
χ^2	104.297	107.130	41.208	31.829	22.360	34.813	9.309	28.865	22.005	2.737	12.305
P	0.000	0.000	0.000	0.000	0.002	0.000	0.231	0.000	0.003	0.908	0.091

(2)农村公共体育服务治理主体、方式、手段及意愿的职业差异。村民对组织或企业参与农村公共体育服务的了解存在职业差异。村民表示没有的比例均

在20%以上，村干部和学生群体略低，分别为21.4%和21.7%，乡镇干部略高，占比30.0%；村民表示不清楚的比例较高，其中个体工商户和学生较高，分别为70.2%和70.5%，而村民认为有的比例相差较大，乡镇干部最高，达到24.0%，而外出打工者和教师群体则比例偏低，分别为6.7%和6.3%。

村民对农村公共体育服务治理主体的认识在政府、村委会、乡村能人及其他项并不存在显著性差异。村民对乡镇企业的认可比例以务农者和学生群体稍低，分别为28.3%和35.2%，其差异非常显著；体育社会组织的比例以务农者、村干部和个体工商户为低，分别为13.8%、14.9%和17.4%，其他在20%以上，差异非常显著；村民认为自己即可作为治理主体的比例都在20%以上，以教师和学生群体为高，分别占36.6%和39.5%，最低为乡镇干部的22.0%，其差异非常显著。

村民对农村公共体育服务中政府角色的认知存在显著性差异。村民将政府看作管理者的比例以教师和学生群体为低，分别为10.9%和12.5%；村民将政府视作服务者的比例除其他一项的19.0%外，其余均超过25%，村干部的比例高达37.5%，其次为教师群体的34.9%；村民认为政府管理与服务于一体的比例较高，其中学生群体达到60.9%，最低的村干部占比也有44.6%。

村民对农村公共体育服务治理方式的认知存在职业差异。村民认为由政府统一安排的比例均在30%以上且以务农者最高，占比43.7%，最低为学生的31.2%；社会组织参与的村民比例相差较大，村干部的认可达到54.8%，其次为乡镇干部的52.0%和教师群体的47.4%，务农者比例稍低，为34.8%；村民认为自己来进行治理的比例相差较大，村干部只有10.7%，其余维持在15%~25%。

村民对农村公共体育服务治理手段的认知存在显著性差异。村民表示借助乡规民约加以约束的比例多数在15%以下，最低为乡镇干部的8.0%；村民认为需由政策法律强制的比例相差较大，其他职业者的比例仅有11.1%。村镇干部的比例较高，分别为33.9%和30.0%；村民更加倾向以上二者结合，比例均超过50%。

村民参与公共体育服务治理的意愿存在职业差异。村民表示愿意的比例均在30%以上，其中以村干部和学生占比为高，分别为41.1%和41.5%，而最低的务农者比例亦有32.4%；村民持无所谓、看情况的态度比例较高，多在50%以上，村干部略低，占比39.9%；村民不愿意的比例维持在10%~20%，村干部略高，为19.0%，而外出打工者的比例偏低，为10.9%（表7-55）。

表 7-55 农村公共体育服务治理主体、方式、手段及意愿的职业差异

| 要素 | 组织或企业参与 | 农村公共体育服务治理主体 | | | | | | | 政府角色 | 治理方式 | 治理手段 | 治理意愿 |
		政府	乡镇企业	村委会	体育组织	乡村能人	村民	其他				
χ^2	58.414	12.807	32.995	12.261	33.456	4.299	44.188	9.074	44.901	63.098	39.307	33.407
P	0.000	0.077	0.000	0.092	0.000	0.745	0.000	0.247	0.000	0.000	0.000	0.000

7.2.4.3 我国农村公共体育服务评价形式的职业差异

（1）农村公共体育服务重要性的职业差异。在农村公共体育所有的要素中除政策法规和监督评估外，其他均有显著性差异，其中技术指导和体质测试未达到非常显著水平（表 7-56）。

表 7-56 我国农村公共体育服务重要性的职业差异

要素	场地设施	组织管理	经费保障	政策法规	信息宣传	技术指导	赛事活动	体质测试	监督评估
χ^2	135.365	67.343	55.048	33.839	57.569	46.107	50.449	43.404	39.406
P	0.000	0.000	0.002	0.206	0.001	0.017	0.006	0.032	0.075

（2）农村公共体育服务满意度的职业差异。农村公共体育服务所有要素的满意度在职业表现上均呈现差异非常显著（表 7-57）。

表 7-57 我国农村公共体育服务满意度的职业差异

要素	场地设施	组织管理	经费保障	政策法规	信息宣传	技术指导	赛事活动	体质测试	监督评估
χ^2	87.732	110.331	92.242	65.233	68.886	79.806	82.544	77.488	75.025
P	0.000	0.000	0.000	0.000	0.000	0.000	0.000	0.000	0.000

7.2.5 我国农村公共体育服务发展的学历差异

7.2.5.1 我国农村公共体育服务供需状况的学历差异

（1）农村公共体育服务供给状况的学历差异。不同学历村民对农村体育场

地设施的了解情况不一。村民对综合文体室的选择比例排序均为第6位，高中或中专的占比最高，达到24.1%，小学及以下的比例为14.4%，其差异非常显著；棋牌室的比例较高，高中或中专学历的村民占比最高，为39.4%，最低的初中学历村民比例也达到36.1%，其差异并不显著；乒乓球台的选择以高中或中专学历的村民比例为高，占比44.6%，小学及以下的比例也有32.8%，其差异显著；台球室的村民选择以高中或中专的比例为高，占到18.6%，小学及以下占比最低，仅有8.9%，其差异显著；村民对文化广场的选择不存在学历差异，其比例排序均为第4位，其中以高中或中专比例最高，为36.9%，初中学历的村民比例略低，为31.6%；健身苑点的村民选择与学历成正比，大专及以上的比例为20.5%，最低为小学及以下的12.1%，其差异非常显著；舞厅的比例均较低，且低于10%，其差异显著但未到非常显著水平；相当多的村民对篮球场较为了解，高中或中专的比例最高，为47.3%，初中占比最低，为39.8%，其差异显著；单双杠的比例不低，均为第5，以高中或中专占比最高，为30.8%，小学及以下比例则为23.2%，其差异显著但未到非常显著水平；村民对门球场的熟知程度较低，且差异显著；秋千的比例以初中为高，占比16.6%，小学及以下较少，比例仅有9.8%，其差异显著；其他场地设施差异不显著。

不同学历村民对农村学校开放情况的了解存在显著差异。认为学校不能开放的比例与学历成反比关系，小学及以下占比高达47.4%，大专及以上的比例为24.4%；村民表示能开放，且时间满足活动需求的比例与学历成正比，大专及以上的占比为40.5%，而小学及以下的比例为20.5%；同时还有较多村民认为虽然学校开放但并不能满足其活动需求，且比例不低，基本在30%以上，最高的大专及以上占比35.1%，最低小学及以下亦有32.1%。

不同学历村民步行到最近的体育场地所需时间存在显著性差异。大多数村民均觉得10~30分钟能够到达，初中比例最高，为49.6%，小学及以下占比也有39.6%；10分钟以内的村民选择比例不低，均排序在第2位，且与学历成正比，大专及以上稍高，占比30.5%；超过30分钟且不足1小时的比例均低于20%，最高的小学及以下占比为19.8%，超过1小时的比例相对较低，除小学及以下的13.9%，其余均低于10%（表7-58）。

表 7-58 农村体育场地设施、学校开放及便捷程度的学历差异

要素	场地设施												学校开放	便捷程度
	综合文体室	棋牌室	乒乓球台	台球室	文化广场	健身苑点	舞厅	篮球场	单双杠	门球场	秋千	其他		
χ^2	20.969	2.400	32.352	30.638	7.410	14.824	10.979	11.098	9.640	28.735	11.282	15.290	77.067	42.067
P	0.000	0.494	0.000	0.000	0.060	0.002	0.012	0.011	0.022	0.000	0.010	0.002	0.000	0.000

不同学历村民一年参加体育比赛的次数差异显著。从不参加的村民比例与学历成反比，小学及以下学历的村民占比高达 70.2%，大专及以上学历的村民比例也有 37.2%；参加 1~2 次的比例与学历成正比，其排序依次是小学及以下 20.5%、初中 35.9%、高中或中专 44.0%、大专及以上 49.1%，村民参加 3 次及以上的比例较低，最高的大专及以上学历的村民占比也仅有 13.6%，初中低至 7.6%。

不同学历村民对农村体育活动组织者的认识不同。大多数村民的体育活动属于自行组织，且比例随学历的增高而增加，大专及以上学历的占比为 56.0%，小学及以下的比例也达到 27.1%，其差异非常显著；无论学历高低，村民均认为村委会是农村体育活动重要组织者，其比例在 30% 左右，其差异并不显著；健身团队作为组织者的比例均在 20% 以下，其中占比最高的高中或中专学历为 19.4%，最低的小学及以下占比 13.9%，其差异显著但未到非常显著水平；乡镇企业参与农村体育活动的方式较为合适，但现实中村民对其认识不足，高中或中专学历的村民也仅有 13.2% 的认可程度，而小学及以下学历的村民的比例更是低至 6.8%，其差异非常显著；当然，还存有其他组织者，不同学历村民对此的认识存在一定差异，最高占比达 22.1%。

不同学历的村民对村里社会体育指导员了解情况存在显著性差异。有超过一半的村民表示村里并无社会体育指导员，比例最高的是大专及以上的学历，达到 57.3%，最低的初中学历占比也有 51.6%；有一部分村民对此表示不知道，其比例不低，在 20% 左右；明确说有但偶尔进行指导的比例以初中学历村民为最高，占比 21.6%，小学及以下学历的村民比例最低，为 13.7%；而村民认为有且经常指导的比例均在 5% 以下，且与学历成正比关系（表 7-59）。

表 7-59　农村公共体育服务体系之赛事、组织及社会指导员的学历差异

要素	参赛次数	农村体育活动的组织者					农村社会体育指导员
		自娱自乐	村委会	健身团队	乡镇企业	其他	
χ^2	147.174	13.902	6.932	8.111	12.128	22.572	30.999
P	0.000	0.003	0.074	0.044	0.007	0.000	0.000

不同学历村民获得体育信息的途径不尽相同。超过60%的村民是通过电视获取体育信息的，其中小学及以下学历的村民占比高达69.7%，最低的高中或中专比例也有61.1%，其差异显著但未达非常显著水平；村民利用网络了解体育的比例与学历成正比关系，大专及以上占比61.6%，小学及以下则为26.9%，其差异非常显著；宣传栏获知的比例亦与学历成正比，其差异非常显著；宣传单的方式比例较低，最高的大专及以上也仅有10.2%，初中低至6.1%，其差异显著但未到非常显著水平；活动宣讲并不存在学历差异，均在10%以下，最低的仅为5.7%；广播是获取体育信息的重要途径，其比例与学历成反比关系，小学及以下占比24.6%，大专及以上为18.8%，其差异并不显著；村民于报纸书刊获得体育信息方面存在学历差异但未到非常显著水平，且与学历成正比，大专及以上占比22.0%，小学及以下为15.3%；其他项比例偏低，且差异不显著。

不同学历村民对体育政策法规的了解程度不一。村民对《全民健身计划》的熟知比例相对较高，且与学历成正比关系，最高为41.5%，最低亦有28.5%，其差异非常显著；而村民对其他政策法规的选择比例不低，且与学历成反比，最高的小学及以下占到44.6%，最低的也有32.0%，其差异非常显著；村民对《中华人民共和国体育法》的了解存在学历差异，除小学及以下的17.8%外，其余学历基本相当，占比在27%左右；村民对《农民体育健身工程》的熟悉度最低，均在20%以下，其差异并不显著（表7-60）。

表 7-60　农村公共体育服务体系之信息获得及政策法规了解的学历差异

要素	体育信息获得途径								体育政策法规了解情况			
	电视	网络	宣传栏	宣传单	活动宣讲	广播	报纸书刊	其他	体育法	全民健身计划	农民健身工程	其他
χ^2	10.291	161.647	19.840	10.750	6.415	7.811	10.362	2.005	16.207	24.789	3.035	22.530
P	0.016	0.000	0.000	0.013	0.093	0.050	0.016	0.571	0.001	0.000	0.386	0.000

　　不同学历村民对村里财政公开了解存在显著性差异。多数村民表示村里并不公开或不知道财政情况，前者比例以小学及以下为最多，占比44.0%，最低的高中或中专比例也有36.8%；后者比例保持在35%左右，小学及以下占比最高，达到38.3%，初中学历的村民为低，占比33.5%；而表示公开的比例以高中或中专村民为多，达到26.3%，小学及以下则低至17.8%。

　　不同学历村民参加体质测试的情况存在显著性差异。村民表示从未参加过的比例均占第1位，与学历成反比关系，最高占比为45.8%，最低为15.2%；准备参加的村民以初中学历者为多，占比24.9%，大专及以上略低，为15.9%；每年一次以上的比例与学历成正比关系，最高达37.8%，最低仅有12.3%；村民表示曾经参加过的比例不低，且与学历成正比，高者为31.0%，低者亦有18.9%。

　　不同学历村民对体育信息宣传栏的了解存在显著性差异。相当多的村民表示村里没有信息宣传栏并未曾关注，小学及以下学历的村民占比高达89.1%，初中比例为79.8%，高中或中专为77.5%，最低的大专及以上也有76.9%，可见其比例与学历存在反比关系，也说明村里有信息宣传栏，且经常关注的村民较少。

　　不同学历村民对村里体育工作监督意愿存在显著性差异。较多村民表示自己愿意参加村里的体育监督工作，且与学历成正比关系，最高占比为47.6%，最低的也有35.3%；而认为无所谓的村民比例不低，均在30%左右；明确表示不愿意参加的村民比例与学历成反比关系，小学及以下比例占到31.9%，大专及以上亦有22.0%（表7-61）。

表7-61　农村公共体育服务体系之财政公开、体质测试、信息宣传及监督意愿的学历差异

要素	财政支出公开	体质测试	体育信息宣传栏	体育工作监督意愿
χ^2	19.682	225.584	30.024	26.942
P	0.003	0.000	0.000	0.000

　　（2）农村公共体育服务需求状况的学历差异。不同学历村民对体育活动重要性的认知存在显著性差异。其中村民认为很重要和比较重要的比例均与学历成正相关，随着学历的增加其值增大，前者大专及以上的占比为35.9%，最低的小学及以下也有20.7%，后者比例均高于前者，最高的达到37.1%，而最低的亦有27.6%；村民认为一般和不重要的比例与学历成反比，前者最高比例为40.5%，最低为25.0%，后者比例较低，除小学及以下的10.3%外，其他都低于5%；很不重要的比例均低于1%，可看出村民对体育正确的认知观。

　　不同学历村民对公共体育服务的享受权存在显著差异。多数村民认为他们有

此基本权利，且比例随学历增加而升高，最高的大专及以上为 79.5%，最低的小学及以下亦有 57.9%；表示不知道的比例不低，且与学历成反比，其中小学及以下学历的村民占比高达 33.9%，大专及以上为 13.4%，而觉得没有公共体育服务享有权的比例均在 10% 以内，初中占比最高，为 9.8%，值得进一步引导。

不同学历村民认为公共体育服务需要改善的内容存在显著性差异。超过一半的村民均将场地设施作为第一改善内容，且与学历成正比关系，最高的大专及以上占比 61.1%，最低的小学及以下亦有 50.8%；组织管理以高中或中专学历村民的比例最高，为 17.3%，其次是初中的 15.0%；经费保障的村民选择与学历成反比，最高的小学及以下为 17.1%，大专及以上占比为 12.5%；政策法规的比例均较低，且与学历成反比，最高的小学及以下也只有 3.6%；信息宣传的村民要求比例更低，均低于 3%；技术指导方面在 5% 以内，大专及以上的比例最低，为 2.3%；赛事活动的重视以小学及以下的比例为高，但仅有 4.8%；体质测试则是初中学历的村民比例最高，占比 4.4%；监督评估是所有需要改善内容里面比例最低的，大专及以上最高也只有 1.9%（表 7-62）。

表 7-62　农村公共体育服务重要性、享有权及改善内容的学历差异

要素	体育活动重要性的认知	公共体育服务享有权的认知	公共体育服务需改善的内容
χ^2	119.341	75.851	52.373
P	0.000	0.000	0.001

（3）农村公共体育服务供需难题的学历差异。不同学历村民对村里体育设施存在的问题看法多样。村民认为没有体育设施的比例以高中或中专为最低，占比 24.5%，最高的小学及以下，比例为 32.8%，其差异显著但未到非常显著水平；不同学历的村民一致认为体育设施太少是最严重的问题，即使最低的小学及以下也达到 45.6%，最高的高中或中专比例则为 56.1%，其差异显著；体育设施单一不存在学历差异，比例在 30%~40%，高中或中专学历的村民比例稍高，为 39.0%，略低的小学及以下占比 33.9%；部分村民觉得现有的体育设施并不适合自己，其差异显著；村民表示体育设施陈旧的比例均在 20% 以上，且未超过 25%，其差异不显著；缺少维护管理的比例不低，村民认识基本与学历相关，学历越高村民越觉得此问题严重，其差异显著；室内设施偏少的比例与学历成正比，最高的大专及以上为 29.9%，其差异显著但未到非常显著水平；其他项的村民选择不存在学历差异。

不同学历村民认为农村体育活动开展存在的困难并不一样。村民觉得没有场地设施是一大问题，初中学历占比高达 50.8%，最低的高中或中专比例也有 45.2%，其差异并不显著；村民认为组织管理落后影响甚大，且其选择比例随学历升高而增加，大专及以上比例最高，达到 53.9%，最低的小学及以下亦占到 44.9%，其差异非常显著；缺少指导人员方面不存在学历差异，最高比例为 38.9%，是大专及以上学历的村民，最低则是初中学历的村民，占比 33.6%；缺乏经费保障的比例较高，大专及以上高达 48.7%，最低的初中比例也有 41.5%，其差异显著但未达到非常显著水平；没有激励政策的排序均为第五位，其差异显著，村民选择比例与学历成正比关系，最高占比为 37.6%，最低为 27.1%；其他项的比例则与学历成反比，高为 6.6%，低至 3.9%（表 7-63）。

表 7-63　农村公共体育服务供需难题之场地设施及活动开展的学历差异

要素	体育设施存在的问题								体育活动开展存在的困难					
	没有体育设施	体育设施太少	体育设施单一	不适合村民	体育设施陈旧	缺少维护管理	室内设施偏少	其他	没有场地设施	组织管理落后	缺少指导人员	缺乏经费保障	没有激励政策	其他
x^2	10.367	13.182	4.413	10.576	1.051	15.798	11.143	2.154	5.993	16.474	5.590	10.660	17.566	4.902
P	0.016	0.004	0.220	0.014	0.789	0.001	0.011	0.541	0.112	0.001	0.133	0.014	0.001	0.179

7.2.5.2　我国农村公共体育服务治理情况的学历差异

（1）农村公共体育服务治理的重要性、满意度及内容的学历差异。不同学历村民对农村体育治理重要性的认知存在显著性差异。较多村民认为体育治理至关重要，其选择比较重要或很重要的比例之和较高，大专及以上占比达到 68.7%，高中或中专为 67.9%，初中比例为 63.0%，小学及以下亦有 56.9%；村民表示一般的态度比例不低，最高为 38.0%，最低也达到 28.9%；村民对其理解为不重要或很不重要的比例均超过 5%，进一步看出村民对体育治理重要性的认识。

不同学历村民关于农村公共体育服务治理满意度的态度并不存在显著性差异。超过 40% 的村民表示一般，村民感到比较满意或很满意的比例之和最高仅有 25.0%，是大专及以上学历村民，而最低为小学及以下，占比 19.4%，较多村民并不满意当下农村公共体育服务的治理，比例均在 30% 以上，这一现象值得深思。

不同学历村民对农村体育治理的涵盖内容均存在一定程度的差异。村民将完善体育场地设施列为第一位，大专及以上的比例高达 68.2%，而最低的初中比例也达 58.9%，其差异非常显著；培育体育组织方面村民选择比例与学历成正比关系，最高比例为 52.7%，最低也有 40.3%，其差异非常显著；投入体育经费较为重要，村民也表示需多多改善，大专及以上学历占比为 49.0%，最低的初中比例也有 39.0%，其差异非常显著；村民关于体育比赛活动存在学历差异，其比例与学历成正比，最高占比 50.6%，最低亦有 33.9%；村民一致将健身指导作为农村体育治理的第二位内容，其选择与学历成正相关，大专及以上比例达到 56.6%，小学及以下也有 47.6%，其差异非常显著；加强体质测试开展的比例排序均在第 7 位，其差异非常显著，大专及以上的占比为 33.0%，最低的小学及以下为 25.7%；对体育信息宣传的要求除大专及以上学历的 41.7% 外，其余学历的比例均略超过 30%，其差异显著；出台体育政策的学历差异显著，且与学历存在正比关系，最高占比为 28.9%，最低为 18.7%；监督治理过程的倡导比例偏低，大专及以上略高，为 24.9%，初中比例则低至 14.7%，其差异显著（表7-64）。

表 7-64　农村公共体育服务治理的重要性、满意度及内容的学历差异

| 要素 | 重要性 | 满意度 | 农村体育治理涵盖内容 | | | | | | | | |
			完善体育场地设施	培育体育组织	投入体育经费	开展体育比赛活动	提供健身指导	进行体质测试	加强体育信息宣传	出台体育政策	监督治理过程
χ^2	36.247	10.780	16.866	22.309	17.097	42.885	14.862	12.199	22.195	16.420	30.209
P	0.000	0.548	0.001	0.000	0.001	0.000	0.002	0.007	0.000	0.001	0.000

（2）农村公共体育服务治理主体、方式、手段及意愿的学历差异。不同学历村民对组织或企业参与农村公共体育服务的了解并不存在显著性差异。2/3 左右的村民表示对此事不清楚，只有少数村民说存在组织或企业参与公共体育服务，但是仍有不少比例的村民表示没有。可见，农村公共体育服务多元主体参与的薄弱。

不同学历村民对农村公共体育服务治理主体认识各异。较多村民认为政府是农村公共体育服务的治理主体，其比例介于 45%~50%，且差异不显著；乡镇企业以高中或中专比例为高，占到 39.4%，小学及以下偏低，占比 29.2%，其差异非常显著；所有村民均认为村委会是最重要治理主体，而其差异并不显著，比例均在 50% 以上；体育社会组织的重视程度与学历成正比关系，大专及以上占比 25.7%，小学及以下比例为 14.1%，其差异显著；乡村能人的比例与学历成正相关，但均低于 20%，其差异显著但未到非常显著水平；村民认为自己能作为治理

主体的比例不低，尤其是大专及以上学历的村民占比高达 39.8%，最低的高中或中专学历也有 28.6%，其差异非常显著；其他项差异显著但未到非常显著水平。

不同学历村民对农村公共体育服务政府角色的认识并不存在显著性差异。村民认为政府作为农村公共体育服务管理者的比例较低，均低于 20%，最高的初中占比为 16.9%；村民表示政府扮演服务者角色的比例与学历成反比关系，最高比例为 30.3%，最低亦有 25.4%；村民觉得政府管理与服务双重角色的比例最高，且与学历成正比关系，最高占比为 62.1%，最低也有 53.3%。

不同学历村民对农村公共体育服务治理方式的认识存在显著性差异。村民认为由政府统一安排的比例与学历成反比关系，最高比例为 43.1%，最低为 30.9%；而村民表示由社会组织参与的比例与学历成正比关系，最高比例为 46.8%，最低占比 31.4%；村民认为自己可以治理的比例在 20% 左右，最高的小学及以下占比 25.5%，最低的高中或中专比例为 18.3%。

不同学历村民对农村公共体育服务治理手段的认识并不存在显著性差异。村民表示运用乡规民约手段比例较低，占比最高的高中或中专也只有 14.4%，而利用政策法律强制手段的比例基本在 20% 左右，大专及以上占比略低，为 18.7%，多数村民认为以上两种方式结合较好，最高占比达到 70.8%，初中占比略低，也有 64.1%。

不同学历村民参与公共体育服务治理的意愿存在显著性差异。50% 左右的村民表示无所谓或看情况，尤其以小学及以下的比例为多，占比 54.4%，表示愿意的比例适中，大专及以上的比例为 42.5%，最低的小学及以下占比 27.1%，而仍有部分村民并不愿意参与，小学及以下的比例较高，为 18.5%（表 7-65）。

表 7-65　农村公共体育服务治理主体、方式、手段及意愿的学历差异

| 要素 | 组织或企业参与 | 农村公共体育服务治理主体 | | | | | | | 政府角色 | 治理方式 | 治理手段 | 治理意愿 |
		政府	乡镇企业	村委会	体育组织	乡村能人	村民	其他				
χ^2	8.605	2.421	14.865	5.420	29.217	9.095	28.971	8.085	12.434	40.377	11.863	43.414
P	0.197	0.490	0.002	0.143	0.000	0.028	0.000	0.044	0.053	0.000	0.065	0.000

7.2.5.3　我国农村公共体育服务评价形式的学历差异

（1）农村公共体育服务重要性的学历差异。不同学历村民对农村公共体育

服务重要性的认识除监督评估外，其余要素均差异显著（表7-66）。

表7-66 我国农村公共体育服务重要性的学历差异

要素	场地设施	组织管理	经费保障	政策法规	信息宣传	技术指导	赛事活动	体质测试	监督评估
χ^2	78.898	55.131	29.404	37.577	32.046	33.707	23.358	29.528	18.005
P	0.000	0.000	0.003	0.000	0.001	0.001	0.025	0.003	0.116

（2）农村公共体育服务满意度的学历差异。不同学历村民对农村公共体育服务满意度的认识除经费保障和技术指导差异显著外，其余要素均未呈现（表7-67）。

表7-67 我国农村公共体育服务满意度的学历差异

要素	场地设施	组织管理	经费保障	政策法规	信息宣传	技术指导	赛事活动	体质测试	监督评估
χ^2	19.192	13.558	26.148	17.558	17.522	25.392	17.951	14.399	17.520
P	0.084	0.330	0.010	0.130	0.131	0.013	0.117	0.276	0.131

7.2.6 我国农村公共体育服务发展的收入差异

7.2.6.1 我国农村公共体育服务供需状况的收入差异

（1）农村公共体育服务供给状况的收入差异。不同收入村民对农村体育场地设施情况的了解只有乒乓球台一项不存在显著性差异。综合文体室的比例除10万元及以上的28.1%外，其余均在20%左右，5000元以下占比稍低，只有16.3%，其差异显著但未到非常显著水平；棋牌室的了解比例均在30%以上，10万元及以上收入者的比例高达50.7%，其差异非常显著；台球室的比例介于10%~20%，2万~3万元收入者比例最低，只有10.4%，最高为5万~10万元的18.3%，其差异显著但未到非常显著水平；文化广场比例的收入差异非常显著，比例最高的为5万~10万元的44.1%，而5000~9999元的占比只有22.3%；健身苑点除10万元及以上的24.4%外，其余都在20%以下，其差异非常显著；舞厅的比例相对较低，基本都低于10%，2万~3万元的比例低至3.4%，只有10万元及以上的比例达到10.6%，其差异显著但未到非常显著水平；篮球场的比例较高，均在35%以上，且多数超过40%，最高为2万~3万元的49.7%，最低的1万~1.5万元收入者比例也有36.3%，其差异非常显著；单双杠的比例存在收入显著性差异，最高为 5 万~10 万元的 37.3%，1.5 万~2 万元比例最低，为 22.2%；门球场的比例相对偏低，基本维持在 10% 左右，10 万元及以上的比例略高，占比 13.4%，其差异显著但未到非常显著水平；秋千的熟知比例参差不齐，高者如 5 万~10 万元的 21.5%，而 2 万~3 万元的占比仅有 10.1%，其差异非常显著；其他项差异亦非常显著。

村民对农村学校开放情况了解存在收入差异且非常显著。村民表示不能开放的比例以 5000 元以下为高，占比 42.9%，1 万~1.5 万元的比例稍低，为 27.3%；村民认为能开放且时间能够满足活动需求的比例相差较大，5 万~10 万元的高达 39.9%，而 2 万~3 万元收入者的比例只有 24.8%；村民表示能够开放但时间不能满足活动需求的比例不低，均在 30% 以上，其中以 1 万~1.5 万元收入者最高，达到 37.2%，最低为 5000 元以下的 30.6%。

村民步行到最近体育场地所需要的时间并不存在收入差异。10 分钟以内的比例以最高和最低收入者为多，均为 32.7%，而 5000~9999 元的比例最低，为 24.0%；10~30 分钟的比例除 5000 元以下的 38.1% 外，其余均在 40% 以上，1 万~1.5 万元的占比高达 48.0%；31~60 分钟的比例基本维持在 16% 左右，只有 1.5 万~2 万元的比例稍低，为 13.3%；60 分钟以上的比例除 5000 元以下的 12.6% 外，其余均在 10% 以下（表 7-68）。

表 7-68 农村体育场地设施、学校开放及便捷程度的收入差异

要素	场地设施												学校开放	便捷程度
	综合文体室	棋牌室	乒乓球台	台球室	文化广场	健身苑点	舞厅	篮球场	单双杠	门球场	秋千	其他		
χ^2	15.188	33.790	11.218	16.976	71.692	20.819	15.466	28.816	42.406	15.506	38.289	28.969	51.850	28.739
P	0.034	0.000	0.129	0.018	0.000	0.004	0.030	0.000	0.000	0.030	0.000	0.000	0.000	0.120

村民一年参加体育比赛的次数存在收入差异且达到非常显著水平。3 次及以上的比例略低，且以中等收入者比例稍低，如 1.5 万~2 万元占比 6.0%，5000 元以下和 10 万元及以上的比例略高，分别为 13.6% 和 14.7%；1~2 次的比例以中等收入者为低，如 1.5 万~2 万元的 26.7% 和 2 万~3 万元的 29.2%，其他均在 40% 以上；村民表示从不参加的比例较高，1.5 万~2 万元的比例高达 67.4%，最低为 10 万元及以上的 41.5%。

村民对农村体育活动组织者的认知均存在非常显著的差异。村民认为自娱自乐的比例普遍较高，以 2 万~3 万元收入者为最高，占比 59.4%，最低为 1.5 万~2 万

元的 42.8%，其差异非常显著；村民表示村委会的比例均在 20% 以上，其中 5 万~10 万元的占比最高，为 33.0%，5000 元以下的比例最低，只有 21.4%，其差异非常显著；健身团队的占比参差不齐，高者如 10 万元及以上的 22.6%，低者如 1.5 万~2 万元的 8.8%，基本表现出中等收入者比例较低的规律，其差异非常显著；乡镇企业以 1 万~1.5 万元的比例最低，仅有 6.4%，而最高为 5 万~10 万元的 17.3%，其差异非常显著；其他项的选择亦存在显著性差异。

村民对村里社会体育指导员情况的了解存在收入差异且达到非常显著水平。村民表示有并经常进行指导的比例普遍较低，均在 10% 以下，2 万~3 万元的比例仅有 2.0%；村民认为有并偶尔进行指导的比例以 10 万元以上最高，占比 26.7%，而 1.5 万~2 万元的比例只有 13.3%；村民表示没有的比例较高，多数在 50% 以上，5000 元以下的比例达到 58.5%；部分村民并不知道此事，2 万~3 万元的比例最高，为 30.5%（表 7-69）。

表 7-69　农村公共体育服务体系之赛事、组织及社会指导员的收入差异

| 要素 | 参赛次数 | 农村体育活动的组织者 | | | | | 农村社会体育指导员 |
		自娱自乐	村委会	健身团队	乡镇企业	其他	
χ^2	76.391	23.195	21.386	49.797	56.112	57.644	95.158
P	0.000	0.002	0.003	0.000	0.000	0.000	0.000

村民对农村获得体育信息的途径在宣传单、活动宣讲、报纸书刊和其他项并不存在显著性差异。村民通过电视获得体育信息的比例均在 60% 以上，1.5 万~2 万元的占比高达 71.2%，最低的 10 万元及以上的比例也有 60.4%，其差异显著但未达非常显著水平；而利用网络的比例均在 40% 以上，5 万~10 万元的占比最高，达到 59.5%，5000~9999 元较低，只有 42.4%，其差异非常显著；宣传栏的比例以 10 万元及以上的比例稍高，达到 27.6%，其差异非常显著；村民借助广播的比例相差较大，其中 5000~9999 元的比例最高，达到 33.4%，而 2 万~3 万元的比例最低，只有 16.8%，其差异非常显著。

村民对体育政策法规情况的了解只有《中华人民共和国体育法》不存在显著性差异。村民对《全民健身计划》的了解比例普遍较高，除 1.5 万~2 万元的 28.1% 外，其他均在 30% 以上，5000 元以下的比例达到 41.5%，其差异非常显著；收入较低的村民对《农民体育健身工程》的熟知比例略高，分别为 5000 元以下的 21.8% 和 5000~9999 元的 23.0%，其差异非常显著；其他项的比例不低，

均在30%以上，高者如1.5万~2万元的43.5%，5000元以下的比例最低，只有31.0%，其差异非常显著（表7-70）。

表7-70 农村公共体育服务体系之信息获得及政策法规了解的收入差异

要素	体育信息获得途径								体育政策法规了解情况			
	电视	网络	宣传栏	宣传单	活动宣讲	广播	报纸书刊	其他	体育法	全民健身计划	农民健身工程	其他
χ^2	17.498	36.881	23.588	7.555	10.206	41.314	11.883	12.974	6.360	28.227	32.948	20.452
P	0.014	0.000	0.001	0.373	0.177	0.000	0.104	0.073	0.498	0.000	0.000	0.005

村民对农村财政支出公开情况的了解存在收入差异。村民表示公开的比例以10万元及以上为高，占比30.9%，1万~1.5万元的比例最低，只有16.1%；村民表示不公开的比例均在30%以上，1万~1.5万元的比例高达50.4%，而2万~3万元的占比略低，只有31.9%；而村民并不知道的比例均在30%以上，其中2万~3万元的比例达到40.6%。

村民参加体质测试的情况存在收入差异且非常显著。从未参加过的村民比例以1万~1.5万元和2万~3万元的比例为高，都是32.2%，而10万元及以上的占比最低，只有22.6%；村民准备参加的比例除5万~10万元的17.3%外，其他均在20%以上；每年一次以上的占比以中等收入者为低，分别为1.5万~2万元的16.1%和2万~3万元的18.1%；村民表示参加过的比例除5000~9999元的16.0%外，其余均高于20%，1.5万~2万元的比例达到29.8%。

村民对体育信息宣传栏的关注并不存在显著性差异。村民表示村里有且经常关注的比例基本维持在20%左右，村民认为村里没有宣传栏并未曾关注的比例非常高，1万~1.5万元的比例高达82.4%，最低的10万元及以上的比例也有76.0%。

村民对村里体育工作的监督意愿存在收入差异且非常显著。村民表示愿意的比例多数在40%左右，而10万元及以上的占比略高，达到51.6%，1.5万~2万元的比例最低，只有37.5%；村民不愿意的比例不低，10万元及以上占比稍低，为18.0%，而5000~9999元的比例最高，达到31.5%；而仍有比例不少的村民持无所谓的态度（表7-71）。

表7-71 农村公共体育服务体系之财政公开、体质测试、信息宣传及监督意愿的收入差异

要素	财政支出公开	体质测试	体育信息宣传栏	体育工作监督意愿
χ^2	66.457	56.336	7.703	46.484
P	0.000	0.000	0.360	0.000

（2）农村公共体育服务需求状况的收入差异。农村居民对体育活动重要性的认知存在收入差异且非常显著。村民表示比较重要或很重要的比例之和均超过50%，最高为收入在10万元及以上的67.7%，1.5万~2万元的比例稍低，为51.6%；村民认为一般的比例除10万元及以上的27.6%外，其余均高于30%，其中1.5万~2万元的占比高达43.9%；而觉得不重要或很不重要的比例普遍较低，除3万~5万元的6.1%外，其他都在5%以内。

村民对公共体育服务享受权的认知存在非常显著的差异。村民表示有享受权的比例均高于60%，其中2万~3万元的占比高达77.9%，最低的1万~1.5万元收入者比例也达到61.7%；村民认为没有享受权的比例均低于15%，10万元及以下的比例低至5.1%，最高的5000~9999元收入者占比也只有14.3%；村民对此并不知道的比例除2万~3万元的17.1%外，其他都在20%以上。

村民认为农村公共体育服务最需改善的内容存在收入差异且差异非常显著。村民对场地设施的要求比例普遍较高，5000元以下的占比达到60.2%，最低者为1.5万~2万元的49.5%；组织管理比例均在10%~20%，其中5000~9999元的占比稍高，为19.4%；经费保障方面除5000元以下的10.5%外，其余基本维持在15%左右；政策法规的选择比例较低，均低于3%；信息宣传同样比例很低，最高也只有1.5万~2万元的3.5%，其他都低于3%；技术指导除1.5万~2万元的6.3%外，其余都在5%以下；赛事活动全部低于5%，5万~10万元收入者的改善欲求只有1.3%；体质测试均低于5%，1万~1.5万元的比例最低，为2.0%；监督评估的比例在所有需改善内容里偏低，均在3%以下，其中1.5万~2万元和3万~5万元的占比都低至0.4%（表7-72）。

表7-72 农村公共体育服务重要性、享有权及改善内容的收入差异

要素	体育活动重要 性的认知	公共体育服务 享有权的认知	公共体育服务 需改善的内容
χ^2	87.246	50.179	86.809
P	0.000	0.000	0.005

（3）农村公共体育服务供需难题的收入差异。村民对村里体育设施的问题在于体育设施太少、体育设施单一，其他项不存在显著性差异。没有体育设施的比例以 5000 元以下最高，占比 36.4%，最低为 5 万~10 万元的 18.8%，其差异非常显著；村民觉得不适合自己的比例以低收入者略高，其差异显著但未达非常显著水平；村民认为体育设施陈旧的比例以中等收入者为高，如 1.5 万~2 万元的 31.6%，其差异非常显著；缺少维护管理的比例参差不齐，以 5 万~10 万元的比例最高，占到 43.7%，中等收入者略低，如 1.5 万~2 万元和 2 万~3 万元的比例均为 29.5%，其差异非常显著；室内设施偏少的问题较为严重，其比例以高收入者稍高，如收入 10 万元及以上的 34.1%，其差异非常显著。

村民认为农村体育活动开展的困难在于缺乏经费保障，其他项不存在显著性差异。村民表示没有场地设施的比例普遍较高，5000 元以下的占比高达 58.2%，而高收入者的比例相对偏低，10 万元及以上的比例只有 35.5%，其差异非常显著；组织管理落后的比例均在 40% 以上，3 万~5 万元的比例高达 55.7%，其差异显著但未达非常显著水平；缺少指导人员的比例均在 30% 以上，1.5 万~2 万元的比例最高，为 41.4%，其差异非常显著；没有激励政策同样是较大困难，5 万~10 万元的比例最高，达到 40.3%，而最低为 5000~9999 元的 28.3%，其差异非常显著（表 7-73）。

表 7-73　农村公共体育服务供需难题之场地设施及活动开展的收入差异

要素	体育设施存在的问题								体育活动开展存在的困难					
	没有体育设施	体育设施太少	体育设施单一	不适合村民	体育设施陈旧	缺少维护管理	室内设施偏少	其他	没有场地设施	组织管理落后	缺少指导人员	缺乏经费保障	没有激励政策	其他
χ^2	49.450	7.818	13.742	18.310	29.150	34.407	29.081	10.894	42.719	17.820	19.592	12.684	21.288	10.480
P	0.000	0.349	0.056	0.011	0.000	0.000	0.000	0.143	0.000	0.013	0.007	0.080	0.003	0.163

7.2.6.2　我国农村公共体育服务治理情况的收入差异

（1）农村公共体育服务治理的重要性、满意度及内容的收入差异。村民对农村体育治理重要性的认知存在收入差异。村民觉得比较重要或很重要的比例均在 60% 以上，其中 5000 元以下的比例稍高，占 68.7%，最低为 1 万~1.5 万元的 60.4%；村民认为一般的比例基本在 30% 左右，1 万~1.5 万比例略高，占到 37.0%，5000 元以下的比例稍低，只有 27.2%；村民觉得不重要或很不重要的比例普遍较低，均在 5% 以内。

村民对农村公共体育服务治理满意度存在收入差异。村民表示比较满意或很满意的比例并不算高，即使最高的 10 万元及以上的比例也只有 29.5%，村民认为一般的比例除 5000 元以下的 38.8%外，其他均超过 40%，5000~9999 元高达49.2%，村民觉得不太满意或不满意的比例以 10 万元及以上最低，占比 27.2%，而高者如 1.5 万~2 万元的 35.8%。

村民认为农村体育治理涵盖的内容在培育体育组织、提供健身指导和加强体育信息宣传方面不存在显著性差异。村民认为完善体育场地设施的比例均较高，2 万~3 万元的占比最高，为 67.4%，最低为收入 5000~9999 元的 55.2%，其差异非常显著；投入体育经费的比例以高收入者最多，占比 53.9%，5000~9999 元的比例最低，只有 31.2%，其差异非常显著；开展体育比赛活动的比例除 5000~9999 元的 34.9%外，其余均在 40%以上，最高的 10 万元及以上的比例达到51.2%，其差异显著但未达非常显著水平；村民对体质测试的看重比例多在 30%左右，只有 5000~9999 元的占比偏低，为 21.5%，其差异显著但未达非常显著水平；出台体育政策的比例以 5 万~10 万元为高，占比 31.3%，其他也都高于 20%，其差异显著但未达非常显著水平；监督治理过程的比例除 1.5 万~2 万元的 14.0%和 5000 元以下的 26.2%外，其余均在 15%~20%，其差异显著（表 7-74）。

表 7-74　农村公共体育服务治理的重要性、满意度及内容的收入差异

要素	重要性	满意度	农村体育治理涵盖内容								
			完善体育场地设施	培育体育组织	投入体育经费	开展体育比赛活动	提供健身指导	进行体质测试	加强体育信息宣传	出台体育政策	监督治理过程
χ^2	60.916	54.667	22.737	8.703	43.628	17.023	12.552	16.921	12.673	14.948	18.320
P	0.000	0.002	0.002	0.275	0.000	0.017	0.084	0.018	0.080	0.037	0.011

（2）农村公共体育服务治理主体、方式、手段及意愿的收入差异。村民对组织或企业参与农村公共体育服务的情况存在收入差异。村民认为没有的比例均在 20%以上，5000 元以下略高，占 31.3%，5 万~10 万元的比例稍低，为20.9%；村民表示不清楚的比例均在 60%以上，3 万~5 万元收入者高达 71.9%，最低的 2 万~3 万元收入者也有 61.1%；而明确有的比例相对较低，5000 元以下的占比低至 5.4%。

村民对农村公共体育服务治理主体的认知在政府、乡村能人和村民三项不存

在显著性差异。村民认为乡镇企业作为治理主体的比例以 1 万~1.5 万元收入者最高，占比 39.9%，10 万元及以上的比例低至 29.0%，其差异显著但未达非常显著水平；村委会主体的比例多数在 50% 以上，最低为 5000~9999 元的 46.2%，2 万~3 万元的占比高达 56.7%，其差异显著但未到非常显著水平；体育社会组织的认可比例参差不齐，高者如 3 万~5 万元的 24.9%，而最低为 5000~9999 元的 13.8%，其差异非常显著；其他项差异亦非常显著。

村民对公共体育服务政府角色的认知存在显著性差异。村民认为政府作为管理者的比例除 5000 元以下的 21.4% 外，其余均在 20% 以下；而村民表示政府作为服务者的比例高低不同，其中 5000~9999 元的占比稍高，为 32.9%，3 万~5 万元的比例最低，为 20.5%；村民觉得二者均有的比例普遍较高，除 5000 元以下的 48.0% 外，其余均在 50% 以上，3 万~5 万元的占比高达 67.1%。

村民对农村公共体育服务治理方式的认知并不存在显著性差异。村民认为由政府统一安排的比例均在 30% 以上，其中 2 万~3 万元的比例最高，达到 42.3%，而最低为 1 万~1.5 万元的 33.9%；村民表示由社会组织参与的比例较高，1 万~1.5 万元的占比高达 45.8%，10 万元及以上的比例稍低，亦有 35.0%；村民觉得自己完全可以担当的比例基本维持在 20% 左右，10 万元及以上的比例略高，为 25.3%。

村民对公共体育服务治理手段的认知存在显著性差异。村民认为乡规民约约束的比例均在 20% 以下甚至低于 10%，如 5 万~10 万元的 9.6%，最高为 5000 元以下的 17.7%；村民觉得政策法律强制的比例以 5000~9999 元为高，占比 26.2%，最低为 3 万~5 万元的 15.0%；而村民将二者结合的比例普遍较高，1.5 万~2 万元的比例高达 71.9%，最低的 5000 元以下也有 58.8%。

村民参与公共体育服务的治理意愿存在收入差异。村民表示愿意的比例均超过 30%，其中 10 万元及以上的比例最高，为 48.8%，而最低为 1 万~1.5 万元的 32.2%；村民认为无所谓、看情况的比例均在 40% 以上，其中 1 万~1.5 万元的比例高达 55.7%，最低的 10 万元及以上的比例亦有 41.9%；村民不愿意的比例除 3 万~5 万元的 17.5% 外，其他均低于 15%（表 7-75）。

表7-75 农村公共体育服务治理主体、方式、手段及意愿的收入差异

要素	组织或企业参与	农村公共体育服务治理主体							政府角色	治理方式	治理手段	治理意愿
		政府	乡镇企业	村委会	体育组织	乡村能人	村民	其他				
χ^2	36.280	13.687	17.960	15.336	21.136	7.820	13.050	23.529	48.014	21.088	49.525	32.399
P	0.001	0.057	0.012	0.032	0.004	0.349	0.071	0.001	0.000	0.099	0.000	0.004

7.2.6.3 我国农村公共体育服务评价形式的收入差异

（1）农村公共体育服务重要性的收入差异。农村公共体育服务重要性的收入差异特征为：除监督评估外，其他要素均具有显著性差异，而政策法规和技术指导未达到非常显著水平（表7-76）。

表7-76 我国农村公共体育服务重要性的收入差异

要素	场地设施	组织管理	经费保障	政策法规	信息宣传	技术指导	赛事活动	体质测试	监督评估
χ^2	87.231	58.014	54.459	44.681	52.360	43.121	63.446	54.668	37.632
P	0.000	0.001	0.002	0.024	0.003	0.034	0.000	0.002	0.106

（2）农村公共体育服务满意度的收入差异。村民对农村公共体育服务各要素的满意度均存在收入差异，其中只有体质测试和监督评估未达非常显著水平（表7-77）。

表7-77 我国农村公共体育服务满意度的收入差异

要素	场地设施	组织管理	经费保障	政策法规	信息宣传	技术指导	赛事活动	体质测试	监督评估
χ^2	74.154	77.895	70.329	57.940	58.165	50.699	67.510	44.323	44.378
P	0.000	0.000	0.000	0.001	0.001	0.001	0.000	0.026	0.025

7.3 我国农村公共体育服务体系发展的问题归纳

7.3.1 农村公共体育服务供给总量不足

农村公共体育服务供给总量是判断其整体发展水平的重要标志，是村民享有体育权利均等的关键保障。当前，我国公共体育服务部门存在的"缺位""错位""越位"及"不到位"等缺陷得不到有效控制与弥补，导致农村公共体育服务体系发展在供给总量上问题诸多，具体如下：

（1）体育场地设施建设不足。虽然"农民体育健身工程"和"雪炭工程"的实施对贫困农村体育场地设施的改善起到了助推作用，且在管理效益方面取得一定成效，但农村公共体育场地仍存些许问题。如在第五次全国体育场地普查中，乡（镇）村 66446 个，仅占 8.18%[1]；再如第六次全国体育场地普查显示：分布在乡村的体育场地 67.97 万个，占 41.39%，场地面积 6.12 亿平方米，占 31.39%[2]，数量未过半，而面积不到 1/3。同时，有研究称：至 2013 年底，农村人口无法享受到基本公共体育服务的比例超过 50%，这与"十二五"规划的目标还有一段距离[3]。此外，调查发现：有 16.4% 和 17.5% 的村民分别在室内或自家庭院、村里空地参加体育活动，26.7% 的村民认为缺乏场地器材是一大限制因素，反映出体育场地设施的有限；另外，54.1% 的村民表示最应该改善的公共体育服务内容就是场地设施；且存在没有体育设施（26.9%）、体育设施太少（52.5%）、体育设施单一（36.8%）及室内设施偏少（26.7%）等问题，这更加说明农村公共体育场地设施的不足。

（2）体育组织管理仍较落后。我国体育社会组织类型包括国家体育总局及人群、项目行业体协等 308 个种类，他们是开展各类群众体育活动的领导者和组织者，但关于农村公共体育服务的组织数量明显不足，1986—2006 年，全国农民体协市（地、州）占比 80% 左右、县（市）为 70% 左右、乡（镇）仅占 60% 左右，乡镇层面的比例尤低。除此，我国体育社会组织普遍存有官民两重性质、缺乏规范管理等问题，政府对体育组织的登记、成立有明显限制，使其缺少竞争

---

[1] 第五次全国体育场地普查数据公报：各项指标大幅增长 [N]. 中国体育报，2005-02-03（005）.

[2] 第六次全国体育场地普查数据公报 [N]. 中国体育报，2014-12-26（003）.

[3] 郑丽，张勇. 农村公共体育服务供给侧改革协同治理路径研究 [J]. 沈阳体育学院学报，2016，35（3）：19-23.

机制；一些体育社会组织通过获取自上而下的资源得以发展，他们或由各级体育行政机构直接创办，或本身就从其中转变而来，又或是原体育行政官员及相关知名人士所支持，使其对政府产生强依赖性，形成难以割舍的裙带和依存关系；体育社会组织成长缺乏优惠政策及法规支撑，忽视体育协会的培育与扶持，阻碍协会实体化推进。另外，国家体育总局群众体育司调查（《体育社会组织调研报告》，2014）显示：170 个体育社团中有 81 个没有专职人员。实地调研中亦发现：有 11.1% 的村民将体育活动限制因素归为缺少组织；更有 48.6% 的村民认为农村体育活动开展存在的困难在于组织管理落后，占比最高，这从侧面可知农村公共体育服务组织管理体系更新缓慢且行进滞后。

（3）体育经费保障措施不力。近年来，虽然体育财政拨款有所增加，但体育事业经费所占比例却呈下降趋势。公共体育资金的利用率偏低，体育事业系统内部开支较多，其占 GDP 的比重基本上徘徊在 0.05%~0.1%。县域层面用于群众体育方面的经费比例较低，如浙江省磐安县群众体育支出为 80000 元，仅占 2015 年总支出的 2.52%（图 7-8）。2015 年度，国家体育总局本级使用彩票公益金 272730 万元，实施农民体育健身工程 102745 万元，占比 37.67%；用于"雪炭工程" 20120 万元，占比 7.38%，在看到体彩公益金之于农村体育发展的投入强度的同时，间接地反映出政府财政拨款的薄弱。通过体育场地资金一项即可看出，我国分隶属关系体育场地资金投入总计 63352062 万元，街道（镇/乡）为 332808 万元，占比低至 0.53%；居民（村民）委员会为 6303856 万元，占比 9.95%，除去街道和居民委员会的数额，完全属于农村公共体育场地的经费比例远低于 10%。毋庸置疑，体育经费至关重要，在实践调研中，地方体育局群众体育科相关负责人均将其看作农村公共体育服务运行的核心内容，贯穿于每一个环节，从场地设施建设到管理维修、从健身指导到体质监测评价……都需一定经费维系；调查中亦发现：有 44.5% 的村民认为农村体育活动开展存在的困难在于缺乏经费保障，这是当前农村公共体育服务运转不灵的致命痼疾。

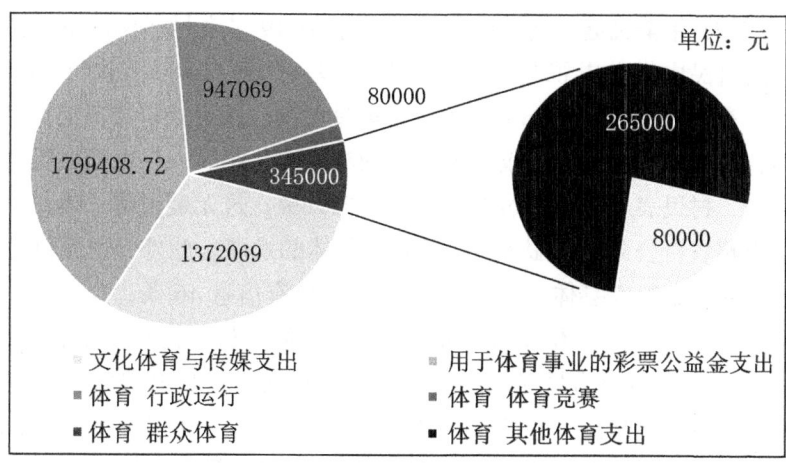

图 7-8 磐安县体育局 2015 年度部门支出情况

（4）政策法规出台力度有限。尽管我国已经初步构建了农村公共体育服务政策法规体系，但其仍不成熟，且少有直接以"农村"命名的，如前面章节关于政策法规体系建设所述，以"农村体育"为主题词仅检索到 5 篇，排序至 32 位。即使通过北大法律信息网以"农村体育""农民体育"为关键词搜集到 58 篇，却多以地方法规规章为主，占到 52 篇，明显缺少关于农村公共体育服务政策法规的针对性制定。此外，这一体系的完整性、科学性、规范性等仍需不断改进，尤其对一些突出的瓶颈性问题应重点关注，如《中华人民共和国体育法》滞后，对农村公共体育服务缺乏较为系统的规范调整，更未对其实践开展加以回应。另外，农村公共体育服务的立法层次较低，大多由国务院、国家体育总局或联合其他部委颁布政策文件，这导致对执行不当的责任主体失去约束措施和监督；整个政策法规推出中连续性不强甚至经常隔断，只有《全民健身计划》做了定期的更新设计（进入第四周期），其他体育政策规范延续缺失，涉及农村体育发展的内容则更为不足，这与发达国家相比，显然落后。调查中发现：仅有 16.2% 的村民了解《农民体育健身工程》，足见一项政策出台与推广的尴尬。

（5）体育信息宣传渠道受阻。我国公共体育服务信息的政府公开主要存在以下问题：内容公开不够全面和及时，信息公开形式单一；政府信息公开制度建设滞后，缺乏门户网站内容保障机制、监督检查机制、奖惩机制等[1]。我国农村信息性公共体育服务并不畅通，农村信息性公共体育服务的物质条件不健全，大多数农民仍然采取一家一户的室外天线，收视频道非常有限，体育频道更无从

---

[1] 王家宏，等. 我国公共体育服务体系研究 [M]. 苏州：苏州大学出版社，2016：114.

谈起[1]。2015 年全民健身活动调查显示：有 10019 名乡村居民从不关注体育信息，关注的村民中借助电视与广播的人数最多，达到 30786 人次（ $n = 65686$ ）。调查发现：有 64.8% 和 50.9% 的村民分别通过电视、网络获得体育信息；村里宣传栏对体育内容的报道不足，仅有 19.6% 的村民依此获取，在对其设置情况深入了解后可知，村民表示从未见过的比例高达 79.8%，这无疑阻碍了体育信息的传播，从而影响农村公共体育服务各体系乃至整体的发展。此外，地方体育局网站公开信息有限，如磐安县体育局于 2014 年公开政府信息 46 条，全民健身类信息 15 条，占总数的 32.6%，信息总量偏少会进一步制约村民公共体育服务的享有。

（6）社会体育指导力量薄弱。农村社会体育指导员极其匮乏，以致农民无法获得科学的健身指导服务。若按《全民健身计划纲要》规定的每千人配备 2~5 名社会体育指导员的标准，我国社会体育指导员的总数至少为 65 万人。彼时，城市远未达到这一数量，更何况广大农村。2009 年，我国有 45 万社会体育指导员，而农村仅占 10%；我国平均每 3000 人拥有 1 名社会体育指导员，拥有 9 亿农民的广大农村每 2 万人中才拥有 1 名社会体育指导员。农村社会体育指导员远远满足不了农民日益增长的体育健身需求，农村社会体育指导员队伍的发展任重而道远[2]。据 2013 年统计，全国拥有社会体育指导员约 75 万人，平均每万人仅拥有 5 名社会体育指导员；另据《全民健身计划（2011—2015 年）》实施效果评估报告知：截至 2013 年底，只有 45.7% 的地（市）和 28.6% 的县（区）成立了本级社会体育指导员协会，比例明显偏低；全国注册培训的公益性社会体育指导员达 135 万人，职业的仅 7 万多人。社会体育指导员协会成立的数量依行政层级而递减，越是到基层越存在社会体育指导员参与健身指导组织化程度低的问题，农村尤为突出。2015 年全民健身活动调查显示：全国乡村人群接受社会体育指导员指导的比例仅为 3.9%（698 人）；实地调查发现：村里有社会体育指导员并经常指导的比例为 4.1%，偶尔指导的占比也只有 19.1%。

（7）体育活动赛事不够丰富。农村公共体育服务不仅有国家顶层的"农民体育健身工程"，在地市基层还有规模不等的"农村全民健身工程""体育下乡活动"等项目。现行的农村体育文化活动或是赛事均表现出乡镇级明显强于村级，农村居民主要还是集中在行政村和村落，这一级别的体育文化活动开展时有时无，体育文化信息获得渠道较为狭窄，特别是农民急需的健身知识和运动技能非常有限。农村公共体育服务注重"形式"而不顾"实效"，在体育文化下乡中，

[1] 李艳. 农村公共体育服务存在的问题与思考 [J]. 成都体育学院学报，2008，34（10）：30-32.
[2] 黄心豪. 农村社体指导员队伍亟待壮大 [N]. 中国体育报，2009-05-18（005）.

惯例是一条横幅加主席台，领导讲话，一番热闹仪式、表演等类活动，都是专业性演出，很少有农民身影，村民仅仅是看客或过客而已。如此，活动及赛事又怎会多彩，于农村借体育搭台，经济或是政治唱戏，将百姓体育所需抛之脑后。调查亦发现：村民多以散步和走跑等简单活动为主，占比高达44.9%；此外，村民一年参加体育比赛的比例在3次及以上的仅占9.8%，1~2次的占比也只有39.1%，而从不参加的比例为51.1%，可见农村体育活动赛事的乏味或不足。

（8）体质监测普及程度略低。"十二五"时期，全国每年接受体质测试人数比例最高的是北京市，达到40.92万人，仍与总人口数相差较大，也就是说有较多人是未能享受体质测试服务的，而农村居民自然会有更多人未能进行体质监测活动，普及率较低。据《全民健身计划（2011—2015年）》实施效果评估报告知：我国31个省（区市）达到C类标准以上的有24个，占全国的78%；但达到A类标准的只有16个，虽占52%却仍有近半的省（区市）在A类标准之下。2014年全国体质总体水平优秀率仅为13.1%，同时仍有10.4%处于不及格水平。我国农村居民体质反馈上存在低于城镇的现象，这是城乡公共体育服务非均等发展的一大表现，农村人群达到"合格"等级以上的比率为87.2%，还落后于城镇的91.1%；农村国民体质综合指数为99.71，也与城镇的100.60相差些许。调查中发现，有29.7%的村民从未参加过体质测试，且占比最高；表示准备参加的比例为21.4%，而每年一次以上的只有23.7%，偶尔参加过的为25.2%。此外，学界关于体育活动的研究多将目标设定为话题对象，如学生、白领，对农民群体缺少针对性课题攻关，一定程度上的科研缺失，更加导致对其体质情况的关注忽视。

（9）监督评估针对指标偏少。关于农村公共体育服务发展的监督评估工作可谓落后，农村仅是被笼统地纳入《全民健身计划（2011—2015年）》实施情况评估标准中而已，即便如此，涉及农村体育发展的指标也少得可怜，在初定标准中共含57个指标，有关农村的指标数为7项，占12.28%，而到最终进行评估时仅有20个核心指标，明确涉及农村体育内容的指标数仅有2项，占比10%。在缺少针对性评估指标体系或是综合评价中含有比例较少的情况下，是无法判断其发展好坏的，这亟需展开类别细分、标准重定的工作，农村公共体育服务监管评估尤其是借助第三方的力量执行将是未来群众体育发展的重要议题。另外，在实践调查中发现：村民个体对农村公共体育服务监督评估内容的改善热情不高，占比仅有1.0%，这更加说明此项工作的一线重视不够，同时也严重制约了村民公共体育需求的表达，进而影响到农村公共体育服务的整体运行与发展。

7.3.2 农村公共体育服务供给结构失衡

农村公共体育服务供给的结构失衡既有物态的也有非物态的，同时还存在经济性和公共性等形式，无疑是其进程中一大难题，始终绕不过中国社会发展的公平与效率议题。首先，表现在政府与单位、社会投资比例失衡，如我国分隶属关系体育场地资金状况：县（市/旗）财政拨款是单位自筹的4.11倍、社会捐赠的33.91倍；街道（镇/乡）财政拨款是单位自筹的1.55倍、社会捐赠的7.26倍；居民（村民委员会）财政拨款是单位自筹的1.34倍、社会捐赠的8.06倍（图7-9），可见关于体育场地的资金投入明显依赖于政府供给，农村也存有政府与社会投资失衡现象，在倡导社会治理理念的阶段亟需改善此种投资方式。

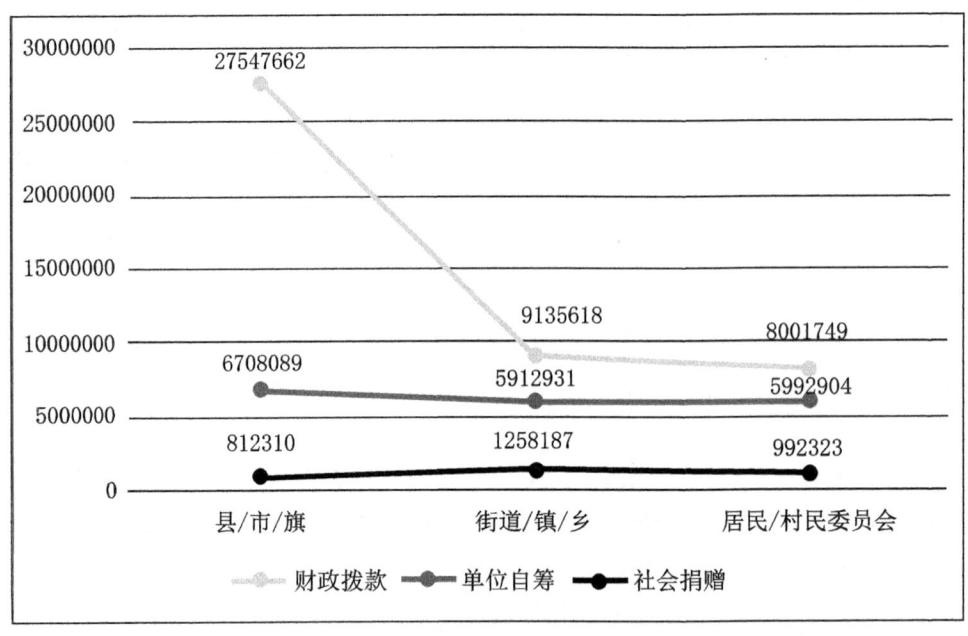

单位：万元

图7-9 我国体育场地政府与单位、社会投资情况

其次，我国公共体育服务供给的结构失衡还体现在城乡二元上。目前，这一失衡现象显著，农村公共体育服务供给较为薄弱，与城市差距略大。虽然经过近四十年改革开放，农村经济得到了快速发展，但城乡二元经济结构依然牢固。城乡居民收入水平、消费水平、生活质量等方面的差距还比较大，城乡之间的发展不平衡现象还很严重[1]。随着城市化推进，形成了新的城市人口聚集机制，越来越多的城市居民移往郊区，城市建设的重心向郊区转移，促进了郊区城市化。但城乡接合部外来人口多、人口流动性强，大量人口的涌入给本来就已严重不足的郊区体育基础设施带来了压力[2]。城市化向郊区快速拓展使得公共体育服务资源配置在郊区与城区服务之间出现不均衡问题。虽然新建设城区的土地和建筑使用已经城市化，但社会管理、公共服务设施配套等远未实现。从体育场馆资源分布情况看，占国土面积85.3%并拥有我国61%左右人口的广大农村地区却只拥有我国20.2%的体育场馆资源[3]。这一分布结果导致大多乡村缺乏甚至没有体育活动场所和设施，现实中各省（区市）城镇体育场地的面积均高于或等于乡村，其中江苏省体育场地的城乡比高达5.93，最低的新疆为城乡保持一致；在体育场地数量方面则表现出较大的差异，以山西为最低，城镇仅是乡村的一半，西部地区农村略好于城镇，东部以上海的7.16为最高，这与城镇化建设有一定关系（表7-78）。

表7-78 我国体育场地设施个数与面积的城乡比

地区	城乡比		地区	城乡比		地区	城乡比	
	个数	面积		个数	面积		个数	面积
合计	1.41	2.18	浙江	1.28	2.67	重庆	2.02	3.52
北京	2.46	1.93	安徽	1.56	2.19	四川	1.39	2.5
天津	1.79	5.81	福建	1.1	1.59	贵州	0.78	1.16
河北	0.93	2.18	江西	1.18	2.25	云南	0.65	1.17
山西	0.5	1.18	山东	1.11	1.73	西藏	0.42	1.28
内蒙古	3.32	1.96	河南	0.98	1.44	陕西	1.17	2.36
辽宁	2.27	3.04	湖北	1.75	2.42	甘肃	0.66	1.09
吉林	1.47	1.35	湖南	1.55	2.09	青海	0.99	1.75
黑龙江	2.09	1.67	广东	2.77	3.26	宁夏	1.49	1.36
上海	7.16	3.92	广西	0.97	1.65	新疆	0.76	1
江苏	3.54	5.93	海南	1.4	1.59	新疆兵团	1.52	4.08

[1]阳斌.当代中国公共产品供给机制研究[M].北京：中央编译出版社，2012：51-52.
[2]戚本超，周达.北京城乡接合部的发展演变及启示[J].城市问题，2007（1）：61-64.
[3]王家宏，等.我国公共体育服务体系研究[M].苏州：苏州大学出版社，2016：30.

再次，我国农村公共体育场地的供给结构失衡还反映在区域上。改革开放以来的经济发展，纵向上各个地区都有较好发展；横向上地区经济发展水平由东而西呈现降低，且西部与东部差距明显。主要表现在：一是在经济发展水平和总量与此相对应，政府就应该根据经济社会发展水平，适时调整公共体育服务的对象、保障标准、支出责任和覆盖水平，保证服务和供给能够符合广大人民群众日益增长的体育需求。因此，政府在确保底线的同时，还可以做更多发展性的工作，使公共体育服务随着经济社会发展水平的变化而呈现出不断提高的趋势[1]。但现实中，农村公共体育场地的区域失衡尤为突出，在体育场地平均个数上，以中部最多，达到 31176.3 个，东部其次，为 25336.6 个，西部第三，均值为15814.7 个，东北最末，有 11143.7 个；在体育场地平均面积上则变化较大，以东部为最、中部次之、东北列三、西部最低（表 7-79），可看出我国农村公共体育场地供给的区域失衡，特别是西部地区尤为严重。此外，在农村公共体育服务要素满意度评价上存在东部—西部—中部的整体顺序，东北地区则多项好于中部地区，仅场地设施一项强于西部（表 7-80）。

表 7-79　我国体育场地设施个数与面积的区域比

区域	个数（个）	平均值（个）	面积（平方米）	平均值（平方米）
东部	253366	25336.6	254715170	25471517
中部	187058	31176.3	144964065	24160677.5
西部	205591	15814.7	158343050	12180234.6
东北	33431	11143.7	53837629	17945876.3

表 7-80　不同地区对农村公共体育服务要素满意度的评价得分均值

地区	要素								
	场地设施	组织管理	经费保障	政策法规	信息宣传	技术指导	赛事活动	体质测试	监督评估
东部地区	3.03	3.05	2.99	3.11	3.12	3.03	3.04	3.10	3.10
中部地区	2.41	2.52	2.42	2.56	2.55	2.51	2.54	2.58	2.56
西部地区	2.49	2.63	2.66	2.72	2.63	2.60	2.65	2.61	2.60
东北地区	2.53	2.62	2.53	2.63	2.63	2.56	2.53	2.54	2.53

[1] 戴健. 构建公共体育服务体系的着力点 [N]. 中国体育报，2013-02-01 (06).

我国农村公共体育服务结构失衡还在供给内容、体育器材及指导服务等方面有所凸显。公共体育服务是一种特殊的公共服务，它在满足社会成员一般性体育所需的同时，还要考虑内部不同个体的层次需求。农村社会是一种自给自足的封闭小农社会，"城乡二元"并存，农民在体育活动项目、设施、时间、体育与生活结合方式上形成了有别于现代社会及城市的文化价值观。农民在向现代转型的过程中，观念不同将会发生冲突并在现实生活得到体现——在城市社区大受欢迎的足球、篮球、交谊舞等现代体育项目，当体育工作者热心地推荐到农村时可能遭到冷遇而少人问津，而土生土长的秧歌、跳绳、踢毽子会深受当地村民喜爱。可见，在农村公共体育服务均等化中存在需求选择性差异的问题[1]。如农村公共体育服务的供给内容方面趋向现代运动项目（调查中发现42.8%的村民对篮球较为熟知，而39.4%的村民对乒乓球比较熟悉）。体育器材结构失衡表现在标准的篮球架对弱势群体不能适用，介于其特殊的身体性能，无法进行篮球活动，这就会影响其运动效果、参与热情及兴趣培养，于器械的利用、管理与维护也产生闲置、混乱和荒废等困扰。这种基于参与者需求的器械失衡与以人为本的体育发展理念是相悖的，亟需改善以求人性化，此类现象在农村尤为普遍，更是均等化思考的内容。此外，我国社会体育指导员的供给存在比例失衡，据资料显示：90%的社会体育指导员集中在城镇，而占国土面积83.5%的广大农村的社会体育指导员仅占10%。在看到农村公共休育服务作为客观社会事实存在之余，此些现实问题也随之浮现。

7.3.3 农村公共体育服务治理主体有限

我国农村公共体育服务的提供多由政府独家完成，政府作为供给或治理主体具有天然性和自然性，但承包式或垄断式的供给必然会导致享有公共体育服务的村民有限，因其能力有限而无法顾及全面。尽管公共体育部门一直在大量投入人、财、物来提高农村公共体育服务水平，然而这些与广大村民群体的公共体育需求期望仍存有差距，要求增加体育场地设施、开放体育场馆、提供科学健身指导服务、增加体育活动经费等声音日益强烈。长期以来，我国农村公共体育服务的供给与治理几乎由政府包揽，属于典型的统治模式，有研究发现：在我国81万多个体育场地建设中，公有制经济成分出资95%以上，民间资本投入不足5%；而关于农村公共体育设施投资主体单一的问题还体现在农民体育健身工程上，依

---

[1] 李萍美. 新农村体育服务模式构建 [J]. 体育文化导刊, 2008 (10): 17-20.

靠政府财政拨款较为明显，社会力量、民间资本投入体育场地设施建设的极少。由"十一五"期间农民体育健身工程建设的国家投资比例可见，政府投资比例较大，社会资本明显不足，而乡镇与社会投资呈现明显的区域差异（图7-10）。具体到地方则如安徽省在农民体育健身工程建设中，按照每个项目所需资金，国家、省、市（县）按5∶3∶2比例安排，即国家投入1.5万元，省体育局、省发展改革委、省财政厅配套9000元，市（县）配套6000元。在农村公共体育设施建设过程中，以国家财政投资为主，社会团体、企事业单位、个人捐赠和赞助的比例不高。这更能看出农村公共体育服务供给或治理主体欠缺。

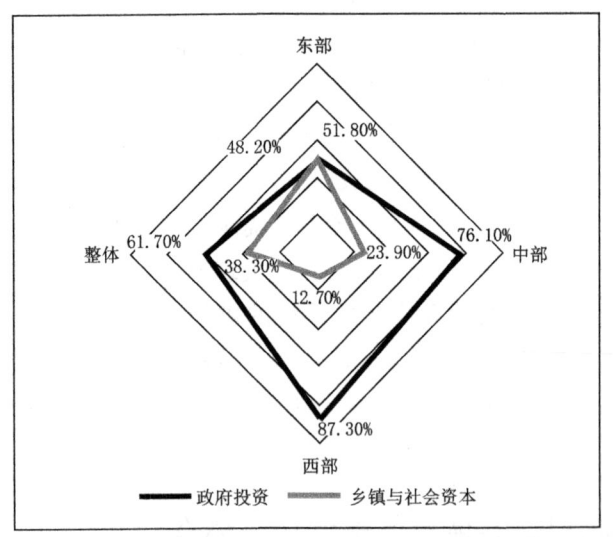

图7-10　"十一五"期间东、中、西农民体育健身工程投资比例

7.3.4　农村公共体育服务供给体制受阻

（1）传统行政管理体制的弊端。我国农村公共体育服务供给仍延续传统的行政管理体制，政府对公共体育事业管得过多，且管办一体，公共体育服务市场化路径较难拓宽。尽管政界、学界等努力将传统公共行政管理向现代公共服务转变，但这并非一时就可以解决的，关于公共体育服务的理论演变是需要一定时间的，即使是国外也走了相同的道路。我国农村公共体育服务的供给因传统体制的固化和影响而导致诸多弊端，具体表现在基层体育非政府组织力量薄弱，向农村居民提供公共体育服务的能力极其有限。经费的制约及对政府的依赖使得农村体育社会组织要么无法成为正规组织，要么离不开政府的控制，基层体育社会组织

党支部的设置看似创新，实则完全改变了社会组织的性质，对其能力发挥、活动组织等都会产生束缚。传统行政管理体制还带来供给主体单一、服务对象有限及覆盖面窄等问题，社会治理倡导的政府、体育非政府组织、企业、个人都可作为治理主体的理念，在传统行政管理体制约束下遭遇难关，亟需突破。

（2）各级政府的职能划分不清。现阶段，政府于农村公共体育服务治理过程中既扮演生产者的角色又充当供给者，双重身份导致政府在提供公共体育服务时职能不清，本该由上级政府进行投资管理的事情，却以事权转移的方式交给下级部门去完成，本应由政府供给的服务事项却转移给发展不健全的体育企业来负责。政府对市场"该干什么"和"能干什么"缺少严格考量。在农村公共体育服务供给方面，政府本是部分供给、管理、监督和服务的主体，而非现实中大包大揽甚至全包全揽，更不是"该管的管，不该管的也要管"，这样势必会引发管理混乱。政府的供给责任在于确定由谁提供、提供什么、向谁提供等，而非政府垄断式生产且供给，此种模式定会使其运行机制处于模糊状态。当下，农村公共体育服务供给依然是政府规模过大，市场遭遇政府过多干预或是自身角色不清晰致使我国农村公共体育服务带有浓厚的行政色彩和垄断特性，活力与效力俱失。在我国经济步入"新常态"、倡议社会治理的时代，政府于农村公共体育服务的发展须转变观念、明确职责，在其指导下展开多元主体建设。

（3）政府垄断的单一供给模式。体育决策者的"官僚偏好"往往与其政绩联系起来，在集权决策机制中，农村公共体育资源的配置仅是决策者的独自倾向。在农村公共体育服务需求日益增长的情势下，"政府包办"的单中心供给模式显然已不能满足村民多样化与多层次的体育需要。政府垄断的单一供给形式还制约了体育社会组织的发展活力，伴随社会治理时代的开启，我国各种体育社会组织发展速度较快，并开始承担部分农村公共体育服务的职责，但因政策性体制障碍，体育社会组织在供给或治理过程中并未充分将其作用发挥出来。虽然有大量的民间体育组织开始深入至农村场域，但仍会受到众多体制或是制度的制约，多数民间体育组织在管理及活动组织方面面临的阻力较大，较难充分发挥作为"百姓身边的活动组织者"的功能。相当多的体育企业也因农村公共体育服务的市场介入约束和社会责任感不强等问题，尚未将农村公共体育服务提供者的角色表现出来。归根结底，正是政府单一主体管制过多、过宽的弊病所致。

（4）体育组织管理体系不健全。从组织类型上看，中华人民共和国成立以来我国已建立起较为完善的体育行政管理组织体系，但体育社会组织和市场组织体系并不健全。公共体育服务建设较为完善的发达国家有经验表明：以公益性为主导的运行机制体现了社会体育的大众化和服务性[1]。就目前我国农村公共体育服务体系发展而言,体育社会组织的管理还远未达到成熟要求,即使初步阶段都尚不能被称作。从组织结构来看,我国全国性和地方性的体育社会组织较多,但基层体育组织数量不够多,规模不够大,群众日益增长的健身需求难以满足,农村地域的反映尤为突出。此外,体育社会组织参与社会治理受干预过多,我国体育社会组织的管理制度实行双重制,不仅需有主管机构批准,还要到管理机关做好登记,这无疑提高了体育社会组织的准入门槛,大量农村的草根体育社会组织不能转化为合法组织,从而导致管理的不规范,即便顺利转正的组织也要依托政府,行政干涉及权力行使在其发展过程中成为常规。

(5)制度建设缺少法制性约束。我国关于公共体育服务体系方面的法律依据几乎没有,农村公共体育服务自不用说。《宪法》第 21 条也仅有"国家发展体育事业,开展群众性的体育活动,增强人民体质"的描述,约束性质多未体现。体育领域则从"十二五"后相继于些许规划中对公共体育服务作了要求。政策法规的保障不足定会导致公共体育服务体系建设无法实现"有法可依",这与推进体育事业"依法治体"的规定相背离。在"无法可依"的情形下,公共体育服务治理主体的法律定位就显得不够清晰:体育行政部门、体育非政府组织、企业、个人等公共体育服务提供者之间的法律关系不清,对自己的行为没有准确把握,就会严重挫伤政府部门的积极性,也会导致公共体育服务不能合法、合理、持续、有序地推进[2]。作为偏远地区的农村、弱势群体的村民而言,在公共体育服务制度建设不完整的情况下将会遭遇加倍的体育权利损失。

7.3.5　农村公共体育服务供给机制不畅

(1)政府包办,效率低下。政府包办是指国家对社会体育事业的指令性垂直管理,其带来的核心问题就是基层公共体育服务所需资金不足,越是基层的如农村公共体育服务越更加受经费困扰。资金缺乏可谓造成各级地方政府公共体育服务供给机制缓行的最大瓶颈,由上可知,这与整体财政投入机制相关。我国公共体育服务供给机制中的财政拨放是按照一定顺序进行的,即从中央到省(区市)、地级市、县(区市)、街道(乡镇)再到社区(村民委员会)的多级下拨线路。政府作为垄断供给主体的单中心模式就很难顾及最底层的公共体育服务建

---

[1] 陈庆修. 世界经济中心转向服务业 [J]. 中国大学生就业, 2002 (9): 49-50.
[2] 马宏俊. 政府体育公共服务体系法律规制研究 [J]. 体育科学, 2013, 33 (1): 3-9.

设。如供需总量与质量均出现不对称现象，从量的供给看，农村公共体育服务供给量始终低于需求量，且在供给前对村民的需求并不清晰，缺少针对性，加之供给方式自上而下地决定公共体育服务数量和种类，政府供给内容将更加有限且盲目。从质的方面看，农村公共体育服务的供给质量与现实中村民的期望差距较大，乡村体育场地闲置、器械荒废等现象即可说明，政府提供与民众所需难以对应，缺少多样且丰富的供给内容。

（2）社会力量参与度不够。政府包办的后果直接导致社会力量参与不足，后者主要涉及除政府以外的市场、社会组织及个人等。目前，市场力量参与农村公共体育服务远远不够，企业向来以盈利为主要目的，对于公益性活动积极性不高，进一步反映出政府与市场的边界不清晰，这与国家倡导的充分发挥市场资源配置的作用相违背。政府对市场介入的制度保障和产权保护等都未建立起来，在政策引领方面亦缺少吸引企业进入的动力，阻碍其参与农村公共体育服务发展，如实地调研中发现：宜阳县凤凰岭国家射击基地属于企业性质，其负责人对政府的支持态度略表不满，基本是以自身对体育的热情和抱着回报乡民的情怀在兴办。社会组织是指那些主动承担社会公共事务和高福利事业或从事公益活动的机构，其正式性、非营利性、非政府性、志愿性、自治性、非宗教性等特征，能够提供政府和市场所不能提供的内容且功效显著，但我国基层社会组织包括体育领域的公共部门发展并不健全，其在农村体育服务进程中的作用还处在试探阶段。此外，社会各界人士参与农村公共体育服务的路径受阻，基层个体作用发挥受限，其融入机制始终没能成形，这无疑限制自然人为农村体育发展贡献力量的机会。

（3）民意表达和利益实现机制缺乏。在社会主义市场经济体制下，农村公共体育服务供给的本质是向村民个体提供切实可行的体育内容，以保证其体育权利的赋予与行使。不过，现实中的最大困难在于农村居民对公共体育服务的真实偏好较难获得，易产生信息不对称现象。实践证明：人类在揭示和协调人们对公共产品消费偏好的所有制度安排中，民主体制是迄今为止最有效和最重要的制度[1]。它可以系统地获取和协调公众的偏好，又能够约束和监督政府对这些偏好及时做出合理反应。在我国农村公共体育服务的决策和供给机制上，受传统体制烙印的深刻影响，往往缺乏自下而上的民意表达和利益实现机制。政府为其政绩而以自身偏好提供服务内容，对村民的体育意愿并未展开实地考察，导致政府

---

[1] 李燕，等．政府公共服务提供机制构建研究——基于公共财政的研究视角 [M]．北京：中国财政经济出版社，2008：62．

供给与村民需求呈"平行线式"发展。怎样突破传统垄断型供给方式，实现"以需定供"、迅速与农村公共体育服务"供给侧结构性改革"接轨，尽可能满足"需求侧"村民的体育期望，是完善公共体育服务利益表达机制的关键。

（4）绩效考核与监督问责机制缺少。我国现有的政府考核机制存有较大问题，一定程度上会对政府行为产生误导作用。在以经济改革为主的发展阶段，政府"唯 GDP 论"的绩效考核标准尤为突出，政绩多少看产值，贡献大小看税利，而民众实际生活水平则长期未被重视。相反，本属于社会公共事业的教育、医疗及住房等，偏偏走上一条产业化道路，伴随中国改革开放辉煌成就的数十年而致使民众苦不堪言。当然，这是某个阶段的特有现象，在经济"新常态"、社会治理理念确立背景下，要尽快按照服务型政府的要求，将可持续发展的指标融入社会改革发展阶段中。体育领域应建立以公共体育服务为取向的政府体育工作业绩综合评价体系，以反映群众体育整体发展状况。就目前来看，我国农村公共体育服务的绩效考核和监督问责机制还不是很成熟，关于农村公共体育服务的评估指标体系仍未制定，还是以政府主观评价和判断为主，多以工作报告的形式呈现，其是否属实缺少实践检验。相关机构承担公共体育服务评估虽初入正轨，但以科研单位作为"第三方"对其进行测评需做深入研究，以避免第三方测评不纯，通过利益交换滋生腐败。

7.4 我国农村公共体育服务体系发展的困因分析

7.4.1 政府与社会观念滞后

农村公共体育服务体系发展的一大困因正是"国家—社会"二维框架下的观念滞后，这就导致政府固持垄断供给、社会力量融入意识淡薄。具体表现在：一是受"大政府、小社会"的传统行政管理影响，政府性质本应是决定其为权利"有限"和责任"无限"的综合体，但当前，我国正处在经济转轨（计划向市场：经济新常态的出现）和社会转型（管理向治理：社会改革提上日程）的关键时期，计划经济时期的意识形态仍有余留，彻底根除实属不易，致使计划经济习惯和官本位思想广泛存在，从而延续着"大政府、小社会"的盛行，农村公共体育服务的政府垄断性供给，使得公共体育服务的质量不优和效率不高，同时遏制了市场和社会组织等力量的介入。二是农村居民群体的体育消费观念薄弱，总想以"搭便车"的形式享有国家提供的服务内容，现实则是前者的需求与后者的供应出现缝隙，使得供需不对称。当下，我国强政府、弱社会的局势仍然明显，村民个体在参加体育活动时依然表现出对政府依赖，对体育关注度和参与度不够，体育消费习惯还未形成。农村民众在公共体育服务上的权利意识薄弱，缺少主动的需求表达和渠道，都是被动接受的局面。为促进农村地区的公共体育服务发展，保障村民公共体育服务权利，必须转变村民的健身意识，促进身心健康发展理念。争取在农村公共体育服务领域实现"小政府、大社会"的供给模式，即政府引导以鼓励更多的社会力量参与农村公共体育服务治理过程，形成多中心共治格局。

7.4.2 城乡二元格局的并存

我国城乡二元思路可谓时代发展的产物，这一格局几乎涉及所有领域，教育、就业、住房、体育等，涵盖整个公共服务范畴，这就导致公共体育服务供给呈现非均衡布局状态，其中于城乡和区域间表现显著，农村基层和中西部地区的公共体育服务发展缓慢、备受忽视、公平问题突出、均等程度不足的出现也就不足为奇。公共体育服务非均衡性发展主要体现在财政拨款上，国家对城市体育的支出要远远大于农村，城乡二元的社会结构不仅导致人均收入上存在巨大差异，对公共体育服务的享有同样差距明显。如 2015 年我国城乡人均收入差距达 2.73 倍，如果加上各种福利保障等，实际差距达 5 倍之多。公共体育服务的不均等一方面受城乡二元分割的影响，另一方面又进一步固化了城乡二元分割[1]。但长期以来，在城乡二元体制以城市偏好为主导的公共服务供给环境下，农村公共体育服务的供给较少列入国家或地方政府的财政预算，这就形成城乡有别的公共体育服务供给体制。政府包揽城市所需的公共体育服务，给予公共财政资金支持，而农村很大程度上却是"自给自足"的供给模式，农村所需的公共体育服务，政府提供较少，大多是以农民自己上缴税收来承担，这致使农村公共体育服务不论在数量上还是质量上都差于城市。改革开放后，随着市场经济的引入和综合国力的增强，我国对城乡公共体育服务失衡现象进行了调整，可城乡分割的二元结构并未从根本上得到改变，农村公共体育服务仍大多由农村村民自己解决，使得其远远落后于城市。农村公共体育服务的缺乏制约了农村体育发展，从而形成恶性循环，以致城乡在公共体育服务的供给和享有上的差距呈拉开状。

---

[1]孙参. 城乡之间、地区之间，人群之间较为普遍地存在基本公共服务差异 [EB/OL]. (2011-04-07). http://news.163.com/11/0407/04/710RU70I00014AED.html.

7.4.3 体育体制建设不完善

我国几乎所有领域发展的不顺最终都可归为体制原因，农村公共体育服务也不会例外，但牵扯到农村可能更加复杂。一是未能形成一套关于农村公共体育服务良性运行的规范分工和问责机制，造成指标软化，没有一个完整的运转体系，要素零散发展，这正是建设其体系的因由。二是财政支持制度不完善，以往的财政供给多采取以经济建设为主，唯 GDP 论的观点在地方更是盛行，对于基层的又是社会建设的农村公共体育服务来说自然不受关注。三是我国在实行举国体制后，就将体育发展战略指向竞技体育，大众体育直至 20 世纪 90 年代才作为配套式内容有所提及，与重经济建设的思路相吻合，无非是用最少的时间获得最大的回报。却与发达国家恰好相反，他们是通过夯实体育的群众基础以增强竞技体育实力。我国农村公共体育服务管理体制和运行机制的不健全还表现在各级政府部门的职责划分不清、"政事不分""管办一体"的现象存在，公共体育服务整体改革滞后，公益性和经营性的内容界限模糊。在经济转轨、社会转型的体制变换过程中，政府作为农村公共体育服务供给主体，难以满足村民日益增长的体育需求，尤其是在倡导社会治理的当下，传统的单中心供给将会带来更多的供需矛盾及效率低下问题。具体表现为：农村留守人口增多，特别是儿童、妇女和老人群体，对其体育所需还是按照以往的供给思路定然不可；社会多元化必将促使农村居民对公共体育服务需求多元，再单纯以政府偏好提供将难以招架。此外，关于城乡公共体育服务供给矛盾的体制障碍，可通过下图进行原理分析（图 7-11）：FF 曲线代表了整个社会提供公共体育服务的可能性边界，G、X 分别表示城市和农村公共体育服务供给量，城市公共体育服务的供给量 OA 与农村公共体育服务供给量 OC 存在明显的此消彼长的竞争性矛盾，如城市到达 B 点时，农村则会降至 D 点。

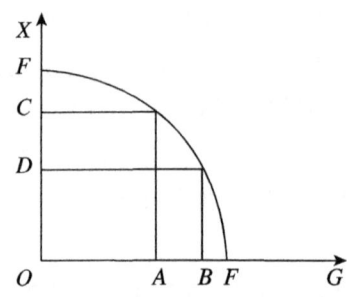

图 7-11　城乡公共体育服务供给的体制障碍原理

7.4.4　公共财政体制不健全

农村公共体育服务体系发展的困因很大程度上要归结到公共财政体制上，不健全或是投入失衡影响其良性运行，具体表现：一是国家公共财政投入不足，财政缺乏是制约我国农村公共体育服务供给的关键因素。总体而言，公共体育事业的经费缺少制约政府的职责履行和职能发挥，进而导致农村公共体育服务供给数量不足、质量不优，同时还会限制提供的宽度与广度。另外，国家直属体育事业投入在中央财政支出中的比重呈下降趋势，阻碍了顶层体育部门对农村公共体育服务的宏观调控能力的发挥，加之政府的供给偏好，将仅有的财政资源多投向城市或见效快的发达地区，产生公共体育服务建设的非均衡状态。当然，饱受诟病的体育议题在于竞技体育与群众体育的侧重力度，同样反映在公共财政投入上，竞技体育的国家财政支持要高于群众体育，这对低层级的农村公共体育服务经费获取而言更加困难。体育事业经费的不足还体现在区域上，西部地区明显落后。二是地方财政投入有限，我国现行的财政体制是财权向上集中，事权却不断下移，到了最基层的乡镇一级，经费捉襟见肘，且财权与事权的反比关系定会导致不作为现象发生，正所谓"无钱怎能养事"。地方体育事业的经费缺乏和资源匮乏对农村公共体育服务发展阻力较大，从农村体育场地的财政投资就可看出地方政府在此方面的乏力表现。这与发达国家形成鲜明对比，他们对于公共体育服务的财政投入多依靠地方政府，中央政府的投入要少得多。可见"中央—地方"自上而下的财政体制是农村公共体育服务严重落后的至关重要的原因。三是转移支付制度不当。采用基数法确定转移支付资金将会延续并扩大既得利益格局，对于协调区域经济发展上不能发挥作用，不但财政支出差距和社会发展水平的均等效果得不到均衡，一定程度上还会扩大原来的财政悬殊，贫富两极分化持续上升，使得原本财政就很困难的县、乡长期停留在低水平阶段，又怎会注重农村公共体育服务的供给状况。中央政府对转移支付资金的拨放要经过多层政府形成一条较长的经费传导链条，也容易产生资金拨付和使用的效率低下。

8 CHAPTER 08

我国农村公共体育服务运行条件研究

已故学者郑杭生先生将社会学定义为"关于社会良性运行和协调发展的条件和机制的综合性具体社会科学"[1]，并指出我国社会运行的内外条件有人口（适度）、生态环境（运行代价）、经济、政治、文化与心理、转型加速期和转型效应及迟发展社会与迟发展效应（社会条件）等，这奠定了其社会运行论的条件基础。公共体育服务供给环境即影响其发展的所有外部条件的总和，它是公共体育服务系统的重要影响因素，是其良性运行的保障，具体包括政治、经济、文化、法律、公民的需求变化、人口数量及质量、科学技术发展水平等。农村公共体育服务研究分属社会学范畴，对其攻克是总体社会运行论的实践领域演绎。农村公共体育服务体系复杂且丰富，它的正常运转需有一系列条件相配合，而我们要解决的问题则是对为实现其良性运行而需要哪些基本条件进行挖掘，综上可将其运行条件归纳为人口、政治、经济、文化、社会及环境等方面，而后五项恰是我国全面建成小康社会"五位一体"的目标内容，在此些条件推动或阻滞下应形成关乎其良性运行与协调发展的战略构思，以为全民体育共享补足短板。

8.1 我国农村公共体育服务运行的人口条件

8.1.1 我国农村人口结构特点

（1）城乡人口此消彼长发展。城乡人口结构变化是一种全球趋势。早在2008年，城市人口就已超过农村人口。世界城市化水平在许多发展中国家快速提高，至2050年世界人口的城市居民比例可能达到70%。这期间，城市人口数

---

[1] 郑杭生. 社会学概论新修（精编版）[M]. 北京：中国人民大学出版社，2009：1-2.

量将从33亿增至64亿，预计增加31亿，对比世界人口将会增加的25亿，这一差额势必由于迁移和农村地区改造为城市中心而出现；未来人口的增长主要会集中在发展中国家的城镇，发展中国家的城市人口预计将从2007年的24亿增加至2050年的53亿（图8-1）。

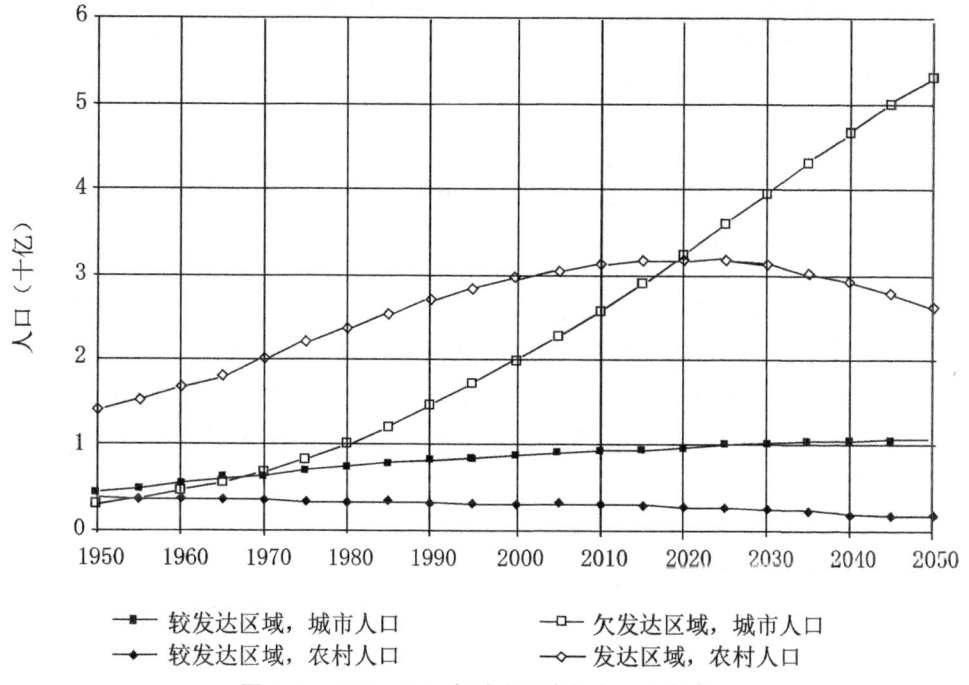

图8-1　1950—2050年城市和农村人口分布情况

资料来源：《世界城市化前景：2007年修订版，摘要》。

　　我国城乡人口结构的改变将会跟随城镇化建设持续推进。由图8-2可知，自中华人民共和国成立以来到2025年的预测区间，我国城乡人口表现出不同的发展规律：城市人口伴随时间的推移而呈不断增加态势，且在2010年基本与乡村人口持平，预计于2025年将超过乡村人口的60%；农村人口发展趋势呈现出近似坡度较大的"倒U型"，对其解释则是中华人民共和国成立伊始的"人多力量大"号召促其前段不断增长，而计划生育政策的颁布迅速使农村人口数量下降，同时进城禁令的解除促使部分农民转化为城市居民。城乡人口的正反变化，促成城镇化率的快速升高。

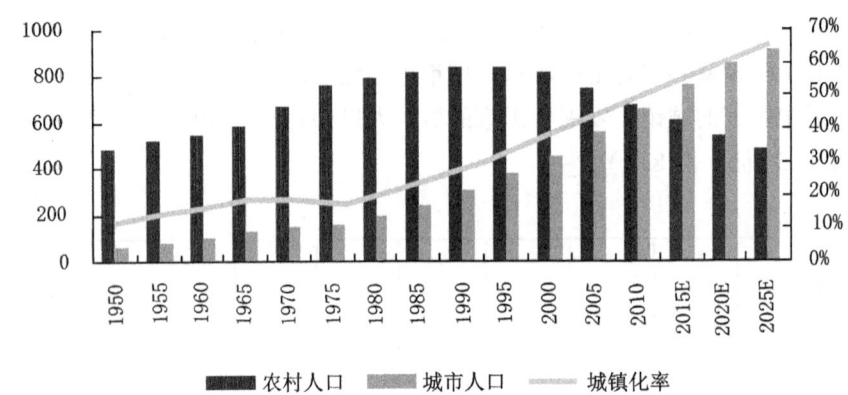

图 8-2　1950—2025 年中国城市、农村人口以及城镇化率预测

数据来源：http：//www.chinabgao.com/viewpoint/2021.html.

当下，农业人口向城镇转移的整体趋势仍然无法阻挡。从图 8-3 中可看出我国农村人口在经历了 20 世纪 70—80 年代相对平稳的十年时间后，迅速出现下降趋势。农村在遭遇城镇化"收编"的直接冲击和农民工往返于城乡的间接打击下，农村或农民的"终结"话题貌似指日可待，正是如此变更导致农村人口形成"去留格局"的现实特色。

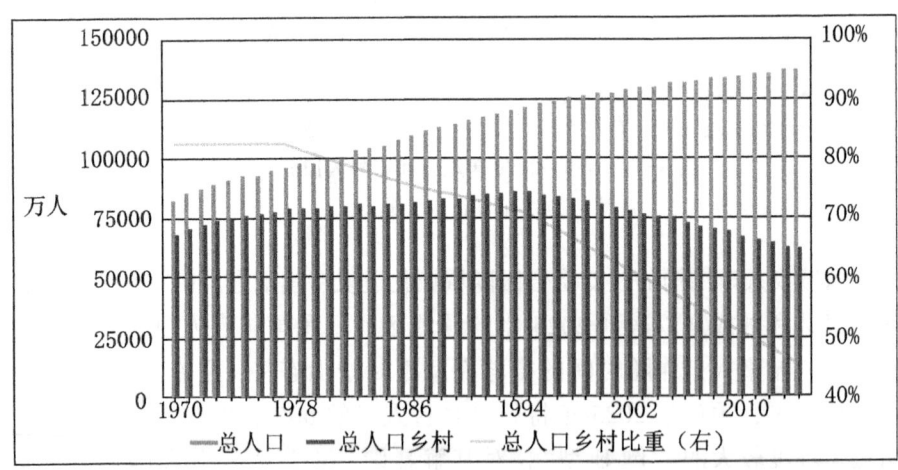

图 8-3　我国农村人口变化情况

资料来源：国内农业概况（www.jmt007.com）。

（2）农村人口呈现去留格局。21 世纪以来，农村人口的急剧变化可用"去留格局"一词来形容，即"去"在行动过程中代表远离村庄，于社会学范畴的反映是人口迁徙或流动，投射到具体的人身上则产生出特定群体——农民工；

"留"的行为意义表示固守村落，社会学现象的体现则是创造了"留守人口"术语，包括妇女、儿童和老人三类特有人群，符号化为"386199 部队"。

①农村流动人口：农民工成为时代产物。农村留守人口的独有议题与人口流动密切相关，即"农民工"这一特殊身份的产生与赋予。

农村流动人口发展特点有：a. 总量增加、增速回落。2015 年农民工总量为27747 万人，比上年增加 352 万人，增长 1.3%。2011 年以来农民工总量增速持续回降。2012 年、2013 年、2014 年和 2015 年农民工总量增速分别比上年降低0.5、1.5、0.5 和 0.6 个百分点（图8-4）。

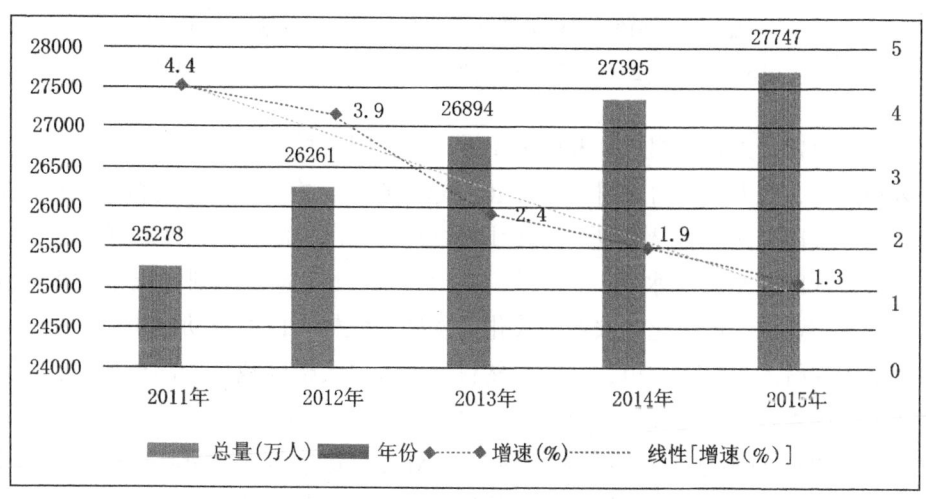

图 8-4 2011—2015 年我国农民工总量及增速情况

资料来源：国家统计局《2015 年国民经济和社会发展统计公报》整理获得。

b. 本地农民工增长较快。从构成看，本地农民工 10863 万人，比上年增加289 万人，增长 2.7%；外出农民工 16884 万人，比上年增加 63 万人，增长 0.4%。从 2010 年到 2015 年农民工总量（外出、本地）增速亦可看出（图8-5）。

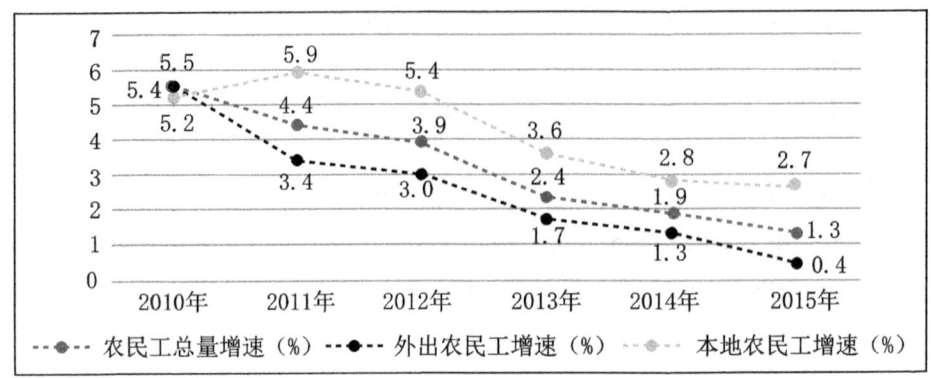

图8-5 2010—2015年农民工总量（外出、本地）增速

资料来源：国家统计局《2015年国民经济和社会发展统计公报》整理获得。

②农村留守人口：组构"386199部队"。中国农村留守儿童、妇女和老人的总数超过1.5亿人，面对农村"空心化"这一现象，中国须加强对留守人员的关爱服务。我国《关于深入推进农村社区建设试点工作的指导意见》颁布，旨在提升农村社区公共服务水平。民政部基层政权和社区建设司副司长朱耀垠曾说过：随着工业化、城镇化、农业现代化的发展，农村人口的流动性明显增强，越来越多的农村人口流向城镇，一些自然村村落人口大幅度减少，甚至消亡，由此造成了中国农村"空心化"的趋势。据推算，中国农村留守儿童超过6000万，留守妇女约有4700多万，留守老人约有5000万。这些留守人员在生产和生活中会遇到很大困难，因此必须把加强对他们的关爱服务、维护他们的合法权益，作为农村社区建设的重点。按照指导意见，民政部门将健全农村留守人员关爱服务体系，重点发展学前教育和养老服务，建立农村社区留守人员动态信息库，扩大呼叫终端、远程监控等信息技术的应用，提高对农村留守人口的服务能力和水平。这里不乏对农村公共体育服务的建设呼吁。

农村留守儿童的整体情况和基本特征：a. 总体规模扩大。根据《中国2010年第六次人口普查资料》样本数据推算：全国农村留守儿童达6102.55万，占农村儿童37.7%，占全国儿童21.88%。

b. 年龄结构改变。学龄前农村留守儿童（0~5岁）规模为2342万，占农村留守儿童总数的38.37%。义务教育阶段留守儿童达2948万，其中小学（6~11岁）和初中（12~14岁）学龄阶段儿童在农村留守儿童中分别占32.01%和16.30%。大龄留守儿童（15~17岁）的数量为813万，占农村留守儿童的比例为13.32%。由此可知，学龄前留守儿童快速膨胀，义务教育阶段留守儿童略有减少，大龄留守儿童明显收缩（表8-1）。

表8-1 0～17岁农村留守儿童性别、年龄结构

年龄	农村留守儿童年龄构成百分比（%）				流动儿童性别比	农村非留守儿童性别比
	男	女	合计	性别比		
0～5岁	20.97	17.39	38.37	120.59	121.97	120.11
6～11岁	17.37	14.65	32.01	118.57	125.07	119.06
12～14岁	8.71	7.61	16.30	114.45	120.89	115.69
15～17岁	7.04	6.30	13.32	111.75	103.26	111.46
0～17岁合计	54.08	45.92	100	117.77	116.39	117.25

资料来源：2010年全国第六次人口普查长表数据。

c. 农村留守儿童与城乡流动儿童性别比差别不大，年龄段差异明显。农村留守儿童中，男孩占54.08%，女孩占45.92%。与农村非留守儿童和城乡流动儿童比较，总体性别比差别不大，分别为117.25%和116.39%，但分年龄段性别比结果存在差异（图8-6）。

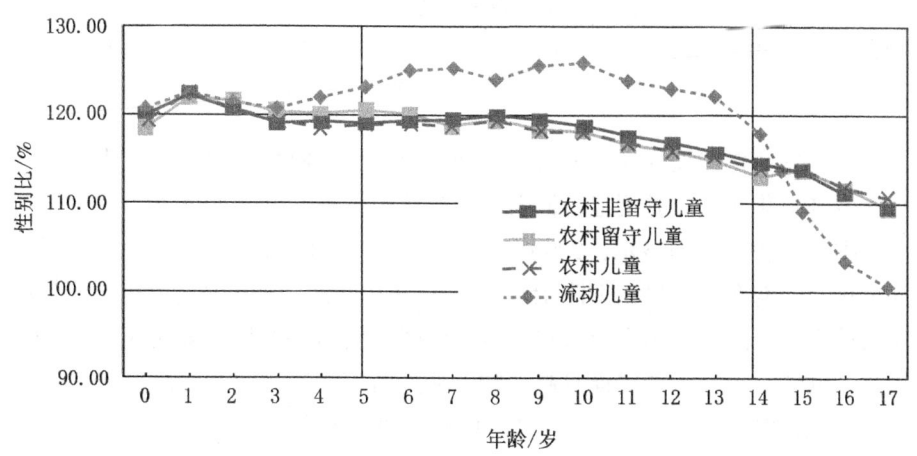

图8-6 0～17岁农村留守儿童与农村非留守儿童和城乡流动儿童性别比

资料来源：2010年全国第六次人口普查长表数据，《我国农村留守儿童、城乡流动儿童状况研究报告》。

d. 从年龄看，性别比随年龄变化而呈现不同模式，较为明显地体现在流动儿童和农村留守儿童两个群体之间。学龄前（3～5岁）和义务教育阶段（6～14

岁）的流动儿童性别比要高于留守儿童；大龄（14岁以后）流动儿童与农村留守儿童的性别比出现逆转现象，前者低于后者。这一比较结果与学龄阶段正好对应，即自幼儿园的学前教育到义务教育，流动儿童中的男孩占比始终高于农村留守儿童男孩占比；而在义务教育接受完后，流动儿童中的女孩比例开始提高。流动儿童和留守儿童性别比的差异体现了流动人口在选择携带子女一起外出时存在的性别偏好（图8-7）。

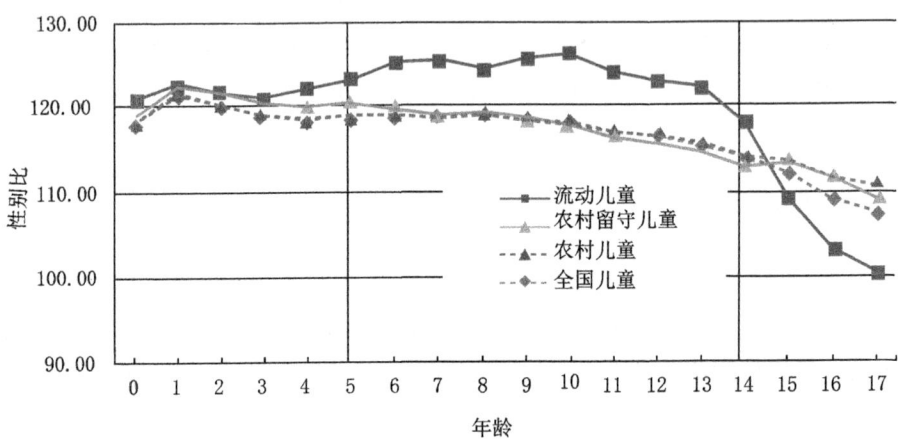

图8-7 各年龄段性别结构对比示意

资料来源：2010年全国第六次人口普查长表数据，《我国农村留守儿童、城乡流动儿童状况研究报告》。

除此，城镇化建设促使农村青壮年向城市转移，使得城镇青壮年人口比重提高，城乡老龄化水平反差明显。随着城市化快速推进，我国城乡人口变化呈现差异。根据人口普查数据显示，2000年至2010年，我国城市人口1.1亿，镇人口增加1亿，同期乡村人口则下降15%、减少约1.2亿人。其中，大量青壮年从农村流入城市，在降低城镇老年人口比重的同时，提高了农村老龄化速度。农村抚养比高于城镇，未富先老局面日趋严峻。从近两次人口普查各年龄段人口比重对比来看，"五普"农村各年龄段人口占总人口的比重高于城镇，而"六普"城镇15~49岁年龄段人口比重显著高于农村；农村60岁以上人口占总人口的比重均高于城镇，随着农村劳动人口的流出，差距略有缩小（图8-8）。

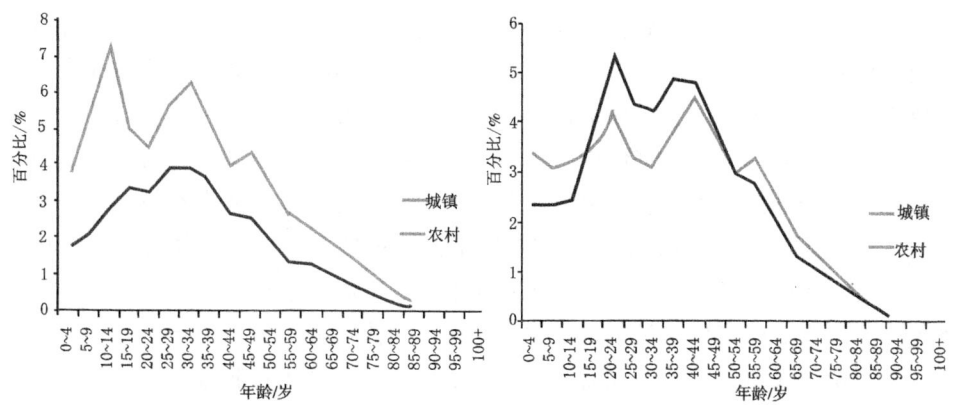

图8-8 五普（左）与六普（右）各年龄段人口占总人口比重

数据来源：国家统计局及中国指数研究院整理。

8.1.2 人口条件对农村公共体育服务运行的影响

（1）重视城乡公共体育服务均等化发展。随着城镇化建设的不断推进，城市人口和城镇率均超过农村，在此城乡转换背景下，公共体育服务供给尤其需要注重均等性，即是说迅速转变为城镇的农村应得到符合城镇标准的公共体育服务内容，如场地、经费等都须有升级，将公共体育服务作为进入城镇范畴后的一个检验指标，从而促进之前本属农村性质的公共体育服务发生改变，进而将此种体育福利间接发放给这一领域的民众；相反，如若即使是体育看似微不足道的指标都未能跟上城镇化的步伐，那么只能说是一种伪城镇化，因为从体育的角度看原先的村民依然没有获取与市民同等的公共体育服务待遇，所以均等要反映在城乡转变过程中。此外，对于未能实现城镇化的农村，于公共体育服务体系建设方面同样可以要求均等，以往城市本就领先的公共体育服务内容、理念等此时更需于农村大地上重现，当下的农村发展步伐紧随城镇，在思想或是行为上逐渐与其接轨，所以应破除公共体育服务以城市为中心的单一思路，让城乡展开一体化建设，农村公共体育服务方可得以保证，这亦是促进农村城镇化的前期准备，等农村迎来城镇化时早已从公共体育服务环节提前完成了过渡。

（2）确保弱势群体的公共体育服务享有。往返于城乡之间的流动人口总量不断增加，须有确切的应对措施。农民工这一较为特殊的时代产物是城市化、工业化的发展结果，他们为社会进步作出了重大贡献，在公共服务环节理应得到优先关照。公共体育服务方面：①出台利于农民工群体就业的政策，提高其收入水平，以确保足够经济基础后，展开体育上层建筑的参与；政府部门要加大针对性的公共体育服务投入力度，在农民工集聚地建设基本的体育场地设施，成立农民工体育协会或固定组织，定期举行健身活动，以愉悦其服务城市建设后的疲惫身心。②加大公共体育服务宣传推广，不断增强农民工体育活动的参与意识，同时要建立以劳动部门为主体、其他行业部门密切配合的农民工体育参与权利监督机制[1]。③促进城市公共体育场馆向农民工群体免费开放，借助体育增加城市包容度及公共体育服务均等享有权，尤其注重农民工居住附近的学校、公园等场所的使用，设立专门指导人员负责对此流动人口的体育融入进行指导。

农村留守人口比重的增加需完善其日常生活的公共体育服务体系：①留守儿童应在学校这一场域享受公共教育服务，其中包括体育内容，具体涉及基本的体育课、课外活动及课余训练等项，充分保证农村留守学生群体获得最优的体育资源和服务。注重农村儿童竞技人才的选拔工作，通过体育实现学业乃至职业的向上流动，而获取基本的专业训练同样是农村留守儿童享有公共体育服务的重要一环。总之，农村公共体育服务于留守儿童的突出表现为校园公共体育教育的接受与竞技体育渠道的尝试，确保其公平享有。②留守妇女应以活动这一实践项目来增强公共体育服务的整合功效，如今广场舞的盛行早已渗透至乡村基层，尤其适合女性群体，新农村建设在文化广场方面的投入力度较大，为村民健身提供物质载体，在硬件设施与活动目标中间需加强对女性村民的组织建设，特别是在文化水平略低的农村，更应借助体育形式促进村民正确三观的建立，防止不良思想侵入，留守妇女这一特殊群体亟需以体育的名义（广场舞等）来表达对健康、健美及健身的强烈诉求，正是农村这一特定人口条件促使公共体育服务运行环节出现针对性的体系建设。③留守老人的公共体育服务需结合居家养老这一社会任务，农民体育健身工程、全民健身路径铺设需充分考虑适宜项目，注重简便易用的设施投建。另外，将农村老年人的体质测试视为公共体育服务体系发展的重点，以健康为基本导向，通过体育参与达到"不治已病治未病"的效果，将先进的健康理念和健身知识传达给村民，引导、鼓励这一相对弱势群体的公共体育服务享有。农村老年人在领取养老金的同时，体育也需同步推进，做到城乡二元均等及公共服务横向平等。在我国人口老龄化迅速加快的背景下，农村公共体育服务需发挥作用，为老年人有意义地度过晚年增添乐趣。

（3）促使客体与受体成正相关关系投入。由前面章节关于农村公共体育服务体系建设可知，此处的客体是其构成要素，而受体则是村民个体或更为直接的

[1]马德浩.我国人口结构的转变及其对体育发展战略的影响[J].体育科学，2015，35（12）：3-11.

农村人口。此观点是由于农村人口结构的变化不定而提出的且有依据，通过收集 2013 年全国各地区人口和体育场地的数量（都涉及总量、城镇和乡村三块），如表 8-2 所示，并对其一一对应作了相关分析，结果显示人口与体育场地之间成正相关关系（表 8-3），总量、城镇和乡村的相关系数依次为 0.862、0.917 和 0.749，并且差异性非常显著（$P = 0.000$），由此亦可看出：乡村方面的相关系数最低，这说明农村人口在体育场地获得上处于劣势，进而凸显出均等化的问题，未来公共体育服务的实践应给予与人口数值相称的供给量，且不仅局限在场地要素方面。

表 8-2　2013 年全国各地区场地与人口数量情况（总量、城镇及乡村）

地区	场地总量（个）	人口总量（万）	城镇场地（个）	城镇人口（万）	乡村场地（个）	乡村人口（万）
北京	20083	2115	14277	1825	5806	290
天津	16233	1472	10421	1207	5812	265
河北	64770	7333	31188	3528	33582	3804
山西	63715	3630	21165	1908	42550	1722
内蒙古	25367	2498	19497	1466	5870	1031
辽宁	51901	4390	36037	2917	15864	1473
吉林	21176	2751	12586	1491	8590	1260
黑龙江	27777	3835	18800	2201	8977	1634
上海	38505	2415	33784	2164	4721	251
江苏	122247	7939	95333	5090	26914	2849
浙江	124944	5498	70176	3519	54768	1979
安徽	53189	6030	32435	2886	20754	3144
福建	62736	3774	32830	2293	29906	1481
江西	66515	4522	35992	2210	30523	2312
山东	101165	9733	53273	5232	47892	4502
河南	82670	9413	40910	4123	41760	5290
湖北	79347	5799	50457	3161	28890	2638
湖南	57565	6691	34984	3209	22581	3482
广东	146719	10644	107843	7212	38876	3432
广西	74182	4719	36446	2115	37736	2604

地区	场地总量（个）	人口总量（万）	城镇场地（个）	城镇人口（万）	乡村场地（个）	乡村人口（万）
海南	12202	895	7113	472	5089	423
重庆	40648	2970	27173	1733	13475	1237
四川	67735	8107	39422	3640	28313	4467
贵州	32162	3502	14064	1325	18098	2177
云南	59640	4687	23422	1897	36218	2789
西藏	6064	312	1799	74	4265	238
陕西	40103	3764	21644	1931	18459	1833
甘肃	30282	2582	12046	1036	18236	1546
青海	7978	578	3966	280	4012	298
宁夏	11547	654	6904	340	4643	314
新疆	29638	2264	13372	1007	16266	1257

表 8-3　2013 年全国各地区场地与人口数量相关关系

序号	数量	x	σ	r	P
1	场地总量（个）	52864.6774	35775.54016	0.862**	0.000
	人口总量（万）	4371.4839	2785.71100		
2	城镇场地（个）	30947.0645	24496.50480	0.917**	0.000
	城镇人口（万）	2370.7097	1579.15134		
3	乡村场地（个）	21917.6129	14738.67853	0.749**	0.000
	乡村人口（万）	2000.7097	1392.38388		

注：** 表示相关关系的差异数值 $P<0.01$，差异性非常显著（$N=31$）。

以上这种关系早在第一次全国农业情况普查中关于村数、村人口数同体育场所数和文化站数上就有反映。通过收集全国各省、区、市行政村（居委会）中有体育和文化事业单位或人员村数据（表 8-4），并对其中的有关变量作了相关分析，如村数、村人口数与体育场所数相关系数均较高（表 8-5），分别为 0.982 和 0.913，差异性非常显著（$P=0.000$）；再如村数、村人口数与文化站数相关关系更高（表 8-6），前者为 0.998，后者也有 0.938，且差异性均非常显著（$P=0.000$）。这进一步验证了人口与场地、场所及文化站数量间的正相关关系，之后的维持要基于一种人人平等享有公共体育服务或避免供给不足以致均等缺失或提供过盛而闲置的供需两侧结构性矛盾。这都是伴随人口变化后产生的影响，或正面或不利都应在农村公共体育服务运行中有所思考，以形成特定人口条件下的最优发展。

表8-4 全国各省、区、市行政村（居委会）中有体育和文化事业单位或人员村情况

地区	有体育场所的村			有文化站的村		
	村数（个）	村人口数（人）	体育场所数（个）	村数（个）	村人口数（人）	文化站数（个）
全国	29278	50771754	33392	37173	58281158	39409
北京	90	132553	106	157	262884	168
天津	288	392898	307	357	533117	367
河北	4391	6401835	4425	6741	9591695	6748
山西	1725	2623758	1771	2247	3220998	2257
内蒙古	311	384476	364	1512	1593624	1612
辽宁	226	368772	270	1047	1736058	1106
吉林	250	315594	272	842	1051368	869
黑龙江	685	744232	764	913	1225383	1103
上海	30	35587	41	45	72207	53
江苏	487	870286	504	1376	2282007	1424
浙江	1154	1162826	1168	770	953251	777
安徽	1170	2136233	1442	617	1142797	691
福建	683	1713545	775	573	1355551	589
江西	416	713202	441	502	855373	557
山东	1887	2360443	2037	1494	1823050	1609
河南	2378	4260610	2663	2317	4183205	2479
湖北	1649	226830	1678	875	1294413	912
湖南	1326	1604661	1343	860	1080440	875
广东	2891	8555191	3506	3022	8103782	3246
广西	1790	5244558	2478	481	1406966	510
海南	650	1187705	1391	371	656702	508

地区	有体育场所的村			有文化站的村		
	村数（个）	村人口数（人）	体育场所数（个）	村数（个）	村人口数（人）	文化站数（个）
重庆	256	350428	321	410	600284	471
四川	1035	1464692	1102	2175	3288844	2331
贵州	436	557210	437	450	701231	460
云南	617	1723546	999	470	1430584	567
西藏	5	2096	5	2	2445	2
陕西	759	1009629	776	1778	2100133	1839
甘肃	1086	1466812	1376	1630	2371581	2020
青海	—	—	—	133	143438	136
宁夏	7	15778	7	119	168534	121
新疆	610	654778	623	2887	3049213	3002

资料来源：中国统计网，第一次全国农业情况普查（http：//www. stats. gov. cn/tjsj/pcsj/nypc/dycnypc/）。

表 8-5　村数、村人口数与体育场所数相关关系情况

序号	数量	x	σ	r	P
1	村数（个）	976. 2667	974. 24085	0.982**	0.000
	体育场所数（个）	1113. 0667	1060. 74694		
2	村人口数（人）	1622692. 13	1060. 74694	0.913**	0.000
	体育场所数（个）	1113. 0667	2014682. 716		

注：** 表示相关关系的差异数值 $P<0.01$，差异性非常显著（$N=30$）。

表 8-6　村数、村人口数与文化站数相关关系情况

序号	数量	x	σ	r	P
1	村数（个）	1199. 1290	1323. 57271	0.998**	0.000
	文化站数（个）	1271. 2581	1345. 83679		
2	村人口数（人）	1880037. 35	2130411. 074	0.938**	0.000
	文化站数（个）	1271. 2581	1345. 83679		

注：** 表示相关关系的差异数值 $P<0.01$，差异性非常显著（$N=31$）。

8.2 我国农村公共体育服务运行的政治条件

8.2.1 我国农村政治建设特点

（1）行政区划的多级线路及村委会自治性质。我国行政区划的多级线路于农村领域的体现为"国家—省、自治区、直辖市、特别行政区—地级市—县（县级市）—乡镇—自然村"，在新农村建设过程中，社区的概念被引入，于是行政村的术语伴随而来，即是由几个自然村组合而成的，这样看从国家到地方的行政管理级别设置较多，如果按照逐级下发通知的工作顺序，势必会产生效率低下的弊端。这种垂直性的管理方式容易导致程式化，不够灵活，而未来的行政区划体系应朝向扁平化模式发展，这样可以快速实现上下级的对接，减少中间环节的审批及报送事项。村落准确而言并非这一线路的构成部分，仅可看作是一种延伸，属于自治组织。按道理来说，农村工作开展阻碍很小，完全由自己决定，但受我国行政体制的影响，即使是自治性的组织在实践中也并未真正实现自治，仍然要看上级的指令行事，这就致使基层创新不足，村民的需求愿望难以与政府的供给内容相吻合，表达渠道又受到一定限制，逐渐出现供需两侧的矛盾激化，这也是供给侧结构性改革于社会服务方面的需要。尽管农村村委会实行"一事一议"制度来推进乡村建设，但传统唯经济发展的观念在农村还未得到改变，资金多投向公共基础设施上，诸如文化、体育等长期投资的项目遭遇边缘化。所以，在行政区划线路拉长、村委会自治处于弱势的现实下，我国农村公共体育服务运行应当思考政治条件的具体作用与潜在力量。

（2）服务型政府职能统治—管理—治理转变。农村是我国政治建设进程中不可忽视的环节，14年不间断的"中央一号文件"多有表述，其发展程度直接关系着国家整体建设。在农村整个历史演进中，政府对其管治基本遵循统治—管理—治理三个阶段（表8-7）。在农村统治时期，政府在其中发挥重要或主要作用，逐渐形成一种垄断式管理模式，权威仅是来自国家层面，这与传统的"家国同构"伦理体现完全吻合，致使其整个运转呈现出自上而下的方式，这种方式处于改革开放前的计划经济时代或更为久远的封建社会，其他社会力量仅是处于萌芽状态，始终没能成长起来，非民主性表现尤为突出，而村民的公共需求既难以表达又不会得到满足。在农村管理阶段，其提供主体不再仅仅局限于政府单方面，它的权威色彩也仅是以"为主性"而呈现，由此可见，自下而上的辅助形式开始出现，此时政府的民主观念逐步得到转变，不过因长期的主导惯性而对农村公共服务的民主落实明显不够，多停留在"为民做主"的层面，管控之举明显。在农村治理当前，公共服务的治理主体可谓多元，政府或非政府组织都可顺理成章地纳入，整个运行环节更加注重上下互动的双向模式，协调、合作等方式被广泛用至公共事务的治理过程中。当然，要说的是政府对农村管治所呈现的特征并不是严格按照统治—管理—治理实现完全转变，这仅是一种趋势，三种方式仍会同时存在于广袤的农村大地，只是主导侧重发生变化，此背景下对农村公共体育服务运行探索应给予解答。

表 8-7　政府统治、政社管理及公共治理的比较[1]

内容	统治	管理	治理
权威来源	唯一性：权威、合法权利只能来自政府	为主性：权威、合法权利主要来自政府	多样性：权威、合法权利来自三大部门
运作过程	单向性：自上而下的命令，要求其他两大部门服从	主辅性：自上而下为主，自下而上为辅	双向性：自上而下、自下而上双向结合，强调上下互动
民主参与	凌驾性：排斥民主参与，政府凌驾在两大部门之上	半民主性：主观上要民主参与，但由于政府主导的习惯，民主往往是为民做主	民主性：通过合作、协调及对共同目标的确定等手段达到对公共事务的治理
权利行使	号令性：依靠政府的权利，发号施令	管控性：由于政府主导的习惯，习惯于对市场、社会进行管控	平等性：三大部门作用不同，地位平等，平等协商是主要方法

8.2.2　政治条件对农村公共体育服务运行的影响

（1）公共体育服务管理方式将发生变化。由前可知，人口条件是农村公共体育服务运行的基础需要，即公共体育服务源自人的需要，并以满足人的公共需求为出发点和落脚点。除此，该领域还受一定的政治条件约制与影响，需有政府和市场的协同与互补，尤其注重从政策法规的制度层面进行顶层设计，以实现合理配置体育资源及规范运行机制。我国公共体育服务体系研究虽新，是 21 世纪

---

[1] 郑杭生．"理想类型"与本土特质——对社会治理的一种社会学分析［J］．社会学评论，2014，2（3）：3-11.

伴随服务型政府建设而被提及，但其作为一种社会既定事实早已存在，理论层面历经公共行政、公共选择、新公共管理、公共治理及新公共服务等，线路遵循从政府单一主体转向政府、市场、社会乃至个人的多元格局。公共体育服务在我国实践中可划分为三个阶段，具体如表 8-8 所示。可见，公共体育服务管理方式伴随政府职能的转变而发生改变，这同样反映在农村公共体育服务运行上。

表 8-8　中华人民共和国成立以来公共体育服务管理方式的演变[1]

序号	阶段	特点
1	计划经济体制时期	政府包办、福利分配的供给方式；全国局部领域实现低水平高度覆盖；但内在激励机制缺失，效率十分低下
2	改革开放至 21 世纪初期	伴随经济发展，公共体育服务质量提升、体系渐成；供给模式由传统政府单一形式走向政府主导，社会化、市场化多元并举。同时暴露出运行体制机制及区域不平衡、城乡不平等问题
3	进入 21 世纪后	公共服务理念受到重视，政府角色转变，社会改革中的制度建设提上日程，政法保障尤为重要

　　农村公共体育服务供给的演进状况及运行模式已于第三章做了论述，在此不再重复。值得一提的是，农村公共体育服务作为社会领域的重点内容始终伴随国家的改革步伐，中华人民共和国成立至改革开放为计划经济体制时期，农村公共体育服务发展表现在社会主义改造和人民公社两大运动，对应的是经济初步改革阶段；改革开放后，农村实行家庭承包责任制，此时计划体制逐步衰退而市场体制崭露头角，农村公共体育服务进入混合经济发展模式；21 世纪初期，农业税的废除减轻了农民负担，社会主义市场经济体制得以稳固，乃至出现经济运行的新常态，自此农村公共体育服务伴随经济的发展进程告一段落，真正迎来社会改革范畴下的本我状态，与经济—社会—政治改革路线相吻合。之所以详细说明这一历程在于进入社会改革阶段后，至为关键的措施应为制度建设，而政策法规的出台可谓贴合，这将会继续影响着农村公共体育服务的运行与发展。

　　（2）对城乡公共体育服务均等化的影响。政府作为公共体育服务的治理主体，其决策直接关系到城乡均等发展的方向。按经济体制可将政府划分为计划型和市场型两种，前者包揽社会一切事务，属于全能型政府；后者在经济发展到一定水平后注重公共服务的提供，依此获得民众信任，积攒政治资本，西方发达国

---

[1] 王家宏，等. 我国公共体育服务体系研究 [M]. 苏州：苏州大学出版社，2016：90.

家在市场经济体制下建立起的服务型政府与公共服务均等思想相契合。我国在改革开放后，试图进行全能型向服务型的政府转型，但因起步较晚而未能实现。当国家改革从经济进入社会领域后，政府必须侧向全面转变，这样其基本理念和行为方式才会围绕公共服务展开，城乡均等化建设方有可能实现。公共体育服务均等化是社会公平的反映，同时亦是人们体育权利获得的诉求，这需要经过一定的政治程序。发达国家的民主政治体系较为完善，民众基本都有表达自身利益的渠道，在公共体育服务均等化上以公平分配为原则，并通过财政辅助政策和其他相关法规，对经济相对落后地区展开精准扶持，以促使公共体育服务的要素内容能够全民共享；民主政治制度的建立健全是其公共体育服务有效运行的重要政治条件，如果在公共体育服务获取上存在地区偏差，认为获取少的一方就会试图表达，倘若无效，将会对政府的执政评价投反对票。我国虽然尝试民主政治体系改革，但明显存有不足，公共体育服务的供给仍以自上而下形式推行，民众尤其是弱势群体因身份传统的观念而无法将体育诉求传递上去，或是缺少必要的政治约束而得不到服务补偿，这恰是导致我国公共体育服务差距拉大的政治因素。

目前，我国经济转轨渐入新常态，社会转型迎来治理时代，而政治体制改革远未达到预期目标，服务型政府处在倡导或建设阶段，行政理念及方式有所转变但未完全转变，如调查发现：村民在政府作为公共体育服务治理主体的认识上，管理者认可比例虽低至 15.4%，但服务者占比也仅有 27.3%，最多为二者兼具，达到 57.3%，可见，政府的治理主体角色还处在管理与服务的混合阶段。这与城乡公共体育服务均等化实现的政治基础相差较大，政治体制改革的程度关系着城乡公共体育服务均等化的完成进度。另外，分配机制不合理导致城乡公共体育服务运行效率低下，具体反映在财权与事权不对称，公共体育服务建设依赖于地方政府财政支出，城乡、区域经济发展失衡使地方政府财力差异明显，进而导致城乡所享有的公共体育服务差距较大，这看似是受经济条件影响，实则为政治权力的分配问题，财力不足与事务繁多难以保证城乡公共体育服务协调发展。中央政府通过"农民体育健身工程"及"雪炭工程"等补偿机制进行效率提升，但自上而下的行政式供给难以达到彻底均等。此外，我国城乡公共体育服务均等化的保障机制不够完备，尤其在政策法规的针对性方面缺乏细化内容，任务分工及责任承担不够具体，加之公共体育服务在政绩表现中的权重过低而易被忽略，监督的立体网络、问责机制及评估标准缺失，这些均会制约城乡公共体育服务均等化的发展，这些都源自政治条件准备不充分而导致的。我国民主参与机制匮缺，表现在公共体育服务决策权、表达权及监督权的设计有限，可谓传统计划经济体制弊病的沿袭。即使在社会主义市场经济体制下我国公共体育服务政策执行中的民主体现也不尽如人意，这无疑影响城乡公共体育服务均等思想的落实。因此，需改变城乡二元格局，确保城乡统筹发展的制度安排，建立服务型体育政府，提高公共体育服务均等化的政绩考核比重，加强政治民主以畅通民众体育诉求表达，使政府成为大众体育权利的争取者与捍卫者，通过城乡均等促进农村公共体育服务发展。

（3）农村公共体育服务运行的政策支持。党和国家重视政策支持是农村公共体育服务发展的必要条件，如从中华人民共和国初期毛泽东、贺龙等领导的关怀到《劳动与卫国体育制度》《国家体育锻炼标准》等政策规定的出台，农村体育发展无不与党和国家的关注程度相关，并且国家政策对体育的发展具有导向作用[1]。1995 年国务院颁布了《全民健身计划纲要》与《中华人民共和国体育法》，国民体质健康、体育服务供给列入政府工作范畴。2000 年 12 月 15 日，国家体育总局颁布了《2001—2010 年体育改革与发展纲要》，提出"构建起面向大众的多元的体育服务系统"。2002 年，《中共中央国务院关于进一步加强和改进新时期体育工作的意见》指出，"群众体育以全民健身为目标，构建群众性多元化体育服务体系"。早在 1995 年，《全民健身计划纲要》规定："提高农民的体质与健康水平是农村社会发展的一项重要内容，要充分发挥村民委员会和各级农民体育协会的作用。"1996 年，《国家体委关于深化改革加快发展县级体育事业的意见》指出：农村体育是县级体育工作的重点，要把发展农村体育放在突出位置，积极开展多种形式的农村体育活动。此外，有学者通过公共体育服务政策法规主题词排序展示国家对其重视（图 8-9）；通过北大法律信息网以"农村体育""农民体育"为关键词共搜集到 58 篇（表 8-9）。如《中华人民共和国体育法》规定："农村开展体育活动是以法律的形式被确定下来的，农村应当发挥村民委员会、基层文化体育组织的作用，开展适合农村特点的体育活动。"伴随一系列文件的颁发，为农村公共体育服务发展奠定了政策基础，成为其运行的政治条件。

---

[1] 崔建国. 安徽省农民体育可持续发展动力系统的层次性研究 [J]. 喀什师范学院学报，2011，32（3）：71-75.

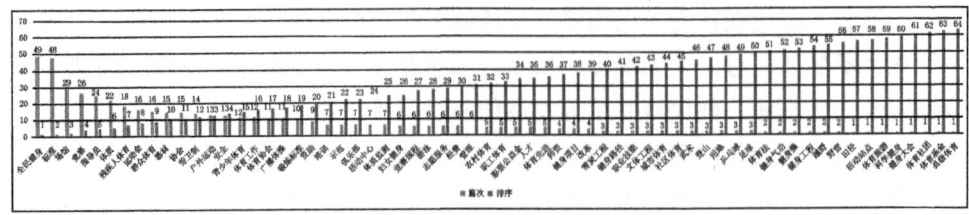

图 8-9　公共体育服务政策法规主题词排序

资料来源：根据国家社科基金重大项目"公共体育服务体系建设"子课题内容整理而成。

表 8-9　以农村体育、农民体育为关键词搜索到的政策法规数（篇）

关键词	中央法规司法解释		地方法规规章
	行政法规	部门规章	
农村体育	1	2	5
农民体育	0	3	47

8.3　我国农村公共体育服务运行的经济条件

8.3.1　我国农村经济建设特点

（1）农业发展为农民增收奠定了经济基础。农业在中国经济发展中占有举足轻重的位置，它作为解决人们基本生活需求的基础产业，在国民经济发展中具有不可替代性，尽管农业增加值在国内生产总值和农业劳动力在社会劳动力总量中的比重呈现出逐步降低的趋势，但也不能动摇其在国民经济中的地位，而农业的努力为农民增收起到了重要作用。应当明确的是，农业在国民经济中的基础地位是与生俱来的，是由农业的产业功能决定的。农业的最大功能是解决人们的吃饭等基本生活问题，这是任何其他产业都无法比肩的。

现代化水平的提高必然导致人们生活质量的提高，进而对农业的需求越来越高，从而要求农业的基础地位得到巩固和加强。从图 8-10 中可看出，农业所占GDP 比重较低但仍保持连年增长的趋势，农民收入也随之不断增加，富裕程度逐渐改观，这可通过图 8-11 关于农业总产值的持续攀升来加以说明。农民的经济收入水平处在明显好转的历史发展阶段，这为其体育需求的表达奠定物质基础。

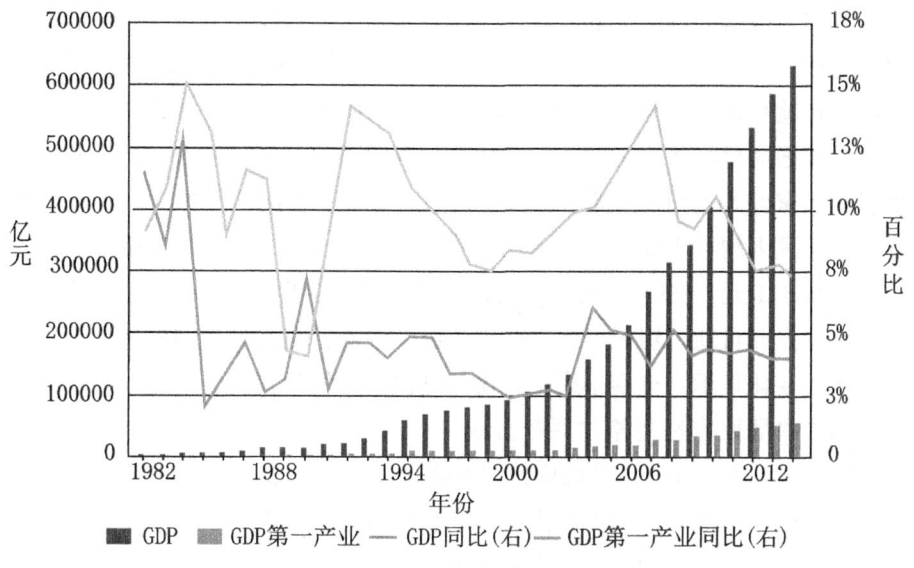

图 8-10　GDP 与第一产业

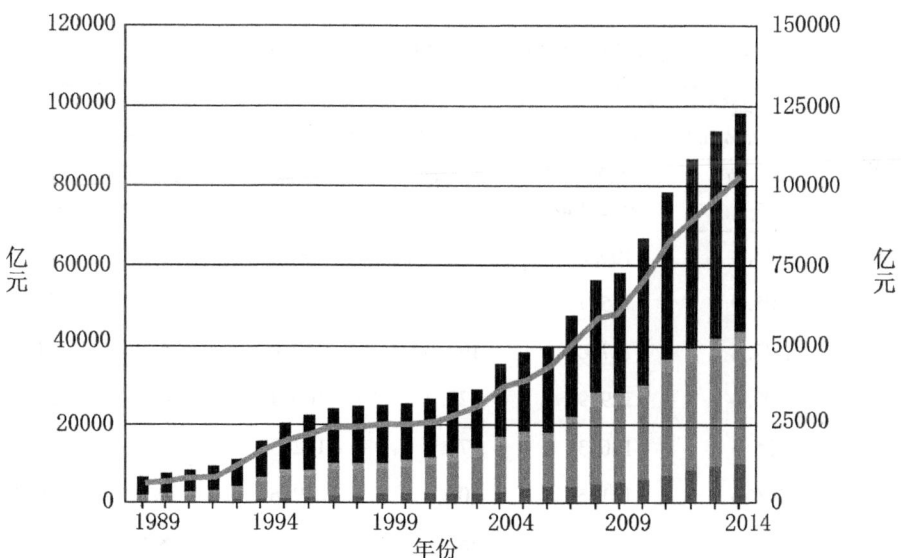

图 8-11　我国农业总产值情况（1989—2014 年）

资料来源：国内农业概况（www.jmt007.com）。

（2）农村居民收入及恩格尔系数高低变化。农村公共体育服务良性运行与协调发展离不开一定的经济条件。理论上讲，经济越发达公共体育服务运行越好。这其实又可落归至改革的先后顺序这一话题上，即作为社会改革内容的公共体育服务须在经济改革进行到一定程度后（如经济新常态）方能被大范围地提上日程，也就是说有了经济基础，以利于公共体育服务这一上层建筑的更好实现。反映我国居民经济水平的指标可从收支双向情况来看（图8-12），我国城镇和农村居民家庭人均可支配收入或人均纯收入都有显著提升的趋势。1978年城镇与农村居民人均可支配收入、人均纯收入分别为343.4元、133.6元，2013年分别为26955.1元、8895.9元，可见我国居民财富不断集聚，人民生活水平日益提高。这一点亦可通过居民家庭恩格尔系数来说明，我国城镇与农村居民家庭恩格尔系数的变化显示：全面小康社会建设过程中人们的富裕程度正在攀升，1978年城镇与农村居民家庭恩格尔系数分别为57.5%、67.7%，至2013年分别降为35%、37.7%（表8-10）。其数值持续下降进一步证明村民在消费支出方面的力度。从中可知，我国农民收入和消费水平较以前有所改观，这为农民体育发展提供了经济基础；同时发现这种收入与城市差距显著，这会促进或阻碍农村公共体育服务的运行。

表8-10　城乡居民家庭人均收入及恩格尔系数（1978—2013年）

年份	城镇居民家庭人均可支配收入		农村居民家庭人均可支配收入		城镇居民家庭恩格尔系数（%）	农村居民家庭恩格尔系数（%）
	绝对数（元）	指数（1978=100）	绝对数（元）	指数（1978=100）		
1978	343.4	100.0	133.6	100.0	57.5	67.7
1979	405.0	115.7	160.2	119.2	—	64.0
1980	477.6	127.0	191.3	139.0	56.9	61.8
1981	500.4	129.9	223.4	160.4	56.7	59.9
1982	535.3	136.3	270.1	192.3	58.6	60.7
1983	564.6	141.5	309.8	219.6	59.2	59.4
1984	652.1	158.7	355.3	249.5	58.0	59.2
1985	739.1	160.4	397.6	268.9	53.3	57.8
1986	900.9	182.7	423.8	277.6	52.4	56.4
1987	1002.1	186.8	462.6	292.0	53.5	55.8
1988	1180.2	182.3	544.9	310.7	51.4	54.0
1989	1373.9	182.5	601.5	305.7	54.5	54.8

年份	城镇居民家庭人均可支配收入		农村居民家庭人均可支配收入		城镇居民家庭恩格尔系数（%）	农村居民家庭恩格尔系数（%）
	绝对数（元）	指数（1978=100）	绝对数（元）	指数（1978=100）		
1990	1510.2	198.1	686.3	311.2	54.2	58.8
1991	1700.6	212.4	708.6	317.4	53.8	57.6
1992	2026.6	232.9	784.0	336.2	53.0	57.6
1993	2577.4	255.1	921.6	346.9	50.3	58.1
1994	3496.2	276.8	1221.0	364.3	50.0	58.9
1995	4283.0	290.3	1577.7	383.6	50.1	58.6
1996	4838.9	301.6	1926.1	418.1	48.8	56.3
1997	5160.3	311.9	2090.1	437.3	46.6	55.1
1998	5425.1	329.9	2162.0	456.1	44.7	53.4
1999	5854.0	360.6	2210.3	473.5	42.1	52.6
2000	6280.0	383.7	2253.4	483.4	39.4	49.1
2001	6859.6	416.3	2366.4	503.7	38.2	47.7
2002	7702.8	472.1	2475.6	527.9	37.7	46.2
2003	8472.2	514.6	2622.2	550.6	37.1	45.6
2004	9421.6	554.2	2936.4	588.0	37.7	47.2
2005	10493.0	607.4	3254.9	624.5	36.7	45.5
2006	11759.5	670.7	3587.0	670.7	35.8	43.0
2007	13785.8	752.5	4140.4	734.4	36.3	43.1
2008	15780.8	815.7	4760.6	793.2	37.9	43.7
2009	17174.7	895.4	5153.2	860.6	36.5	41.0
2010	19109.4	965.2	5919.0	954.4	35.7	41.1
2011	21809.8	1046.3	6977.3	1063.2	36.3	40.4
2012	24564.7	1146.7	7916.6	1176.9	36.2	39.3
2013	26955.1	1227.0	8895.9	1286.4	35.0	37.7

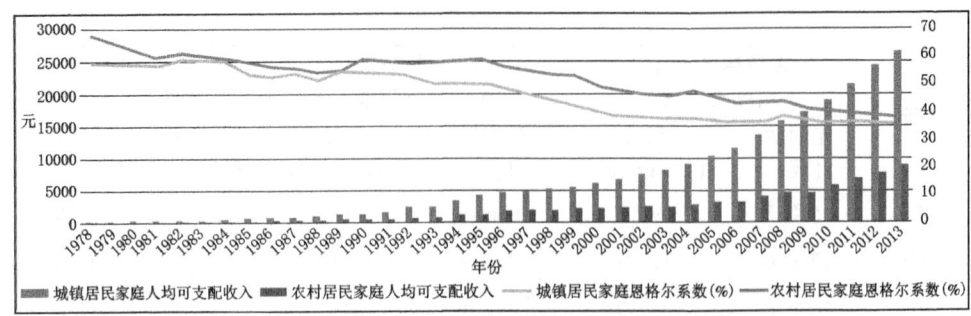

图 8-12 1978—2013 年我国城乡居民家庭人均收入及恩格尔系数

资料来源：根据中华人民共和国国家统计局公布的数据整理而成，其中 1979 年城市恩格尔系数缺失，绘制时按 1978 年的数值设置。

8.3.2 经济条件对农村公共体育服务运行的影响

（1）经济发展水平对城乡公共体育服务的影响。可借助 GDP 与体育场地的关系从宏观上加以说明。通过收集 2013 年全国各地区 GDP 和体育场地的数量（表 8-11），并对其作了相关分析，结果显示人口与体育场地之间成相关关系（表 8-12），相关系数为 0.879，并且差异性非常显著（$P=0.000$），由此亦看出：GDP 与体育场地呈正相关，间接证实了公共体育服务与经济发展水平的密切关系，进而从特定角度论证了经济发展水平作为运行条件对公共体育服务发展的影响。

1978—2010 年，中国 GDP 在改革开放 30 余年的历程中平均增长率为 9.91%，经济总量增长促使政府对农业的财政投入逐年加大（图 8-13），1978 年的农业财政支出为 150.7 亿元，而截至 2011 年已达到 10497.7 亿元，提高近 69 倍，以每年 6.9% 的速度保持增长。虽然总体投入的数值客观，但农业社会事业发展支出并未设立专门的农村体育建设经费，体育事业经费也未单列出来。所以，导致对农村体育经费的投入远远低于城市，归根到底还是受经济发展水平的影响，以浙江省为例，2005 年浙江省、市两级群众经费是 2.5 亿元，而农村体育经费仅有 7860 万元[1]，相差 3 倍有余。浙江省作为全国经济社会发展相对较好的省份都是如此，其他省（市、区）可想而知。可以说，目前全国大部分省份对城市体育经费的投入都远远高于农村[2]，这严重制约了农村公共体育服务的发展。

[1]乌云斯琴. 农村体育：弱势群体 [N]. 人民政协报，2005-09-09（7）.

[2]张利，田雨普. 我国体育公共服务均等化现状及发展对策研究 [J]. 西安体育学院学报，2010，27（2）：137-141.

表 8-11　2013 年全国各地区场地与 GDP 情况

地区	场地总量（个）	GDP（亿元）	地区	场地总量（个）	GDP（亿元）	地区	场地总量（个）	GDP（亿元）	地区	场地总量（个）	GDP（亿元）
北京	20083	19500.6	上海	38505	21602.12	湖北	79347	24668.49	云南	59640	11720.91
天津	16233	14370.16	江苏	122247	59162	湖南	57565	24501.7	西藏	6064	807.67
河北	64770	28301.4	浙江	124944	37568.5	广东	146719	62163.97	陕西	40103	16045.21
山西	63715	12602.2	安徽	53189	19038.9	广西	74182	14378	甘肃	30282	6268.01
内蒙古	25367	16832.38	福建	62736	21759.64	海南	12202	3146.46	青海	7978	2101.05
辽宁	51901	27077.7	江西	66515	14338.5	重庆	40648	12656.69	宁夏	11547	2565.06
吉林	21176	12981.5	山东	101165	54684.3	四川	67735	26260.77	新疆	29638	8360.24
黑龙江	27777	14382.9	河南	82670	32155.86	贵州	32162	8006.79	均值	52865	20322.89

表 8-12　2013 年全国各地区场地数量与 GDP 相关关系

数量	x	σ	r	P
场地总量（个）	52864.6774	35775.54016	0.879**	0.000
GDP（亿元）	20322.8929	15597.44575		

注：** 表示相关关系的差异数值 $P<0.01$，差异性非常显著（$N=31$）。

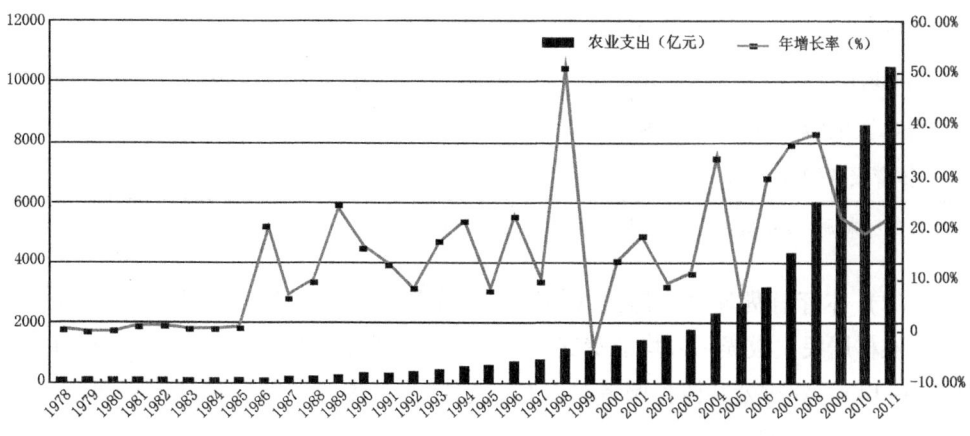

图 8-13　1978—2011 年我国农业支出绝对值及年增长率

除财政投入失衡之外，区域和城乡结构方面也表现出经济与体育发展的密切关系。区域经济发展水平不同，表现出地区经济总量由东向西的递减规律，这与公共体育服务的建设情况极为吻合，东部地区的总经济增长最快，相应的公共体育服务指数最高为1.65；西部地区的总经济增长最慢，相应的公共体育服务指数最低为0.97。如前章所述，农村公共体育服务要素满意度评价上存在东部—西部—中部的渐低顺序，东北地区则多项好于中部地区，仅场地设施一项强过西部地区。城乡经济增长的高低现象于公共体育服务反映亦是如此，城市公共体育服务指数为1.74，而农村仅是0.82，城市为农村的两倍多[1]（表8-13）。投入增长的差异使城乡公共体育服务差距进一步扩大。有研究表明：2012年国家体育总局对占总人口50.32%的农村体育所提供的体育经费不足群众体育总经费的20%[2]。进一步说明：在我国公共体育财政投入上"偏向城市，轻视农村"的现象突出，城乡重视程度有别。这直接导致农村公共体育服务处于模糊乃至恶性运行状态。此外，竞技体育与群众体育投入的比例失衡造成我国公共体育利益受损。2012年时我国竞技体育与群众体育经费投入比例约为100∶1，悬殊较大；西方发达国家大众体育资金的拨放可占到国内生产总值的0.2%～0.6%，由于体育经费偏重竞技，忽略群众体育最终致使我国公共体育事业发展滞后，间接影响农村公共体育服务的运行与发展。

表8-13　2012年我国经济发展对区域及城乡公共体育服务指数的影响

统计指标	区域结构			城乡结构	
	东部	中部	西部	城市	农村
总经济增长（G）	17.73	1.80	0.90	19.45	1.21
相对增长率（L）	1.01	1.07	1.09	0.98	1.13
综合竞争力指数（T）	1.68	1.38	1.05	1.77	0.87
公共体育服务指数（U）	1.65	1.22	0.97	1.74	0.82

资料来源：《中国经济发展现状预测》（2012年）。

（2）体育消费观对农村公共体育服务发展的影响。2013年我国各省（市、区）农村居民文教娱乐人均消费支出情况间接反映了农村体育消费的能力与诉求（表8-14）。农村公共体育服务是杠杆，它能够为体育产业撬开巨大空间。体育

[1] 秦勇，张秋. 我国城乡体育公共服务均等化的相关环境影响因素研究 [J]. 体育与科学，2012，33（3）：85-88.
[2] 王凯，乔泽波. 城乡体育公共服务均等化的制度约束与创新 [J]. 上海体育学院学报，2013，37（4）：6-10.

消费观念在一定程度上影响着农村公共体育服务水平，现代农村生活的改善为我国在体育领域迎来大众消费时代提供了可能。对 2015 年全民健身乡村调查数据整理后发现，农村居民体育相关消费包括购买运动服装鞋帽、体育器材、订阅体育报刊及图书、场租及聘请教练等，其中在购买运动服装鞋帽方面以 20~29 岁人群消费最高，达到 570 元，且与年龄段呈负相关；购买体育器材消费上基本维持在 300 元左右，只有 60~69 岁的消费低于这一水平，为 225 元，而 20~29 岁消费略高，为 379 元；订阅体育报刊及图书的消费在 100 元左右；场租及聘请教练以 30~39 岁人群消费最高，达到 989 元；在各类消费总量上存在与年龄的负相关关系（表 8-15）。可见，村民体育消费在不同内容、年龄等方面均存有差异，这会影响到其参与体育的动力，进而对农村公共体育服务运行产生阻滞。这从全国乡村各年龄段人群是否花钱看比赛就能看出，虽然全国农村村民在花钱参加体育锻炼方面表现并不积极（表 8-16），但随着农村居民收入增多、健康意识增强，借助体育以投资身体将是大趋势。以 60 岁及以上老年人口生活来源为例会发现，男性以劳动收入为主，而女性主要来自家庭及其他成员供养（表 8-17），村民经济来源的限制会导致其体育消费的能力。调查中亦发现：有 12.6% 的村民认为参加体育活动受经济条件限制；在实践调研中，袁花镇文化站站长就表示老年人的生活保障不足会影响其参与体育，而当农村发放养老金时，会看到老年群体开始参加体育活动，所以体育经费的转移支付至关重要。

表 8-14　全国各省（市、区）农村居民文教娱乐人均消费支出情况（2013 年）

地区	支出	地区	支出	地区	支出	地区	支出
北京	154.71	上海	89.17	湖北	72.44	云南	22.51
天津	44.53	江苏	173.54	湖南	68.95	西藏	34.94
河北	72.71	浙江	106.00	广东	141.68	陕西	100.44
山西	66.69	安徽	79.50	广西	49.85	甘肃	59.76
内蒙古	88.05	福建	57.88	海南	21.9	青海	25.84
辽宁	95.34	江西	52.62	重庆	142.4	宁夏	16.6
吉林	56.55	山东	127.53	四川	48.68	新疆	74.63
黑龙江	52.37	河南	80.78	贵州	61.35	均值	75.48

数据来源：中华人民共和国国家统计局整理获得（单位：亿元）。

表 8-15　农村居民体育相关消费均值情况　　　　　　　　　单位：元

消费类型	20~29 岁	30~39 岁	40~49 岁	50~59 岁	60~69 岁	70 岁及以上
购买运动服装鞋帽	570	458	371	297	202	162
购买体育器材	379	298	358	313	225	305
订阅体育报刊及图书	110	108	120	91	88	123
场租及聘请教练	668	989	894	409	429	145
其他	240	277	223	219	148	87
各类消费总量	738.19	582.92	501.43	383.48	264.36	213.34

资料来源：国家体育总局 2015 年全民健身活动调查统计数据（N=41281），表 8-16 同此。

表 8-16　全国乡村各年龄组人群是否花钱看比赛情况

选项	20~29 岁	30~39 岁	40~49 岁	50~59 岁	60~69 岁	70 岁及以上	合计
是（%）	4.7	3.1	2.4	2.3	1.1	0.6	2.8
否（%）	95.3	96.9	97.6	97.7	98.9	99.4	97.2

表 8-17　全国乡村 60 岁及以上老年人口分性别的主要生活来源

生活来源	劳动收入	离退休金养老金	最低生活保障金	财产性收入	家庭其他成员供养	其他
男	2505206	356578	254680	10606	1741501	88884
女	1648832	107211	197604	8273	3074924	93659
合计	4154038	463789	452284	18879	4816425	182543

资料来源：2010 年全国第六次人口普查长表数据。

（3）经济是农村公共体育服务运行的重要条件。农村经济发展水平是制约农民体育发展的基本要素。中华人民共和国成立初期，国家财力逐步复苏，农村体育处于萌芽状态，那时的体育是低水平的；20 世纪 50 年代后期，农村体育迎来了发展高潮，正是农业生产合作化与农民生活逐步安定的因果延续；进入 20世纪 60 年代后，"三年困难时期"及"文革"致使农村体育因物质匮乏和政治偏激而运行不顺；改革开放之后，我国建立起社会主义市场经济体制，中国经济取得骄人成绩，农村联产承包责任制的实施、党的富民政策落实促使农民生活水平不断提高，村民对身心健康的关注意识开始觉醒。可见，经济水平对体育具有促进功效，表现在农村公共体育服务方面为：经济发展是规划、践行农村公共体育服务的出发点，这需要解决资源配置问题，即确保农村公共体育服务供给与需求既要在量上适合，又要在质上契合，以避免供需出现缝隙现象，产生结构性矛盾，所以必须在现行的经济体制下进行资源有效配置，其分布与存量结合经济制度是农村公共体育服务供给的经济基础。经济环境是农村公共体育服务运行的必要条件，此环节需要耗费一定的人力、物力及财力，且要有基本的制度保障，这就构成整个运行过程的成本，经济条件的好坏和资源的多少对农村公共体育服务运行效果具有较大影响。经济因素会左右农村公共体育服务发展的目标与方向，国家、地区的差异决定其必须从客观实际出发，根据自身情况制订适当的公共体育服务实施方案，实际的经济制度、结构制约着公共政策的经济执行，农村公共体育服务体系的各要素需结合经济发展状况展开具体实践。

8.4　我国农村公共体育服务运行的文化条件

8.4.1　我国农村文化建设特点

（1）农民传统文化根基深厚。文化是一个非常宽泛的概念，学界诸如哲学、社会学、历史学及人类学家都曾试图从各自学科出发对其进行界定，但是给它一个严格、精准的定义十分困难。迄今为止仍未获得一个公认的、令人满意的答案。笼统地说，文化是一种社会现象，是人们长期创造的产物，同时文化又是一种历史现象，是社会历史的积淀物。农民文化是农村文化的根底，是典型的区域文化，是农民在长期历史进程中创造的精神文明的总和，包括共同的理想、价值观、道德、风俗、生活方式、行为规范等内容。中国封建社会历经数千年之久，生产方式和经济结构稍有变化，农民文化正是在这一过程中累积、延续而成。传统农民文化的形成有两大基础：一是自给自足的小农经济，男耕女织、不求于外，表现出一定的封闭性；二是儒家文化，以各种渠道渗入民族文化的各个阶层，体现在以大一统思想、绝对权威主义、严格等级观念为特征的政治文化及以宗法家族纽带为纲领的社会文化。作为正统意识形态，儒家思想通过各种途径对农民起着道德引导作用，渗透在村民的日常生活中，包括体育。

（2）农村居民文化水平偏低。从表8-18可以看出，初中及以下文化程度的农村劳动力达到84.4%，高中程度及以上仅为15.6%，其中大专及以上文化程度的仅有2.9%。受"全民打工"浪潮影响，留守村庄的大多为老年人与幼童，这意味着日常农村公共服务表达与决策群体可能文化水平更低。这一庞大群体囿于文化素质与知识能力，对农村公共服务需求表达与决策信息的理解能力有限，在与其他治理参与主体的对话平台上处于弱势地位，因而其真实意愿无法得到完全体现。

表 8-18 各地区农村居民家庭劳动力文化状况（2012 年）[1]

地区	平均每百个劳动力中占比（%）					
	不识字或很少	小学程度	初中程度	高中程度	中专程度	大专及以上
总计	5.3	26.1	53.0	10.0	2.7	2.9
北京	1.0	6.3	48.8	20.9	9.5	13.5
天津	2.2	16.5	63.2	11.1	3.4	3.7
河北	2.4	18.2	60.4	13.6	2.5	2.9
山西	3.1	21.0	57.1	11.9	3.4	3.5
内蒙古	5.1	26.3	52.1	11.3	1.9	3.3
辽宁	1.4	22.7	66.6	5.0	1.9	3.3
吉林	2.5	31.9	55.8	6.6	1.4	1.8
黑龙江	2.4	29.6	60.4	5.4	1.0	1.2
上海	2.0	18.4	53.2	11.1	6.6	8.6
江苏	5.4	23.6	53.4	11.1	2.8	3.8
浙江	6.7	29.5	44.5	11.7	2.0	5.7
安徽	8.6	24.3	55.3	7.6	1.8	2.5
福建	3.9	31.0	47.7	10.1	3.1	4.2
江西	4.3	29.7	51.5	8.9	2.9	2.6
山东	3.5	18.7	57.2	13.2	3.8	3.6
河南	5.1	16.5	61.0	12.1	2.5	2.9
湖北	4.0	23.9	54.1	11.6	3.2	3.1
湖南	2.9	26.3	50.8	13.9	3.2	2.9
广东	2.8	22.1	55.6	11.8	4.1	3.7
广西	2.8	25.0	57.2	9.9	3.0	2.1

[1] 国家统计局农村社会经济调查司. 中国农村统计年鉴 2013 [M]. 北京：中国统计出版社，2013：34.

续表

地区	平均每百个劳动力中占比（%）					
	不识字或很少	小学程度	初中程度	高中程度	中专程度	大专及以上
海南	3.6	18.1	61.4	12.7	2.5	1.7
重庆	4.3	30.9	52.1	8.7	2.1	1.9
四川	7.7	33.8	48.7	6.6	1.9	1.3
贵州	10.4	38.1	43.7	4.3	2.0	1.6
云南	8.8	41.2	40.7	6.0	2.0	1.3
西藏	36.0	56.8	6.1	0.7	0.3	0.0
陕西	6.1	21.7	54.6	10.8	3.0	3.8
甘肃	10.7	26.8	45.6	11.3	2.9	2.8
青海	18.3	43.9	28.4	5.6	1.5	23
宁夏	14.2	32.2	42.4	7.3	1.8	2.1
新疆	2.4	29.8	56.9	6.0	2.6	2.3

全国乡村人口受教育程度不高，文盲比例存在性别差异。通过对第六次人口普查的数据整理发现，我国乡村人口受教育程度多集中在小学和初中阶段（图8-14），而大学及以上学历的占比明显要低得多。关于全国乡村分性别的15岁及以上文盲人口比重较大，达到7.26，同时存在性别差异，表现为女高男低，分别为10.66和3.92（表8-19）。受教育程度高低直接与体育参与相关，在现阶段农村受教育程度普遍较低的情形下，势必将会影响农村公共体育服务的运行。

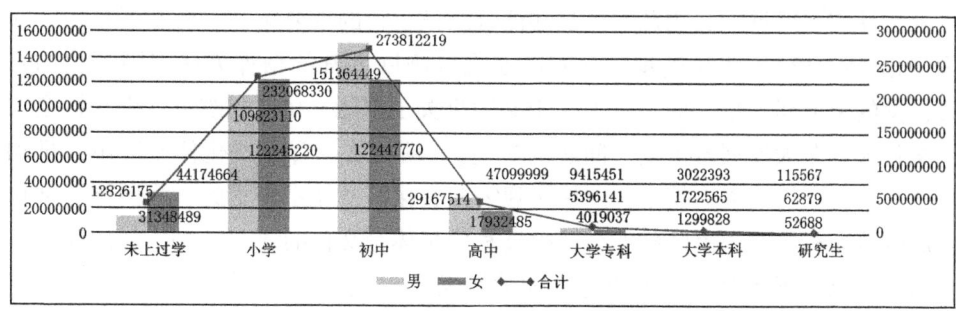

图8-14 全国乡村人口受教育程度

表 8-19　全国乡村分性别的 15 岁及以上文盲人口

类型	15 岁及以上人口			文盲人口			文盲人口占 15 岁及以上人口比重		
合计	男	女	合计	男	女	合计	男	女	
535792357	270489242	265303115	38884409	10600149	28284260	7.26	3.92	10.66	

8.4.2　文化条件对农村公共体育服务运行的影响

（1）文化对农村公共体育服务实施的整体影响。①文化影响农村公共体育服务实施系统的稳定。农村公共体育服务发展需有与其相适应的文化价值取向，这样才能得到广大村民的认可与支持。在文化理解的基础上，方可获得村民对公共体育服务组织及执行人员服务行为的拥护，否则农村公共体育服务实施系统的运行效率及政治功能都难以得到保证。②文化影响农村公共体育服务实施模式的选择。须符合村民的观念、态度、情感、习俗及文化心理等。因农村居民的思想和行为受到传统文化的熏陶、乡村环境的塑造及时间的积淀而形成一套较为稳固的习惯，即文化心理结构烙印深刻，对其改变阻力较大，如果公共体育服务的供给内容偏离农村所需，必将造成无效提供，出现土洋体育之争的场面。所以，必须根据农村及农民的文化特点选择针对性的服务内容，以达到现代体育的融入及传统体育的传承与保护效果。③文化影响农村公共体育服务实施的效果。需求主体对公共体育服务系统的输入与输出较为关注，即对公民权利的维护，这是村民作为公共体育服务受体的参与热情及主体意识的反映。能够施加一定的政治压力和给予有效监督，从而促使农村公共体育服务主体高度重视村民个体的实际体育需求与反应。可见，文化是农村公共体育服务运行的重要条件。改革开放后，我国文化建设取得了明显进步。党和国家都以高度负责的精神关注中国文化的发展，党的十七届六中全会通过了《中共中央关于深化文化体制改革、推动社会主义文化大繁荣大发展若干重大问题的决定》，明确提出深化文化体制改革，推动社会主义文化大发展大繁荣，加快构建公共文化服务体系。承此，我国体育文化发展的战略核心是国民体质的全面提高和中华体育文化的繁荣复兴，从而体现了当前时代背景下体育发展思想与方式的转型[1]。伴随整个文化大环境的变化，农村居民的思想、观念及意识相继发生转变，村民对身心健康、价值体现、时尚

---

[1]白晋湘."文化强国"视野下民族传统体育公共服务职能强化与现代发展[J].北京体育大学学报，2011，34（11）：1-4.

追求的渴望构成其参与公共体育服务的动机。

（2）文化条件对城乡公共体育服务发展的影响。体育文化是影响我国城乡公共体育服务均等化实现的指标。中国农村受封建传统文化影响颇深，宗族、血缘概念强烈。此种禁锢的思想造成农村文化稳定但滞后，对新生事物的态度冷漠甚至抵制，即使接纳也需时间，体现出长周期的文化适应。农村文化的稳固与落后势必对其生活方式带来制约，导致村民缺乏体育健身习惯与体育权利维护意识，仅是维系着某些民间民俗活动内容，如简单的跑、打、跳、闹、舞等项目，缺少城市文化所孕育出的新体育形式。村民也许很喜欢新型体育健身娱乐活动，但碍于传统文化思想的制约而呈现出文化自卑的心理，致使新生代农民在享受公共体育服务时产生矛盾，这种农村传统文化的不自信影响了城乡体育文化的交流与传播，进而对城乡公共体育服务均等化建设产生阻碍作用。因此，我国城乡公共体育服务体系构建应从全民健身可持续发展的角度展开，以民为本，切实从城乡居民的体育需求出发，引导其形成正确科学的体育感知和认知。在以乡村为中心的农民体育健身工程基础上，建立覆盖广、渠道多的公共体育服务体系，鼓励村民积极融入以共享服务内容。在保证农村公共体育服务体系健全的情形下，对其整体评价机制进行设置，确保实践反馈，以城市公共体育服务建设为模板，精准扶持农村公共体育服务发展，旨为城乡均等化的实现确立文化条件。

（3）学历程度对农村公共体育服务的评价影响。对于农村公共体育服务重要性与满意度的量化评价可进行赋值获得，从表8-20中可以看出，不同学历村民对农村公共体育服务重要性的评价得分基本遵循学历越高而对要素的重要认可度越高，除技术指导（初中3.88、高中或中专3.87）和监督评估外（初中与高中或中专都是3.75）；而不同学历村民对农村公共体育服务满意度的评价得分在小学及以下—初中—高中或中专上呈现递增趋势，而大专及以上学历的村民反而对农村公共体育服务各要素的满意程度出现降低现象，形成一种反比关系，且得分数值与小学及以下的极为接近（表8-21）。由此可见，受教育程度的不同对农村公共体育服务要素重要性和满意度的认识存有一定差异。

表8-20　不同学历对农村公共体育服务要素重要性的评价得分均值

学历	要素								
	场地设施	组织管理	经费保障	政策法规	信息宣传	技术指导	赛事活动	体质测试	监督评估
小学及以下	3.83	3.80	3.98	3.77	3.71	3.73	3.67	3.86	3.66

学历	要素								
	场地设施	组织管理	经费保障	政策法规	信息宣传	技术指导	赛事活动	体质测试	监督评估
初中	3.91	3.89	4.00	3.85	3.82	3.88	3.79	3.92	3.75
高中或中专	3.94	3.93	4.04	3.89	3.89	3.87	3.81	3.86	3.75
大专及以上	4.12	4.01	4.13	3.93	3.95	3.96	3.90	3.95	3.83

表 8-21 不同学历对农村公共体育服务要素满意度的评价得分均值

学历	要素								
	场地设施	组织管理	经费保障	政策法规	信息宣传	技术指导	赛事活动	体质测试	监督评估
小学及以下	2.56	2.68	2.65	2.71	2.69	2.66	2.71	2.70	2.69
初中	2.60	2.71	2.65	2.78	2.72	2.70	2.68	2.69	2.69
高中或中专	2.69	2.78	2.72	2.83	2.82	2.76	2.79	2.82	2.78
大专及以上	2.64	2.67	2.66	2.75	2.74	2.65	2.71	2.73	2.74

8.5 我国农村公共体育服务运行的社会条件

8.5.1 我国农村社会建设特点

（1）社会建设的理论演化。中华人民共和国成立之后，中国现代化探索历经三次重大转折。第一次从 1949 年到 1956 年社会主义制度基本建立[1]，把中国人民"组织起来"，完成了新民主主义社会向社会主义社会的过渡。第二次从 1978 年党的十一届三中全会到 1987 年党的十三大，让人民"活跃起来"，开启以经济建设为中心的历史进程。从党的十六大开始，进入第三大时期，让社会更加"和谐起来"[2]，迎来以社会建设推动全面现代化的新阶段。社会建设在中国社会学学术语言里，并不是一个新概念[3]。在 20 世纪 30—40 年代，社会建

---

[1]陆学艺.当代中国社会建设 [M].北京：社会科学文献出版社，2013：3.

[2]郑必坚.牢牢把握党的十八大主题 [N].人民日报，2012-11-23 (6).

[3]李培林.社会改革与社会治理 [M].北京：社会科学文献出版社，2014：4-6.

设曾作为热门话题被倡导，尤以孙本文积极，他还于1933年创办了一本刊名为《社会建设》的杂志。现在的社会建设变得通俗易懂，却并非过去社会学里社会建设的话语延续。以往常说社会主义建设、现代化建设、国家建设或经济建设，但很少提到社会建设。在论述社会主义建设的任务时，经常提到在经济、政治、文化等领域，但通常不会把"社会"作为一个单独的领域来部署任务。当下社会建设的概念和思想，是从构建社会主义和谐社会重大战略思想中引申出来的，是按照社会的发展规律和运行机制，通过发展社会事业、完善社会治理、维护社会秩序等工作来推动社会的发展和进步。社会建设的演变可通过对"社会"一词进行考察来理清脉络（表8-22），这利于社会建设理论演化路线的呈现。

表 8-22　关于社会在理论上的几种分析框架

序号	标准	介绍
1	"国家与社会"	如洛克政治思想传统里的"社会先于国家"框架；又如孟德斯鸠、托克维尔社会思想传统里"社会制衡国家"框架；再如黑格尔哲学思想里的"国家高于社会"框架。马克思则将黑格尔的观点进行颠倒，认为市民社会决定国家上层建筑，而哈贝马斯从"市民社会"的理论进一步引申出"公共领域"
2	"政治、经济和社会"	一般现代化理论认为，民主政治、市场经济和市民社会是三位一体的现代基础制度，用于公共选择理论的社会治理方面，创始人为奥斯特罗姆，她提出通过自治管理公共物品
3	中国经验的"五位一体"	即经济建设、政治建设、文化建设、社会建设、生态文明建设全面推进，以经济建设为基础，把社会建设摆在更加重要的位置，而社会治理理念的提出恰好应对社会建设或改革的要求

（2）社会建设的实践探索。习近平总书记在党的十九大报告上提出："到建党一百年时建成经济更加发展、民主更加健全、科教更加进步、文化更加繁荣、社会更加和谐、人民生活更加殷实的小康社会，然后再奋斗三十年，到新中国成立一百年时，基本实现现代化，把我国建成社会主义现代化国家。"2005年，胡锦涛在省部级主要领导干部专题研讨班的讲话上提出"中国特色社会主义事业的总体布局为经济、政治、文化和社会建设四位一体"[1]；随之，"推动社会建设

[1] 王德蓉. "小康"目标与党对社会主义建设规律的认识 [J]. 中国浦东干部学院学报，2013，7（2）：80-85.

与经济建设、政治建设、文化建设协调发展"的倡议成为党的第十六届六中全会的基本要求。2012 年党的十八大要求改善民生和创新管理中加强社会建设。"推进国家治理体系和治理能力现代化"与"完善和发展中国特色社会主义制度"被党的十八届三中全会并列为全面深化改革的总目标。党的十九大开启了新时代国家发展新征程，以人民为中心的发展取向成为新的时代背景，这不仅关乎基本的民生保障，更是满足城乡居民对美好生活的需要和维系全体人民走向共同富裕的重大制度安排。

8.5.2 社会条件对农村公共体育服务运行的影响

（1）社会条件对城乡公共体育服务运行与发展的影响。西方国家是在公民社会已经确立起来并得到较好发育的情形下开始推行公共服务均等化的[1]。公民社会以市场经济为基础，以契约关系为中轴，以保障公民基本权利为前提，是高度理性的社会，"平等"是其本质特征之一[2]。公民社会还需民主政治，确保平等价值追求与均衡服务享受。从发达国家推进公共体育服务的实践来看，他们是在成熟的公民社会展开的，其中逻辑恰是社会改革得以完全。中华人民共和国成立后，我国社会结构虽发生较大变化，但漫长封建统治下的"身份社会"得以延续，唯一不同的是对"身份"确认由起先的宗法、家族和血缘关系等变成了所有制、户籍和阶级成分等，"身份"高低直接决定其所能支配的资源和享有的权利。改革开放后，我国开始由传统身份社会向现代公民社会转型，且取得了较大进步。尽管如此，身份社会的烙印仍然存在，这种区别对待于城乡发展中最为明显，国家将公共资源主要投向城市，而农村获得的份额与其人口所占比重之间严重失衡。农民工群体为城市化建设付出心血，却并不能享受到城市优质公共服务，这种区别对待在城乡公共服务内容的数量或是质量上都有体现。作为民生工程的体育，农村公共体育服务更是一直被边缘化甚或绝缘化。当下我国农民群体无论在人均体育场地，还是体育人口及经费投入方面，均低于城市。城乡全民健身工作发展不均衡，在体育意识、场地设施、经费投入、科学指导等要素环节矛盾突出。此外，我国经济社会发展还较为落后，农村地域传统文化影响深刻，体育权利宣传和保护并未受到各界重视，村民关心最多的是政治与经济利益。这就导致我国公共体育服务提供中表现出城乡、身份及地域差异。

---

[1]俞可平. 市场经济与公民社会：中国与俄罗斯 [M]. 北京：中央翻译出版社，2005：88-90.

[2]翁列恩，胡税根. 发达国家公共服务均等化政策及其对我国的启示 [J]. 甘肃行政学院学报，2009 (2)：23-29.

（2）社会主义新农村建设对公共体育服务发展的影响。体育发展的社会条件可从"三农"问题和建设社会主义新农村方面进行分析。中央一号文件连续14 年聚焦"三农"工作，无疑对文化与体育发展有所涉及，对这些要件分析发现：从初始的文化事业经费落实到逐步明确公共文化服务体系，可以看出国家关于农村文化建设渐成系统，如 2005 年的"一号文件"提出："加大农村重大文化建设项目实施力度，完善农村公共文化服务体系"；具体操作如 2006 年"一号文件"的"加强县文化馆、图书馆和乡镇文化站、村文化室等公共文化设施建设，继续实施广播电视'村村通'和农村电影放映工程，发展文化信息资源共享工程农村基层服务点，推动实施农民体育健身工程"，体育作为文化内容而被提及。之后的文件多是针对公共文化服务体系而论述，体育偶有规定，如 2008 年的"一号文件"强调"广泛开展农村体育健身活动"、2015 年的"一号文件"倡导"支持建设多种农村养老服务和文化体育设施"等。这为农村公共体育服务体系建设提供政策依循。2006 年 2 月发布的"中共中央国务院关于推进社会主义新农村建设的若干意见"文件指出，建设社会主义新农村是中国现代化进程中的重大历史任务。在这种政策引导下，农村建设已经取得了一定的进步，这必将为包括体育在内的文化科技事业发展提供一个广阔的空间和良好的支持。

8.6 我国农村公共体育服务运行的环境条件

8.6.1 我国农村环境建设特点

农村自然环境资源优势突出。与城市生活相比，乡村生活从居住密度、活动方式，到生活资料与能源的获取都显得很不相同，这些构成了乡村环境的主要特点：居住及人的活动较为分散、大部分生活资料可直接来源于土地、水主要取自自然水源、使用的能源多样、垃圾分散处理、地面以土地为主、建筑主要取自本土资源、物种的种类和数量多样。我国地域广阔，地形复杂，区域差异显著。依据行政划分及地理分布，农村明显存在地域宽阔，位置偏僻，交通落后，信息传递迟缓，流通量小等特点。此外，村民文化水平较低，教育科学发展程度不高，市政设施和公共设施落后，社会化职能性差等。但是人们对这些要素的分析主要是从社会发展的层面上考虑的，而从自然条件上来说，农村地区有着适合健身和运动的天然条件，这体现在农村空气质量好、健身空间大、噪声污染小等。农村自身的工业不发达，人口稀少，其产生的污染源较少，加之农村地区区域广阔，各种污染的分解和消化能力也强。因此，农村地区的空气质量较好，水质优良。因此，农村地区的噪声刺激偏少。这形成了农村自然环境的优势，为农民从事体育活动提供了良好条件。因为农村范围广阔，其拥有的山坡、树林、湖泊、江河、田地，乃至自家庭院等都是可以利用来健身的丰富资源。农村特有的环境条件为乡村休闲体育发展及本土化体育服务提供了生态保障。

8.6.2 环境条件对农村公共体育服务运行的影响

因地制宜、灵活多样是农民体育发展的基本原则。我国农村地域宽阔，农民人口众多，自然条件千差万别，生产和生活水平参差不齐，开展农民体育活动必须要从实际出发，讲究实事求是。切忌一刀切，"大跃进"和"文化大革命"时期大搞形式主义的教训必须吸取。要坚持"业余、自愿、小型、多样和因人、因地、因时制宜"的原则，脚踏实地、灵活多样地为广大农民服务。要以人为本，从农民的意愿和需求出发，以有利于生产、生活和健康为原则，积极而稳妥地开展农民体育活动。农村人口密度相对较低，由于每家农户需要一定数量的农田耕种，居住又不能距离农田较远，因而，形成了规模较小的自然村落。即使是生产、生活条件优越的地区，农村人口相对密集的村落，也不至于达到城市的密居程度。农民以家户为生产单位，社会化程度偏低，组织性略差，这些自然或社会环境决定了农民体育活动必然表现出分散性的特点，这为农村体育的开展带来了一定的难度。农民居住分散，人口较少，从而在资金有限的前提下，阻碍了对农村体育设施的投建。因为体育设施投入过大，其利用和服务容量又相对较小，在人口分散的区域进行建设，功能得不到充分发挥，会产生某种程度上的浪费。居住的分散同样会影响到体育活动的开展，因缺少人与人之间的密切互动。当然，农村居住环境的分散也会对农村公共体育服务发展带来一些益处，社团组织遇到困难时给个体参与提供机会，特别对自治模式的形成较有帮助。从体育锻炼的自然环境上看，农民居住的分散使其拥有的平均个人空间增多，相继带来自然活动领域变大，单位空气纯净度较高，以及外界干扰较小等优势。这些因素为农村公共体育服务发展提供城市所不具备的天然条件，实践中应注意并利用这一环境特点，因地制宜打造特色小城镇或乡村，进而实现农村公共体育服务的可持续发展。

9 我国农村公共体育服务运行机制研究

CHAPTER 09

9.1 我国农村公共体育服务运行机制概述

郑杭生先生将社会学的研究对象规定为"社会良性运行与协调发展的条件和机制"[1]，这是其关于社会运行论的逻辑起点与理论成果。在前文叙述完运行条件后，对机制探索实有必要。任何事物的发展都内含一定机制，这是既存世界的表征，而通过人类独特的文本形式将此种现实加以反映正是科学研究的主要任务。机制是一个外来词，源于希腊文（mechane），意指机器、机械。英语（Mechanism）和俄语（механизм）中兼有"机械装置""机构""结构""作用过程"等含义。机制最初在自然科学中，有时也将"机制"称作机理，如物理学中的光电转换机理、医学中的血液循环机理、生物学中的光合作用机理等。社会科学将自然科学视为楷模由来已久，西方社会学创始人孔德就曾声称"社会乃自然之一部分，可以用研究自然的方法来研究社会"，并将社会学分为社会静力学（Social statics）和社会动力学（Social dynamics）两大部分。列宁亦指出："从自然科学奔向社会科学的强大潮流在 20 世纪同样强大，甚至可说更加强大了。"[2]可见，"机制"一词运用于社会学研究只不过是这个潮流中的一朵小小的浪花。至此，完成自然机制向社会的转换。

1985 年，我国著名社会学家郑杭生教授正式将机制引入社会学定义，并展开社会运行论的长期研究。机制进入社会学范畴后略有变化，是指一个系统事物

---

[1] 郑杭生，李强，等. 社会运行导论——有中国特色的社会学基本理论的一种探索 [M]. 北京：中国人民大学出版社，1993：347.

[2] 列宁全集：第 25 卷 [M]. 北京：人民出版社，1990：143.

内部组织、要素之间相互作用的过程和方式[1]。而其社会学含义繁杂，内涵有三：一是指事物各组成要素的相互联系，即结构；二是指事物在有规律的运动中发挥的作用、效应，即功能；三是指发挥功能的作用过程和作用原理，三者综合且概言之，机制就是"带规律性的模式"[2]。社会运行机制是指人类社会运行中的内在机理和过程，或称作社会机制，其界定方式多元，具体如表9-1所示。社会运行机制是指人类社会在有规律的运动过程中，影响这种运动的各组成因素的结构、功能及其相互联系，以及这些因素产生影响、发挥功能的作用过程和作用原理，也就是社会运行"带规律性的模式"[3]。社会运行机制的特点有稳定性、自组织性、整体性、择优性[4]，其类型按照不同划分标准呈现多种结果（表9-2）。机制研究的目的就是要通过建构和设计社会的动力机制、整合机制、激励机制、控制机制及保障机制，促进社会良性运行状态的形成，实现最佳发展效能。公共体育服务体系运行机制的内涵是指其所具有的，使体系整体保持正常运行所需要的各种功能的组合、联动和循环，是公共体育服务体系各组成部分或要素之间相互联系、相互制约、相互作用的运行方式，是推动整个公共体育服务体系沿着正确的轨道健康运行并不断向前发展的方式或原理，即赋有规律性并具有特定性的运行体系和运行模式[5]。基于此，我们将农村公共体育服务运行机制定义为：在相关制度安排下，参与农村公共体育服务的各主体或要素（体系构成）之间相互关系、相互作用的模式及其运作过程。因此，对农村现行公共体育服务运行机制的剖析，可从其内含的三个层次入手，不仅包括静态分析中农村公共体育服务的结构、功能，还应涉及动态意义上对农村公共体育服务作用过程或工作原理的透析。

表9-1 社会运行机制定义的不同界说

序号	视角	表述
1	联系视角	是社会系统内各相关要素的联动作用关系，或社会系统内各相关要素的律动作用关系

[1]冯海龙. 社会运行机制的优化及其途径 [J]. 太原大学学报，2005，6（4）：78-80.

[2]郑杭生. 社会学对象问题新探 [M]. 北京：中国人民大学出版社，1987：23.

[3]郑杭生，李强，等. 社会运行导论——有中国特色的社会学基本理论的一种探索 [M]. 北京：中国人民大学出版社，1993：349-350.

[4]郭谌，曹延莉. 社会运行机制的特点及优化途径 [J]. 河北学刊，2009，29（2）：148-151.

[5]齐立斌. 农村公共体育服务体系的运行机制研究 [J]. 南京体育学院学报（社会科学版），2010，24（4）：44-48.

续表

序号	视角	表述
2	规律视角	是社会规律作用形式和利用方式
3	工作视角	是社会系统内部各构成部分间相互作用的形式和工作方式，甚至认为社会机制就是社会工作的方式、方法
4	原理视角	是社会组织和社会人的利益的调节原理[1]
5	综合视角	是指社会系统内各要素间的律动或惯性的作用关系，这种作用联系通过一定的作用形式表现出来，形成系统的综合效应。基本要素：手段、联动和惯性[2]

表9-2　社会机制的分类情况

序号	标准	类型	含义
1	社会秩序形成过程 罗斯（E. A. Ross）	自发机制	指向事物内部的组成部分之间客观存在的不以人们意志为转移的联动作用关系，具有稳定性特征，能自发地起作用。人们的主观努力只能延缓或加速其部分功能的发挥，但不能消灭或改变其原有功能，也不能创造其新功能
		人为机制	指人们在对客观规律认识的基础上，有目的、有计划地设计、建立和完善事物运行的各种机制，具有多变性特征，能自觉地起作用。人们通过主观努力，能够建立和完善人工机制，人工机制常见于人类的社会生活领域
2	作用领域	经济机制、政治机制、文化机制、心理机制	将社会秩序看作一个无所不包的庞大体系，因而超出社会学范围，成为各分支学科的研究领域
3	表现形态 默顿（R. K. Merton）	隐机制 显机制	隐机制一般不为人所知，但具有客观存在性。显机制一般为人所知，体现着人的主观能动性。自然机制在表现形态上既可以是隐机制，也可以是显机制，而人工机制的表现形态一般是显机制

---

[1] 于真，严家明. 社会机制研讨会观点综述 [J]. 社会科学，1990（8）：46，80.

[2] 严家明. 社会运行机制概论 [J]. 社会科学，1990（8）：52-55.

序号	标准	类型	含义
4	层次结构 郑杭生社会运行论	动力机制	为社会运行提供适度的动力
		整合机制	协调社会利益，促进社会个体、社会群体组成有机整体
		激励机制	促使社会成员的行为方式和价值观念与社会倡导的趋于一致，激发社会活力
		控制机制	维系良好的社会秩序，控制社会运行的方向与速度
		保障机制	保障社会成员的基本生活条件，维护社会运行安全

9.2 我国农村公共体育服务运行动力机制研究

9.2.1 农村公共体育服务运行动力机制概述

当今社会发展表明：一个社会只有拥有较为适度的动力时，它才能够保持持续、稳定的行进势头。动力是"使机械作功的各种作用力"，现在泛指"推动事物运动和发展的力量"。农村公共体育服务作为社会发展中的一项内容，其运行动力也将遵循此规律。研究农村公共体育服务运行动力机制，就是要探索为其供给适度动力的系统构成、过程原理及基本功能等。

9.2.1.1 农村公共体育服务运行的动力特征

社会运行的动力源是社会需要，农村体育需要正是农村公共体育服务运行的推动源泉。马克思主义经典作家们摆脱文化或精神因素的束缚，从人的需要入手直接抓住社会动力的根本，"人们为了能够'创造历史'，必须能够生活。为了生活，首先就需要衣、食、住以及其他一些东西。因此第一个历史活动就是生产满足这些生活需要的物质资料"[1]。"已经得到满足的第一个需要、满足需要的活动和获得的为满足需要而用的工具又引起新的需要，这产生第一个历史活动"。社会运行动力是一个复杂的系统，人本身的各种复杂需要则是最基本的原动力，动力源于人的需要。农村公共体育服务运行动力亦是源自需求受体的需要，于一

---

[1] 中央编译局. 马克思恩格斯选集（第二版）：第 1 卷 [M]. 北京：人民出版社，1995：79.

定条件下对其不断要求。

社会需要可分为生存与发展需要、客观与主观需要。生存需要是指维持社会有机体存在的基本条件，如饮食、居住需要；发展需要则指维持有机体基本生存条件以外的其他需要。客观需要是与物质相联系的需要，如收入、消费等；主观需要则指从人的精神等主观方面出发的需要，如自我完善、自主自决的需要等。于个人而言，有自尊、归属等社会需要，有价值实现的高层次需要等。根据不同标准，需要还有多种类型，如马斯洛需要层次理论，他认为需要的产生由低级向高级发展呈波浪式推进，在低一级需要没有完全满足时，高一级需要就产生了，而当低一级需要的高峰过去了但没有完全消失时，高一级需要就逐步增强了，直到占绝对优势（图9-1）。研究所需，我们推崇按主体划分，包含个人需要、集体或集团需要、社会与国家需要[1]，自下而上涉及多元主体，这正符合社会治理理念的规定。对农村公共体育服务运行的动力源探索可遵照这一逻辑展开，在此试做说明（图9-2）。

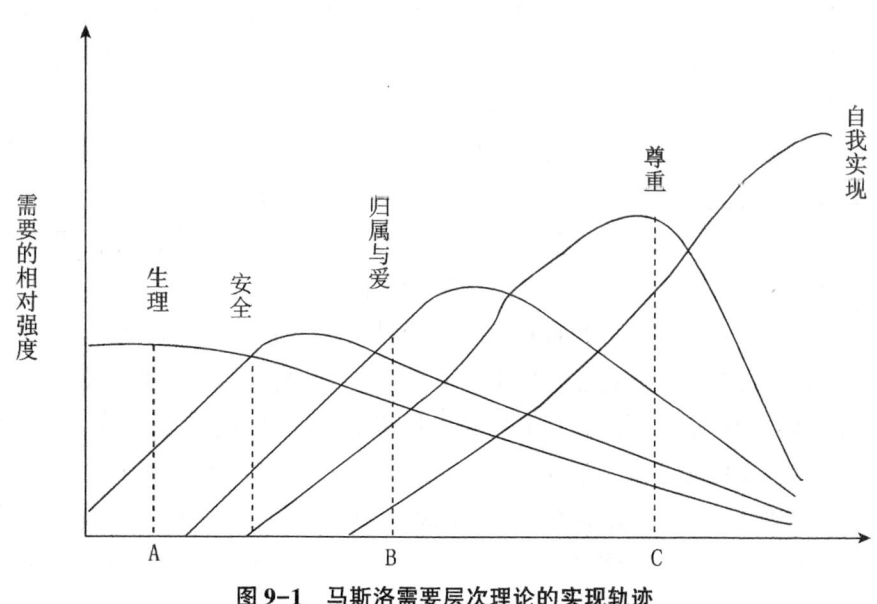

图9-1 马斯洛需要层次理论的实现轨迹

[1]郑杭生，李强，等.社会运行导论——有中国特色的社会学基本理论的一种探索 [M].北京：中国人民大学出版社，1993：364.

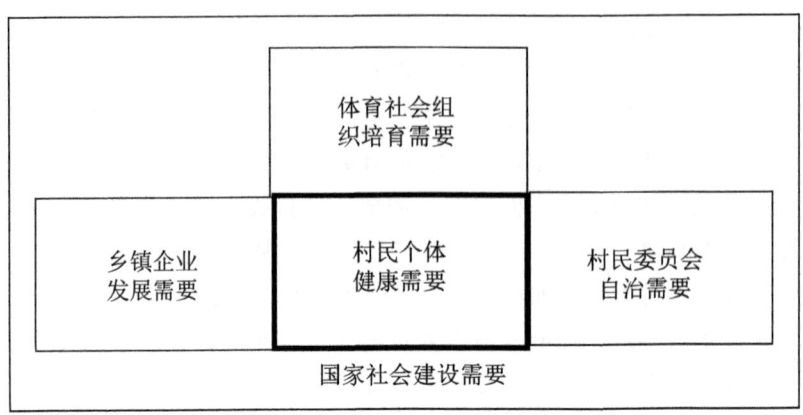

图9-2　农村公共体育服务运行动力主体需要

　　农村公共体育服务运行的动力源可从主体发展的角度来挖掘。①村民个体的健康需要：这可谓首要，直接对接具体的人生命延续，在"健康中国"的呼吁下，作为"最后一公里"的村民健康保证至为关键，调研中发现：村民参加体育活动的目的为增进健康的比例达44.7%，可见通过体育锻炼满足村民健康需要的动力至关重要。②村民委员会自治需要：作为非政府机构，村委会在注重经济发展之余有责任丰富村集体的精神文化生活，这是基层自治组织参与公共体育服务最为有利的方式，现实中村委会虽非政府部门，但其运作仍然按照上级命令履行职责，处于完成乡镇体育任务和组织村民参与体育的联结位置，调查中有53.2%的村民表示由村委会承担农村公共体育服务治理主体。③乡镇企业发展需要：它赚大家的钱，有义务回报社会、反哺村民：一是对自身形象的良好宣传；二是切实服务民众的良好途径。但实践中，企业往往将经济利益摆在第一位，而忽视社会效益的积攒，所以由企业组织农村体育活动或其他服务事项是必要的，无论对其自身发展还是接受服务的村民，都将是一大创新。④体育社会组织培育需要：农村体育社会组织培育存在较多困难，但也会存有许多健身团体，自觉或不自觉地维持着农村公共体育服务的运行，从非正式向正式组织的成长需要一定动力，社会治理背景下体育社会组织将会有所作为，这也为其快速前进增添了助力。⑤国家社会建设需要：近年来国家对体育的宏观设计不断增进，包括农村区域，诸如全民健身上升为国家战略、城乡公共服务均等化倡导、"健康中国"提出等，都与农村公共体育服务密切相关，这也是顶层需要通过基层满足以实现上下和谐的重要措施。总之，农村公共体育服务不同主体都会有自己的需要目标，为其各自运行找寻合适动力。

9.2.1.2 农村公共体育服务运行的动力结构

农村公共体育服务不同层次主体的体育需要，推动其参与各自的体育行动与活动，以确定目标，促进自我发展。在此过程中形成复杂的农村公共体育服务运行动力系统，其结构分为外围与内核两块。

（1）农村公共体育服务运行动力机制的外围结构。包括动力主体、受体及传导媒介三块。动力主体既指动力发生体，又指动力利用体。需要主体受需要的驱使，去追求并获取需要满足物。与社会需要按主体划分相对应，动力主体也有三层，即个体行动者（微观）、群体或集团（中观）和国家与社会（宏观）。农村公共体育服务运行动力主体涉及微观的村民个体；中观的村民委员会、非正式健身团队等；宏观层面的国家体育行政管理部门、体育社会组织等。动力受体是指人们获得满足的对象、工具、资源等。任何以物质形式存在的满足物都被称为硬性满足物；以非物质形式存在的满足物，如权利、地位、荣誉等均被称为软性满足物。农村公共体育服务运行动力受体为其要素体系的涵盖内容，如场地设施、经费投入等，亦有软硬区别。动力传导媒介是社会动力从一个动力主体传递到另一个动力主体的渠道，也是社会动力积累和递增的主要凭借，它能把宏观、中观和微观三个层次的社会运行动力整合为一体，组构社会运行的整体动力，有利益、文化和信息传导三类。农村公共体育服务的利益传导主要体现在宏观动力主体，将体育任务及利害关联自上而下传递给中观或微观动力主体，后者在顶层体育计划目标所规定的利益导向下，不断完成上级布置的公共体育服务工作；反之，亦可实现自下而上的利益传输，基层公共体育服务的探索与创新是促使国家整体利益的积累，农村公共体育服务的有效运行可谓国家公共体育服务完善的底线保障。文化传导的原理在于价值观或模式通过社会化和内化过程，将之融入个体的人格系统里，而影响并改变微观动力主体的需要结构，以促使其动力发生变化。农村公共体育服务的文化传导可利用非物质文化遗产的内化作用，以保护或传播的方式带动村民个体产生文化自觉与自信，让体育成为一种信仰传承。信息传导是指某一动力主体将动力以信息形式传给另一个动力主体。农村公共体育服务的信息传导涉及电视、网络等媒介（调查中发现二者是村民获取体育信息的主要途径，比例分别为 64.8% 和 50.9%），信息作为农村公共体育动力传导媒介，可在体育、政府之间（部门纵横条块）、组织之间（项目）及村民个体间（爱好）互相传递动力（图9-3）。

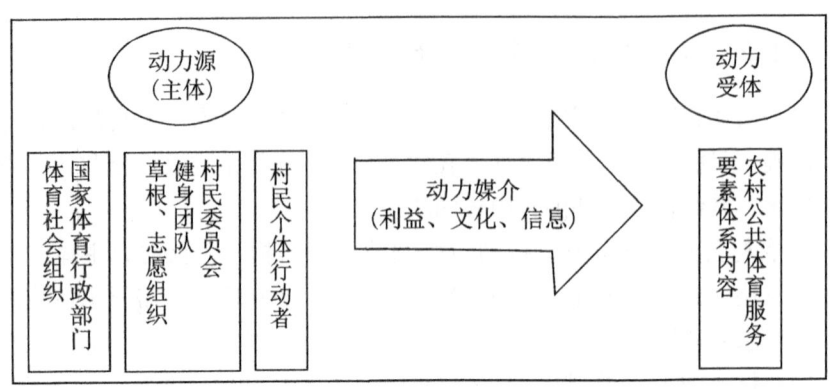

图 9-3　农村公共体育服务运行动力机制的外围结构

（2）农村公共体育服务运行动力机制的内核结构。有动力源、动力方向、动力贮存体和体育行动四大要素。动力源是农村公共体育服务运行的内在需求，村民、村委、企业、社团及国家社会对体育的需要恰是其良性运行的动力之源。由动力源产生的动力是原生性动力，由动力主体之间的动力传导而产生的则是次生性动力，如宏观主体体育决策的制定属于前者，执行过程中微观或中观层面体育部门间的互动会产生后者的动力。动力方向是指动力与农村公共体育服务运行目标一致或相悖，对于农村公共体育服务体系建设，国家确立了较多目标，如城乡均等化等，如果顶层设计与基层探索的努力是为了实现这种均等化，那么农村公共体育服务运行的动力方向就为正；反之，城乡差距拉大就是因为与计划初衷背离。农村公共体育服务动力主体的层次决定动力贮存体的形式，微观主体而言，其贮存体是村民个体的体育运动能力；中观动力贮存体则表现为组织体育活动、号召村民健身的凝聚力；宏观动力贮存体则是权衡竞技体育、学校体育、群众体育及体育产业的改革力度，更多为权力内容。体育行动是农村公共体育服务运行动力的直接表达，要求动力主体将自身的各种体育动力转化为具体的体育行为，打造更为丰富的业余生活，满足自身体育需要，促使农村公共体育服务良性运行。如此，便形成了关于农村公共体育服务运行动力机制的内核结构（图9-4）。

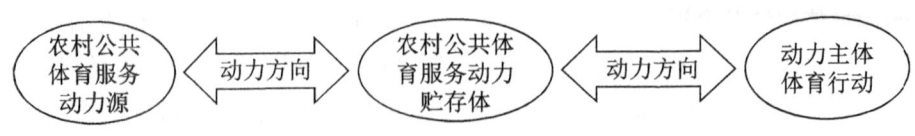

图 9-4　农村公共体育服务运行动力机制的内核结构

（3）农村公共体育服务运行动力机制的运作过程。它是围绕提供适度动力而展开的，动力过度抑或不足都将阻碍其发展。因此，在具体运行中须有一定的程式确保其发生秩序，一般由5个环节组成，分别为动力源的开发、动力转化、动力培育、动力分配和动力监控与反馈。①动力源的开发环节：也就是农村公共体育服务主体内在体育需求的开发，如政绩、业绩、健康等内容，人们需要越是强烈，则对体育的热衷程度就越高，参与的可能性也就越大，但要遵循适度动力原则，也就是说人们的体育需要应要合理，农村与城市毕竟存有差距，其间的裂痕弥补绝非一时就可以解决的，所以要根据村民的切实需求来供给体育服务内容，达到以需定供的目的，同时也要注重超前供给策略，将城市项目于农村领域投建。②动力转化环节：体育需要只是运行动力的一种潜在形态，还需进一步向现实动力转化，确定目标清晰、可视化的体育满足物或行为，进而在需要到体育行动之间，形成"需要—行动"链条，如村民个体的体育"需要—欲望—动机—目标—行动"或国家社会层面的体育"需要—目标—决策—行动"，最终确保从内需转向践行。③动力培育环节：农村公共体育服务运行动力在实现由潜在需要向现实形态转化后，为使其保持长期稳定，还需动力主体不断积累、贮存、激发村民的体育需要，即进行深入的动力培育或挖掘，这需要实地了解方能准确把握。④动力分配环节：分配给农村公共体育服务运行中的其他机制，如整合、激励、保障和控制机制；或在各体育部门、单位的供给及调配过程。也就是公共体育资源在中央和地方政府、体育行政管理部门、体育行业协会等范围的流动，最终确保每一环都能有适度的运行动力。⑤动力监控反馈环节：是指整个动力机制输出的结果对动力机制运作产生影响的过程。农村公共体育服务运行在经过动力源的开发及动力转化、培育、分配等环节后，是否为农村公共体育服务发展提供了适度动力，整个动力机制是否良性运转等，需通过反馈使动力主体获取信息，从而对自身动力产生过程做相应的调整（图9-5）。

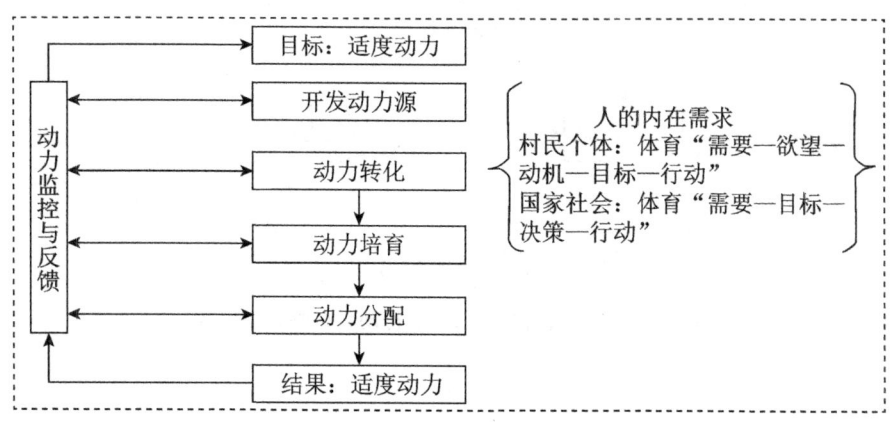

图9-5 农村公共体育服务运行动力机制运作过程

9.2.2 农村公共体育服务运行动力机制系统构成

农村公共体育服务运行动力机制应建立以农民体育需求为中心的内在动力常态机制和多元治理主体（体育行政部门、体育社会团体）的外在动力创新机制。具体为：外围动力结构主要以动力主体（县及乡镇体育负责机构、农村村民自治委员会等），动力受体（农村公共体育服务要素体系）和动力媒介（利益、文化及信息）组成。动力媒介以农村体育活动信息、政策法规等在农村个体、居民小组及村落间传播；内部动力结构包括动力源（农民体育需求）、动力主体、动力贮存体和体育行动四部分组成。农村公共体育服务动力机制的内外结构运行程序由动力源开发、动力转化、动力培育、动力分配、动力反馈构成。能较好地融合内外结构间的关系，发挥动力机制的最优效应（图9-6）。在农村公共体育服务体系运行的动力机制中，农民的体育需求是基本的动力机制[1]。农村居民体育需求的差异及产生的社会辐射效应促使公共体育服务体系做出适时调整。因此，要建立以农民体育需求为中心的动力机制结构，坚持以民为本、区别对待原则，针对农民需求差异，提供不同类型、不同层次的公共体育服务。

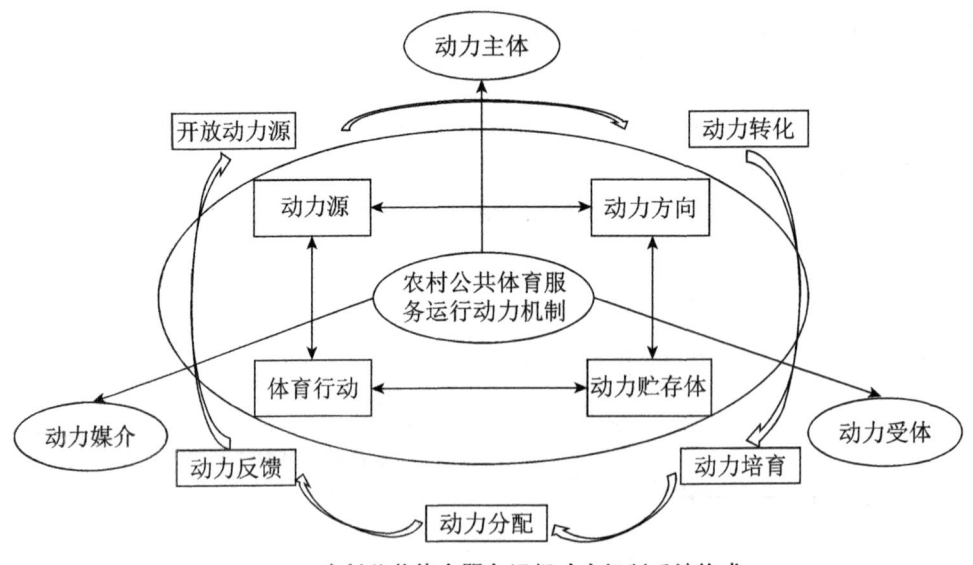

图9-6 农村公共体育服务运行动力机制系统构成

[1] 王润斌. 体育运行机制的理论构建 [J]. 体育成人教育学刊, 2009, 25 (3): 23-25.

9.2.3　农村公共体育服务运行动力机制工作原理

农村公共体育服务运行动力机制的工作原理从社会治理理念审视包括两种路径，可将其分别命名为自上而下的管理型和自下而上的治理型（图9-7），二者的综合运用恰是农村公共体育服务运行动力机制的常规模式，这也在整体上呈现出"官助民促"双向互动的机理特征。

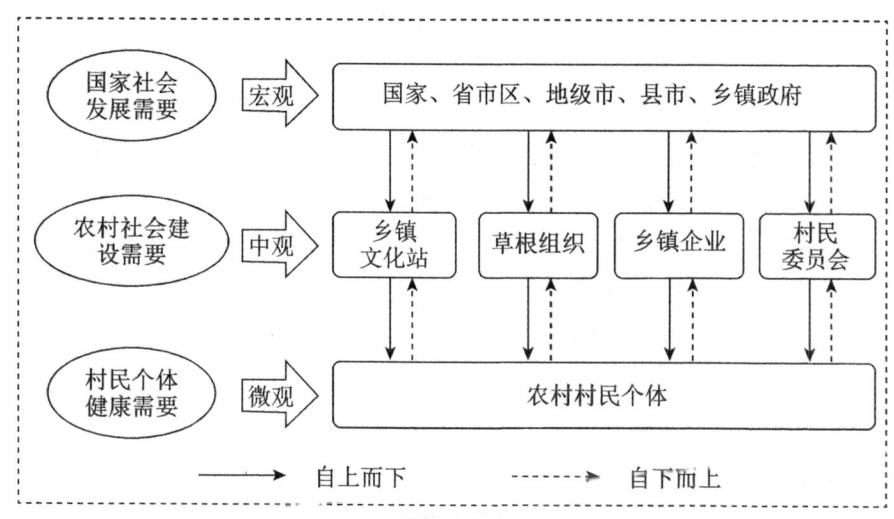

图9-7　农村公共体育服务运行动力机制的工作原理

（1）自上而下的管理型。农村公共体育服务运行动力机制中，自上而下的动力传输体现出宏观动力主体（国家）的"官助型"特点。在我国，农村公共体育服务发展不仅是群众体育事业的内容，更是社会主义新农村建设、城镇化推进、城乡均等化倡导、健康中国塑造、社会治理理念落实乃至社会改革深化的重要议题。因此，国家应基于政治利益诉求考虑社会改革进程中农村公共体育服务的体系完善与机制创新。政府一般采取顶层设计确立总体目标，并逐级向下传达以充分发挥好政府、市场、社会组织、村委会及乡村体育精英等多元主体的作用，进而为实现"政府主导、部门协同、全社会共同参与"的农村公共体育服务运行动力机制奠定基础，从动力主体环节丰富农村场域下公共体育服务运行的规律性模式。

在自上而下"官助型"运行动力机制的工作原理中，政府对农村公共体育服务的不同供给或治理主体在驱动方式上存有差异，或是基于主体自身特征而表现出不同的任务分工。如上级政府部门通过政绩考核或评比等督促手段对下级部门关于农村公共体育服务的提供情况加以了解，以利益传导形式实现动力主体间的互动，尤其是对乡镇这一最后政府关口的考核，针对各动力主体存在的问题，提出对应解决策略；通过政府购买、税收优惠、公私合营（PPP 模式）等方式，积极引导乡镇乃至更大型企业回报乡村体育事业发展，政府给予企业政策扶持，促进政府政绩与企业业绩双赢；政府以荣誉表彰、物质奖励等形式对农村村民委员会、民间草根组织、志愿团体等加以鼓励，积极发挥其在社会治理进程的作用，表达诉求且能承担农村公共体育服务的实践内容；体育政府部门利用平行机构的帮助，如借助新闻媒体等机构大力宣传开展农村公共体育服务的知识，相互协作，形成多部门合作（于整合机制细述）。从社会治理视角审视，农村公共体育服务"官助型"动力机制既可以是刚性的，如政府与企业或体育社会组织之间签订契约，或是服从上级部门的工作安排等；也可以是柔性的，如政府对村委会、草根组织、志愿团队及村民个体的呼吁与引导等。农村公共体育服务自上而下的动力运行是较为传统的模式，可谓是中国整体体制的反映或缩影，较多地流露出管理型特色，政府之外的主体相对无奈，多以服从的姿态应对政府的体育要求。

（2）自下而上的治理型。与自上而下的管理模式不同，农村公共体育服务运行动力机制自下而上的工作原理所体现的典型特征为"民促型"，即农村居民一旦发生观念变化，对体育的需要动力不断强化，就会从民主角度出发进行体育诉求的表达，对农村公共体育服务的要素体系提出要求和建议，进而倒逼政府或其他主体进行投入，是实现一种按需定供的供需对应机制。自下而上的动力工作原理所遵循的思路为：农村村民个体将自身日益增长的体育需求意愿通过信息传导方式反馈至乡村体育爱好者、村民委员会、体育草根组织负责人等中观层面的动力主体，逐级到达政府部门，从而让各个动力主体了解基层民众的体育心声，在获知一线体育需求的情形下，更好地展开自上而下的体育服务供给。

在自下而上"民促型"运行动力机制中，农村村民体育活动参与者对不同动力主体（供给或治理）在驱动方式上存有差异。村民可通过反映民情的手段向村委会、乡镇政府等主体表达自我文体活动的参与需求及意愿；运用"一事一议"的乡村流行决策方式提出意见，在村庄层面实现公共体育服务的投入；采取商谈向当地乡镇企业拉赞助，让其资助农村公共体育服务建设，以回报于民的形式打造良好企业形象；还可出于自愿进行自组织体育活动，带动村民个体健身，如广场舞的积极开展与号召等。在"自下而上"的动力工作原理中，农村公共体育服务的动力获取多是柔性的协商手段，刚性措施较少，这正是社会治理所倡导的理念，要更多的主体参与，同时要主动表达体育诉求，直至获得具体服务。需要指出的是：农村公共体育服务运行动力机制中，"官助"是理所当然的，"民促"是公民意识觉醒，两种路径结合并与彼此交织以形成"官助民促"的互动型动力系统才是确保农村公共体育服务良性运行的根本。

9.2.4　农村公共体育服务运行动力机制基本功能

农村公共体育服务运行动力机制就是为其良性运行提供适度动力。农村公共体育服务运行的适度动力是对动力状态的一种描述，适度是一种变量，包含两个维度指标：向度（动力方向）是指与国家体育整体发展目标相一致；量度（动力大小、强弱程度）是指人们的体育需要满足感和公共体育服务发展秩序的关系（图9-8）。农村公共体育服务运行的动力是一条动态的曲线，其是否适度，取决于个人体育需要满足感和公共体育服务发展秩序的关系。如图9-8所示，f_1表示动力过度，如人们对广场舞的强烈需求，就会导致一些过激行为，或者政府一味贪图政绩大量投建体育场地设施，并未真正了解村民所需，致使后续体育场地设施荒废；f_2表示动力不足，也就是说人们对体育漠不关心，这在农村场域表现较为突出，也是农村公共体育服务运行过程中普遍存在的问题，需要引导村民积极参与体育活动，开发其动力源；f_0表示动力适度，这是农村公共体育服务运行动力机制的理想曲线，更是其基本功能的体现。农村公共体育服务运行的适度动力利于不断挖掘动力主体的体育需要，开发动力源，如宏观主体（国家社会）关

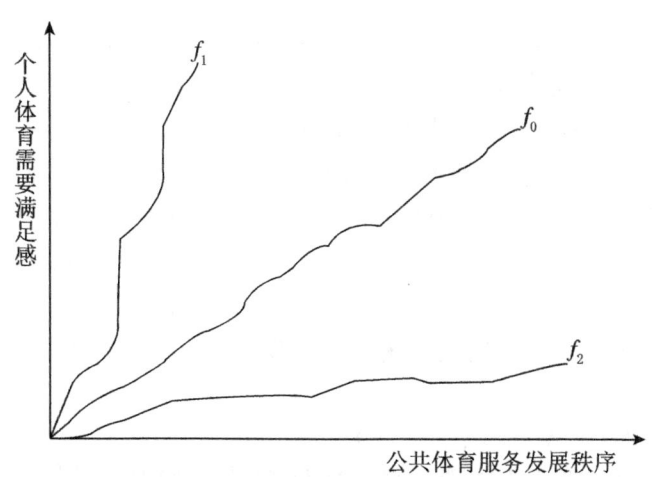

图9-8　个人体育需要满足感与公共体育服务发展秩序的关系

于体育发展规划的制定、出台、执行及验收工作，也就是顶层设计的有效完成；中观主体（乡镇企业、体育社会组织、村委会）对农村体育活动的组织、开展等；微观主体（村民个体）的体育需要程度，鼓励民众参与体育锻炼。适度动力的功能既能较好地满足人们的体育需要，又能进一步维持农村公共体育服务发展的秩序，它将二者协调起来。

9.3 我国农村公共体育服务运行整合机制研究

9.3.1 农村公共体育服务运行整合机制概述

古希腊哲学家亚里士多德有一个著名命题："人类在本性上，也正是一个政治动物"[1]，即人是合群的，要求组织起来结成一定的社会群体；按他的说法，人类社会只有到了国家阶段，才能获得最高的"善业"。社会整合（Social Integration）是社会系统一体化的过程或这一过程的终极状态，包含文化、规范、意见与信息、功能整合四个维度[2]。美国社会学家兰德克（Werner S. Landecker）认为，文化整合是指诸文化标准的一致性；规范整合是指文化标准与人的行为之间的一致性；信息整合是指信息网络渗透于社会系统的程度；功能整合是指一个分工系统中各个单位相互依赖的程度。

整合是指"把零散的东西彼此衔接，从而实现信息系统的资源共享和协同工作"。《辞海》中关于整合的定义为："整理，组合，如整合各方力量。"在社会运行方面，整合的前提是社会变迁导致的社会分化，即社会由一元向多元方向转变，并逐步呈现"小政府大社会"的发展格局。一般来说，社会运行整合指向"社会成员的思想规范以及行为的一体化过程"[3]。社会运行整合机制则指影响社会整合诸要素的相互联系及其功能和作用原理。因此，农村公共体育服务运行整合机制是指影响其整合诸要素（体系内容）的彼此联系与功能体现，以及整体的作用原理。它是依据社会公平公正原则、公共服务均等思想进行要素整合的结果，旨在完善和发展我国农村区域公共体育权益，让农村居民共享全面建成小康社会进程中的成果，丰富留守村民单调乏味的日常生活，提升农村居民凝聚力，以更好地推进社会主义新农村建设。根据社会运行论的观点可从整合对象、

［1］亚里士多德. 政治学 ［M］. 北京：商务印书馆，1983：7.

［2］A Dictionary of the Social Sciences ［M］. New York：The Free Press of Glencoe, 1964.

［3］曲洪志，谭延敏. 文化建设与社会整合 ［J］. 马克思主义与现实，2009（1）：193-195.

整合中心、整合过程三个部分来考察农村公共体育服务运行整合机制的创新构建。

9.3.2　农村公共体育服务运行整合机制的对象

社会运行论认为社会整合的基本对象只有一个，即社会利益[1]。在利益结构体系中存有不同划分标准（表9-3）。而从利益差异性分析，可以分为共同利益和特殊利益，与之相对应的整合方式有认同性整合和互补性整合两种，前者是以共同利益为基础，当人们将一种利益同自己的利益联系且产生彼此认同时，就会努力维护这种利益，如国家利益等；后者是建立在特殊利益基础之上，由社会成员、社会群体之间的异质性和相互需要而产生的相互依赖关系，促其凝聚为社会整体。

表9-3　关于利益的划分[2]

序号	标准	类型	说明
1	主体维度	公共利益	指向全社会的共同利益
		私人利益	指向那些可以分割且归属明确的利益
2	内容维度	物质利益	如工资、奖金、奖品、其他实物、职称、职务级别、名次等
		精神利益	工作所带来的成绩感、自豪感和满足感等
3	实现维度	眼前利益	关注当下阶段的好处
		长远利益	放眼未来的可持续发展
4	范围维度	局部利益	体现在小范围内的既得好处
		整体利益	着眼于整个社会的发展

马克思和恩格斯曾言："人类的联合今后不应该再通过强制，即政治的手段来实现；而应该通过利益，即社会的手段来实现。"[3]此观点与当下我国倡导的社会治理理念较为接近，充分体现出马克思主义作为新阶段社会改革这一时代主题的指导原则。实践中，利益整合的关键在于人或者由人作为主体的关系协调，

[1] 郑杭生，李强，等. 社会运行导论——有中国特色的社会学基本理论的一种探索 [M]. 北京：中国人民大学出版社，1993：389.

[2] 戴志鹏. 居家养老服务视角下的老年人体育运行机制研究 [D]. 苏州：苏州大学，2015：147.

[3] 马克思恩格斯全集：第1卷 [M]. 北京：人民出版社，1956：663.

即做好宏观动力主体（国家社会）、中观动力主体（市场、组织等）和微观动力主体（个体）间的利益纵向认同和横向互补。我国是社会主义国家，这就决定了"国家、集体和个人的利益在根本上是一致的，如果有矛盾，个人的利益要服从国家和集体的利益"[1]。农村公共体育服务运行作为社会学研究的一环，也将遵循上述要求或规定展开探索。

在社会主义新农村不断建设、城镇化持续推进、城乡公共服务均等呼吁、农村人口去留格局定型及全民健身上升为国家战略等综合背景下，关注农村体育特别是公共体育服务的村民满足是社会体育事业发展不可或缺的工作议题，同时也是农村体育扶贫的极力体现。在社会治理积极倡导阶段，我国整个社会组织结构将面临变革，中华人民共和国成立后政府作为单一管治主体向社会主义市场经济体制的政企管理模式演进，进而到达时下多元主体或组织共同参与社会治理事务的时期，呈现出一定改革规律。我国农村公共体育服务在新周期的治理主体也将出现政府、市场（乡镇民营企业）、社会组织（如文体站、体育协会、健身团队等）共同融入的局面。组织急剧分化定会引发利益主体的职责细分，倘若不能及时明确和理顺各自利益群体的基本诉求，将会形成混乱态势，影响农村公共体育服务运行效率，导致模糊乃至恶性运行状态。如此社会生态下，利益一致、利益对立及利益差别现象也将会在农村公共体育服务运行过程中一一表现出来，并将成为农村公共体育服务能否达至良性运行与协调发展的重要变量。所以，农村公共体育服务运行整合机制中利益整合的首要任务是要协调好不同利益（治理）主体间的关系，即在自身角色定位明晓后还应注意组织或部门两两之间的联系，加强彼此协同、协作及协商治理，最终将个体目标指向村民个体，实现公共体育服务民生工程的基层延伸。

首先，农村公共体育服务运行的利益整合应区分政府部门及其工作人员的利益差异。农村公共体育服务供给过程中，政府是理所当然的权力机构或者治理主体，是宏观把控的直接载体。在农村公共体育服务运行的整合机制中，政府部门的利益整合处于核心位置，涉及政府不同动力主体的各自需要。

（1）从整体政府（国务院）的利益整合来说，其利益主体的责任体现在体有所享，公共体育服务均等供给，尤其注重农村区域"保底性"公共服务获取，多为政治角度考量；其利益内容则在于强调公共体育服务的精神利益特别是指导思想的重要性；其范围旨在突出政府部门在农村公共体育服务运行机制中的社会责任感及历史使命感，如东、中、西部及东北农村公共体育服务的区域发展和整

---

[1] 邓小平选集：第2卷 [M]. 北京：人民出版社，1994：337.

体设计；其实在于强调长远目标和当下目标对政府组织的重要性，涉及农村公共体育服务发展的中、长期规划等，以维护政府在农村公共体育服务运行中的行政管理权力。

（2）从具体政府职能部门（国家体育总局、民政部等）的利益整合而言，其主体既要注重相同部门纵向条状组织间关于农村公共体育服务运行的共同利益，实行认同性整合，又要重视不同部门间的特殊利益，力求以跨界整合或部门协同方式促进农村公共体育服务的互补性整合；其内容可以通过彰显政绩的精神利益凸显，亦可借助物质奖励强化利益整合机制；其利益实现要协调部门间的远期或近期目标，使其同步推进或形成先后顺序，目的为达到农村公共体育服务整合机制的良性运行状态；范围则要打破部门间独立运行的弊端，对于政策的制定应加强部门协作与商定，利用社会治理理念使农村公共体育服务实现多元主体参与格局，打破部门间的"条块分割"，达到有机整合，最终明确部门的财权与事权职责。

（3）从政府部门工作人员的利益整合来看，主要是负责农村公共体育服务工作的公务人员。主体方面既要考虑单位规定的个体利益，也需顾及作为个体工作者的私人利益，或者说特殊利益；利益内容则要给予农村公共体育服务负责人精神鼓励，且要提供工资、奖金等物质利益；利益实现需涉及长远计划，突出为村民供给公共体育服务的神圣职责，也要重视此些工作人员的当前利益，让其看到付出后的回报，激励其热情参与；利益范围的扩展从微观上增强其社会责任和主观上调动其积极的工作态度。

其次，农村公共体育服务运行的利益整合应体现出社会力量的参与力度和公益责任。所谓社会力量是指除政府机构以外的所有主体，属于社会治理视域下的组织形态，在社会改革进程中发挥作用，正逐渐得到重视。社会力量作为非政府组织在推动农村公共体育服务发展方面是重要利益主体，具体涉及民营企业、乡镇综合文化站、农民体育协会、村民委员会及乡村精英等。

（1）对于市场形式的乡镇企业而言，属于体制外利益主体，以经济利益为前提但会关注社会公益。利益主体在注重企业营利目的的私人利益同时，更需加强对农村公共体育服务提供共同利益，以突出其社会服务性，强调公共利益的重要性，如乡镇企业可定期组织体育比赛、健身活动，承担或赞助乡村体育开展等；利益内容可通过政府部门与企业达成协议，给予政策支持，如减免税收、服务购买等与经济相关的物质利益，也可通过表彰方式以官方名义树立良好企业形象，为其增加荣誉；乡镇企业的利益实现既要顾及眼前的经济利益，也要思考未来的持续发展，投资社会公益的体育事业是一创新思路；利益范围的局部利益在于满足企业及其员工的工作条件和收入水平，而整体利益则放入大社会背景下展开人类共同发展的目标，所以乡镇企业的公共体育服务介入是反映整体利益实现的壮举。

（2）乡镇综合文化站是集书报刊阅读、科普培训、信息服务、体育健身等各类文化活动于一体，服务于当地农村群众的综合性公共文化机构。虽然它是由政府支持的机构，但是其社会属性显然，在政府管理的末端可谓具有政社双重特性。利益主体文化站的公共利益更为明显，旨在为农村提供各种公共文化服务，丰富村民生活，私人利益则在于自身发展，在重 GDP 指标的情形下，文化事业发展相对艰难，投入大，回报低，经费获取难；利益内容要提高文化站工作人员的待遇水平，保障基层文体工作者的物质利益，或以荣誉赋予的精神鼓励促进文化站发展；利益实现要注重当下阶段文化站关于体育服务的任务完成，并作长期规划，如促使文体分离，实现独立运行模式；利益范围在争取文化站自身完善的同时还应着眼于上级关于农村公共文体服务的发展战略，且要深入农村基层，了解村民体育需求，起到上下联结的作用。

（3）农民体育协会贯彻执行中央和有关领导部门关于农业、农村工作和群众体育，组织和指导广大农民开展群众性体育活动，以增强广大农民体质。利益主体指向全部农民群体的体育利益，这是认同性整合的基础，同时兼顾协会内部建设；利益内容通过国家预算拨款、有关部门补助、社会资助和捐赠及其他合法收入为农民体育协会发展确保物质利益，也可对基层体育协会的工作给予认可和精神鼓励；利益实现是所做工作得到社会认同，不断支持其活动开展，长远目标在于形成以农民体育协会为符号的纵横组织发展模式，即纵向以农民体协为核心的有机衔接的条形模式，横向以与农民体协并行的组织为要素的联合块状模式；利益范围既要注重单个农民体协建设，更要融入国家社会发展的行进步伐，不断丰富农村公共体育服务内容，尤其是活动的组织环节更应由农村体协来承担。

（4）村民委员会为中国大陆地区乡（镇）所辖的行政村村民选举产生的自我管理、自我教育、自我服务的基层群众性自治组织，由主任、副主任和委员组成。利益主体的村委会要充分顾及村民的体育利益诉求，采取"一事一议"方式满足民众体育所需，也要考虑村庄经济与社会两者的协调发展；利益内容通过体育乡村评选活动达到村委会物质与精神利益获得的目标，以农村公共体育服务的发展状况为评价指标；利益实现中的眼前利益是保证每一次为村民开展的体育服务能够顺利进行并得到认同，长远利益是能够让村委会在公共体育服务供给过程中成为稳定的社会力量；利益范围在村庄这一具体的社会场域反映整个国家农村公共体育服务发展，促使农村公共体育服务运行中局部与整体利益的整合。

（5）乡村精英属于社会分层范畴，自身在某领域占据优势资源；个人取得一定程度的成功且有调动资源、权威的能力；能运用资源或权利对整个农村社区及其成员发展产生一定的影响[1]。乡村精英作为利益主体发挥带头作用以向村民提供体育服务，维持农村场域民众享有公共体育服务的共同利益，私人利益则体现出个人声誉的积攒；利益内容上，乡村体育精英们对物质利益要求相对偏低，重在精神利益的给予，对其工作加以肯定；乡村精英的利益实现既要满足眼前民众的体育需求，同时更要规划长远，形成关于乡村精英参与农村公共体育服务发展的规律模式，即一套利益整合机制；利益范围在促进本村公共体育服务开展的局部利益实现后，进行村际间乃至更高场域的联合，目标投向整个社会，真正体现乡村精英群体内圣外王的传统儒家思想。

综上所述，农村公共体育服务运行整合机制中的利益整合对象主要指向其动力主体，或称作供给主体，抑或治理主体，总之是在"国家—社会"框架下政府与非政府组织在利益主体、内容、实现及范围等维度的整合，这种整合旨在凸显层次性和关联性，且融入认同性和互补性（图9-9）。

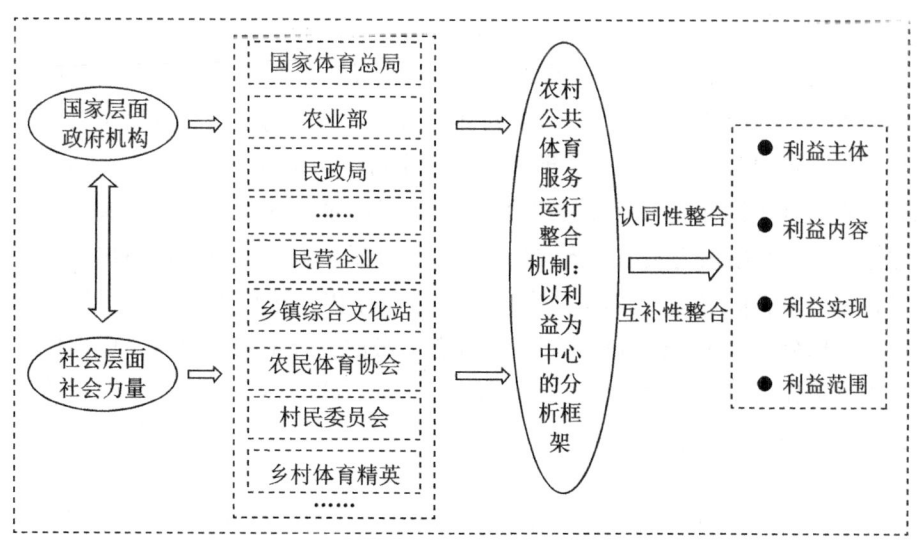

图9-9 农村公共体育服务运行整合机制的对象：利益

---

[1]郝海亭，郇昌店，徐晓敏．乡村精英与农村体育的发展 [J]．体育文化导刊，2014（1）：44-47.

9.3.3 农村公共体育服务运行整合机制的中心

整合中心是指能够对社会个体、社会群体产生吸附力量，使之凝聚为社会整体的社会事务[1]，其类型划分如表9-4所示。学界认为体育运行的整合中心具有多重性，涉及思想中心、组织中心和规范中心[2]，这里谈的基本都是软性中心。综上所述，可将农村公共体育服务运行整合机制的中心归纳为两种形式：即硬件与软件模式，在此分别以场地设施和政策法规两项作为代表展开整合中心的试探与挖掘。

表9-4 农村公共体育服务运行整合机制的中心依据及列举

序号	中心	举例	农村公共体育服务演绎
1	人	领袖	乡村体育精英
2	物	一面旗帜、一件象征物	体育场地设施
3	组织机构	中央行政机关	乡镇综合文化站
4	规范	法律、厂规校纪等	农村体育政策法规
5	信仰或思想意识形态	宗教中的上帝或教义	"健康中国"观
6	口号或提法	"质量、品种、效益年"	"发展体育运动，增强人民体质"

(1) 硬件整合中心：注重场地设施建设的选址集中。硬件在《辞海》中解释为"硬设备"，指"整个计算机系统的物理装置"[3]。在农村公共体育服务运行整合机制中，硬件整合中心涉及农村体育活动开展的场地设施等物态装备，这源自其所具备的资源整合特征，即"在起源上源于资源架构（resource configuration），在表征上则体现为资源的组合（resource combination）"[4]。农村公共体育服务要素体系中最为关键的当属场地设施，伴随国家及地方的政策出台，实践中已投建许多，但多为分散的"社会事实"而存在，导致资源利用不便、重复建设且占用公地，所以体育场地设施再完善需考虑整合中心的议题，以硬件方式将村民凝聚在具象的文化场域，在此基础上实现后续的体育共享。农村公共体育服务运行的硬件整合中心是存有明确思路和发展逻辑的，也就是遵循一个逐步延

[1] 郑杭生，李强，等. 社会运行导论——有中国特色的社会学基本理论的一种探索 [M]. 北京：中国人民大学出版社，1993：398.

[2] 王润斌. 体育运行机制的理论构建 [J]. 体育成人教育学刊，2009，25 (3)：23-25.

[3] 辞海 [M]. 上海：上海辞书出版社，1999：4669.

[4] 周丹. "资源整合"与"资源重构"两大构念比较：基于资源观视角 [J]. 外国经济与管理，2014，34 (8)：18-25.

伸又相互补充的层次性系统，具体包括农民体育健身工程、全民健身文化广场、农村体育休闲公园及学校、村委会等硬件中心（图9-10）。

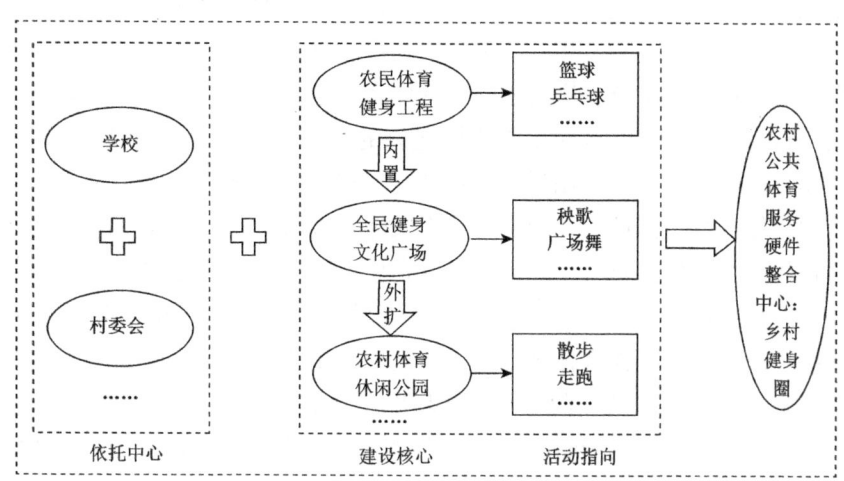

图9-10 农村公共体育服务运行机制的硬件整合中心：乡村健身圈

首先，要确立农村公共体育服务运行机制硬件整合的依托中心，以此为基础载体并不断扩大范围，建立场地设施的辐射圈层。在实际调研与观察中发现：村集体在选择体育硬件整合中心上存在共识，基本会设定在学校周边（村庄没有学校的）或村委会附近，如梁山县任庄村就是将体育场地设施建在村委会办公楼的后面及右手侧。充分说明农村公共体育服务的场地设施建设需与平行领域的单位机构相联系，学校和村委会是代表教育与政治的整合中心，这在农村区域是极好的整合方式，村民对子女成才的外在渴望与对自身仕途的内在追求会促其不自觉地靠向此两处中心，这恰为公共体育服务的投入奠定了基础，将更多村民个体凝聚在具有上位意义的活动空间。同时，学校体育场地设施对外开放会将村民整合起来，加强日常交际，增强邻里间的沟通交流；村委会是村民了解村务的必经之地，可间接地将村民整合在主动政治意识后的被动体育活动，使其参与到全民健身中。所以，在农村公共体育服务运行机制的硬件整合中心方面，实有必要借助学校和村委会这两大依托，实现物态服务供给。

其次，要梳理农村公共体育服务运行机制硬件整合的建设核心及其关系，且要明确其承载的活动。在社会主义现代化进程中，城乡二元并存导致农村始终处于落后状态，这亦表现在由物质基础决定的体育一项。农村体育投入较城市必然不足，但国家也相应地出台了针对性措施，力求弥补这种城乡结构失衡，确保城乡均等发展，如实施农民体育健身工程，基本内容是建设一块标准的篮球场、两个室外乒乓球台，这为农村公共体育场地设施的扩建确立了中心点，同时对村里篮球、乒乓球活动开展提供物质保障。国家体育总局利用体育彩票公益金向农村捐赠全民健身器材，鼓励村庄建立健身文化广场，秧歌、广场舞等项目丰富农村居民特别是女性村民的日常生活。健身文化广场是在农民体育健身工程上的进一步扩大，二者可有效结合，完善农村公共体育场地设施要素。体育的整合功效并非局限于自身领域，如与乡村生态文明建设的融合，打造出农村体育休闲公园，内部为体育场地设施，外围添加草木植被，实现体育与环境共生，村民于其中散步、走跑自然舒畅。因此，在现实中将农民体育健身工程、全民健身文化广场和农村体育休闲公园依次整合于一体，且配合生态环境的点缀是农村公共体育服务硬件整合的核心内容，而其关系是农民体育健身工程内置于全民健身文化广场中，继续扩展形成农村体育休闲公园。三类硬件中心的活动指向明朗，所服务的村民群体定型，如篮球场符合低年龄段人群；健身广场适合各年龄阶段的女性村民；而体育休闲公园当是老年人的热衷之处，三种场地设施的建设为农村留守人口提供了极好的锻炼机会。

最后，要构建农村公共体育服务运行机制的硬件整合中心：打造乡村健身圈。在上述关于农村公共体育场地设施的依托中心和建设核心确定后，基本形成了农村健身的整合圈，它或完整或略有不足地早已存在，且也正发挥着促进民众健身娱乐的作用，但仍需对其进行学理提炼，赋予专有命名，如农村 10 分钟或15 分钟健身圈等。目的在于将农村零散的体育场地设施通过有效连接，让村民有更直观地认识，同时强化其健身意识，因为乡村体育资源分散、未得到关注而致村民对其忽视，进而产生闲置、荒废现象。具体做法可了解村庄内所有的体育硬件内容，对于较为集中的可设计圈层模式，如第一层为篮球、乒乓球的农民体育健身工程；第二层为健身文化广场且配有全民健身路径器材；第三层为农村体育公园，并要建于学校或村委会周边，这种硬件整合中心能够将更多村民集中在一起。对于设施分散的情况可形成点、线、面结合模式，即将体育硬件整合中心作为点、彼此可通过健身步道方式联系（线）、整体构成乡村健身面，并将其以图示形式反映出来，置于村里宣传栏处，让更多村民了解其布局，以更好地投入健身行列，享受农村公共体育服务。

（2）软件整合中心：强化政策法规制定的部门协同。依据《辞海》释义，软件也称"软设备"，指"管理计算机系统资源、提高计算机使用效率、扩大计算机功能、提高应用开发工具的程序的总称"[1]。在农村公共体育服务运行机

---

[1] 辞海 [M]．上海：上海辞书出版社，1999：1108．

制中与此相似的为政策法规要素，其作为软件整合中心主要涉及相关规划、法律、规定及计划等，各类发展规划、纲要和计划等属于支持性软件整合中心，具体包括我国国民经济和社会发展规划、我国体育事业发展规划、全民健身计划三部曲、农民体育健身工程及各级地方政府的相关规划等，具有一定的层次性，上层对下层起到直接导向、制约功效，旨在为农村公共体育服务运行提供政策条件；各种法律、条例及规定等属于保障性软件整合中心，主要涉及《宪法》《体育法》《全民健身条例》《农村体育工作暂行规定》及各级地方政府相关法规等，旨在贯彻和落实农村公共体育服务时确保法制约束。从构成结构看，农村公共体育服务整合中心的支持性软件与保障性软件在宏观、中观及微观三个层面上均保持较高的对应性，共同组构起农村公共体育服务运行的软件整合中心（图9-11）。

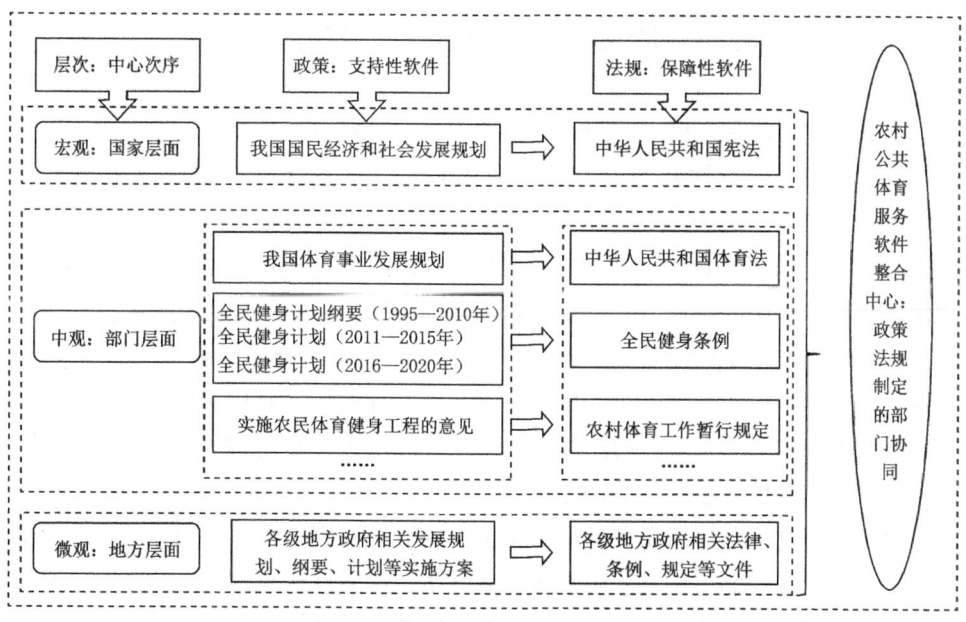

图9-11 农村公共体育服务运行机制的软件整合中心：政策法规协同

首先，农村公共体育服务软件整合中心的宏观层面，支持性政策为国民经济和社会发展规划，保障性法规则为宪法。在城镇化进程加快推进、农民工流动人口增多、农村留守人口成为社会问题的综合背景下，我国国民经济和社会发展规划应该在农村公共体育服务供给方面加以重视，进行统筹布局，实现城乡均等化建设，促进"保底性"公共体育服务发展。并加强农村体育事业与社会主义新农村建设协同配合，避免单一或重复建设。在国家政策支持的基础上，需进一步在法规方面进行约束，确保农村公共体育服务顺利运行，以《宪法》为主的保障性软件整合中心的任务在于设定三个基本条件：一是保证农村居民享有参与体育运动的基本权利，不能受到外界组织的阻挠；二是农村居民必须履行依法参与体育锻炼的义务，为"健康中国"的国家利益贡献力量；三是国家和社会应该全面保障农村居民参与体育的合法权益，达到体育在农村场域"体有所享"。农村公共体育服务软件整合中心的宏观设计时刻围绕国家健康发展及村民个体获得体育权利的两级目标而进行。

其次，农村公共体育服务软件整合中心的中观层面，支持性政策主要有我国体育事业发展规划、全民健身计划系列、农民体育健身工程等，保障性法规包括《体育法》《全民健身条例》及《农村体育工作暂行规定》等。我国体育事业发展"十三五"规划在第十九条"保障特殊群体基本体育权利"指出："广泛调动社会力量，为贫困人口和农民工等弱势群体参加体育活动提供场地设施、科学指导等保障服务"；全民健身计划（2016—2020年）建议："结合基层综合性文化服务中心、农村社区综合服务设施建设及区域特点，继续实施农民体育健身工程，实现行政村健身设施全覆盖"等，为农村公共体育服务良性运行确立了软件整合中心。对于支持性政策的有效落实还需具有一定强制性的法规加以保障，《体育法》需进一步明确农村公共体育服务发展中各类组织为村民供给体育服务的积极作用，如《体育法》第十二条规定："农村应当发挥村民委员会、基层文化体育组织的作用，开展适合农村特点的体育活动"；《全民健身条例》第八条强调："制定全民健身计划和全民健身实施计划，应当充分考虑学生、老年人、残疾人和农村居民的特殊需求"等，凸显出人性化原则。从中可看出中观层面的软件整合中心亦会涉及"体育整体—全民健身领域—农村体育"的逻辑关系，层层推进，确保软件整合中心的层次分明。

最后，农村公共体育服务软件整合中心的微观层面，支持性政策为各级地方政府的相关发展规划、纲要、计划等实施方案，保障性法规则是各级地方政府相关法律、条例、规定等文件。农村公共体育服务运行整合机制不仅注重顶层制度设计，同时还需不断挖掘基层创新做法，总结经验以为下轮的政策法规制定提供借鉴。当然，地方相关政府多以上层下达文件为参照标准，进行具体的内容执行，在此过程中，上下两级的负责部门需对接清楚，避免出现脱节现象，除此，还要加强监督评估工作的介入，特别是如何引入"第三方"评估，这是促进农村公共体育服务运行形成良性环路的关键举措，都需要整合进软件中心。再有，就是对政策法规出台的部门机构而言，需要做到紧密合作，无论在决策、执行还是监督环节，都应该规定好各部门的职责，建立起切实可行的问责机制，防止事前任务不清及事后责任逃避。

9.3.4　农村公共体育服务运行整合机制的过程

整合过程是指整合机制发挥功能的动态运作过程，可分为自上而下与自下而上两种类型[1]，前者是一种宏观社会的整合，涉及确立中心（社会整合中心）、认同沟通（调动社会力量促使社会成员认同以取得共识）、调整反馈（社会成员不一定都会认同整合中心，可能会产生社会分化力量，需有调整，并将信息反馈到整合中心，以便采取相应措施，促进社会整合）；后者是一种微观社会的整合，其过程为：人们在共同的社会生活中，形成各种各样的社会关系，如邻里关系等，以此为核心向更广阔的社会生活领域推及，结成更为复杂的社会关系。对体育利益的整合过程亦可分为两种形式，其中自上而下整合过程的特征是体育行政管理部门制定相关的法律法规、寻求各体育群体对共同目标的认同，在认同过程中加强体育参与者之间的沟通[2]。我国农村公共体育服务运行整合机制的主要任务在于促进村民认同确立的整合中心，调整不同治理主体间的体育利益关系，形成一个有机且充满活力的社会主义新农村整体（图9-12）。

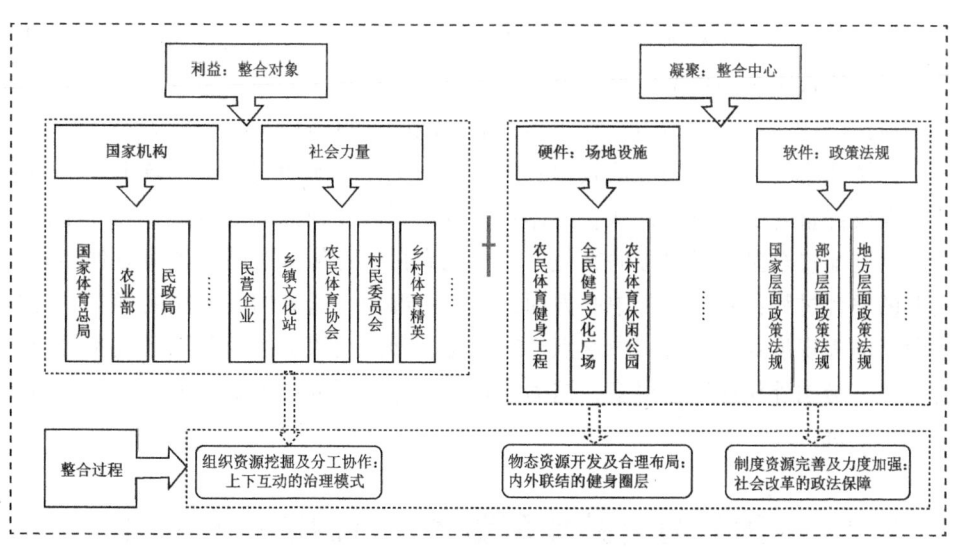

图9-12　农村公共体育服务运行整合机制的运作过程

[1] 郑杭生，李强，等. 社会运行导论——有中国特色的社会学基本理论的一种探索 [M]. 北京：中国人民大学出版社，1993：406.
[2] 王润斌. 体育运行机制的理论构建 [J]. 体育成人教育学刊，2009，25（3）：23-25.

根据社会整合过程的类型且结合农村公共体育服务实践运行情况亦可将其分为两种形式。

(1) 自上而下的宏观整合过程：注重顶层设计。无论是其整合对象还是整合中心都涉及自上而下的运作，在整合对象中从国家到地方的延伸存在政府部门由高向低推进，直至乡镇政府一级；而社会力量同样是按照这种逻辑展开，不同行政区划对应着不同的体育协会，直到自治的村民委员会甚至到了村民个体，他们彼此联结并以利益为导向，有国家的宏观主体利益之下，也会有个人自身发展的需求等。农村公共体育服务整合过程包括：①确立中心，即明确整合中心，如硬件中心的体育场地设施，可作为物态凝聚力量；软件中心的政策法规，属于制度性保障措施，这是一动态过程，尤其体现在软件整合中心环节，但最终是由社会根本制度所决定，为农村体育良性运行的目标而服务。②认同沟通，就是调动村民对农村体育的开展产生认同，了解村民对体育的认识、态度，以达成体育参与共识。整合中心在一定程度上是代表上层利益，但需要村民个体的利益获取来实现。所以，要运用教育、大众传播媒介等向村民宣传体育的重要性，促使社会成员认同这一整合中心。③调整反馈，农村公共体育服务的供给并非总是令村民认同，其间存在偏差亦属正常，这需进行不断反馈，目的在于修正、调整农村公共体育服务整合中心，确保供需一致。

(2) 自下而上的微观整合过程：尝试基层探索。村民在共同的社会生活中，所享受的体育服务会逐渐增多，家庭、学校、农村社区、健身团队、乡镇文化站等，村民以任何一个作为中心都将会形成广阔的网络结构，以学校为例，村里小学、乡镇初中、区县高中等从教育脉线为青少年体育活动获得提供自下而上的思路。在硬件整合中心方面，从农民体育健身工程的一副标准篮球架、两个室外乒乓球台到配置全民健身路径的文化广场再到农村体育休闲公园，也可看作是自下而上的整合过程；软件整合中心方面，地方—部门—国家的反向制度确立也是自下而上的表现形式。但现实中这点还很不足，即基层探索的经验还远远不足或未受关注，与国外相比逊色得多，这为农村公共体育服务作为基层内容展开经验提炼提供契机。

9.4 我国农村公共体育服务运行激励机制研究

9.4.1 农村公共体育服务运行激励机制概述

激励一词含有激发动机、鼓励行为、形成动力的意思。汉朝司马迁《史记》

关于范睢、蔡泽列传中就有"欲以激励应候"之语，意指激发使其振作，其英文为 Motivation，一般是指一个有机体在追求某些既定目标时的愿意程度（degree of readiness）。激励是人类活动的内心状态，组织行为学将其看作"一种激发人的动机，使人有一股内在动力并朝向所期望目标的心理活动过程"[1]；而从诱因和外部强化的角度看，激励"能够将外部适当的刺激转化为内部心理动力，从而强化人的行为"[2]。激励的内外特征直接决定供需主体的连接。激励类型多样，源于不同划分标准（表 9-5），在激励系统中，不同的内容、性质和形式都是通过融入在激励对象之中来共同产生作用，属于较为复杂的运行过程。

表 9-5　激励类型划分

序号	维度	类型	含义
1	内容	物质激励	物质激励旨在让激励对象在物质上得到满足并以此来调动受激励者的积极性、主动性和创造性
		精神激励	精神激励则是通过精神方面的无形激励来调动激励对象的积极性、主动性和创造性
2	性质	正激励	正激励旨在对激励对象的肯定、承认、赞扬、奖赏和信任
		负激励	负激励旨在对激励对象的否定、约束、冷落、批评和惩罚
3	形式	外部激励	外部激励主要用以满足被激励对象的物质生活需要，其作用虽然不可小觑，但也具有局限性
		内部激励	内部激励主要用以满足被激励对象更高层次的精神需要，其作用更加稳定持久

资料来源：戴志鹏. 居家养老服务视角下的老年人体育运行机制研究 [D]. 苏州：苏州大学，2015：100-101.

激励机制是通过激发个体积极发挥作用，以达到共同体发挥最大效能的一整套制度[3]。简言之，"在组织中用于调动其成员积极性的所有制度的总和"[4]。社会运行激励机制是指社会有机系统为引导社会成员的行为方式和价值观念，以实现其认同的社会目标，按设定的标准和程序将社会资源分配给社会成员或社会

[1] 田思源，朗福资. 激励机制在《全民健身条例》中的运用 [J]. 体育学刊，2012，19（2）：63-68.
[2] 刘宇文，张鑫鑫. 从外部激励走向内部激励：高校教师科研创新能力的动力转型研究 [J]. 湖南师范大学教育科学学报，2010，9（1）：16-20.
[3] 崔翠利. 大学生农村基层就业激励机制研究 [D]. 上海：华东师范大学，2010：8-9.
[4] 刘正周. 管理激励与激励机制 [J]. 昆明理工大学学报（自然科学版），1996（5）：76-80.

群体的过程。即激励机制就是社会引导其成员行为方式和价值观念的过程[1]。激励机制由三个要素组成：激励标准、激励手段和激励过程。中华人民共和国成立至21世纪初期，我国社会运行激励机制发生了极大转变，充分说明激励机制的动态发展和与时俱进（表9-6）。

表9-6　中华人民共和国成立以来我国社会运行激励机制的演变（1949—2006年）[2]

序号	演变维度	转变方向	具体表现
1	运行目标	主观模糊→科学具体	①20世纪50年代后期"超英赶美"的社会运行目标 ②20世纪60年代中期"四个现代化"社会运行目标与"两步走"的设想 ③20世纪80年代分"三步走"基本实现现代化的运行目标 ④21世纪"新三步走"战略与全面建设小康社会
2	激励模式	泛政治推动型→利益导向型	①中华人民共和国成立时，领袖号召、行政命令和社会动员以及广泛开展群众性政治运动是当时普遍运用的激励手段 ②改革开放以来，把不断满足人民群众日益增长的物质和文化需求作为基本的出发点，总的来说就是提倡社会主义的物质利益原则，运用利益激励机制，以调动人的积极性，推动社会步入良性运行的轨道
3	激励手段	符号型→功利—符号型	①改革开放以前我国社会运行的激励手段主要采用符号型激励手段，社会单纯地依靠精神信仰来激发社会成员的政治热情，只讲精神牺牲，不讲物质利益 ②改革开放以来，变革单纯的符号型激励为功利—符号型激励，把物质激励与精神激励结合起来，以物质激励为基础，精神激励为指导
4	激励过程	平衡到不平衡最终达到平衡	社会运行的实际表明，让一部分人、一部分地区先富起来的思想和主张充分表现了社会发展从不平衡到平衡，又从新的不平衡再到新的平衡的发展规律

社会运行机制其他领域的体现有基于知识管理的图书馆运行激励机制，是指图书馆为引导其成员的行为方式和价值观念向知识管理靠拢，按设定的标准和程序将图书馆的资源分配给其员工、团队或群体，以实现图书馆知识管理目标的作

---

[1] 郑杭生，郭星华. 社会运行激励机制初探——中国社会稳定和发展的一个重要问题 [J]. 社会科学战线，1991（4）：106-114，174.

[2] 谭桂娟，张永光. 建国以来我国社会运行激励机制的演变 [J]. 山西高等学校社会科学学报，2006，18（10）：29-32.

用原理和过程[1]；或体育运行激励机制[2]，涉及激励条件、激励标准、激励手段及激励过程（表9-7）。

表9-7 体育运行激励机制的理论框架

序号	结构	内容
1	激励条件	①人的体育需要：每个成员都是体育运行中的一分子，为其良性运行作出贡献，而社会则根据设定的激励标准将体育资源分配给体育成员，满足他们的需要 ②体育资源的存在：以人的体育需要为内在动力，在体育激励标准引导下，将体育资源按一定的程序分配给体育成员，促其行为方式和价值观念趋于一致 ③大多数体育成员认同体育目标：如果大多数体育成员不认同体育目标，就会普遍排斥激励，也就不会遵循体育行为方式和价值观念
2	激励标准	我国当前对体育事业的人才设立了较高的激励标准，但也存在着竞技体育和大众体育参与人员激励标准不统一的局面，即群众体育发展在质和量两个方面均缺乏应有的社会激励
3	激励手段	在竞技体育中，我们常常可以看见功利型激励与符号型激励并用的情况；而在社会体育方面，多采用后者，且这方面的符号型激励力度远远弱于前者
4	激励过程	我国对体育成员激励存在的问题，对于大众体育的重视程度不够，政府对体育的投入高度集中于办大竞技：在分配环节，大众体育明显处于劣势，其分配到的社会资源极为有限；在反馈环节，大众体育工作好坏受到的社会关注均较微弱，反馈机制不灵，社会对此项工作反应不够强烈

基于此，农村公共体育服务运行激励机制是指社会有机系统为引导农村居民体育行为方式和价值观念，以实现其体育认同目标，按设定标准和程序将体育资源分配给村民个体或社区集体的过程，简言之，即是社会引导农村成员体育行为方式和价值观念的过程。农村公共体育服务激励机制的运行动力首先是村民体育所需，调研中发现：村民认为体育较为重要的比例占到60%以上，可见农村公共体育服务运行激励机制中村民体育需求极为强烈；农村公共体育服务的资源虽与城市相比较为薄弱，但现实中也存有诸如场地设施、组织机构、经费投入、政策法规、赛事活动、社会指导、信息宣传、监督评估等体系内容，共同维持其日常

[1] 付立宏. 基于知识管理的图书馆运行激励机制 [J]. 图书馆, 2007 (2)：32-36.
[2] 王润斌. 体育运行机制的理论构建 [J]. 体育成人教育学刊, 2009, 25 (3)：23-25.

运行；而村民认同可通过对农村公共体育服务的重要性加以反映，村民对各要素重要程度的认可比例均在60%以上，足见在价值观念上认同度较高。农村公共体育服务运行激励机制可划分为激励标准、激励手段和激励过程三个部分，以作为接下来研究的逻辑基准。

9.4.2　农村公共体育服务运行激励机制的标准

农村公共体育服务运行激励机制的激励标准是对村民成员进行激励的方向和强度所作的规定。也就是说，通过确定农村公共体育服务的激励标准，对质量较高的给予激励，同时明确给予激励的数量，避免过度激励或激励不足等现象发生，最终在农村公共体育服务运行过程中达到质与量激励的均衡态势。

农村公共体育服务运行激励机制的激励标准可从宏观与微观两个方面来进一步说明：从农村公共体育服务整体层次看（供给主体），在确定向农村供给公共体育服务后，国家力图出台相关政策法规动员各种社会力量维护其良性运行，维系一定的农村体育发展秩序，进而实现农村居民体有所享的目标。这就需提倡一系列与目标相符的行为方式和价值观念，制定激励标准。凡是利于农村体育发展的行为方式和价值理念，国家就会予以褒奖和鼓励，分配给较多的体育资源，如对先进体育县、乡镇及行政村的激励，同时在农村公共体育服务区域均等建设的指导理念下，对偏远贫困的农村地区给予体育扶贫激励等，如"雪炭工程"；凡是不利于农村体育发展的行为方式和价值观念，国家就相应给予较少体育资源，乃至禁止，如农村广场舞扰民事件，应予以警告，对于在乡村场域借体育而非法集会、搞邪教活动的具体行为或思想传播均要采取制止。从农村公共体育服务个体层次看（需求个体），对于积极参与体育运动的村民应给予鼓励，如设立农村体育先进个人称号等，这方面仍处于薄弱环节，亟需设置具有针对性的激励标准。

在了解了农村公共体育服务供需主体的激励标准后，还需围绕其具体的要素体系（场地设施、组织管理、经费保障、政策法规、信息宣传、技术指导、赛事活动、体质测试、监督评估）进行设计。农村公共体育服务各要素的激励能够促进其整体良性运行，进而形成一个有机的农村公共体育服务运行体系，构建起有效的作用倡导机制。其中，场地设施是物质基础；组织管理是运转中心；经费保障是核心动力；政策法规是方向指引；信息宣传是畅通渠道；技术指导服务是技能获取；活动赛事是呈现方式；体质监测是健康追踪；监督评估为确保成效（图9-13）。鉴于此，我们可以按以下原则来把握农村公共体育服务运行的激励标准：凡是对农村公共体育服务发展作出贡献者，均应视其贡献大小（数量）给予强弱不等的激励，且对要素建设情况进行统计，给予适当激励。

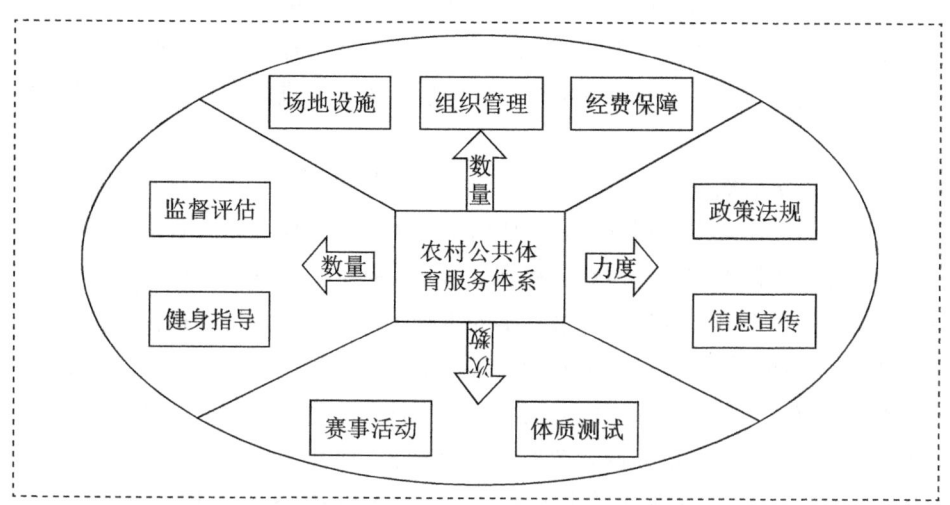

图9-13 农村公共体育服务运行激励机制的要素标准

9.4.3 农村公共体育服务运行激励机制的手段

激励手段是指为达到激励目的所采用的具体激励方式，有功利型和符号型两种，前者是指以实物形式的给予作为激励手段，如金钱、生活待遇等，用来满足社会成员的物质需要；后者是指以授予某种具有象征意义的符号或对受激励对象的行为方式和价值观念予以认可、赞赏等作为激励手段，如荣誉称号、奖章、尊敬等，用来满足社会成员的精神需要。农村公共体育服务良性运行需有来自功利型与符号型两种激励手段的促进，而二者结合是常见形式。以功利型为主的可称为功利符号型激励手段，如农村公共体育服务治理主体的工资级别，象征政府对体育工作者的社会地位或业务能力的认可，以满足其物质需要，借助实物给予作为激励手段；以符号型为主的可称为符号功利型激励手段，如"体育先进村"的称号，在获得荣誉的同时会得到更多的体育资源，首以肯定该村的体育氛围为主，更重要的是精神性激励。

如果说激励标准更多地针对农村公共体育服务要素体系的话，那么激励手段则是倾向于治理（供给）主体的具体反映。农村公共体育服务治理主体是代表不同层次公共体育利益的团体，为农村居民提供优质高效的公共体育服务是国家赋予的权利和社会承担的责任。同时，农村公共体育服务不同治理主体亦会有属于自己的各种利益诉求（整合机制已述），倘若其需求得不到满足或满足程度较低的话，其服务公众的积极性和提升公共体育服务能力的意愿都将受到影响，致使治理主体对农村公共体育服务供给不足或偏离公众需求，出现脱节隐患。因此，科学诊断农村公共体育服务治理主体的层次需要，进而设计可行的激励手段势在必行。

马斯洛需求层次理论和管理学界关于社会成员需求的实践，对农村公共体育服务治理主体的需求层次划分具有重要启示：治理主体作为人有着最为基础的需求，其服务的积极性和主动性蕴含在满足需求、弥补缺憾的过程中，薪酬的增加是对农村公共体育服务治理主体最基本的激励手段；在工资待遇提高后，农村公共体育服务治理主体更高级需求开始出现，诸如村民对健康的重视、体育行政部门公务员对权力的晋升渴求、民众间的人际交往、社会地位的荣誉感及自我价值实现的自豪感等，此些更为偏向精神领域的需求，需多采借符号型激励手段予以实现；作为农村公共体育服务治理主体的人，其个体或团体的需求复杂多变，采用差异激励方式方可确保农村公共体育服务科学有效地运行。综上所述，可形成以需求层次为导向，促进农村公共体育服务良性运行的激励手段框架（图9-14）。

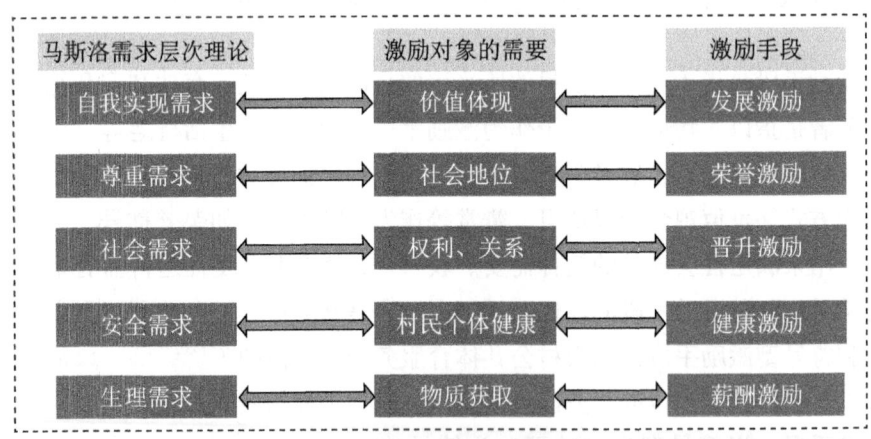

图9-14　农村公共体育服务运行激励手段的形式

（1）农村公共体育服务治理主体的薪酬激励。作为社会群体获取物质生活资料是维持生存的第一需要，是确立物质利益基础后进行更高层次追求和自身发展的前提。此外，乡镇层面及以上政府体育工作者的"经济人"特色客观存在，并不会因其职位更变而变化。这更加促使个体存有经济利益获得的强烈私欲，而纯粹的公共体育服务利益最大化较难纯粹。所以，政府部门的"寻租"现象时有发生。为了杜绝类似恶习猖獗，且能较好地满足农村公共体育服务治理主体的物质利益，需通过完善制度和程序，确保其经济报酬的合理性，薪酬激励要综合运用工资、奖金、津贴及福利等给予形式，以满足作为人的治理主体的最基本需求，依此来激发其工作热情和提升服务态度。薪酬激励是十分重要的物质手段，不仅为治理主体生存与发展提供了保障，且能提升其身份地位、绩效能力等。当然，此种激励手段的有效维持还需不断完善薪酬激励机制，如制定公平、适度的薪酬标准、设计科学合理的薪酬结构、实施规范可行的薪酬管理，并在实际运行过程中进行环节优化和手段改进。

（2）农村公共体育服务治理主体的健康激励。此项事务主要针对具体的村民个体，且表现在健康保证方面。健康中国建设进程中必然是以农村居民的健康水准为底线，全面小康社会的建成同样是以农村区域的实现为基准，全民健身的普及也会关注到农村，这些重大顶层设计的终极目标如要完成，农村是绕不过的一环，而村民健康状况可谓最基础的考核指标。鼓励村民积极投身于健身浪潮是一大重要举措，将村民参与体育活动同其他领域结合起来，如体医结合，让老百姓在其他领域的额外经费用于健身。同时，建立奖励机制以促其形成健身习惯，通过健身来确保身心健康及社会交往能力，从村民个体发展的角度出发来激励其融入体育。

（3）农村公共体育服务治理主体的晋升激励。农村公共体育服务治理主体除去村民个体外，其余作为公共体育领域的权力行使者，不但需要有物质利益的满足，更具仕途上的特殊追求。因职业特征及传统价值观的影响，而热衷政治地位的提升与权力欲望的满足，在权力行使过程中力求成就在所难免。体育部门的政治权力算稀少资源，传统官本位思想更加加剧政府部门治理主体对权力的渴求与追逐，权力的获取是重要评价尺度，职务则是公共体育服务这一公益事业中体现政治权力的载体。因此，就算是农村公共体育服务这一较小领域也暗藏着巨大的权力竞争，以政治资源的获得来激励此项工作的开展。晋升激励是这一过程的集中表现，它是满足治理主体权力需要和价值实现的最贴切方式，国家应当认同其对权力无限渴望的正常需求，并采取必要且有效的措施，拓宽农村公共体育服务治理主体仕途攀升的渠道，增加其职务晋升的机会，促其产生更大的动力。同时，晋升激励还是对农村公共体育服务治理主体工作的认可与肯定，及时赋予激励能够给予他们以最好的精神鼓舞，增强工作信心和投入更多热情。

（4）农村公共体育服务治理主体的荣誉激励。农村公共体育服务治理主体作为特殊社会群体，既具有"经济人"的物质利益需求，又兼具"社会人"的价值追求，体现了为民服务的职业声望和显赫的社会地位。农村公共体育服务治理主体对荣誉、地位、尊敬的需要更加强烈。同时，他们的荣誉获取在很大程度上需要大众支持，农村公共体育服务的受体（村民）对治理主体的满意度或形象的态度关系到公共体育服务的良性运行。要运用有力的激励手段，为满足农村公共体育服务治理主体的社会地位创造更为有利的条件。荣誉一般是指职业声望、社会评价和社会地位，是组织成员为获得长期利益的一种精神追求。荣誉激励可通过给予农村公共体育服务治理主体具体奖励，提高组织影响力和社会知名度，充分肯定其努力的结果和业绩，形成付出与得到相匹配。实施中要做到：及时或定时对农村公共体育服务治理主体的先进事迹、行为予以表彰，以增强荣誉激励的社会效果；引导并纠正公众对农村公共体育服务工作者职业的认知偏向，积极打造民众心中的服务者形象；确保农村公共体育服务治理主体的职业行为置于监督环境中，达到公开透明程度，并提高他们的工作积极性。

（5）农村公共体育服务治理主体的发展激励。自我价值实现是最高层次的精神需求，是农村公共体育服务治理主体积极向上的内在动力，其体现在于充分表现自己，将治理潜能淋漓尽致地洒向村民个体的体育享有。农村公共体育服务治理主体在服务供给过程中所收获的自豪感、成就感就是对其最好的奖励，只有及时给予和强化此种激励，他们的自信心、创造力才能更强，进而去承担更具挑战的服务任务。发展属于满足人的自我实现需要的范畴，发展激励的本质就是通过自我价值的实现来激发人的能动性。农村公共体育服务治理主体的发展包括较多内容：运动知识和技能的提高、指导能力的提升、组织管理水平的改善、承担责任和规避风险能力的增长、工作业绩和理想抱负的达成等。具体实施时，要注重发展激励中学习性激励和成就性激励的运用，以有效地满足农村公共体育服务治理主体自我价值实现的具体需求。学习性激励通过在组织内部营造良好的学习条件和氛围，来激发治理主体的学习动机和欲望，是获取基础知识和专业技能直接有效的方法；成就激励通过提供给治理主体带有挑战性的工作和创造业绩的机会，并对组织满意的工作行为实施奖励，使农村公共体育服务治理主体产生完成工作任务的紧迫感和使命感，最终实现自我及组织发展。

9.4.4　农村公共体育服务运行激励机制的过程

农村公共体育服务运行激励过程是指激励机制发挥功能的动态运作程序，它主要由导向、检测、分配和反馈四个环节组成，其理论依据模型如图9-15所示。

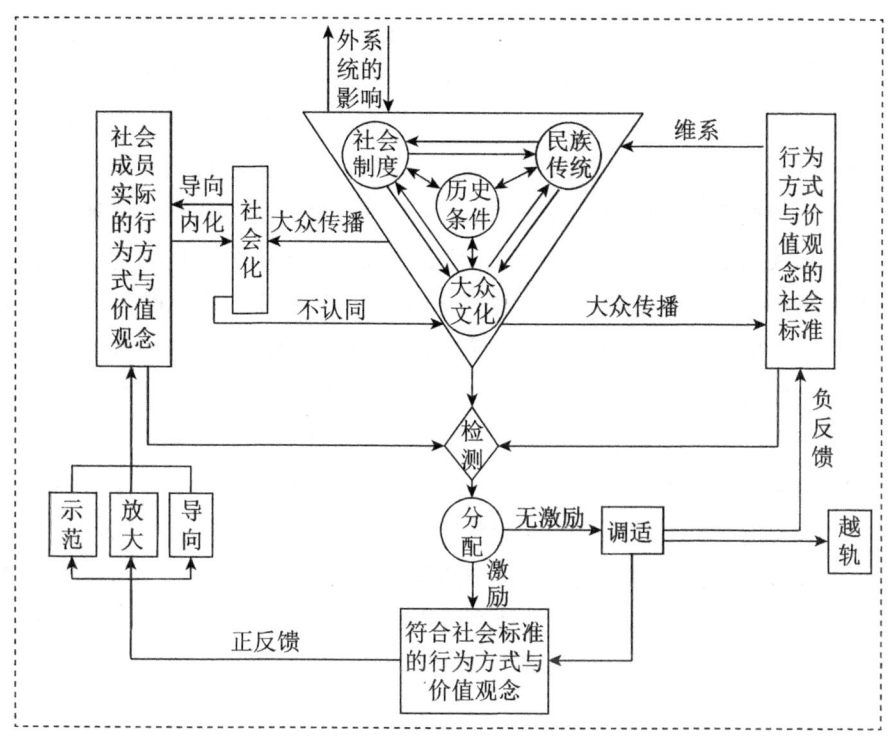

图 9-15　激励过程的理论示意[1]

（1）农村公共体育服务运行激励过程的导向环节。导向环节是根据农村体育发展设定的激励标准，制定一系列的政策、法规等，并利用一些工具，采用可行有效的方法向农村居民广为传播的过程。简言之，农村公共体育服务运行激励过程的导向环节就是将其激励标准具体化、标准化且不断宣传的过程。最终促使村民个体在体育参与和深层理念上契合顶层关于农村公共体育服务发展的制度设计。虽然激励标准是调节农村公共体育服务运行方向和强度的重要杠杆，但若无导向环节的明确引领，也将会产生农村公共体育服务体系建设迟缓或运行紊乱的不良结果。因此，对于农村公共体育服务激励过程的导向环节要尤为重视，从出发点给予正确导向。

（2）农村公共体育服务运行激励过程的检测环节。导向环节是最为基础的规定，但即便顺利达到也难确保具体执行中农村公共体育服务治理主体的行为规

---

[1]郑杭生，李强，等．社会运行导论——有中国特色的社会学基本理论的一种探索［M］．北京：中国人民大学出版社，1993：421.

范和价值观念就能完全符合确立的激励标准，因此，需要进行评判和检测，作为实施过程的保障。检测环节是对农村公共体育服务治理主体的行为方式和价值观念进行评判与检定，其方式可归为制度检测与舆论检测两种，前者是指根据农村公共体育服务一系列的政策法规、规章制度，来检测治理主体的行为方式和价值观念是否符合农村体育发展的激励标准，它是有形的且有据可循，属于硬检测方式；后者是指根据农村舆论对公共体育服务治理主体行为方式和价值观念进行检测，主要形式为对其认可、鼓励的正向强化或排斥、贬损的负向强化，它是无形的并受民族传统文化的影响较大，形成较深的文化心理结构，可称作软检测方式。农村公共体育服务激励过程中应尽量加强制度检测的公平性与规范性，减少主观性和模糊性，以给予治理主体最本真的检测结果，并要与舆论检测结合起来，避免不实的舆论干扰农村公共体育服务治理主体评判的流程。

（3）农村公共体育服务运行激励过程的分配环节。它是根据检测结果，将农村公共体育服务资源按一定程序分配给体育部门，直至到达农村居民的过程。通过检测和分配后，农村公共体育服务的资源获取存在一定差异，凸显出激励标准强度的大小，渐渐形成一种无形的竞争机制，只有在农村公共体育服务正确导向的指引下，检测成绩较好的治理主体或村庄才可获得更多、更优的资源。分配环节最为重要的议题是公平，这会直接关系到个体或集体的切身利益，是一个充满矛盾与冲突的过程，所以要对分配的依据给予明确规定。农村公共体育服务激励过程的分配原则为按优分配，在此基础上还要做到特殊分配，给予贫困地区针对性提供。除此，在农村公共体育服务运行激励过程中需要注意：分配与检测结果是否一致；对于获得较少体育资源的治理主体或农村怎样调整自身的行为方式和价值观念，这就需有正确的引导及激励，朝向良性运行的目标完善。

（4）农村公共体育服务运行激励过程的反馈环节。反馈环节是指农村公共体育服务运行激励机制的输出结果对整个激励机制产生影响的过程，包含正反馈和负反馈两种形式。正反馈是指获得激励的治理主体或服务受体（村民）以他们的行为方式和价值观念影响其他人的过程，是导向环节的后续补充，它是通过示范效应和放大效应凸显作用的。获得较多体育资源的部门或村庄成为学习的榜样，进而促使农村公共体育服务激励机制所倡导的行为方式和价值观念具象化，较易作为标准被接受，产生示范效应。而如果农村公共体育服务治理主体或村民都能够向先进典型效仿学习，遵从一致的行为方式和价值观念，那么体育资源会较为均衡地分配给村民群体或村委集体，从而达到公共体育服务共享的目的，这是放大效应。负反馈是指没有得到或获得较少体育资源的治理主体或服务受体的行为方式和价值观念对农村公共体育服务运行激励机制产生影响的过程。在农村公共体育服务运行的激励过程中既要鼓励正反馈的实行，又要对负反馈结果准确判断，趁早推出补救措施。

9.5　我国农村公共体育服务运行控制机制研究

9.5.1　农村公共体育服务运行控制机制概述

良好的社会秩序是社会良性运行与协调发展的前提。荀子有言："人生而有欲，欲而不得，则不能无求，求而无度量分界，则不能不争，争则乱，乱则穷。"（《礼论》）卢梭在其著作《社会契约论》中指出："人生而自由，却无处不在枷锁中。"束缚人们社会行为以维系社会秩序的正是社会规范，是控制和指导社会成员的手段。控制是控制论的基本概念，依据《辞海》释义，它是"掌握住使不越出范围"[1]；或是"对事物起因、发展及结果的全过程把握，是能预测和了解并决定事物的结果"。社会运行控制机制是指达到这一目的的作用原理与作用过程；农村公共体育服务运行控制机制则指为实现农村体育事业发展的目标、维系农村公共体育服务运行的良好秩序及控制其行进方向和速度的具体过程和作用原理。从结构上分析，农村公共体育服务运行控制机制包括控制对象、控制手段和控制过程三个部分。

9.5.2　农村公共体育服务运行控制机制的对象

农村公共体育服务运行控制机制的对象（或内容[2]）可从其方向和进程两大维度展开，方向控制主要是农村公共体育服务发展要沿着国家顶层设计的轨迹行进，如若偏离将会出现越轨行为，基本为决策层面的议题；进程控制则是实施过程中对农村公共体育服务推行的具体策略，确保与总体方针一致，属于执行环节的表现。因此，需要把握好以上两大控制对象的要点，以保证农村公共体育服务的良性运行。

（1）农村公共体育服务运行机制的方向控制。控制对象是有层次之分的，这在方向控制上亦有体现。微观层次上的控制对象是农村居民的体育行为和价值

---

[1] 辞海 [M]. 上海：上海辞书出版社，1999：1994.
[2] 戴志鹏. 居家养老服务视角下的老年人体育运行机制研究 [D]. 苏州：苏州大学，2015：163-167.

观念，于方向控制则需坚持社会公益，以便于让每一个村民都能享受到体育这一公益性服务。农村公共体育服务运行控制机制的功能之一就是为村民个体提供合乎体育发展目标的体育行为和价值观念，让其认识到体育这一社会公益的重要性。体育作为社会公益的内容源自第一部门和第二部门的"双重失灵"，前者的任务容易忽略对农村体育的重视，而后者的目标更多投向经济利益，所以必须通过借助第三部门的多元参与来重塑农村公共体育服务的正确价值观。农村公共体育服务运行的公益方向属于互惠类型，即是说不同参与主体间存在私益动机，但并不会产生相互阻碍，而是形成一种利己与利他相结合的模式，我国农村公共体育服务运行的方向控制应坚持这一理念，并将其转化为实际行动，这正是微观层次对象的要求。农村公共体育服务运行以社会公益为方向，防止以政府为主导的完全福利化或企业介入的过度市场化，以与社会治理理念紧密联系。

农村公共体育服务运行机制中观层次上的控制对象是体育系统各治理主体间的关系，其功能是要规定各主体的角色地位、职责分工等，维系农村公共体育服务运行的良好秩序。这一层次的反映需坚持社会治理方向，农村公共体育服务是公共体育服务建设全面实现的"最后一公里"内容，它是依托政府主导、市场介入、社会组织参与、村委会号召及村民个体响应的体育服务形式，多元主体共同参与既是社会治理的核心理念，同时也是农村公共体育服务运行的基本特征。所以，农村公共体育服务良性运行与协调发展应该发挥政府、社会组织等多元力量的合理作用，促其整合以体现社会治理于此领域的运用功效；具体实施路径要以农村社区为基础、结合健身团队等体育社会组织、联系上级负责机构，实行共建、共荣、共享的创新思路，并维持好不同治理主体的利益分配与任务承担。

农村公共体育服务运行机制宏观层次上的控制对象是体育于整个社会系统中与其他部门的关系，其作用就是要协调体育与其他系统的关系，使之功能耦合、相互协作，促使各平行部门间同步运行，修正它们的运行轨道，控制其运行方向和速率，促进农村公共体育服务良性运行和协调发展。这需要坚持更为宏大的社会主义方向，在处于社会主义初级阶段的背景下，农村体育是社会发展的重要标志，而农村公共体育服务的均等供给更是反映社会公平的一大要素。因此，农村公共体育服务运行必须以社会主义的本质（关于人的全面发展）为必然要求，特别是对农村留守人口的体育权利赋予与机会获取，使其体育参与的合法权益得到保障。同时，农村体育又不仅是体育系统之事，它涉及多部门间联合控制，这方面还处于不太理想的运作状态，如体育与教育系统，各行其是，交集甚少；体医两域正谋划结合攻略，为乡村体育同其他层面的系统融合创造条件，以更好地带动农村公共体育服务发展，彰显社会主义的核心价值观念。

（2）农村公共体育服务运行机制的进程控制。关于农村公共体育服务运行机制的进程控制需要做到几种转变：一是由城而乡的二元格局转向，确保城乡公共体育服务均等化建设；二是由东向西的区域空间转换，暗含着经济发达地区向欠发达或不发达地区的重视倾斜；三是由村及人的服务受体转移，变笼统的村庄供给为具体的村民个体，将公共体育服务最终落归至人这一活体上。如此，构建一套实现农村公共体育服务良性运行的进程方案，具体做法为：

①农村公共体育服务运行机制的进程控制需坚持从城市向农村快速推进的计划。无论是从城镇化建设看，还是以城乡公共体育服务均等化为视角，都应该将目标指向农村场域。在中国历史上不乏城市与农村发展关系的经典案例，农村包围城市（革命）、农村支持城市（建设）、农村倒逼城市（改革）、城市反哺农村（维稳）及城市吸纳农村（城镇化）等。此中，农村无疑作出了更多贡献，城市给予农村的回报略少，现阶段应是进入城乡同步时期，反映在公共体育服务上，应将城市的先进理念在了解农村居民基本体育需求后尽快输入，确保村民体育参与的观念发生转变，积极融入全民健身浪潮。农村公共体育服务需要加快供给的重要原因还在于体育场地设施、经常参加体育锻炼的人数及潜在消费能力等多方面的提高或增强，在城市发展到一定程度后进行城乡格局变换或侧重点转移既符合国家顶层规划设计，同时也为农村公共体育服务运行机制进程控制提供一明确思路。

②农村公共体育服务运行机制的进程控制需坚持从东部向西部蔓延的扶贫策略。我国因地域广袤缘故致农村公共体育服务供给存在空间差距问题，这着实与区域经济发展相关。因此，在后续农村公共体育服务提供方面应考虑合理分配议题，这需要发挥不同治理主体的作用，对于经济相对落后的西部地区应多由政府提供，尤其如场地设施、经费的投入，做到薄弱要素精准扶贫，同时进行引导，帮助村民树立正确的体育价值观；而经济水平较高的东部地区则需动员市场力量参与，乡镇企业可通过赞助公共体育而于民众心中确立社会形象与服务责任，借助体育的社会公益间接获取经济利益；中部地区可将政府提供与体育社会组织或市场等结合起来，通过购买或合作等形式确保农村公共体育服务建设；具有自然条件的东北地区则需要打造乡村冰雪运动项目，并以其为核心带动农村公共体育服务运行。此外，有能力的村委或乡村精英亦可介入农村公共体育服务空间转换的过程中。当然，此进程中最为关键的力量还是政府，也可鼓励经济发达地区对欠发达地区的扶持，通过体育建立友好关系。

③农村公共体育服务运行机制的进程控制需坚持以村民为服务本体的终极理

念。以往关于农村公共体育服务供给多是围绕要素体系而投建，始终停留在事件或物件层面，第六章关于农村公共体育服务体系建设的研究中，除了对要素体系进行逻辑论证外，还结合社会治理理念的要求纳入供给主体和需求受体内容，目的正是切实以人为本，农村公共体育作为一项服务最终要到达人的享受上，这才能与其出发点和落脚点的目标初设相吻合。因此，以村民体育需求为服务宗旨的进程控制是最为重要且具备社会关怀的事项。在具体实施有关人的进程控制中，需对农村留守人口的特征、需求等进行调查，倘若连服务受众的体育偏好都不知晓，只能是一种盲目供给，完全是替民做主行为，村民真实的体育诉求并未得到表达。总之，于人的进程控制是最关键且又最艰难的环节，农村公共体育服务运行控制机制的核心应定为村民个体的体育所需。

9.5.3 农村公共体育服务运行控制机制的手段

控制手段的种类因划分标准不同而呈现多样，如罗斯将社会控制手段分为伦理型和政治型两种，前者是舆论、暗示和社会评价之类；而后者则是法律、信仰、礼仪和教育等（《社会控制》）。再如社会控制的软、硬形式，软控制是指依赖于社会舆论和社会心理而实施的社会控制，包括风俗、道德、信仰和信念等；硬控制又称强制控制，是指依赖于社会强制力量而实施的社会控制，涉及政权、法律和纪律，反映在现实中则是自下而上与自上而下的控制机制，这与社会治理理念的方式更加紧密相连。综上关于社会控制的类型，可将农村公共体育服务运行控制机制的手段确定为组织、制度和文化三项，这亦严格遵循社会运行论的道路。

（1）权威机构：农村公共体育服务运行机制的组织控制。有两种形式：组织权威和组织规章，前者表现为下级服从上级，后者则是按规章办事。组织权威源于组织结构，多为金字塔形，顶部是组织的最高负责人，中部为组织各部门负责人，底部为一般组织成员。组织间也是金字塔形，逐级负责，层层控制。组织控制实际上是层级控制，社会个体和社会群体都处在这种层级控制网络之中。当前，我国农村公共体育服务的组织结构趋于多元，但总体而言，仍为金字塔形，这种组织同构的形式可以实行统一的控制方式，便于集权管理。组织控制是我国农村公共体育服务运行机制的首要控制手段，政府组织对农村公共体育服务运行的控制恰恰体现出其责任无限的理念，且要在权力有限的范围内行使。所以说政府组织控制正是对于民众体育诉求的回应，并要积极采取措施对存在的痼疾加以清除。在农村公共体育服务运行的实践过程中，政府组织控制为农村居民参与体育活动提供了基本保障，即使后续的市场介入或是社会参与都须有政府的调控，它是有效的决策和监督机构，为其他组织对农村公共体育服务的执行起到规范与调节作用。

（2）政策法规：农村公共体育服务运行机制的制度控制。社会制度与组织规章的区别在于前者是调节社会行为的，涉及范围广泛，针对所有社会成员。体育领域包括专门的体育制度，也涉及相关社会制度，是处理体育个体、群体间的行为与关系依据。组织规章只用来制约组织成员的行为，对于组织外的社会成员没有约制，对组织成员的组织外社会行为一般也无约束。社会制度可以分为政治、经济、文化、家庭、法律五大类。其中，政策制度是现代社会里最主要的控制手段，政策更加偏向规章性质，而法律则与社会制度较为接近。所以，农村公共体育服务运行过程中政策法规是较为重要的制度控制手段。政策文件多为倡导村民积极参与体育活动，特别以规划、计划及纲要性的题材为主，属于宏观决策把握。法律法规控制是对具体的农村公共体育服务事务进行确认、调整的过程，带有约束性，它规定村民有参与体育的权利、体育诉求表达的自由、均等享受体育服务的机会等。因此，农村公共体育服务的制度控制必须明确各治理主体的利益关系，形成多元化的利益发展与分配格局，同时确保村民个体的体育利益表达，做到公开透明，渠道畅通。尤其在以社会治理为主要理念的社会改革时期，制度建设中关于依法治体的举措极为关键，法制创新亦可通过基层公共体育服务供给进行自下而上的提炼。

（3）乡规民约：农村公共体育服务运行机制的文化控制。文化是一个社会的人们共同享用和学习的风俗、信仰、价值及全部创造的总和，其中包含人类遵从的准则和标准，这即是文化控制手段。具体地说，涉及的内容有舆论、信仰、社会评价等，其特征较组织控制与制度控制不同，为非刚性和广泛性，并主要靠体育成员自觉遵守。文化控制手段几乎涵盖了人类的一切体育行为，因其独有特点需不断健全与完善，对于农村公共体育服务需加强乡规民约的伦理维护与建设。文化控制可谓农村公共体育服务运行中的辅助手段，乡规民约则是具体表现形式。在农村对于公共体育服务的制度性建设较难推行，相反，在经历数千年发展与演进后，乡村形成属于自己的一套运行机制，或成文或不成文的规约具有更加强大的力量，特别是一些民间体育组织，其活动开展极为严密，吸引众多人员参加，如梁山县的洪拳协会，具有严格的组织性，带动较多习武爱好者参与其中，以体育社会组织形态为民众服务，通过文化控制手段维持其运行。在调研中发现：有12.9%的村民表示接受乡规民约作为农村公共体育服务的治理手段，这种相对柔性且更具人性的方式利于农村体育发展，但需有现实挖掘与广泛利用。

综上所述，农村公共体育服务运行控制机制中所包含的组织控制、制度控制和文化控制三种手段同时作用于其两大控制对象（方向和进程），彼此之间形成一种联结关系，控制手段的效果一般都会融入控制对象之中，共同维系着农村公共体育服务的运行（图9-16）。

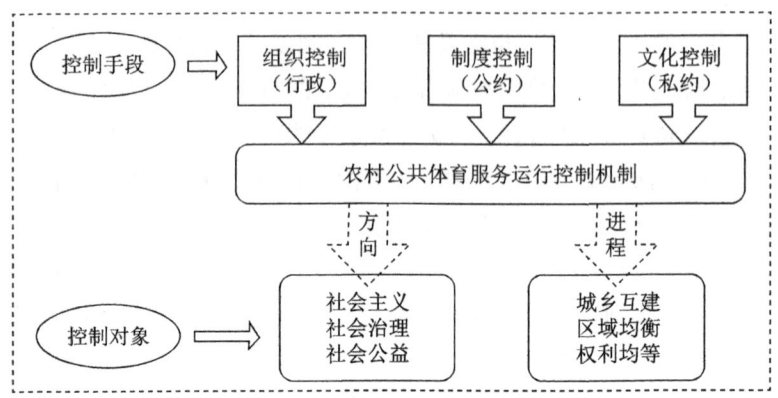

图9-16 农村公共体育服务运行控制机制

9.5.4 农村公共体育服务运行控制机制的过程

控制过程是控制机制发挥功能的动态运作过程，这一过程由决策、实施、监控和反馈四个环节组成，其理论示意如图9-17所示。农村公共体育服务运行控制机制可通过这一过程进行考察与审视。

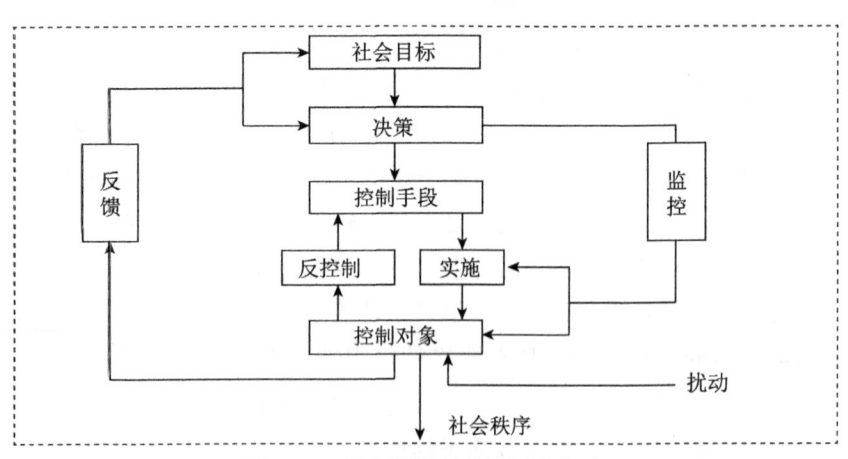

图9-17 控制过程的理论示意[1]

---

[1] 郑杭生，李强，等. 社会运行导论——有中国特色的社会学基本理论的一种探索 [M]. 北京：中国人民大学出版社，1993：439.

（1）农村公共体育服务运行控制过程的决策环节。是指处于层级控制顶端的控制者为了控制方向和力度做出具体规定的过程。这个调节者可以是国家体育总局等体育行政部门，可以是体育社团的组织成员，可以是乡镇企业的私人老板，可以是村委会的领导班子，也可以是乡村体育活动开展的精英群体或村民个体。尽管决策主体不同，但控制过程基本类似。农村公共体育服务运行控制决策的做出是围绕实现全面小康社会、健康中国、城镇化、新农村建设、全民健身及公共体育服务城乡一体化等目标而制定的，是以小见大的缩影。然而现实问题是对体育这一社会福利决策仍然不够，在公共服务领域多将目光投向教育、医疗等，在农村体现得尤为明显。农村公共体育服务运行控制决策还需一定的力度，也就是控制的程度（范围大小）和强度（力量强弱），以确保农村公共体育服务有序且在制度性框架中协调发展。

（2）农村公共体育服务运行控制过程的实施环节。是指控制手段施加于控制对象的具体过程。农村公共体育服务建设过程中运用组织、制度及文化三种控制手段作用于其运行方向与进程两大对象，力图促其朝向预定的目标运行。农村公共体育服务运行机制的控制对象本身的矛盾和冲突在控制手段的调节下能够得到抑制，最终达至有序和稳定。这表明在控制过程的实施环节中有控制手段与控制对象之间的不和谐现象，存在两种隐形的力量在较量——控制与反控制。控制力量试图将控制对象限制在控制圈之内，反控制则试图冲破控制圈或逃避制裁。这决定了农村公共体育服务运行的基本状态——有序或是杂乱。现实中农村公共体育服务的预设方向基本与组织要求、制度支持及文化诉求相一致，但进程中却多出现组织层级供给不够积极，制度体系本身缺乏约束及文化传统的伦理制约能力持续下滑，对实施工作的开展造成较大影响。所以，实施环节的任务并不在于消除冲突，而是要将控制手段有效地施加于控制对象，调整和缓解二者的矛盾，促使农村公共体育服务在特定控制手段下实现良性运行。

（3）农村公共体育服务运行控制过程的监控环节。是指决策机构对实施环节和控制对象进行监督、核查和调控的过程。我国农村公共体育服务运行的监督环节处于相对规范的状态，从体育自身的监察机构到国家相关的监督部门，再到社会舆论、大众传媒，构成了完整的体育运行监控体系。尽管如此，也难免存有一些问题，如农村公共体育服务建设的好坏多采用两种方式：一是完全由体育政府部门进行监控，行政色彩浓重，监控结果偏向政府的决策意愿，基本为自我监控模式；二是通过基层监控来获取一线公共体育服务运行的效果，但此方式的专业能力不足，对于农村公共体育服务运行的控制对象与控制手段是否一致很难给出有力说法。因此，必须构建既具执行力又有专业性的监控团队，引进第三方的举措可以尝试，他们能够准确地把握政府意图且专业业务突出，对农村公共体育服务运行控制机制的监控环节有较好保障。

（4）农村公共体育服务运行控制过程的反馈环节。是指控制过程的输出结果对控制过程产生影响的过程。控制决策是否正确，控制过程中产生了哪些问题，是否良性运转等，需要反馈环节才能反映相关信息，它是一个信息沟通的过程。如果不管控制效果，一味地按照既定的控制决策实施，农村公共体育服务运行将会偏离预设的轨道，也得不到修正，导致严重的供需脱节，提供者仅是从自身利益或方便投入，忽略了村民的体育需求，使农村公共体育服务处于模糊运行状态。因此，必须将农村公共体育服务的决策、实施及监控三大环节的过程回归目标，进行反馈。如果反馈结果良好，则继续保持、给予鼓励，建构可持续运行模式，假如反馈出现偏离现象就需及时作出调整，以保证决策正确、实施合理且监控有效，形成良性的关于农村公共体育服务运行的环路结构。

9.6 我国农村公共体育服务运行保障机制研究

9.6.1 农村公共体育服务运行保障机制概述

保障作为"一种起到保卫作用的事物"，是确保事物运行与发展的外部条件的具体体现。在汉语中，"保障"一词古已有之，如《左传·定公十二年》中有"且成，孟氏之保障也；无成，是无孟氏也"。又如《新唐书·张巡传》中"睢阳，江淮之保障也"。日常生活中，保障一般解释为保护、防卫，起保卫作用的事物。基于知识管理的图书馆运行保障机制则指基于知识管理的图书馆运行保障的结构、功能及其作用原理与作用过程[1]。保障机制是满足公共体育服务信息需求，提高公共体育服务信息服务能力的前提，也是我国公共体育服务信息保障体系良好运行的基础。我国公共体育服务信息保障体系的保障机制与公共体育服务信息的共建和共享息息相关，主要包括利益平衡、财政保障、技术保障和评估检测机制[2]。农村公共体育服务运行保障机制则是指农村公共体育服务保障的结构、功能及其作用原理与作用过程。从范畴角度来看，农村公共体育服务运行保障机制主要指向宏大的社会环境，涉及的要素有历史背景、文化心理、政策法

［1］付立宏．基于知识管理的图书馆运行保障机制［J］．图书情报知识，2006（6）：91-95.
［2］王家宏，等．我国公共体育服务体系研究［M］．苏州：苏州大学出版社，2016：142-143.

规等。而从社会学管理视角来看，则可按"人、财、物、信息及政策"等将其大抵分作人才保障、经费、场地设施、信息及政策法规保障，亦可将其作为可行的保障手段进行论述与耦合构建。

9.6.2 农村公共体育服务运行保障机制的对象

根据社会运行论的观点，将社会运行机制的保障对象分为社会成员和社会制度，这给予农村公共体育服务运行保障对象的确立一借鉴，按照此标准可将农村公共体育服务运行的保障对象规定为体育需求群体（受体，即村民个体）和体育发展制度。对农村公共体育服务受体的保障是确保其基本公共体育需求的满足，是公共体育服务均等化建设的有力保证。对农村公共体育服务制度的保障则在于促使整个制度制定的连续性、稳定性和有效性，现实中经常会出现体育制度断裂，仅是某个时段的事项，时间节点一过，很难再有相关制度的后续完善，这也反映出制度出台的不稳定，同时也会减弱实践过程中的实施效果。对人和制度的保障其实是农村公共体育服务良性运行这一具体问题的两个方面，二者相互依赖并相互促进。首先，农村公共体育服务中的制度建设主要是确定供给主体、要素客体、需求受体等最为基本的内容，在供给主体上要求多元治理、协同参与；要素环节注重多样化，充分挖掘现实中普遍存在却还未被凝练的农村公共体育服务事实，并将其归纳至整个体系中；而需求受体多是赋予享受体育的基本权利，如此以实现村民体有所享的高级目标。其次，农村公共体育服务治理主体或服务受体的体育实践活动对体育制度修缮、研制等具有较好的参考价值。

农村公共体育服务的终极目标正是最大限度地满足绝大多数村民甚至是全覆盖此类人群日益增长的体育需求。因此，村民现实生活中的体育需要是农村公共体育服务运行保障的主要对象，这里涉及农村留守人口，儿童、妇女人群及老年群体等是农村公共体育服务运行过程中最为"底线"的保障对象，乡村学校、文化广场及健身公园应发挥针对性作用。因中国特殊国情，社会流动创造出较为壮观的"农民工"群体，他们为城市发展作出了重大贡献，在体育参与或享受方面理应获得更多机会或起码的公平融入，这是农村公共体育服务对相对弱势对象的保障要求。当然，除了村民个体需要得到体育保障外，还需给予治理主体如政府、企业、社会组织、村委会等适当的制度保障，再次将成员与制度保障有机地结合起来，以确立农村公共体育服务运行保障的明确目标，不至于盲目设定，影响运行质量。而对于农村公共体育服务保障对象"趋利避害"的运行需有一定的手段方可实现。

9.6.3 农村公共体育服务运行保障机制的手段

保障手段是指运用社会力量对保障对象实施保障的具体方式，将其有机结合就组成保障手段体系。保障手段的总体目标是一致的，即消解危害社会运行安全的因素，阻止、预防社会堕入恶性运行状态[1]。随着农村经济社会转型，农民参与社会治理的意愿越来越强烈，但参与治理的实际效果如何往往取决于乡镇政府能否为其提供相应的保障机制，乡镇政府越是重视农民参与，越能积极为其提供相应的保障机制，该政域的农民参与社会治理就会出现良好秩序的状况，反之则会较为萧条。在治理保障机制的建构中，法律制度、社团组织、信息网络、资源经费和教育培训5个方面的保障更为重要[2]。对于农村公共体育服务运行保障机制的手段而言，通过不同的标准划分会有不同的结果，但基本都会围绕人、财、物、信息及政策法规等事项而展开，与管理资源相一致。

（1）人才队伍保障：参与路径实施机制。农村公共体育服务良性运行离不开人才队伍建设的路径实施，所有美好的预期、设计、目标等，最终都需要由人来完成。人才队伍建设的具体过程势必关联到治理主体，政府部门则是负责农村公共体育服务的公务人员；体育社会组织则是相关带头人，还包括社会体育指导员等；村委会主要是村干部，尤其是大学生村官群体等；再有就是乡村精英人士，具有一定知名度且热爱体育事业的个体。这些人才属于不同层级，其对农村公共体育服务运行与发展起到不同的作用，但均能够发挥一定的保障功效。农村公共体育服务专业人才队伍建设需从以下几个方面进行着手：首先，从优化农村社区队伍结构入手，从转业干部和大学生村干部中选拔人才，在理念和知识层面进行充实，确保观念引领；其次，体育政府部门和行业组织要根据农村公共体育服务内容的多元性，推进农村社区工作人员的资格认证制度，对其进行专业训练、定期培训，以在价值观、专业程度和技能方面获得认可，持专业资格证件就业上岗；再次，政府应对农村公共体育服务工作者给予肯定，且要考虑将其纳入国家职业行列，构建农村公共体育服务人才队伍认定制度；最后，制定农村公共体育服务工作人员的考评办法，建立以村民满意度为导向的评价机制，完善奖惩制度，不断激励以增强其积极投身于公共体育服务的热情。

---

[1] 郑杭生，李强，等. 社会运行导论——有中国特色的社会学基本理论的一种探索 [M]. 北京：中国人民大学出版社，1993：466.

[2] 方军. 乡镇政域农民参与社会治理保障机制研究——以马克思主义政治—行政行为为视角 [J]. 学术论坛，2012，35（11）：112-116.

（2）经费投入保障：财政预算支持机制。农村公共体育服务运行离不开财政支持，正如公共预算大师瓦尔达沃夫斯基和希克所言："如果你不能预算，你如何治理？""毫不夸张地说，治理能力在很大程度上依赖于预算能力。"[1]可以说，经费投入是农村公共体育服务建设的物质基础和维系其良性运行的必要条件，它可看作最为基本的保障。在一个国家的体育治理结构中，体育治理在取钱、分钱和用钱上的制度安排决定了国家的顶层设计。从农村居民体育活动参与的整体情况（前提、条件、内容、方式等）看，解决"体育共享"（村民的身体活动能力、丰富多元生活及精神文化需求）是农村体育发展的终极目标。农村公共体育服务运行的经费保障大抵可分为基本经济保障、直接经济保障和重要经济保障三个层次。其中，基本经济保障以我国居民人均可支配收入和居民消费水平、指数的稳步增长及恩格尔系数的逐步变化为基础，此形式使农村公共体育服务结构多样化、功能社会化和内容多元化成为可能，体现出经济水平对农村公共体育服务发展的决定性作用；直接经济保障来自我国政府对社会主义新农村的建设投入、农民体育健身工程和社会捐赠等方面的筹集，体现出农村公共体育服务作为一项准公共产品所兼有的社会公益性和产品私益性的两重特征；重要经济保障来源于我国政府对全民健身和基本公共服务的投入，以及农业部门的支持和社会资本在农村公共体育服务领域的投资，这较好地体现了农村公共体育服务的社会体育事业属性和社会福利事业范畴的特点。以上三种保障手段分别从微观、中观和宏观三个层面搭建起农村公共体育服务运行的经费保障体系，其框架如图9-18所示。

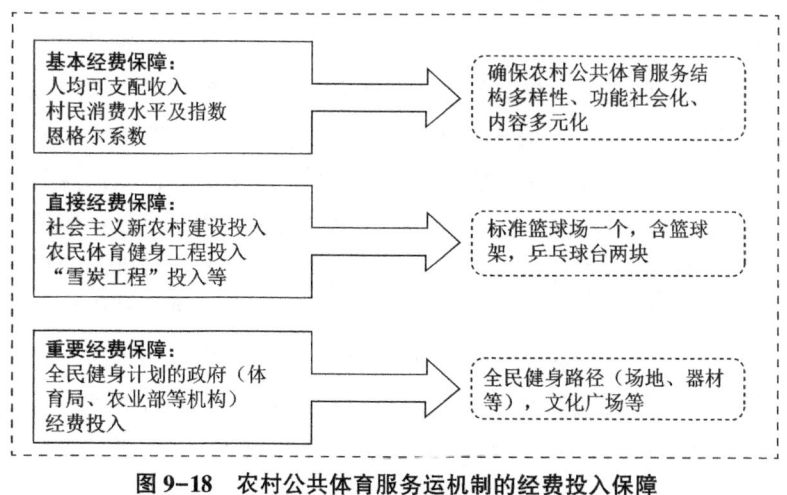

图9-18 农村公共体育服务运机制的经费投入保障

[1]马骏.治国与理财：公共预算与国家建设[M].上海：三联书店，2011：60-61.

（3）场地设施保障：硬件物质基础机制。体育场地设施是"满足于运动竞赛、教学和群众健身要求的场地、建筑物和相关附属设备"[1]。在农村公共体育服务运行过程中，体育场地设施是影响村民参与体育活动最为关键的硬件因素，此保障系统在结构上具有依次延伸、逐步拓展的特征。在农村公共体育服务运行整合机制中已经对农村体育场地设施的可能类型进行了归纳，在此可将其纳入保障系统，形成不同作用的运行模式（图9-19）。其中农民体育健身工程可看作核心保障，在体育彩票公益金资助下，农村地区基本都能够实现篮球场和乒乓球台的投建，而这正是村民健身较为正式的去处，尤其是农村留守青少年群体，为其成长提供了较好的社会街角；全民健身文化广场则承载更多人群的体育活动，可谓农村公共体育服务运行最为基本的场地设施保障，对于各年龄段的女性村民而言是极为重要的活动场所；农村体育休闲公园的建设起到综合保障功效，多为简易设施，如健身路径、全民健身器材等，有助于老年群体的休闲娱乐，特别是散步、走跑等活动能够得到有效满足；除此之外，村委会或学校的体育场地设施可以为村民所使用，进行适时开放，促使村民参与体育锻炼。

（4）信息网络保障：知情表达互动机制。信息网络保障是指一个国家或地区联合各类信息资源中心，依据统一规范，进行信息收集、整理、存储、开发和利用，以满足社会成员的需求，确保对信息的有效掌握。当前，社会各大领域的治理都紧绕多元主体而展开，并希望在此基础上建立起社会综合治理网络，对于这一举措的实现离不开信息网络共享平台的搭建。体育虽然在社会改革进程中属边缘项目，但伴随着健康中国、城镇化建设及全民健身等国家战略的推出，农村体育越来越被重视。新兴网络媒介正快速介入社会主义新农村建设中，当然会惠及体育。除此，农村公共体育服务的信息网络保障还需配合传统的诸如广播、电视，甚至宣传栏、公示墙等信息发布形式，形成传统与新型信息宣传方式的结合。不过，农村公共体育服务的信息化建设还存在较多问题，如信息公开程度还未成为乡镇政府工作的常识；新兴网络媒体建设未达到预期成效；传统信息发布平台各要素间的整合不顺畅等。因此，农村公共体育服务运行机制的信息保障首先要明确信息机构间的关系、各自的运行基础和服务对象等；其次，致力信息资源的特色化建设，建立跨系统、跨部门的信息工作协调机构；再次，在确保用户正式交流的同时，努力疏通和拓宽其他信息交流渠道，开发和利用知识创新信息。建立多渠道信息沟通网，加强体育服务信息化建设[2]。最后，信息保障制

---

［1］曲毅. 体育场地设施与大众体育的发展［J］. 成都体育学院学报，1997，23（1）：91-96.

［2］李建国. 体育公共服务体系的基本框架［N］. 中国体育报，2008-07-11（8）.

度需制定信息资源开发与服务等相关权益保护的法律、法规，建立具有可操作性的信息服务权益监督体制，以此提高信息权益保护的自觉性，防止侵权行为的发生。最终推动农村公共体育服务供给主体与需求受体达成体育知情表达互动机制。

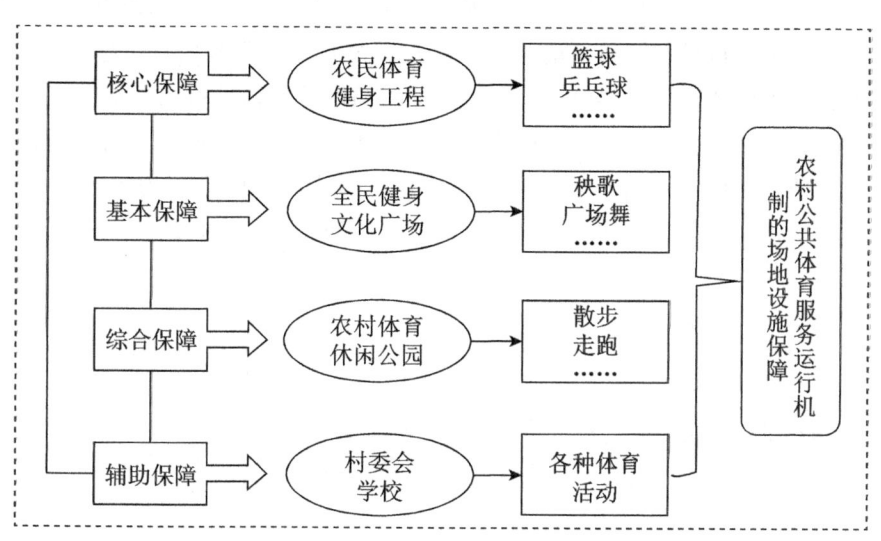

图 9-19　农村公共体育服务运行机制的场地设施保障

（5）政策法规保障：行为环境规范机制。改革开放近 40 年，经济体制转轨和社会结构转型促使农村发生重大变化。农村公共体育服务体系作为社会主义新农村建设中的文化内容，正逐步受到关注和重视，国家体育总局在《体育事业发展"十二五"规划》中明确指出未来的公共体育服务建设，要"加大对农村以及欠发达地区的资金扶持力度"[1]。对其运行保障机制中的人、财、物及信息投入还需一定的政策法规加以维持。我国农村公共体育服务政策法规体系由支持性软件的政策和保障性软件的法规构成（运行整合机制中已述），前者多为发展规划、计划及纲要，而后者则是法律、条例及规定（图 9-20）。在推进公共体育服务均等化进程中，政策出台和法制建设要从纵向层次上做到整合，清理不符合条件的政策法规，将较为成熟且实施效果好的可通过全国人民代表大会立法的途径上升为基本法律，确立其权威性。农村公共体育服务运行的政策法规保障需与其他形式形成良好的联动关系：首先，要建立人才培养制度，鼓励热心人士参与到农村体育健身中，给予他们专业培训和技能学习，并将此项工作纳进国家职业

---

[1]国家体育总局. 体育事业发展"十二五"规划［EB/OL］.（2011-04-01）. http：//www.sport.gov.cn /n16/n1077/n1467/n1843577/1843747.html.

行列，给予其充分认可；其次，要通过政策法规保障来获得农村公共体育服务运行的经费，从均等化建设视角出发保证城乡财政投入均衡，以体育扶贫方式为偏远地区的体育事业发展筹资；再次，制定关于农村体育场地设施投建的政策法规，通过对需求意愿表达的调查，实现物质的满足，在所有保障环节中尤以场地设施为重，可进行重点倾斜；最后，制定农村公共体育服务信息化建设的政策，以拓宽村民了解体育信息的渠道，让体育的习惯性特征融进村民日常生活中，使其体育观念发生改变。总之，农村公共体育服务运行机制的政策法规保障必须立足于人、依托于财、落脚于物、联系于信息，形成村民体育行为的环境规范机制，力求构建动态的公共体育服务运行模式，以使民众受惠获益。

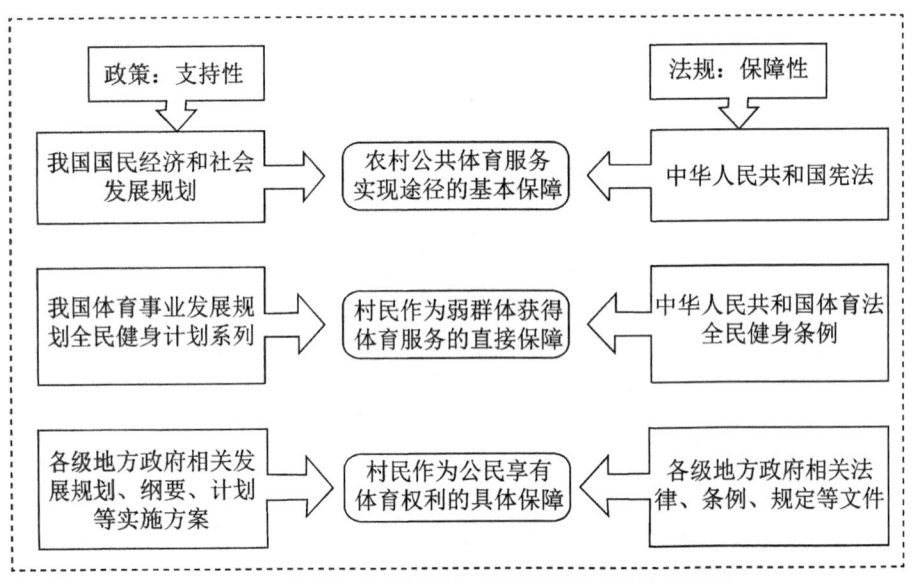

图 9-20　农村公共体育服务运行机制的政策法规保障

9.6.4　农村公共体育服务运行保障机制的过程

保障过程是保障机制发挥功能的动态运作过程，它由社会检测、具体实施和反馈调整三部分组成（图9-21）。根据社会运行论保障过程的特点，亦可将其迁移至农村公共体育服务运行保障过程，形成农村公共体育服务运行保障的初始检测、具体实施和反馈调整三个环节（图9-22），确立前、中、后三阶段的运作。

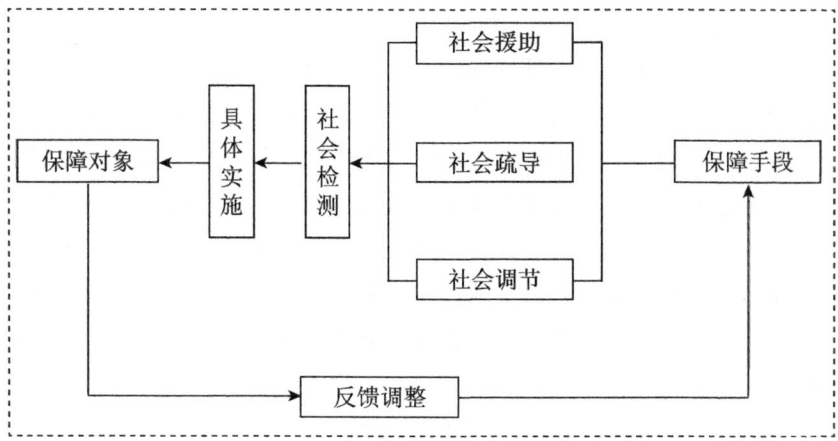

图 9-21 保障过程的理论示意 [1]

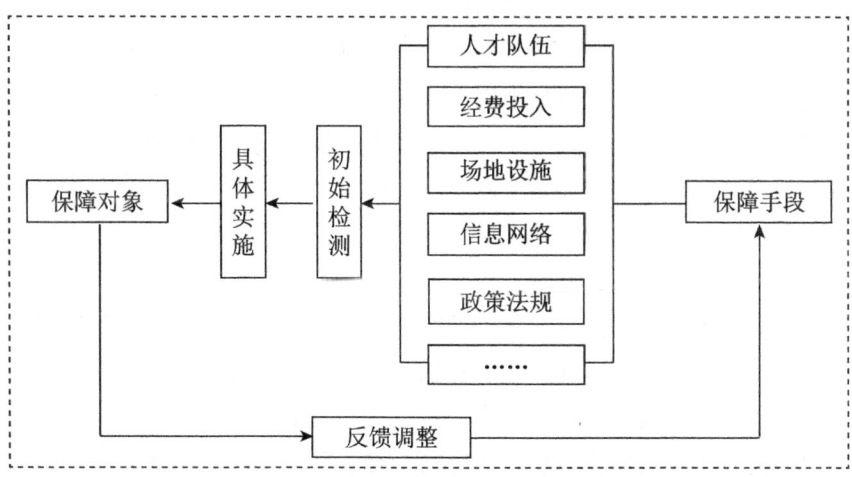

图 9-22 农村公共体育服务运行保障过程示意图

（1）农村公共体育服务运行保障的初始检测。体育需求群体和体育发展制度是农村公共体育服务运行保障机制的两大对象，其状况直接决定农村公共体育服务的运行。显然，如果农村居民所处的体育环境是贫乏的（场地设施缺乏、组织管理不当、经费投入不足、政策支持不力、法规保障缺失、信息宣传不畅等），那么这个村落的公共体育服务运行不可能是良性的，也就是说村民享有的最为基本的体育要素供给不足将会阻滞整体运行效果。同样，如果农村公共体育服务的

---

[1]郑杭生，李强，等．社会运行导论——有中国特色的社会学基本理论的一种探索［M］．北京：中国人民大学出版社，1993：473．

制度稳定性和有效性都很差，将会导致其运行处于模糊或不良状态。对于农村公共体育服务运行保障对象所遇到的问题要事前诊断，即初始检测，通过对农村所有与体育相关的元素进行考察，获取材料以作其运行生态的评判。农村公共体育服务运行保障的初始检测在于掌握与保障对象相关的信息后，以便制订具体的保障计划、确定保障方式、实施体育保障，完成决策任务。根据保障手段的不同，初始检测的内容和形式也有所不同，如对人才队伍来说，目的在于了解其人员配备、业务能力及专业水平等；对经费投入则是拨款情况和村民经济收入等；场地设施检测是为了知晓村里硬件保障的数量、类型及维护等。总之，初始检测是农村公共体育服务运行保障不可或缺的环节，须给予重视。

（2）农村公共体育服务运行保障的具体实施。农村公共体育服务运行保障手段可从管理资源角度确定为人、财、物、信息及政策法规等项，不同保障手段的具体实施过程不尽相同。人才队伍保障是以培养农村公共体育服务有效运行的专业人员锁定选拔目标，如转业干部和大学生村官等群体，进行业务能力培训和专业技能习得，通过资格认证后上岗工作，后续建立一套奖惩机制，确保人才参与路径畅通。经费投入保障则在于政府需强化拨款，设置农村公共体育服务发展专项资金，如全民健身计划经费、新农村建设投入及村民收入提升等，以转移支付形式确保农村居民获得更多体育经费，最终在政府的统领下形成财政预算支持机制。场地设施围绕核心、基本、综合和辅助保障的内容由内而外依次展开，从农民体育健身工程到全民健身文化广场再到农村体育休闲公园，最后延伸至村委会和学校的体育场地设施，并对应具体的活动为村民创造尽可能多的运动机会，建成硬件物质基础机制。信息网络保障需在乡镇层面建立独立的体育信息网站，借助新型媒介公布农村体育信息，让村民及时了解；除此，还应充分利用传统的电视、宣传栏、报纸等方式为村民提供体育信息，促使两种类型有效结合，让体育走入村民生活，更要建成一种知情表达互动机制，上下信息对接。政策法规保障，从宏观层面实现农村公共体育服务运行的基本保障，中观层面为村民获得体育服务提供直接保障，而在微观层面上以公民享有体育权利的方式获得具体保障，确立村民体育行为环境规范机制。

（3）农村公共体育服务运行保障的反馈调整。农村公共体育服务运行保障手段的作用效果如何，在具体实施过程中产生了哪些问题，遇到了什么障碍等，这些就需要通过反馈调整环节加以解决。农村公共体育服务运行保障机制的反馈信息采集主要有三种形式，即村民群体的民主表达、深入调查研究以了解具体情况和建立农村公共体育服务发展的评价指标体系来衡量其运行状态。前两种方式是我国优良传统，坚持走群众路线，其已被长期的社会实践证明为一种行之有效的好方法。在新的时期，我们应该继续发扬此种优秀反馈传统，不断完善，形成制度。后一种方式相对复杂但更具科学性，如果说第一种是从村民出发、第二种是从政府考量的话，在自下而上和自上而下两种形式后需有第三种的结合型，真正通过第三方组织进行反馈、测评，促使保障对象在保障手段的维持下能够达到预期目标。总之，农村公共体育服务运行保障过程是一个较为复杂的过程，每一种保障手段的作用原理和作用过程存在较大差别。我们只希望从多元视角来对农村公共体育服务运行保障机制有更多的探索，引起社会各界的关注，以达共建良性运行保障机制的目的。

10

CHAPTER 010

结论、建议、创新与局限

10.1 结论

通过对前面章节所述内容的分析与总结，综合起来得出如下结论：

（1）农村公共体育服务是社会建设的切实内容，属社会事业一环，是城乡公共服务均等化推进的重要任务，关系着村民体有所享的实现。

（2）国外公共（体育）服务理论经历了注重效率的传统公共行政、改革政府的公共选择、倡导公平的新公共行政、引入市场的新公共管理、多元主体的公共治理及以民为本的新公共服务等阶段。我国目前正处在多元主体的公共治理时期。国外发达国家公共体育服务体系建设包括政策法规、场地设施、组织机构、经费来源和活动开展等要素，且各国特色独具、异同鲜明。

（3）中国农村公共体育服务体系基本成形。运行模式包括无暇顾及的自治型、政社合一的垄断型、创新管理的协作型和社会治理的融合型。农村公共体育服务的需求表达是民主自由的真实体现；决策执行利于实现农民体育所需；筹资渠道确保制度内外联合募集及生产管理便于明确治理主体责任。

（4）我国农村公共体育服务治理主体的类型有代表权威的政府、追求效率的市场、倡导关怀的社会组织、强调义务的自治村委及注重共享的村民个体。

（5）我国农村公共体育服务体系内容构成涉及供给主体、需求受体及场地设施、组织管理、经费保障、政策法规、信息宣传、技术指导、活动赛事、体质测试和监督评估九项客体要素。

（6）村民体育活动参与特征是农村公共体育服务发展的具体体现与直接反映，可作为改善的现实依据。农村公共体育服务供给明显不足，且问题诸多。农村居民对公共体育服务的权利意识逐渐显著，需求愿望强烈。农村公共体育服务多元治理主体的均衡程度不够，政府处在管理向服务转变的阶段，与社会治理理念契合，治理方式的社会组织倡导、治理手段的软硬结合亦可证明此点；而个体参与的态度略显消极。

（7）我国农村公共体育服务体系发展存在的问题有供给总量不足（体育场地设施建设不足、体育组织管理仍较落后、体育经费保障措施不力、政策法规出台力度有限、体育信息宣传渠道受阻、社会体育指导力量薄弱、体育活动赛事不够丰富、体质监测普及程度略低及监督评估针对指标偏少）；供给结构失衡；治理主体有限；供给体制受阻（传统行政管理体制的弊端、各级政府的职能划分不清、政府垄断的单一供给模式、体育组织管理体系不健全、制度建设缺少法制性约束）；供给机制不畅（政府包办，效率低下、社会力量参与度不够、民意表达和利益实现机制缺乏及绩效考核与监督问责机制缺失）。其因在于政府与社会观念滞后、城乡二元格局的并存、体育体制建设不完善、公共财政体制不健全等。

（8）农村公共体育服务体系复杂且丰富，属于社会运行论中的一块，人口去留格局、行政区划多级、村民收入渐增、村落文化深厚、社会建设盛行及生态文明呼吁等都是农村公共体育服务良性运行须考虑的条件。

（9）农村公共体育服务运行机制是在相关制度安排下，参与农村公共体育服务的各主体或要素之间相互关系、相互作用的模式及其运作过程，运行动力机制的工作原理从社会治理理念审视可有自上而下的管理型和自下而上的治理型；运行整合机制的硬件中心注重场地设施建设的选址集中，软件中心强化政策法规制定的部门协同；运行激励机制要对多元治理主体采取差异激励；运行控制机制有权威机构的组织控制、政策法规的制度控制及乡规民约的文化控制；运行保障机制涉及人才队伍、经费投入、场地设施、信息网络等项。

10.2 建议

针对以上结论，为发展我国农村公共体育服务，特提出以下建议：

（1）将国外治理理论的精华与我国倡导的社会治理理念相结合，形成"立足本土，借鉴国际"的社会治理分析框架；避免公共体育服务单一运行模式，提炼规律性机制作经验借鉴，促进政府、市场及社会组织间的跨域整合；转变政府公共体育服务职能，政府必须划定自己的作用边界，使其成为有限政府，从"既管又办"转至"统筹负责"，实现从划桨到掌舵再到服务的转换。

（2）我国农村公共体育服务体系建设要注重政策法规颁布的连续性及依法

治体；确保公共体育设施的规范推进且有效利用；增强政府主管部门的协调联动整合机制；增强体育社会组织参与社会治理的能力；拓宽经费来源渠道并建立专项财政制度；积极推动公共体育服务智慧平台的搭建；创新"保底性"公共体育服务供给模式等。

（3）农村公共体育服务治理主体需做到政府主导的总体把握、市场配置的利益衡量、社会参与的活力激发、村委自治的自由表达和村民自觉的目标聚焦。

（4）应从村民切实需要的角度出发，联合供给主体的责任担当，制订明确的原则、确定清晰的思路来展开农村公共体育服务体系的构成论证。必须在针对农村体育的实际情况、掌握农村体育发展内在要求的基础上展开体系构建或建设，对薄弱要素实行精准扶贫式关照，实现要素间的均衡发展以促成良好的整体格局。在体系建立完备的情形下再继续确立指标性工作，进行标准化建设。

10.3 创新

（1）综合方法与多元学科的结合运用。通过政策法规、文献著作及具体案例的素材提取农村公共体育服务体系要素，运用公共数据或信息对其再次检验，从归纳和演绎两种方式展开论证。结合历史学、管理学、社会学等学科呼吁农村公共体育服务的人文情怀（服务终要指向于人）和社会关怀（调查以了解现状），对接体育人文社会学的学术担当。

（2）农村公共体育服务体系建设完善。从"服务于谁、由谁服务、服务什么"的思路界定农村公共体育服务体系，以此为逻辑起点，对应"供给主体—要素客体—需求受体"的框架确定体系构成，创造性地将服务者和被服务者纳进其中。

（3）本土社会学理论的体育领域演绎。社会运行论迁移至农村公共体育服务研究，提出农村公共体育服务的人口、政治、经济、文化、社会、环境六大运行条件和动力、整合、激励、控制、保障五大运行机制，完成社会学关于农村体育发展的母学科考察。

10.4 局限

（1）量化研究离现代科学的要求尚有一段距离，关于农村公共体育服务体系的建设多借助逻辑科学方式而展开，对于数理科学的介入略显薄弱，尤其是监管评估要素最为明显，这亦是后续探究的一大课题。

（2）抽样限制恰与其他社会学的困惑相一致，调查所获结果仅是"以小见大"式推论，虽可为我国农村公共体育服务践行提供助益，但更加全面的论断提炼仍待完善，为日后微观层面探索暂留空间。

（3）社会学是"关于社会良性运行和协调发展的条件和机制的综合性具体社会科学"，农村公共体育服务作为其对象之一在运行条件和运行机制挖掘上还存有不够深刻的这一缺陷，同时体系与运行的有效结合也需加强，而这正是借农村公共体育服务一小域呈现社会学的初尝试，望此能够成为体育社会学拓展的开端。

REFERENCES

主要参考文献

[1] 莱昂·狄骥.公法的变迁:法律与国家 [M].郑戈,冷静,译.沈阳:春风文艺出版社,1999:53.

[2] 詹姆斯·N.罗西瑙.没有政府的治理 [M].张胜军,刘小林,等,译.南昌:江西人民出版社,2001:75.

[3] 曹可强,俞琳.公共体育服务:体系构建、机制创新与制度安排 [M].北京:北京体育大学出版社,2013:14,68.

[4] 戴健,等.公共体育服务体系建设 [M].上海:上海交通大学出版社,2015:66-331,356.

[5] 戴志鹏.居家养老服务视角下的老年人体育运行机制研究 [D].苏州:苏州大学,2015:摘要Ⅱ,147,163-167.

[6] 方堃.当代中国新型农村公共服务体系研究——基于"服务三角"模型的分析框架 [M].北京:中国社会科学出版社,2010:10,253-294.

[7] 郭修金,冉强辉,陈德旭,等.全面建成小康社会进程中农村公共体育服务发展的战略使命 [J].体育科学,2016,36(4):42-50.

[8] 李建国.体育公共服务体系的基本框架 [N].中国体育报,2008-07-11(8).

[9] 林聚任,刘玉安.社会科学研究方法 [M].济南:山东人民出版社,2004:60,62,66,145,167,316-317.

[10] 陆学艺.社会建设论 [M].北京:社会科学文献出版社,2012:14.

[11] 齐立斌.农村公共体育服务体系的运行机制研究 [J].南京体育学院学报(社会科学版),2010,24(4):44-48.

[12] 王家宏,李燕领,陶玉流.我国公共体育服务体系:过程结构与功能定位 [J].北京体育大学学报,2014,37(7):1-7.

[13] 郑杭生,郭星华.社会运行激励机制初探——中国社会稳定和发展的一个重要问题 [J].社会科学战线,1991(4):106-114,174.

[14] 郑永年.中国改革路线图 [M].北京:东方出版社,2016:35-50.

APPENDIX

附录1：调查问卷

我国农村公共体育服务状况调查问卷

尊敬的村民朋友：

　　您好！我们是受上海体育学院委托的调研员。我们正在进行一项社会调查，目的是了解我国农村公共体育服务基本状况及存在问题。经过严格的科学抽样，我们选中了您作为匿名调查对象。问卷中问题的回答，没有对错之分，您只要根据平时的想法和实际情况在"□"或"1、2、3、4、5"处打"√"；在"＿＿＿"填写内容就行。对于您的作答，我们将按照《统计法》规定，绝对保密，并且只用于统计分析，请您不要有任何顾虑。希望您协助我们完成此次调查，谢谢您的合作！

A 部分：个人基本情况

A01. 您的性别是：

□1. 男　　　　　　　　□2. 女

A02. 您的年龄是：

□1. 19 周岁及以下　　　□2. 20~29 周岁　　　□3. 30~39 周岁

□4. 40~49 周岁　　　　□5. 50~59 周岁　　　□6. 60~69 周岁

□7. 70 周岁及以上

A03. 您的学历是：

□1. 小学及以下　　　　□2. 初中　　　　　　□3. 高中或中专

□4. 大专及以上

A04. 您的职业、身份是：

☐1. 乡镇干部   ☐2. 村干部   ☐3. 农民（种地）

☐4. 外出打工者   ☐5. 个体工商户   ☐6. 教师

☐7. 学生   ☐8. 其他_____

A05. 您认为自己的健康状况如何？

☐1. 很健康   ☐2. 比较健康   ☐3. 一般

☐4. 比较差   ☐5. 不健康

A06. 您家去年全年的总收入大概为：

☐1. 5000 元以下   ☐2. 5000~9999 元   ☐3. 10000~14999 元

☐4. 15000~19999 元   ☐5. 20000~29999 元   ☐6. 30000~49999 元

☐7. 50000~99999 元   ☐8. 100000 元及以上

B 部分：村民体育活动参与情况

B01. 您每周参加几次体育活动？

☐1. 每周 3 次以上

☐2. 每周 1~3 次

☐3. 不固定，偶尔参加

☐4. 从不参加（跳至 B08）

B02. 您每次大概活动多长时间？

☐1. 少于 30 分钟   ☐2. 30~60 分钟   ☐3. 61~90 分钟

☐4. 多于 90 分钟

B03. 您在哪个季节参加体育活动比较多？

☐1. 春季   ☐2. 夏季   ☐3. 秋季   ☐4. 冬季

B04. 您在哪个时间段参加体育活动比较多？

☐1. 清晨   ☐2. 上午   ☐3. 下午   ☐4. 傍晚

☐5. 晚上

B05. 您主要在哪里进行体育活动？

☐1. 室内或自家庭院   ☐2. 村里空地

☐3. 健身文化广场   ☐4. 村镇文体室

☐5. 学校体育活动场地   ☐6. 收费场所

☐7. 公路旁街道边   ☐8. 其他_____

B06. 您一般都参加哪些体育项目（可多选）？

☐1. 散步或走跑   ☐2. 篮球   ☐3. 乒乓球

☐4. 羽毛球   ☐5. 民族传统项目   ☐6. 秧歌或广场舞

☐7. 棋牌类   ☐8. 其他_____

B07. 您参加体育活动是为了什么（可多选）？

☐1. 增进健康   ☐2. 健身健美   ☐3. 消遣娱乐

☐4. 锻炼意志   ☐5. 丰富余暇生活   ☐6. 结交朋友

☐7. 感兴趣   ☐8. 其他_____

B08. 是什么原因影响您参加体育活动（可多选）？

☐1. 没兴趣   ☐2. 没时间   ☐3. 缺乏锻炼知识

☐4. 缺乏运动技能   ☐5. 身体状况   ☐6. 缺乏指导

☐7. 缺乏场地器材   ☐8. 缺乏组织   ☐9. 经济条件限制

☐10. 天气、环境   ☐11. 其他_____

C 部分：农村公共体育服务供需状况

C01. 您觉得体育活动在您的生活中重要吗？

☐1. 很重要   ☐2. 比较重要   ☐3. 一般

☐4. 不重要   ☐5. 很不重要

C02. 您认为农村村民有权利享受公共体育服务吗？

☐1. 有   ☐2. 没有   ☐3. 不知道

C03. 您觉得村里最需要改善的体育服务内容是什么？

☐1. 场地设施   ☐2. 组织管理   ☐3. 经费保障

☐4. 政策法规   ☐5. 信息宣传   ☐6. 技术指导

☐7. 赛事活动   ☐8. 体质测试   ☐9. 监督评估

C04. 您的村里都有哪些体育场地和设施（可多选）？

☐1. 综合文体室   ☐2. 棋牌室   ☐3. 乒乓球台

☐4. 台球室   ☐5. 文化广场   ☐6. 健身场点

☐7. 舞厅   ☐8. 篮球场   ☐9. 单双杠

☐10. 门球场   ☐11. 秋千   ☐12. 其他_____

C05. 您能到附近的学校进行体育活动吗？

☐1. 不能

☐2. 能，时间能够满足活动需求

□3. 能，但时间不能满足活动需求

C06. 您步行到最近的体育场地需要多长时间？

□1. 10 分钟以内 □2. 10~30 分钟 □3. 31~60 分钟

□4. 60 分钟以上

C07. 您村里的体育设施存在哪些问题（可多选）？

□1. 没有体育设施 □2. 体育设施太少 □3. 体育设施单一

□4. 体育设施不适合村民 □5. 体育设施陈旧 □6. 缺少维护管理

□7. 室内设施偏少 □8. 其他_____

C08. 您一年会参加几次体育比赛？

□1. 3 次及以上 □2. 1~2 次 □3. 从不参加

C09. 您参加的体育活动一般由谁来组织（可多选）？

□1. 自娱自乐 □2. 村委会 □3. 健身团队

□4. 乡镇企业 □5. 其他_____

C10. 您村里有社会体育指导员吗？

□1. 有，并经常指导 □2. 有，偶尔进行指导

□3. 没有 □4. 不知道

C11. 您觉得农村体育活动开展存在哪些困难（可多选）？

□1. 没有场地设施 □2. 组织管理落后 □3. 缺少指导人员

□4. 缺乏经费保障 □5. 没有激励政策 □6. 其他_____

C12. 您村里的财政支出公开吗？

□1. 公开 □2. 不公开 □3. 不知道

C13. 您一般从哪些途径获得体育信息（可多选）？

□1. 电视 □2. 网络 □3. 宣传栏

□4. 宣传单 □5. 活动宣讲 □6. 广播

□7. 报纸书刊 □8. 其他_____

C14. 您了解下面哪些体育法规、文件（可多选）？

□1.《中华人民共和国体育法》

□2.《全民健身计划》

□3.《农民体育健身工程》

□4. 其他_____

C15. 您参加过体质测试吗？

□1. 从未参加 □2. 从未参加，但准备参加

□3. 每年一次以上　　　□4. 曾经参加过

C16. 您的村里有体育信息宣传栏吗？

□1. 有，经常关注

□2. 无，从没见过体育宣传信息

C17. 您愿意对村里的体育工作进行监督吗？

□1. 愿意　　　　　□2. 不愿意　　　　　□3. 无所谓

D 部分：农村公共体育服务治理情况

D01. 您认为农村体育治理重要吗？

□1. 很重要　　　　□2. 比较重要　　　　□3. 一般

□4. 不重要　　　　□5. 很不重要

D02. 您认为农村体育治理涵盖哪些内容（可多选）？

□1. 完善体育场地设施　　　　　　□2. 培育体育组织

□3. 投入体育经费　　　　　　　　□4. 开展体育比赛活动

□5. 提供健身指导　　　　　　　　□6. 进行体质测试

□7. 加强体育信息宣传　　　　　　□8. 出台体育政策

□9. 监督治理过程

D03. 有没有体育社会组织或乡镇企业为你们村举办体育活动？

□1. 没有　　　　　□2. 不清楚　　　　　□3. 有，如_____

D04. 您认为农村公共体育服务的治理主体有哪些（可多选）？

□1. 政府　　　　　□2. 乡镇企业　　　　□3. 村委会

□4. 体育社会组织　　□5. 乡村能人　　　　□6. 村民

□7. 其他_____

D05. 您认为哪种治理方式对农村公共体育服务更有效？

□1. 政府统一安排　　□2. 社会组织参与　　□3. 村民自己治理

D06. 您认为政府在农村公共体育服务治理中应扮演什么角色？

□1. 管理者　　　　　□2. 服务者

□3. 二者均有，看情况来定

D07. 您认为哪种治理手段更利于农村公共体育服务发展？

□1. 乡规民约约束　　□2. 政策法律强制　　□3. 以上二者结合

D08. 您愿意参与村里的体育治理活动吗？

□1. 愿意　　　　　　□2. 无所谓，看情况□3. 不愿意

D09. 您对村里的体育治理效果满意吗？

□1. 很满意　　　　　□2. 比较满意　　　　□3. 一般

□4. 不太满意　　　　□5. 不满意

E 部分：农村公共体育服务重要及满意程度评价

E1. 农村公共体育服务重要程度评价：

问题	重要程度				
	很不重要	不重要	一般	重要	很重要
1. 您觉得**场地设施**重要吗	□	□	□	□	□
2. 您觉得**组织管理**重要吗	□	□	□	□	□
3. 您觉得**经费保障**重要吗	□	□	□	□	□
4. 您觉得**政策法规**重要吗	□	□	□	□	□
5. 您觉得**信息宣传**重要吗	□	□	□	□	□
6. 您觉得**技术指导**重要吗	□	□	□	□	□
7. 您觉得**赛事活动**重要吗	□	□	□	□	□
8. 您觉得**体质测试**重要吗	□	□	□	□	□
9. 您觉得**监督评估**重要吗	□	□	□	□	□

E2. 农村公共体育服务满意程度评价：

问题	满意程度				
	很不满意	不满意	一般	满意	很满意
1. 您对村里的**场地设施**满意吗	1	2	3	4	5
2. 您对村里的**组织管理**满意吗	1	2	3	4	5
3. 您对村里的**经费保障**满意吗	1	2	3	4	5
4. 您对村里的**政策法规**满意吗	1	2	3	4	5
5. 您对村里的**信息宣传**满意吗	1	2	3	4	5
6. 您对村里的**技术指导**满意吗	1	2	3	4	5

问题	满意程度				
	很不满意	不满意	一般	满意	很满意
7. 您对村里的**活动赛事**满意吗	1	2	3	4	5
8. 您对村里的**体质测试**满意吗	1	2	3	4	5
9. 您对村里的**监督评估**满意吗	1	2	3	4	5

E3. 您对农村公共体育服务建设还有什么好的建议？

_____

_____

APPENDIX

附录2：访谈提纲

农村公共体育服务调研提纲

1. 农村公共体育健身场地、设施、器材的建设、管理（开放）、使用等情况。

2. 基层体育总会、群众性体育协会、社团、俱乐部、健身站点延伸覆盖情况及作用发挥情况。

3. 农村公共体育服务中的活动开展如何？有什么特色项目？

4. 农村公共体育服务中的指导情况如何？社会体育指导员的作用怎样发挥？

5. 农村公共体育服务中的体质测试如何？

6. 农村公共体育服务中的信息宣传如何？主要有哪些形式？

7. 农村公共体育服务中的政策法规如何？

8. 农村公共体育服务中的经费投入如何？是否公开？

9. 农村公共体育服务中的监督评估如何？

10. 农村公共体育服务体系存在哪些问题？

APPENDIX

附录3：相关素材

全国《全民健身计划（2011—2015 年)》
实施效果评估素材（农村摘取）

序号	省区市	农村全民健身内容
1	北京市	1. 市民身体素质有效改善：建立体质测定工作网络平台，加大宣传力度和测试覆盖面，区县级测试站 41 个，街道（乡镇）级测试站 194 个；农村居民《国民体质测定标准》合格达标率为 75% 2. 全民健身设施多元发展：全市 100% 的街道（乡镇）、有条件的社区和 100% 的行政村建有体育设施；建有农村乡镇体育健身中心 243 处，覆盖率为 86.74%；建有行政村农民体育健身工程 4963 处，覆盖率为 97.15% 3. 16 岁以上农村居民（不含在校学生）经常参加体育锻炼人数比例为 33.7% 4. 街道（乡镇）全民健身专（兼）职工作人员覆盖率为 100%
2	天津市	1. 100% 的农村乡镇建有公共体育健身设施，农民体育健身工程覆盖率达到 100% 2. 天津市举办农民体育健身系列活动 3. 农村乡镇体育健身中心总数为 76 个，覆盖率为 55% 4. 在行政村中建有农民体育健身工程总数为 2858 个，覆盖率为 100% 5. 100% 的农村乡镇建有便捷、实用的体育健身设施 6. 截至 2014 年底，利用体育彩票公益金投资兴建全民健身工程 8000 多个，社区、村健身园基本实现全覆盖，健身公园 124 个、乡镇文体中心 76 个、国家级全民健身中心 8 个 7. 城乡之间、地域之间体育设施建设发展不均衡。特别是在广大农村和经济欠发达地区，当地政府在体育设施建设上投入不大，不仅没有室内健身场所，户外的体育设施也相对简陋，数量种类偏少，不能满足群众多样化的健身需求，制约了全民健身事业的发展

序号	省区市	农村全民健身内容
3	河北省	1. 100%的农村乡镇建有公共体育健身设施，农民体育健身工程覆盖率达到56.6%以上 2. 农村乡镇体育健身中心总数为559个，覆盖率为28.5%。在行政村中建有农民体育健身工程总数为28434个，覆盖率为56.6% 3. 以县区全民健身活动中心为龙头，以城市街道社区和农村乡镇行政村为主体，以直接服务基层群众的健身指导站、文体活动中心、晨晚练点为支撑的基层群众活动站点格局更趋完善，城乡基层体育组织覆盖率大幅提升，基层健身站点的组织化、规范化程度不断提高 4. 100%的农村乡镇建有便捷、实用的体育健身设施；56.6%的行政村和70%的社区建有体育场地设施，形成了布局合理、互为补充、覆盖面广、普惠性强的全民健身体育设施网络化格局 5. 狠抓农民体育健身工程建设。结合省委、省政府开展的加强基层建设年、农村面貌改造提升等活动，持续加大对农村尤其是经济欠发达地区乡镇农村帮扶力度，在农民体育健身工程建设上，省本级先后投入8000多万元，各级累计配套资金9000余万元，为15000个帮扶村配建器材135467件，大幅提升了农村体育设施覆盖率，极大地满足了帮扶村群众参与体育健身的需求，得到了社会各界的普遍关注和好评
4	山西省	1. 乡镇全民健身活动广场1196个、农民体育健身工程30749个（其中按"一场两台"标准，建有篮球场17202个）、全民健身路径工程21863个，县级全民健身活动中心、街道健身设施、乡镇体育健身中心、行政村"一场两台"标准篮球场覆盖率分别为41%、67%、75%、61% 2. 老年人体育组织由城市到农村，基本实现了"横向到边、纵向到底"的网络化"全覆盖"。清徐县成立体育协会22个，有64支农民篮球队、175支背铁棍队，几乎村村均有1支体育队伍；运城新绛县220个行政村，村村都有篮球队 3. 全省有17492个行政村成立体育组织队伍、有24250个村配置了社会体育指导员，行政村的覆盖率分别为62%、86% 4. 以山西农村新的"五个全覆盖"工程为契机，实现全省农民体育健身工程全覆盖。2011年省政府提出：在"十二五"前两年时间里，启动实施农村新的"五个全覆盖"工程，使广大农民群众得到更多的实惠、过上更加美好的生活，为加快我省推进农民体育健身工程"全覆盖"提供了有力保障和难得机遇。2011—2012年，中央、省两级累计投入资金1亿多元，新建农民体育健身工程8160个，不仅圆满完成全省行政村农民体育健身工程"全覆盖"，还对具备条件的自然村进行扶持，引导建设体育场地2549个。2012年9月25日，国家体育总局以山西农民体育健身工程"全覆盖"为专题，在北京召开新闻发布会；山西农村体育场所"全覆盖"工程被人民日报、中国体育报评为2012年最具影响力的国内十大体育新闻之一，极大鼓舞了全省群众体育工作热情 5. 以巩固"全覆盖"成果为动力，推进乡镇全民健身活动广场建设。为

序号	省区市	农村全民健身内容
4	山西省	不断满足农村群众的健身需求，提升农村公共体育设施健身质量和品位，2013年省政府《关于在全省开展农村两轮"五个全覆盖"工程"回头看"整改工作的通知》和2014年省委、省政府"巩固两轮五个全覆盖成果、办好五件实事"的工作部署，省体育局提出"到2014年实现乡镇全民健身活动广场全覆盖"工作目标。2010—2014年，省体育局共整合中央、省级体彩公益金6000多万元，资助建设1196个乡镇全民健身活动广场工程，实现了全省乡镇全民健身活动广场工程全覆盖
5	内蒙古自治区	1. 农村乡镇体育健身中心数量及比例为453个、59% 2. 行政村农民体育健身工程数量及比例为4000个、40% 3. 16岁以上农村居民（不含在校学生）经常参加体育锻炼人数比例为10%以上 4. 农村居民《国民体质测定标准》合格达标率为85%以上 5. 乡镇体育健身中心覆盖率为50%以上 6. 行政村农民体育健身工程覆盖率为30%以上 7. 农村乡镇体育组织覆盖率为70%以上 8. 定期举办街道（乡镇）全民健身运动会覆盖率为90%以上 9. 街道（乡镇）全民健身专（兼）职工作人员覆盖率为90%以上 10. 全区全民健身设施建设经省级投入10858万元、盟市县投入267800万元、其他投入18036万元，建设了77个健身中心（含雪炭工程）、453个乡镇苏木小型体育健身中心、4000个农牧民健身工程、26个体育公园、310个健身广场、8个户外营地、220个社区多功能运动场，新增全民健身路径2066条 11. 到2015年底，县级公共体育设施拟达到84个，覆盖率达82%，乡镇苏木小型体育健身活动中心拟达到653个，覆盖率达85%，嘎查村健身站点拟达到5000个，覆盖率达50%，超额完成了《实施计划》确定的目标，初步形成了横向联合、纵向贯通的健身网络 12. 基本实现了"每个社区、嘎查村配备一名社会体育指导人员、每年举办一次全民健身活动" 13. 自治区、各盟市成立了社会体育指导员协会，建立了社会体育指导员、全民健身活动站点奖励机制，为社会体育指导员队伍培养、管理和作用发挥提供了组织保障
6	辽宁省	1. 农村乡镇体育健身中心数量及比例为752个、72.92% 2. 行政村农民体育健身工程数量及比例为11372个、97.69% 3. 建设省市区乡村5级全民健身场地设施，省市以市民健身中心、体育公园和健身广场等大型高端健身场所为主，社区和村屯普及健身器材为主 4. 继续实施农民体育健身工程，更新维修社区全民健身路径，提高公共体育设施的综合服务能力和水平

序号	省区市	农村全民健身内容
7	吉林省	1. 农村乡镇体育健身中心数量及比例为 620 个、100% 2. 行政村农民体育健身工程数量及比例为 5798 个、62% 3. 辽源市举办了全国百城千村健身气功交流展示大会 4. 国家体育总局共资助"雪炭工程" 28 个；全省 9437 个行政村，已配建健身器材 5798 套，覆盖率达到 62%；建成全民健身中心 54 个；乡镇健身广场 639 个；体育公园 36 个；城市健身广场 365 个；健身步道 236 条 5. 省体育局主动与相关部门沟通协调，积极争取把全民健身工作纳入各级政府民生实事，纳入社会主义新农村建设、文化大院建设、改善农村人居环境建设、养老大院建设等，进行统筹规划、统一安排和整体推进，使全民健身工作做到"多投入"和"多纳入"
8	黑龙江省	1. 农村乡镇体育健身中心数量及比例为 891 个、47% 2. 行政村农民体育健身工程数量及比例为 9011 个、72% 3. 农村乡镇体育组织覆盖率为 72% 4. 街道（乡镇）全民健身运动会覆盖率为 54% 5. 截至 2014 年底，共建设雪炭工程 48 个，兴镇强县工程 49 个，命名户外健身广场、公园 39 个，建设大型市级全民健身中心 11 个，乡镇健身工程 369 个，健身苑 197 个，农民健身工程 7217 个，健身路径 4026 个，社区多功能运动场 57 个 6. 2000 年和 2013 年进行了两次较大幅度政府机构改革，大部分县（市）、区级体育行政部门与文化或者教育部门合并，基层体育行政机构的最末端只达到了县（市）、区一级，乡镇（街道）、村（社区）级基本上没有最基层的体育组织，其他非体育行政组织也基本未能深入基层，这就导致基层人员编制不足且不均衡，体育机构设置不够科学合理等问题 7. 全民健身公共服务体系建设主体单一，社会参与度较低。政府对全民健身公共服务体系建设的重视程度不够，基层政府积极性、主动性不高。对城乡一体化理论认识尚有不足，城乡一体化水平有待提高。全民健身公共服务体系不充实，全民健身公共服务供给不足。全民健身公共保障体系不健全，保障功能难以充分发挥 8. 推进乡镇体育健身工程、农民体育健身工程的建设速度，实现"十二五"期间，全省完成中小型健身中心、乡镇体育健身工程等场地设施 50%、农民体育健身工程 100% 覆盖的目标 9. 继续深化全省县级体育比赛模式改革，将全省县级比赛向各乡镇延伸，通过乡镇、社区组织比赛，层层参赛，带动活跃乡镇基层各项健身活动的开展
9	上海市	1. 农村乡镇体育健身中心数量及比例为 166 个、65.45% 2. 行政村农民体育健身工程数量及比例为 1033 个、100%

序号	省区市	农村全民健身内容
10	江苏省	1. 农村乡镇体育健身中心数量及比例为 990 个、100% 2. 行政村农民体育健身工程数量及比例为 16056 个、100% 3. 16 岁以上农村居民（不含在校学生）经常参加体育锻炼人数比例为 10%以上 4. 农村居民《国民体质测定标准》合格达标率为 88%以上 5. 乡镇体育健身中心覆盖率为 70%以上 6. 行政村农民体育健身工程覆盖率为 80%以上 7. 农村乡镇体育组织覆盖率为 70%以上 8. 定期举办街道（乡镇）全民健身运动会覆盖率为 90%以上 9. 街道（乡镇）全民健身专（兼）职工作人员覆盖率为 90%以上 10. 乡镇（街道）"3+2"体育社团建设 7 个市实现全覆盖，5 个市实现 80%以上覆盖。村级体育健身组织 3 万多个，全民健身晨晚练点 3.9 万个 11. 全省全民健身运动会、青少年阳光体育运动联赛、农民运动会、老年人体育节、残疾人运动会等定期举办，乡镇（街道）运动会等一批非奥运动品牌赛事精彩纷呈 12. 绝大多数乡镇（街道）建有小型全民健身中心，在全国率先基本实现"村村有体育场地"目标 13. 推动全民健身事业均衡发展。省体育局扶持 7783 个苏北行政村、1203 个苏中苏北结合部经济薄弱地区行政村、186 个茅山革命老区行政村农民健身工程进行提档升级，选择 20 个中心城镇试点推广拆装式游泳池建设。推动公共体育资源向农村、经济薄弱地区和社会弱势群体倾斜，努力扩大公共体育服务覆盖面，促进公共体育服务在城乡之间、区域之间、群体之间均衡协调发展，不断提高社会满意度 14. 城乡和区域差距依然突出，资源配置没有充分发挥市场的决定性作用；部分年龄段的人群特别是农村居民的健身意识不强、健身技能缺乏、健身知识不足
11	浙江省	1. 农村乡镇体育健身中心数量及比例为 839 个、100% 2. 行政村农民体育健身工程数量及比例为 23627 个、83.0% 3. 2011 年启动了乡镇（街道）全民健身中心、中心村全民健身广场、中心村体育休闲公园创建工作。全省已建成国家级全民健身活动中心（基地、健身步道）13 个、省级全民健身中心 18 个、乡镇（街道）全民健身中心 21 个、中心村全民健身广场（体育休闲公园）295 个、小康体育村 23627 个 4. 截至 2014 年底，全省已成功创建体育强县（市、区）66 个，覆盖率达 73.3%；体育强镇（乡）962 个，体育先进街道 181 个，镇（乡）街道覆盖率为 87.5%；并创建城市体育先进社区 1661 个 5. 做好贫困地区体育设施兜底工程，在农村基层体育设施建设上下功夫，努力实现全省行政村体育设施全覆盖

序号	省区市	农村全民健身内容
12	安徽省	1. 乡镇体育健身中心 645 个，覆盖率为 51%。全省已建成行政村农体工程 12022 个，覆盖率达 81% 2. 淮南市夹沟乡农民文化体育节已举办 18 届。安徽省农民篮球大赛已连续举办六届 3. 全省已建成行政村农体工程 12022 个，覆盖率达 81%，农体工程采取"菜单式"建设。建成 66 个国家级乡镇体育健身工程，579 个乡镇级全民健身广场，乡镇体育健身中心覆盖率达 51.3% 4. 各县级体育部门配备 1~2 名专（兼）职人员负责群体工作。乡镇级依托乡镇综合文化站履行体育功能，其中，亳州、蚌埠、阜阳、淮南、滁州 5 市以正式文件形式，实现下辖各乡镇综合文化站增挂体育站牌子，至少配备 1 名专（兼）职工作人员。全省 77% 的街道（乡镇）配备全民健身专（兼）职工作人员
13	福建省	1. 农村乡镇体育健身中心数量及比例为 659 个、70.94% 2. 行政村农民体育健身工程数量及比例为 14435 个、100% 3. 全省共有街道乡镇级以上各类民间体育组织 2970 个，老体协、农体协已基本覆盖社区和行政村，单向体育协会在基层逐步落户 4. 发改、住建、文明办等部门主动就县城建设标准、美丽乡村评选标准等工作征求和采纳体育部门意见 5. 省体育局与省文化厅联合下发了《关于发挥乡镇综合文化站的功能进一步加强农村体育工作的意见》，拓展了乡镇文化站的体育功能，村文化协管员的体育职责
14	江西省	1. 农村乡镇体育健身中心数量及比例为 626 个、44.7% 2. 行政村农民体育健身工程数量及比例为 7552 个、44.67% 3. 江西经济相对落后，外出务工人员多，有大量的农民工子女和农村留守儿童。2012 年，省体育局联合团委、关工委等单位启动了"运动·同一片蓝天"志愿服务品牌项目，并将其纳入省政府绩效考核内容。三年来，在南昌市青山湖区城东学校、宜春市袁州区楠木乡等多地开展"运动·同一片蓝天"志愿服务，共捐赠了价值 10 万余元的体育用品和器材；同时，组织优秀社会体育指导员和全民健身志愿者开展体育项目表演和教学指导，开展体质测试，并与学生们进行互动交流，为 3000 余名农民工子女和农村留守儿童送去了体育人的温暖。据统计，全省各地开展的"运动·同一片蓝天"主题志愿服务活动，共为 5 万多名孩子带去了关心和祝福。通过坚持不懈的志愿服务和媒体的宣传报道，为在全社会形成关爱下一代的良好风尚发挥了积极作用 4. 逐年提高全民健身经费投入，扶持体育社会组织，创建群众体育品牌赛事活动，新增社会体育指导员培训基地，建立健全各项激励机制，全面提升公共体育服务水平，健全全民健身公共服务体系

序号	省区市	农村全民健身内容
15	山东省	1. 农村乡镇体育健身中心数量及比例为 803 个、67% 2. 行政村农民体育健身工程数量及比例为 4.5 万个、63% 3. 积极推动健身组织向城市社区和乡镇、农村延伸，遍布城乡、规范有序、富于活力的全民健身组织网络正在形成，全民健身的社会基础不断扩大。切实加强乡镇综合文体站、街道文体活动中心建设，落实体育专（兼）职工作人员，配套社会体育指导员，开展科学健身指导服务，带动乡镇（街道）群体活动广泛开展 4. 加强部门协调，推动部门联动。各级体育部门会同本级文明办、妇联、团委、总工会、发改、财政、旅游、教育、民委、残联、卫生等部门单位就农村体育设施建设、妇女健身活动展示及示范站点创建、全民健身志愿服务组织建设及志愿服务活动开展、公共体育设施建设开放、全民健身休闲会、学校体育设施开放管理、全省中小学和大学生体育联赛、少数民族体育活动开展及训练基地创建、残疾人体育经费支持和活动开展、职工体育活动开展及示范基地创建、健康山东健身活动开展等联合出台有关文件，加大对各类体育资源的整合力度，推动各项重点工作落到实处，积极构建协调推进、齐抓共管的工作局面 5. 实施"千村扶贫健身工程"。省体育局在 2012—2014 年为全省 3035 个贫困村建设健身场地，实现健身场所"村村有"。积极开展革命老区重点扶持工程。投入 1800 万元，为沂蒙革命老区的 18 个县建设了健身场地 6. 重点组织实施了农村体育健身工程和扶贫村健身工程的建设，建设经费占到总投入的 70% 以上 7. 2015 年，还将开展社会体育指导员上岗制补贴试点工作，在每个社区（村）挂靠一名社会体育指导员，明确其健身技能传授、健身活动组织、健身器材巡检和工作数据统计上报的职责，统一培训后上岗履职，建立评价考核和动态调整机制，推动上岗制规范健康发展，试点结束后，将在全省推广开来 8. 在场地设施的建设方面，农民体育健身工程和乡镇（街道）健身工程覆盖率还有待提高，各类建设项目结构比重不够合理，社会公共体育场地设施开放率不够高
16	河南省	1. 农村乡镇体育健身中心数量及比例为 1600 个、80% 2. 行政村农民体育健身工程数量及比例为 36000 个、73% 3. 举办了元旦春节期间系列活动、全国龙腾狮跃闹元宵主会场活动、"万村千乡"农民篮球赛、8 月 8 日全民健身至重阳节系列活动、"三山同登"群众登山健身大会等品牌活动 4. 新建乡镇体育工程 1480 个，总数达到 1600 多个，覆盖率达到 80%。新建农民体育健身工程 21000 多个，总数达到 36000 多个，覆盖率达到 73% 5. 连续 4 年将乡镇农民体育健身工程、行政村农民体育健身工程和中小型全民健身活动中心建设列入"河南省政府十项重点民生工程"，全省大部分省辖市和省直管县（市）体育行政部门参照省体育局做法，将全民健身设施建设列入本地区"政府十项民生实事"

序号	省区市	农村全民健身内容
16	河南省	6. 配合省委办公厅、省政府办公厅、省发改委、省文化体制改革和发展工作领导小组办公室等单位和部门落实了农村体育设施建设、十项重点民生工程、促进健康服务业发展、文化体制改革等全省重点工作 7. 建立以《全民健身评价体系》为核心的激励机制杠杆。《全民健身评价体系》是综合地区人口、经济发展等因素，制定的一套覆盖全民健身各个方面的评价机制，将工作放在制度下考评，将权力放在制度下运行，极大调动了全省各地干好群众体育工作的积极性。将往年的评审结果直接通报当地政府主管领导的做法，赢取相关地市政府领导对体育和群众体育工作的关注和重视，取得良好成效
17	湖北省	1. 农村乡镇体育健身中心数量及比例为507个、50.7% 2. 行政村农民体育健身工程数量及比例为15000个、57.6% 3. 16岁以上农村居民（不含在校学生）经常参加体育锻炼人数比例为8% 4. 农村居民《国民体质测定标准》合格达标率为87.4% 5. 农村乡镇体育组织覆盖率为86% 6. 定期举办街道（乡镇）全民健身运动会为75% 7. 街道（乡镇）全民健身专（兼）职工作人员覆盖率为90% 8. 县及以上地区有全民健身表彰奖励制度覆盖率为85% 9. 社会资助全民健身事业资金965万元（2013年） 10. 整合资源，建立特色鲜明的系统推进格局。严格将全民健身事业纳入政府工作报告、纳入社会经济发展规划、纳入财政经费预算、纳入文明城市、文明社区测评体系、纳入社会管理创新、纳入妇女及儿童发展规划纲要、纳入人大执法检查范围、纳入"五个湖北"建设纲要、纳入目标考核范围、纳入人大、政协提案、议案"多纳入"。所有市、县、行业体协都出台了本台、本行业的《实施计划》，实现全覆盖
18	湖南省	1. 农村乡镇体育健身中心数量及比例为876个、40.5% 2. 行政农民体育健身工程数量及比例为17541个、41.8% 3. 全省城市和乡镇共建有太极拳、木兰拳等重点项目健身指导站14000余个 4. 衡阳市从2007年由市编办下文，在所有农村乡镇和城市街道成立文体工作站，设立体育专干，改变县以下没有基层体育组织的现状。县以下成立基层体育组织达到201个，全市初步形成遍布城乡、规范有序的社会化全民健身组织网络 5. 加大对基层、农村社会体育指导员培训力度，组织好各类社会体育指导员培训工作和全民健身志愿服务工作 6. 通过"体育下乡"等多种形式，组织开展贴近实际、丰富多彩的全民健身志愿服务活动 7. 制定《全民健身活动站（点）管理和资金扶持办法》，加大对基层社区、农村全民健身指导站（点）的建设力度，充分发挥乡镇街道综合文化站的功能，巩固群众体育组织活动的阵地

序号	省区市	农村全民健身内容
18	湖南省	8. 农民体育健身工程滞后，我省"十一五"期间，农民体育健身工程由省发改委、省财政厅、省体育局三家单位分摊资金共同投入实施。从2010年开始，省发改委、省财政厅没有再支持农民体育健身工程，"十二五"期间暂时只有省体育局一家利用体育彩票公益金来实施。我省共有42018个行政村，截至2014底，我省农民体育健身工程项目完成17541个行政村建设（覆盖率41.8%），实施情况在全国排位不容乐观。2012年，全国行政村建设农民体育健身工程覆盖率就已达到55%，其中，有7个省（市）实现全覆盖，9个省（市）覆盖率超过50%。按照国家和湖南省全民健身规划要求，我省50%以上的行政村要建有农民体育健身工程。2015年，我省至少要完成4000个行政村，需要投入12000万元 9. 区域体育事业发展不均衡，城乡健身活动开展不平衡，城镇健身活动人数明显多于农村，活动开展好过农村 10. 配合省委宣传部在怀化、自治州、张家界建设50个农村文体广场，充分做好户外健身器材招投标工作。分期前往全省14个市（州）及部分县（市、区）对"雪炭工程"、农民体育健身工程、健身路径、户外运动设施等建设情况进行实地调研，掌握和摸清各地建设进度与健身器材需求及场地准备情况，建立健全室外健身器材配建与维护管理机制，加强室外健身器材招标采购及配建管理工作，确保室外健身器材质量，更好地维护百姓健身权益，提高公共体育服务质量 11. 大力开展农民体育健身工程建设，全面推进体育公共服务体系基础建设。整合资源，把农民体育健身工程与学校体育设施建设统筹考虑，方便广大农民就近、就地参加体育活动。因地制宜，根据各地实际和群众传统体育爱好建设农民体育健身工程，提高实效，逐步缩小城乡间体育公共服务差距。对场地建设开展得好的市、州，予以政策扶持倾斜，特别突出的市、州，逐步实现健身器材全面覆盖，推动当地政府加大对农民体育工作的重视，使广大人民群众享受到更多更好的体育公共服务 12. 依法建设全民健身设施。依据国家有关法律、法规，将公共体育设施建设纳入城乡规划和土地利用规划，在新建居住区和新型农村社区中同步规划建设健身设施 13. 积极构建全民健身组织网络。充分利用体育科研机构和高等院校优势资源，发展并规范基层、农村体育协会和农民、老年人、妇女、残疾人、少数民族等人群体育组织，统筹规划、合理布局城乡基层健身站点。执行社会体育指导员职业技能标准，加大对基层、农村社会体育指导员队伍建设力度，大力培养应用型职业社会体育指导员，带动群众体育和全民健身活动广泛开展
19	广东省	1. 行政村农民体育健身工程数量及比例为19498个、100% 2. 乡镇农民体育健身工程建设成果显著。"十二五"以来，省政府连续三年将乡镇农民体育健身工程建设纳入全省十项民生实事重要工作。省体育局不断加大投入力度，超额完成省政府下达的民生实事工程建设任务。截

序号	省区市	农村全民健身内容
19	广东省	至2014年底，全省共建设乡镇农民体育健身工程1036个，占全省乡镇总数的91%，为2015年实现乡镇农民体育健身工程全覆盖奠定了坚实的基础 3. 加快推进社会体育指导员服务站建设。2012年开始省体育局连续三年在全省推动依托乡镇、街道文化站的社会体育指导员服务站建设。截至2014年底，全省共建成社会体育指导员服务站921个，占乡镇、街道总数58%，2015年将实现乡镇、街道全覆盖 4. 加强社会体育指导员队伍建设。截至2014年底，全省注册有各级社会体育指导员195860人。协同省文化厅，对19498名农村文体协管员进行培训，提高其活动组织指导能力 5. 加大对体育基础设施建设和重大群众体育活动的经费投入，支持行政村（社区）和贫困地区发展群众体育事业，对贫困落后地区乡镇（街道）、行政村（社区）开展群众体育活动给予经费补贴 6. 结合综合文化站建设，将体育职能正式纳入乡镇、街道文化站，使镇街一级体育组织到位、工作到位，为全面推进群体事业发展提供基层组织支撑 7. 以缩小城乡之间、区域之间全民健身发展差距为重点，加快推进基本公共体育服务均等化。2011年以来，省体育局加大了统筹城乡区域全民健身工作力度，大力培育具有区域特色的体育产业，努力打造成为与珠三角地区优势互补、协调发展的特色体育发展区。创新珠三角地区与东西北地区之间的体育对口帮扶、联动发展机制。推进城乡体育发展一体化。坚持以社区为重点推进城市体育工作，探索社区体育工作新机制，推动社区体育发展。大力促进乡镇、农村体育发展，全方位推进"以城带乡、以镇（街道）帮村（社区）"的协调互动机制建设，推进公共体育服务体系城乡一体化。加大对县级体育特别是基层和欠发达地区体育的扶持力度。扩大公共财政对乡镇、农村体育工作的保障覆盖范围，继续实施"农民体育健身工程"，加大对乡镇、农村体育基础和重点体育活动的经费投入 8. 佛山市以镇（街）、村居、企业为单位，把全民健身活动的重点向镇（街）、村居下移，开展百村篮球赛、镇（街）男子篮球超级联赛、百家企业篮球赛、镇（街）足球超级联赛、镇（街）醒狮赛等。在保证基本公共体育场地需求方面，省体育局将乡镇农民体育健身工程、城市社区公共体育场地设施建设和体育健身绿道网络建设作为重点，不断加大投入力度 9. 推进全民健身城乡和区域协调发展。大力发展农村地区群众体育，加快建立城乡一体化的公共体育服务体系。以增强基层体育公共服务能力为重点实施政策倾斜和投入支持，逐步健全以县（市、区）为中心、乡镇（街道）为基础、方便城乡居民的基本公共体育服务设施网络。到2020年，各地级以上市均建成"十分钟体育圈"，农村建成"十里体育圈" 10. 每四年举办一届全省体育大会和面向大学生、少数民族、农民、职工、老年人、残疾人等人群的运动会。定期举办"万村农民篮球赛""千镇百

续表

序号	省区市	农村全民健身内容
19	广东省	街乒乓球赛""百县足球赛"及传统项目和现代项目单项竞赛，组织举办市、县（市、区）、乡镇（街道）群众性运动会和单项体育竞赛活动。行政村、社区、自然村根据各自的特点，经常性地组织开展群众喜闻乐见、简便易行的竞赛活动 11. 建立健全乡镇（街道）综合文化站点，明确分管体育工作的领导，并配备专（兼）职人员开展工作，积极提供公共体育服务。逐步将体育管理工作延伸到行政村（社区），发挥文体协管员作用协助开展日常体育工作。建立健全市、县（市、区）体育总会、单项协会和社会体育指导员协会以及各类人群体育协会，加强乡镇（街道）相关人群和项目体育协会、全民健身指导站、社会体育指导员服务站、健身气功指导站建设，吸收社会体育骨干开展日常工作。推动学校、社区、体育场馆建立各类体育俱乐部，健全覆盖行政村（社区）的体育站（点）、社会体育指导员服务点、健身气功习练点、文体活动站及晨晚练点 12. 实施乡镇农民体育健身工程，2015年实现全覆盖 13. 推动各级社会体育指导员协会、乡镇（街道）社会体育指导员服务站、农村文体协管员队伍建设，资助一批社会体育指导员服务示范站，不断完善各级社会体育指导员工作机构和工作机制 14. 支持行政村（社区）和贫困地区发展群众体育事业，对贫困落后地区乡镇（街道）、行政村（社区）开展群众体育活动给予经费补贴
20	广西壮族自治区	1. 农村乡镇体育健身中心数量及比例为613个、54.5% 2. 行政村农民体育健身工程数量及比例为6323个、44.1% 3.16岁以上农村居民（不含在校学生）经常参加体育锻炼人数比例为10.13% 4. 农村居民《国民体质测定标准》合格达标率为84.8%（国家体育总局提供） 5. 农村乡镇体育组织为71.77% 6. 定期举办街道（乡镇）全民健身运动会为55.1% 7. 街道（乡镇）全民健身专（兼）职工作人员为84.51% 8. 遵循"因地制宜、业余自愿、小型多样、就近就便"的原则，以节假日为主线，广泛开展如气排球赛、篮球赛、足球联谊赛、青运会、横渡桂江活动、登山活动、"千村万户体育活动"等一系列具有梧州特色的全民健身活动 9. 完善公共体育基础设施保障机制。落实公共体育基础设施"十二五"规划，逐步完成公共体育基础设施建设目标。加快市、县、乡（镇）、街道（社区）四级体育基础设施建设步伐，在完成市大型全民健身中心建设基础上，启动各市实施体育场、游泳馆等大型体育设施的建设工作。完善公共体育服务供给保障机制。继续实施面向基层、面向农村的公共体育服务项目。在各种传统和重大节假日，组织开展丰富多彩的群众性体育活动和具有地方特色体育赛事。正确处理好政府与市场、社会三者之间的关系，改变过去政府独揽公共体育服务的局面，充分发挥市场和社会力量在公共体育服务供给中的积极作用。积极引入竞争机制，通过政府购买服务、

序号	省区市	农村全民健身内容
20	广西壮族自治区	服务合同外包、志愿服务等多种形式，促进公共体育服务方式的多元化、社会化。进一步探索完善公共体育场馆免费开放工作和管理制度，规范免费开放工作正常进行和长久推进。完善公共体育组织支撑保障机制。继续推进公共体育服务体系建设，形成具有来宾特色的公共体育服务制度和体制机制，按照基础设施标准化、网络布局一体化、体育活动品牌化、服务供给均衡化、运作机制科学化、持续发展制度化等"六化"标准，进一步完善政府统一领导、相关部门分工负责、社会团体积极参与的管理体制和工作机制。完善政府与公共体育服务机构的专家咨询制度、公共体育服务机构运营的公众参与制度、城市对农村的体育援助机制；进一步健全公共体育服务绩效评估制度，强化政府、社会、服务群体共同参与的监督管理体系。完善资金、技术和人才保障机制。一是在资金方面。坚持以固定收入和以奖代投、项目扶持相结合，逐步提高体育事业投入占财政总支出的比例，形成财政对公共体育投入的长效机制。同时，多渠道筹措资金，确保公共体育基础设施建设、基本运营和服务供给，为体育事业发展提供经费保障。二是在技术支撑保障方面。加强和完善市、县、乡、村、屯公共数字体育阵地建设，提高数字体育服务覆盖率。利用网络、声讯、通信等现代信息技术，从设备、人员、机构、制度方面着手，完善公共服务平台和相应的技术支撑体系，实现信息资源的共建共享。三是在人才保障方面。整合现有的体育人才资源，探索建立人才资源的共享机制。进一步加大对社会体育指导员队伍培训工作，培养一支理论过硬，技术专长，布局合理的社会体育指导员队伍，从完善政策、加大投入、培养队伍、优化环境等环节，努力构建运行高效、保障有力的人才队伍保障机制
21	福建省	1. 农村乡镇体育健身中心数量及比例为 659 个、70.94% 2. 行政村农民体育健身工程数量及比例为 14435 个、100% 3. 全省共有街道乡镇级以上各类民间体育组织 2970 个，老体协、农体协已基本覆盖社区和行政村，单向体育协会在基层逐步落户 4. 从 2006 年起，在全省行政村建设农民体育健身工程，截至 2012 年底共投入体彩公益金 4.88 亿元，实现 14435 个行政村全覆盖 5. 制作发放健身科普宣传册，开展全民健身公益巡回讲座，促进体育生活化、锻炼常态化，组织全民健身志愿者走街道、入社区、进农村示范科学的项目健身方法，普及健身知识等
22	重庆市	1. 农村乡镇体育健身中心数量及比例为 582 个、85% 2. 行政村农民体育健身工程数量及比例为 7350 个、83% 3. 建成乡镇健身广场 314 个，覆盖全市约 37% 的乡镇
23	四川省	1. 农村乡镇体育健身中心数量及比例为 1626 个、37% 2. 行政村农民体育健身工程数量及比例为 17072 个、37% 3. 16 岁以上农村居民（不含在校学生）经常参加体育锻炼人数比例为 5.1%

序号	省区市	农村全民健身内容
23	四川省	4. 农村居民《国民体质测定标准》合格达标率为81% 5. 农村乡镇体育组织为89% 6. 定期举办街道（乡镇）全民健身运动会为80% 7. 街道（乡镇）全民健身专（兼）职工作人员为90% 8. 打造群体活动品牌。2011年省体育局制定了《四川省特色体育健身项目及群众体育活动品牌认定办法》（川体社〔2011〕58号），授予犍为县"四川省健身腰鼓之乡"称号，龙泉驿区"四川省全民健身乒乓球之乡"称号。中国龙舟协会授予四川金堂县"中国龙舟之乡"荣誉称号。国家体育总局水上运动管理中心授予都江堰虹口乡"中国漂流小镇"称号。南充市南部县打造中国钓鱼城，举办"升钟湖钓鱼节"活动取得成效，在全国"体育与城市品牌建设"经验交流会上获得好评。"太极蓉城"已经成为成都的一张"新名片"；资阳市气排球运动方兴未艾在全国颇有影响。自贡"动感盐都"、攀枝花"万里长江第一漂"、泸州"长江冬泳"、德阳"体育日"、绵阳"市民体育健身节"、广元"女儿节凤舟赛""健康遂宁"、内江"甜城湖水上活动"、乐山"假日体育"、宜宾"横渡金沙江冬泳"、广安"观光体育"、达州"元九登高"、雅安"体育三下乡"、巴中、眉山、资阳的"元旦健身跑"等全民健身活动品牌逐步形成，阿坝、甘孜、凉山州等少数民族地区传统体育活动各具特色 9. 推进实施农民体育健身工程，在乡镇、行政村实现公共体育健身设施100%全覆盖
24	贵州省	1. 农村乡镇体育健身中心数量及比例为523个、35% 2. 行政村农民体育健身工程数量及比例为7396个、42.1% 3. 经常参加体育锻炼的人数比例达到30%以上（含在校学生） 4. 30%的农村乡（镇）建有体育社会组织，达到每万人2.3个 5. 组织健身活动和群众体育赛事1685次，日均活动数4.7次，参加活动人次达到598.81万 6. 获得各级社会体育指导员技术等级证书人数为2.5万 7. 为在全省乡村、街道（社区）大力实施农民体育健身工程、全民健身路径工程和县级老年人体育活动中心等项目建设，打通城乡构建全民健身公共服务体系设施建设的"最后一公里"，我们不仅积极争取总局加大对我省帮扶力度，也积极向省委、省政府申请，将农民体育健身工程、全民健身路径工程和县级老年人体育活动中心等项目列为省政府每年公布的"十大民生实事"，省委、省政府实施的"四在农家 美丽乡村——基础设施建设小康寨行动计划"和全省"5个100工程"之一的"100个示范小城镇建设"中，确保了公共体育设施建设列入全省经济社会发展规划中。对改善全省公共体育设施建设起到了较大的推动作用。同时，将各市州已规划立项的工程，纳入省体育局重点支持的目库中。对各地每年新开工建设的"雪炭工程"（小型全民健身中心）、县级公共体育场项目，积极帮助向国家体育总局和国家发改委申报援助资金 8. 加大对农村地区、民族地区的投入，继续实施"农民体育健身工程""雪炭工程"，力争到2020年在乡镇、行政村实现公共体育设施100%全覆盖

序号	省区市	农村全民健身内容
25	云南省	1. 农村乡镇体育健身中心比例为60.5%；行政村农民体育健身工程比例为71.4% 2. 2010年，半数以上的州（市）政府所在地和近60%的县（市、区）缺乏基本体育场馆，80%以上的乡镇、50%以上的行政村、90%以上的自然村缺乏达到基本标准的体育设施，城乡体育设施无论数量还是质量都处于全国下游水平。截至2014年，"七彩工程"支持83个县（市、区）体育场馆新建和改造项目，532个乡（镇、街道）建起了灯光球场，9016个村（社区）建起了篮球场，配备了乒乓球桌，完成《实施计划》规划目标，有效改善基层公共体育设施薄弱状况，进一步推进了我省体育公共服务的均等化 3. 省政府决定，从2010年到"十二五"末，实施"七彩工程"，健身基础设施每年投入不少于1亿元，实施不少于10个县（市、区）、100个乡（镇、街道）和2000个村（社区）的体育健身设施项目。县级补助100至300万元建设体育场馆，乡镇级补助10万元建设带看台的灯光篮球场，村级补助3万元建设标准篮球场和两张乒乓球桌；各级政府每年按照人均不低于0.5元的标准将全民健身工作经费列入财政预算，严格做到体育彩票公益金专项用于体育事业，不用于平衡预算 4. 从2014年开始，每年健身基础设施工程项目资金增加了4000万元，其中，3000万元用于提高村（社区）项目补助标准，1000万元用于建设城乡社区、村庄、广场、公园、小区"健身路径" 5. 基础设施工程主要安排县、乡镇、村和自然村四级的全民健身基础场地设施建设，布点绝大部分位于农村 6. 云南山区面积占国土面积的94%，由于地理条件限制，有的县安排出一块平地建设体育场馆已属不易，有的必须削山填沟才能建场馆；有的乡、村地处偏远，交通不便，建筑材料运输困难，建设成本远远高于坝区。目前，国家支持的场馆项目仅有"雪炭工程"和县级公共体育场项目，项目中一些条件云南难以达到，导致一些县级项目无法获得国家项目补助资金
26	西藏自治区	1. 16岁以上农村居民（不含在校学生）经常参加体育锻炼人数比例为5%以上 2. 农村居民《国民体质测定标准》合格达标率为80%以下 3. 乡镇体育健身中心覆盖率为30%以下 4. 行政村农民体育健身工程为87.2% 5. 农村乡镇体育组织为50%以下 6. 定期举办街道（乡镇）全民健身运动会为50%以下 7. 街道（乡镇）全民健身专（兼）职工作人员为50%以下 8. 开展城乡社区体育工作。要结合社会主义新农村建设和农村人居环境综合治理工作，加大投入，加快城乡社区健身站点和健身路径的建设。要突出地域特点，丰富活动内容，创新活动载体，开展适合各类人群、群众喜闻乐见的体育活动，使更多的居民自觉参与体育健身。切实关注和维护特

续表

序号	省区市	农村全民健身内容
26	西藏自治区	殊人群及社会困难群体的健身权益，积极为老年人、残疾人和外来务工人员参加体育活动创造条件 9. 建设 5430 个农民体育健身工程，总投资 56676 万元，基层全民健身场地条件得到明显改善。全区共有曲松县下江乡下江村、芒康县嘎托镇、噶尔县门土乡被国家体育总局命名为"全国乡镇体育健身示范工程" 10. 农牧民体育健身工程及其他全民健身体育工程建设进度较缓慢，配套资金紧张，特别是农牧民体育健身工程建设任务还很艰巨
27	陕西省	1. 农村乡镇体育健身中心数量及比例为 1198 个、98% 2. 行政村农民体育健身工程数量及比例为 10592 个、39.5% 3.16 岁以上农村居民（不含在校学生）经常参加体育锻炼人数比例为 8% 4. 农村居民《国民体质测定标准》合格达标率为 83.95% 5. 农村乡镇体育组织为 60% 6. 定期举办街道（乡镇）全民健身运动会为 58.81% 7. 街道（乡镇）全民健身专（兼）职工作人员为 75.45% 8. 全省辖 12 个市（区）、106 个县（区），约 3763.7 万人。按照"健身在社区"的理念，重点谋划了八百里秦川渭河沿岸健身长廊建设，在渭河汉江丹江全流域建设了 9000 多个基层体育健身工程，扶持了 40 多个县级公共体育场、全民健身中心建设，61 个全民健身示范区示范带工程。我省乡镇、社区农民体育健身工程基本实现全覆盖，村级农民体育健身工程覆盖率达 40% 9. 仅 2014 年，整合中、省资金 2.5 亿元，在渭河流域的西安、宝鸡、咸阳、渭南 4 个市实施了示范区示范带工程，在陇县、彬县、黄龙县实施了县级公共体育场馆工程，在佛坪县、城固县、商南县等贫困地区的县区实施了 5 个雪炭工程（全民健身馆），在 1500 个乡镇、社区、陕南移民搬迁安置点实施体育健身工程，在 1800 个村实施农民体育健身工程建设 10. 编纂出版了《全民健身活动指导丛书》《体质监测科学健身》和《百种疾病运动疗法》《我运动、我健康——科学健身方法指南》《四季健身方法手册》等科普小手册，免费发放到全省所有乡镇和社区基层体育骨干手中，深受群众欢迎。《百种疾病运动疗法》《我运动、我健康——科学健身方法指南》光荣入选国家体育总局 2013 年首批全国新农村科学健身书库 11. 在城市社区、农村乡镇广泛开展广场舞、健身秧歌、健身气功等小型多样、丰富多彩、群众就近就便参加的健身活动，促进健身活动生活化、常态化
28	甘肃省	1. 农村乡镇体育健身中心数量及比例为 621 个、50.6% 2. 行政村农民体育健身工程数量及比例为 8711 个、54.4% 3.16 岁以上农村居民（不含在校学生）经常参加体育锻炼人数比例为 5%以上 4. 农村乡镇体育组织覆盖率为 70%以上

序号	省区市	农村全民健身内容
28	甘肃省	5. 定期举办街道（乡镇）全民健身运动会覆盖率为 70%以上 6. 街道（乡镇）全民健身专（兼）职工作人员覆盖率为 70%以上 7. 1218 个乡（镇）全部建成了"一乡一站"，346 个乡（镇）建设了农民体育健身提升工程；8711 个行政陆续建设了"一村一场"，占全省行政村总数的 54.4% 8. 甘肃省体育局于 2004 年初及时提出建设"甘肃丝绸之路体育健身长廊"，"长廊"的核心内容是"四个一"工程建设，即"一市一馆（体育馆）、一县一中心（全民健身中心）、一乡一站（文体活动站）、一村一场（篮球场）"
29	青海省	1. 农村乡镇体育健身中心数量及比例为 188 个、51% 2. 行政村农民体育健身工程数量及比例为 1712 个、41.1% 3. 农村居民《国民体质测定标准》合格达标率达到 78.1% 4. "十二五"期间，全省投入 2.14 亿元为所有 369 个乡镇建设了文化活动站，目前完成了具有一定规模的乡镇健身广场 188 个，占乡镇总数的 51%。同时，完成 1712 个行政村体育场地设施建设，比例达到 41.1% 5. 50%以上的农村乡镇建有体育组织 6. 计划全省市（州）、县（区）群众文化体育活动场馆覆盖率达 90%以上，乡镇标准篮球场覆盖率达 80%以上，社区、行政村全民健身路径工程和农民体育健身工程配备率达 60%以上，乡镇健全的体育组织达 75%以上，行政村专门的管理人员达 55%以上
30	宁夏回族自治区	1. 农村乡镇体育健身中心数量及比例为 172 个、89.11% 2. 行政村农民体育健身工程数量及比例为 2260 个、100% 3. 16 岁以上农村居民（不含在校学生）经常参加体育锻炼人数比例为 5%以上 4. 农村居民《国民体质测定标准》合格达标率为 45% 5. 农村乡镇体育组织覆盖率为 70%以上 6. 定期举办街道（乡镇）全民健身运动会覆盖率为 50%以上 7. 街道（乡镇）全民健身专（兼）职工作人员覆盖率为 50%以上
31	新疆维吾尔自治区	1. 我们坚持城市体育以社区为重点，农村体育以乡镇为重点，青少年体育以学校为重点的原则，在全区深入开展了"五个亿万人群"健身活动 2. 建设了 159 个乡镇"农民体育健身工程"、5098 个行政村"农牧民体育健身工程" 3. 城乡之间、区域之间体育事业发展仍然不平衡